21 世纪高等院校教材·人力资源管理系列

人员测评——理论、技术与应用

凌文辁　柳士顺　谢衡晓　李　锐　著

科 学 出 版 社

北　京

内 容 简 介

  本书分为理论篇、方法与技术篇和应用篇,共 15 章。理论篇主要讲述人员测评的基本概念、中国和西方人员测评的历史与发展、测评系统的构建与评价、测评工具的研制、人员测评流程等。在方法与技术篇中,详细地介绍了人员测评常用的问卷调查法、关键事件法、面试、评价中心及计算机化测评等方法和技术。应用篇介绍了职业人格测量、情商与逆商测量、态度测量、职业心理测量和健康测评等理论与方法。

  本书适合于人力资源管理、管理学、心理学、教育学、心理卫生学等专业的教师和学生作为教材使用。同时,可作为各类单位从事人力资源管理、职业指导和心理咨询工作者的专业参考书。

图书在版编目(CIP)数据

人员测评:理论、技术与应用/凌文辁等著. —北京:科学出版社,2010
 (21 世纪高等院校教材·人力资源管理系列·科学版)
 ISBN 978-7-03-028975-9

 Ⅰ.①人⋯ Ⅱ.①凌⋯ Ⅲ.①企业管理-人员测评工程-高等学校-教材
Ⅳ.①F272.92

中国版本图书馆 CIP 数据核字(2010)第 178982 号

    责任编辑:马 跃 / 责任校对:李 影
    责任印制:徐晓晨 / 封面设计:耕者设计工作室

科 学 出 版 社 出版
北京东黄城根北街 16 号
邮政编码:100717
http://www.sciencep.com

北京中石油彩色印刷有限责任公司 印刷
科学出版社发行 各地新华书店经销

*

2010 年 9 月第 一 版 开本:B5(720×1000)
2018 年 2 月第七次印刷 印张:21 3/4
字数:430 000

定价:48.00 元
(如有印装质量问题,我社负责调换)

前　言

人员测评的学科基础是心理测量。心理测量的依据是人的个体差异。有差异就需要有测量和评价它的方法。将数学、统计学导入研究人的学科领域（心理学、组织行为学、人力资源管理、消费心理学等），借助于一定的测量工具对人的心理与行为的差异进行定性和定量的分析，即为心理测量。将心理测量运用于人力资源管理领域，即为"人员测评"。

人员测评作为一门方法学，最早引入中国应归功于心理学家。早在20世纪30年代，我国的工业心理学家就将心理测验应用于人员测评。例如，我国工业心理学鼻祖、曾任清华大学心理系主任的周先庚教授在1937～1948年，主持实施了人格测验、军事和伞兵选拔测验。

1949～1980年，由于历史的原因，除了曾经为选拔飞行员而研究过人员测评外，我国几乎停止了人员测评的工作。

改革开放以后，随着行为科学引入中国，人们开始认识到定量评价人的重要性。特别是我国干部选拔和任用制度的改革，要求将定性考核与定量考核相结合，这就大大推动了人员测评的开展。新中国成立30多年来，我国就没有出版过一本心理测量方法的书。为了满足社会需求，并弥补这一领域的空白，凌文辁准备了四年的时间写了《心理测验法》，于1988年由科学出版社出版。该书印了7600册，一发行就销售一空。2003年凌文辁、方俐洛又出版了《心理与行为测量》一书，多次印刷也很快就售罄。

进入21世纪以来，人力资源管理在中国迅猛发展，社会对人员测评的需求也大大扩张。于是人员测评的书籍也如雨后春笋般地出现在各个书店。这就使我们打消了再写一本人员测评书的念头。2007年科学出版社的马跃编辑来商谈出书的事，我和我的博士生们（都在不同的大学里教书，并在企事业单位及政府机构任人力资源顾问）讨论之后，下决心来完成这一使命。经过两年的努力，终于见到了成果。

本书有以下特点：之一是全面而详细地综述了国内外人员测评的发展历程，使读者了解作为一门科学的人员测评的历史演进过程，尤其是对中国古代人员测评思想作了系统的介绍。这对于我们从中国传统文化中汲取精华，来发展具有中国特色的人员测评理论与方法，具有启迪作用。之二，本书从理论、方法与技术、应用三个角度对人员测评的不同方面进行了介绍。读者不仅能学到理论，而且能掌握方法，同时又能获得一些应用于实际的职业测量知识，从而使读者全面而深入地掌握人员测评的理论、方法和技能。之三，本书章节内容详细而具体。在方法与技术篇中，很多章末都附有案例，学了之后就能应用，从而大大缩短了从学到用的时间。之四，本书增加了一些最新的内容，如"计算机化测评"、"人员健康状况测评"等，而且在各个章节中，都将最新的理论和方法纳入书中。这些都是以往书中难以见到的。

　　全书分为"理论篇"、"方法与技术篇"和"应用篇"，共十五章，由四位作者完成，他们分别是：凌文辁撰写第十一、十二、十三、十四章；柳士顺撰写第三、四、五、十、十五章；谢衡晓撰写第七、八、九章，林庆栋参与了其中"关键事件法"一章的部分撰写工作；李锐撰写第一、二、六章。全书初稿完成后，由凌文辁对每一章进行了仔细的审阅，并作了部分补充和修改。

　　本书的撰写查阅了大量的中外文献，从中收集了一些详尽资料和最新进展情况。在此对这些作者表示衷心的敬意和感谢。本书得以与读者见面，还应感谢科学出版社的马跃编辑的鼓励和支持，感谢方俐洛教授的组织、督促和全稿的电脑排版工作，没有他们的支持，我们很难下决心在百忙中挤出时间来完成这项耗费精力的工程。不过在看到作品之际，大家又感到十分欣慰！

凌文辁

2010 年 8 月 3 日

于暨南花园

目　录

方法与技术篇

应　用　篇

理 论 篇

第一章　人员测评概论

国以才立，政以才治，业以才兴。在科技进步日新月异的今天，人才已经成为一个国家、一个地区、一个组织发展与进步的关键要素；人才资源业已成为最重要的战略资源和争夺的焦点。那么，什么是人才？怎样评价人才？如何才能发挥人才的最大效用呢？实践告诉我们，人员测评是解决这些问题的工具和手段。

一、人员测评的概念

我国古代著名军事家孙膑曾说："天地之间，莫贵于人。"三国时曹操的谋士刘邵在其所著的《人物志》中写道："观其感变，以审长度。"北宋著名词人苏洵在其名篇《心术》中也开宗明义地指出："为将之道，当先知人，知人之道，当先知心。"又有成语道："知人善任"。从这些古训中可以看出我们的先贤很早就意识到"知人"的重要性，并提出了一些观人察人的感性认识，但还没有系统提出如何鉴别人才的具体尺度和方法。西方自从科学心理学诞生以来，就重视对人的素质结构的探讨与测量，其成果后来在组织与个人的发展中得到了广泛应用。我国现代的人员测评理论及方法主要是从西方引进的。

那么，什么是人员测评呢？人员测评又称人才测评或人事测评，是指应用现代心理学、测量学、社会学、统计学、行为科学以及计算机科学的研究成果，运用先进的科学手段和完善的测评体系，通过心理测验、履历分析、面试、访谈、评价中心、情景模拟等手段，对被测者的兴趣（喜欢做什么）、性格（适合做什么）和能力倾向（擅长做什么）等要素进行测量与评价的活动。在现代西方发达国家，人员测评技术已成为人力资源部门选拔、培训、考核等方面的重要工具和技术手段，是人力资源管理与开发的基础环节。同时，个人在提高自我认知、确定职业发展方向、规划职业生涯等活动中也广泛用到了人员测评技术。

人员测评的方法包含在其概念中，即"测量"和"评价"。测量是定量的过程，是指通过各种问卷、量表以及其他测量工具对人的基本素质、业绩进行定量分析，使其有类似"数"的性质和形式，从而用数字的方法对人的素质进行描述。定量分析是人员测评科学化的重要保证。评价则是定性的过程，是根据测评的目的，对测评要素或测量的定量结果进行综合定性分析，从而衡量对象的价值和意义。两者既有区别，又有联系。"测"是"评"的基础和前提，"评"是"测"的目的和归宿。

二、人员测评的内容

现代人员测评的主要考察内容是个人稳定的素质特征。从人员测评的实际应用来看，主要素质特征包含以下五个方面：能力特征、动力特征、个人风格特征、知识技能特征以及品德特征。

1. 能力特征

能力是指与人顺利完成某种活动有关的个性心理特征，是影响活动效果的最基本因素。能力的高低会影响人掌握动作的快慢、难易和巩固程度。例如，一个有绘画能力的人，能较快地掌握绘画的方法和技能；一个有音乐能力的人，学习音乐会比音乐能力较低的人更容易一些。此外，能力的高低也影响人活动的效果。尽管影响活动效果的因素有很多，诸如动机水平、知识技能、熟练程度、花费时间、身体状况等，但在影响活动效果的诸因素中，能力是最基本的因素。在其他条件相同的情况下，能力高的人比能力低的人更有可能取得较高的成就。

能力可以根据不同的标准进行分类。按能力的倾向可以把能力分为一般能力和特殊能力。一般能力是指符合许多基本活动要求的能力，如逻辑思维能力、推理能力、理解能力、记忆能力、观察能力等；特殊能力是指符合某种专业活动要求的能力，如数学能力、音乐能力、绘画能力、机械操作能力等。

此外，按其来源不同，还可以把能力划分为一般智力和社会智力。一般智力是指个体认识客观事物的能力，主要包括感知、记忆、想象、思维、言语和操作能力；社会智力则是一种理解人际情境中人的感受、思想和行为（包括对自己的理解）及在此基础上做出适当行为的能力，它包括一系列的知识、经验和解释社会信息、解决人际问题的技能，其最终结果则是明智的社会行为、和谐的人际关系和与个体有关的社会目标的实现。社会智力来自于社会实践，通过人与人之间的交往、联系、竞争与合作来获得。现代人员测评不仅重视一般智力的测量，而且重视社会智力的测量。

2. 动力特征

一个人做某件事情的成效，不仅取决于他的能力水平如何，还取决于他的意愿，即他愿不愿意去做。许多人在某些方面能力水平不错，但自己不想去做那方面的事情，这样显然是不可能做好的。反过来，如果个体的能力水平一般，但很想在某方面干出点名堂，这往往能在一定程度上弥补能力的不足。这种"愿不愿意干"所反映的即是动力特征，它是很重要的行为条件。

在动力特征中，价值观是层次最高、影响面最广的因素。所谓价值观就是人们关于目标或信仰的观念，它决定了人们可能会选择什么行为方式和手段来生活与工作。美国社会学家米尔顿·罗克奇于1973年在《人类价值观的本质》一书中区分了成就感、美感的追求、挑战、健康等 13 种价值观。不少人员测评专家基于此编制了各类价值观量表来测量人们的价值取向。

除了价值观以外，动机也是动力特征的重要组成部分，所谓动机是指推动一个人行为的内在原因。动机的强烈程度往往决定行为的效率和结果。在动机测验中，美国心理学家戴维·麦克里兰最早系统地提出了成就动机、权力动机和亲和动机的理论，他在对动机特质的研究过程中提出这三项动机是决定员工在组织中行为的主要力量。

在动力特征中，兴趣是层次最低的因素。兴趣是指个体对某种活动或某种职业的喜好。只有工作要求和个人兴趣特点相吻合，才有助于个人在工作中最大限度地发挥其能力，表现出最佳动力状况。职业兴趣测验的典型工具是美国学者霍兰德（Holland）提出的职业兴趣六边形模型，该模型区分了不同类型工作所需要的职业兴趣模式。它们分别是现实型、研究型、艺术型、社会型、企业型和常规型六种基本类型，以及 30 种二元类型。

3. 个人风格特征

每个人在做事的时候总会表现出自己所独有的行为方式，这便是个人行为风格因素。例如，做同样的一件事情，有的人说干就干，很快就做好了；而有的人则慢条斯理，但最终也保质保量地把事情完成了。早在古希腊，医生希波克拉底就根据人的不同气质把人分为四种类型：胆汁质、多血质、黏液质和抑郁质。胆汁质的人精力旺盛，反应敏捷，乐观大方，但性急、暴躁而缺少耐性，热情忽高忽低。多血质的人适应能力强，善于交际，在新的环境中应付自如，反应迅速而灵活，办事效率高，但注意力不稳定，兴趣容易转移。黏液质的人踏实、稳重，兴趣持久专注，善于忍耐，但黏液质的人有些惰性，不够灵活，而且不善于转移注意力。抑郁质的人是情感体验深而持久、善于觉察他人不易觉察的秋毫细末，但这一类型的人大都反应迟缓，动作缓慢无力。

在国外，目前最有影响的人格测验莫过于迈尔斯-布里瑞格斯类型指标（MBTI）。该测验从四个维度考察人的行为风格，分别是：①一般心理倾向：是"外向"（extrovert）（E）还是"内向"（introvert）（I）；②认识外在世界的方法：是"感觉"（sensing）（S）还是"直觉"（intuition）（N）；③处理信息的方式：是"理智"（thinking）（T）还是"情感"（feeling）（F）；④生活方式和处事态度：是"判断"（judging）（J）还是"知觉"（perceiving）（P）。这四个维度从四个不同角度反映了个体的不同行为风格。在测量个体的人格时，个体的不同行为风格在四个维度上都能够得到体现，在其中任何一个维度上，个体的行为风格都会落在该维度的某个点上，这个点靠近哪个端点，就意味着个体在这方面的偏好较强。如在第一维度上，个体的性格靠近外向一端，就偏向于外向，而且越接近端点，偏好越强。

4. 知识技能特征

知识是以概念及概念之间的关系的方式存储和积累下来的经验系统。在人员测评中，知识主要是指与岗位工作相对应的知识，是从事工作最基本的条件之一，也被看成是工作岗位最基本的素质要求。因此，许多组织都对各类岗位制定了一定的知识标准，并进行相应的测评，以考察被测者的知识掌握情况。技能是指以活动的方式固定下来的经验系统。在人员测评中，技能是指岗位工作所要求的具体操作活动，如汽车驾驶、打字、电脑操作等。有些岗位对技能要求较高，如生产线上的工作一般要求良好的动作操作技能，眼、手、脚、躯体之间的相互协调等。

5. 品德特征

品德是指一个人依据一定的道德行为准则行动时所表现出来的某些稳固的特征，它是个性中具有道德评价意义的核心部分。个人的品德，如爱国、守纪、助人、勤俭等是在一定的社会道德舆论下和家庭、学校道德教育的影响下形成的。品德是人员素质中最具开发价值与潜力的部分，是人力资本中含量最高的资本，也是人员测评中的难点。品德虽然不是能力，却对能力的形成、发展与发挥产生关键的影响。

目前，对品德进行有效的测量并不是一件轻而易举的事，产生这一问题的原因是由品德自身的特点决定的，例如，品德具有模糊性、掩蔽性以及较高的社会赞许性等特点。国内过去对品德的鉴定主要依据组织上的考核与调查，然后对被考核的人做出定性、描述性的分析。这种考察有其优越性，但缺乏精准的定量分析和比较，难以在人群中找出一个品德发展水平的相对位置，不能在人与人之间就品德进行准确的比较。近年来，国内有学者尝试性开发了品德测评工具。国外也有很多专家编制开发了诚信度测验（integrity test），试图对一个人的诚实品质进行测量，但究竟怎样才算诚信仍然存在歧义。因此，加强对品德测评理论和实际操作的研究已经成为人员测评中迫在眉睫的课题。

三、人员测评的种类

人员测评技术应用的对象、目的和形式不同，所产生的价值自然也会存在差异。人员测评按不同的标准有不同的划分。了解这些划分，不但有助于理解人员测评的概念，而且有助于在实际测评中区分各种不同的情况而做到有的放矢。

（一）按测评对象划分

1. 以个人为中心的测评

个人测评就是准确地测量个人特质，主要测量个人的个性特征、职业倾向和发展潜力等方面的素质。其主要作用就是客观揭示个人特点，为专家指导与个人决策提供科学依据。例如，个人具备哪些能力优势、有何种职业兴趣、适合从事哪些类型的工作等。

2. 以岗位为中心的测评

以岗位为中心的测评是指基于一个特定岗位的胜任特征或任职资格进行的测评。在建立特定岗位的素质标准后，围绕这个特定岗位所要求的素质而开展的系列测评活动，就是以岗位为中心的测评。以岗位为中心的测评，一般主要应用于选拔、晋升、培训与诊断等人力资源管理过程。例如，以人力资源部经理岗位为中心的测评活动。

（二）按测评目的划分

1. 选拔性测评

选拔性测评是指为组织挑选新成员或职位晋升而进行的测评。为了保证组织吸纳的新成员符合组织的要求，适应组织文化、工作环境和岗位任务，在决定是否录用某一应聘者时，就需要通过测评对其个人能力、人际关系技能、工作动机等进行评价，为录用决策提供依据。特别是许多具有吸引力的职位竞争非常激烈，面对众多候选人，首先可以采取一定的甄选手段淘汰一些不合格者，然后对符合基本条件的人选实施选拔性的素质测评。内部晋升所进行的测评也是一种选拔性测评，只不过是测评的对象为组织内成员。

2. 配置性测评

配置性测评是指以人与职位相匹配（person-job fit）为目的而进行的测评。人-职匹配指组织成员的个人能力与工作需要相匹配，或组织对个人的要求与个人对组织的贡献之间相匹配。相关研究和实践表明，当任职者的人格、能力及兴趣等与职位要求吻合时，可以达到最佳的人力资源使用效果。否则，就会出现"大马拉小车"或"小马拉大车"的现象，使工作效能不能达到最优化。

3. 开发性测评

开发性测评的目的是开发员工的潜能，所以这种测评的结果并不强调优劣之分，而是强调通过测评来评鉴个人的优势与不足，尤其是潜在的发展可能性。开发性测评也经常结合明确的开发目的进行，例如，希望通过测评提升团队的沟通效率和质量。

4. 诊断性测评

诊断性测评是以了解素质现状为目的而进行的测评。导致工做出现问题的原因之一就是人员素质与岗位要求不匹配，为了从人员素质方面查找原因，需要实施诊断性测评。诊断测评的特点是比较全面和细致，对人员素质进行全方位的系统测评，为查找问题的原因提供依据。这种测评不一定公开结果，主要供管理者参考。

5. 考核性测评

考核性测评是指组织在完成某一目标或任务之后或定期（如每年、半年、季度等）进行的测评。考核性测评的目的是对组织成员在前一阶段中的行为表现、努力程度、目标实现程度进行评估考核，为下一步的决策提供参考。

6. 鉴定性测评

鉴定性测评的目的是鉴定和验证被测者是否具备某种素质，或者具备的程度和水平。鉴定性测评经常穿插在选拔性测评和配置性测评之中，主要是对被测者素质结构与水平的鉴定，要求测评结果具有较高的信度和效度。鉴定性测评适合于一般人员，如在校大学生，其结果可用于升学和就业指导。

（三）按测评内容划分

1. 单项测评

只对测评对象的某一测评要素进行测评，称为单项测评。例如，为了解一个人的职业兴趣而对其职业兴趣所进行的测评，或对组织成员完成某项工作的质量与数量情况进行的测评。单项测评内容单一，比较容易实施。

2. 组合测评

根据测评的特殊目的和要求，有选择、有针对性地对被测者的多项素质进行综合测评，称为组合测评。例如，如果要选拔一位公司经理，应对其分析判断能力、决策能力、组织管理能力、协调沟通能力、领导能力、表达能力，以及对组织内外事物的敏感性等要素进行测评。组合测评的测评内容应根据测评目的和现实情况进行选择。与全面测评相比，组合测评的针对性强、成本费用低、效率高，是现代企业人员测评中最常采用的一种。

3. 立体测评

从不同的角度对测评对象进行全面、系统的测评，称为立体测评。立体测评的突出特点是内容范围广、使用方法多。在测评方式上，立体测评可以综合采用上司测评、下属测评、同级测评、自我测评、专家测评等多种方式。因此，立体测评的设计、组织、实施以及结果的分析处理难度都很大，耗费的人力、物力、时间等也相当可观。所以，一般只有在选择重要的高层次人才，或配备领导班子，以及对现有人员进行优化组合以求达到最佳绩效时，才进行立体测评。

（四）按实施范围划分

1. 个体测评

在单次测评活动中只有一个被测者的测评活动称为个体测评。面试和传统智力测验中的很多个别测验（如比奈量表、韦氏量表等）均属此类。

2. 团体测评

在单次测评活动中有两个以上的被测者的测评活动称为团体测评，如笔试和心理测验中的瑞文推理测验。一些自陈式的个性测验也都可以采取团体的方式进行测试。

（五）按测评形式划分

1. 笔试

笔试是指采用纸笔测验的形式，对被测者的知识广度、深度和知识结构进行测评的一种方法。它采取统一命题、统一考试的方式，测试被测者胜任工作必须具备的基本知识、基本素质和运用相关理论知识、方法分析解决工作中实际问题的能力。笔试历来因其公平、简便、迅速的特点而被广泛采用。

2. 面试

面试是指经过精心设计的、在特定的时间与地点进行的、有明确目的和程序的谈话，通过面试考官与被测者面对面的双向沟通方式，了解被测者的素质特征、能力状况以及求职动机等方面的情况。面试可以通过面对面的动态交流从整体上对被测者进行评估。这往往是其他方式所难以达到的，正如古人云："百闻不如一见"。

3. 情境测评

情境测评是指通过创造一个与被测者现在或未来的工作环境高度相似的场景，让被测者在该场景中完成一系列的任务，测评考官通过观察被测者在完成任务的过程中表现出的行为与心理特征，对被测者的素质及潜力进行评价。情境测评主要包括无领导小组讨论、公文筐测验、管理游戏、角色扮演与模拟面谈等。由于情境模拟的测评方法具有与未来绩效高度相关的特点，目前已被广为采用。

4. 操作测评

操作测评主要适用于操作性的岗位，测评被测者实际操作的熟练程度、动作的协调性与标准化程度。例如，某集装箱制造公司招聘电焊工，要求应聘者现场切割并焊接两块厚度为两厘米的铁板，以考量被测者是否熟悉电焊的操作规程，能否正确使用设备以及操作的熟练程度。

（六）按测评参照系划分

1. 常模测评

将被测者的测评结果与某一特定人群测评结果的平均成绩（即常模）进行对比，从而确定被测者在特定人群中的相对位置，称为常模测评。如用大学生的常模解释某人的数字运算能力。常模的选择需视组织的用人策略及需求而定。

2. 标准测评

建立特定岗位的素质标准后，围绕该岗位所要求的素质标准对被测者开展的一系列测评活动，称为标准测评。一般用来确定被测者对岗位的胜任程度或对职业的胜任程度。例如，建立某公司销售人员的素质标准，然后根据该标准对所有销售人员进行测评，以判断他们胜任与否以及胜任程度。

四、人员测评的功能与作用

人员测评的功能和作用是两个既相互联系又相互区别的概念。功能是事物内部固有的效能，它是由事物内部要素结构所决定的，是一种事物内部相对稳定、相对独立的机制。作用则不同，它是事物与外部环境互动时所产生的外部效应。功能是作用产生的内部根据和基础。对人员测评来讲，组织的需要是测评产生作用的外部条件，人员测评的作用就是测评的功能与客观需要相结合而产生的实际效能。

（一）人员测评的功能

人员测评具有多方面的功能，归纳起来主要包括以下四个方面。

1. 鉴定功能

鉴定功能是人员测评最直接、最基础的功能。所谓鉴定，是指对人的人格特征、能力素质、道德品质和工作绩效等测评要素做出鉴别与评定。鉴别是测量个体之间的素质差异，评定是测量被测者的素质构成及其成熟程度，衡量被测者是否达到规定的资格条件和常模标准。人员测评鉴别评定功能的实现有赖于测评工具的科学性、测评实施过程的规范性以及鉴定标准的适当性，这三者是实现人员测评鉴定功能的必要条件。

2. 诊断功能

诊断功能是指采用一定的人员测评技术和方法对被测者的相应素质进行评价。当组织成员的工作表现经常出现问题时，通过测评找出问题的原因，促使个人进行反省和自我检查，进而采取有针对性的素质开发方案及措施，使个人清除前进中的障碍，实现全面和可持续的发展。

3. 预测功能

预测是通过对事物当前状态和发展趋势的把握，进而对事物未来发展的情况所进行的推测。人员测评具有预测员工未来表现及绩效的功能。人员测评需要通过对被测者的一些潜在素质、工作经验及工作业绩的评估，为预测被测者在未来工作上取得成功的可能性提供依据。因此，研究者在设计和开发人员测评工具的过程中，都非常注重对其效度的研究，以确保测评的结果与被测者未来某一阶段的工作表现或绩效之间具有较强的关联性。

4. 激励功能

激励功能是指人员测评能够激发员工进取向上的愿望与动机，使员工自觉自愿地努力学习和勤奋工作，从而不断地提高其素质和工作能力，充实和完善自我。根据强化理论的观点，获得肯定性评价之后，该行为再次出现的概率将会大大提高；而获得否定性评价之后，该行为再次出现的概率则会下降。因此，人员测评是促使个体的素质、态度和行为朝着组织所期望的方向发展的重要强化手段。

（二）人员测评的作用

人员测评具有多种作用，归纳起来主要包括以下两大方面。

1. 人员测评对组织的作用

对于组织而言，人员测评的主要作用是为人力资源管理决策提供客观、可靠的依据和参考。其作用大致包括以下三个方面：

（1）有效选拔人才。因事择人、人事匹配，是人力资源管理中最重要的原则之一。传统的人才招聘和选拔，往往只注重资历或面试的印象，考察的内容主要是被测者的专业或业务知识，缺乏对被测者心理素质或潜能的测试。现代人员测评在岗位分析的基础上进行各种综合性的测试，提高了人才选拔的效率和成功率。

（2）合理配置人力资源。人力资源配置是人力资源管理的基础工程。传统的人事管理由于缺乏人员测评技术，有可能造成组织人力资源没有得到科学合理的配置，容易产生人才闲置、结构不合理、人才堆积、人才奇缺等现象。现代人力资源管理利用人员测评技术，有助于各级各类人才准确定位，实现人力资源的优化配置，真正做到"人尽其才，才尽其用"。

（3）促进人力资源开发。开发员工的潜能是实现企业效益最大化最有效的手段之一。人员测评力图从智力、人格、能力倾向、心理素质等个性特征方面，了解员工的基本素质、发展潜能，提供诊断信息。根据这些信息，组织能够制订出具有针对性的培训和发展计划。

2. 人员测评对个人的作用

（1）促进个体的自我认识。人对自身的认识往往需要一个漫长的过程，可以说人的一生都是在不断探索自然、认识自我。当然，由于受环境、教育和社会实践水平的限制，有些人可能一生都难以对自己形成一个客观、准确的评价。现代人员测评可以帮助个体更好地认识和了解自我，例如，知道自己的长处与不足以及兴趣等。

（2）帮助个体进行职业选择。认识自我是个体职业选择的基础。一个人可以根据自己的素质、特长、潜在能力和职业兴趣等来确定自己适合从事何种职业，确立正确的工作价值观和职业发展方向。特别对于刚刚毕业将要走向工作岗位的学生而言，就更是如此。

　　（3）推动个体的潜能开发和自我发展。人的一生实际上也是不断成长并实现自身潜能的过程，人在社会实际中不断完善自我。人员测评为个体挖掘自身潜力、促进自身发展提供了依据。

五、人员测评的特点

　　对人员进行科学的测评是人力资源管理工作的重要内容之一。人员测评作为一种特殊的、复杂的社会认知活动，其主体包括测评考官和被测者，他们都是现实生活中的人。这就决定了人员测评不同于其他形式的测评活动，归纳起来，主要有以下几方面的特点。

　　1. 量化性

　　定量方法与定性方法相结合是现代人员测评遵循的一条基本原则。人员测评十分注重定量测评方法以及不同方法的合理选择与综合应用，如笔试、心理测验、量表评定及其组合应用等，从而使现代人员测评形成了一套测评的计量体系和统计分析方法。科学定量方法的采用，为定性评价提供了丰富、准确、可靠的数据资料，大大提高了测评结果的客观性、有效性和权威性。这与传统人员测评的"重性轻量"形成了鲜明的对比。但是有必要指出的是，现代人员测评注重定量方法的运用，并不是否定或排除定性的考核方法。实际上，它更注重定性的科学性，注重定量与定性的有机统一。

　　2. 科学性

　　人员测评的科学性体现在两个方面：首先，人员测评具有科学的理论基础。其基础理论包括经典测量理论（CTT）、项目反应理论（IRT）、概化理论（GT）等。在数据处理和分析方面，除了有经典的概率统计理论外，还应用了多元统计、模糊数学、离散数学、层次分析法、系统仿真、神经网络等理论与方法。其次，人员测评的方法必须符合科学的标准。人员测评的过程和结果都有一套严格的控制和检验方法，如对测评项目进行统计分析，根据统计指标就可以检验项目对测评对象的适合性，进而通过删改项目的方法对测评过程进行控制；通过信度和效度的检验可以考察测评的可靠性与有效性，对整个测评的质量进行控制。

　　3. 间接性

　　人的素质与客观的物理现象不同，其突出特点之一就是抽象性。以目前的科学发展水平，我们尚无法对素质进行直接的测量。然而根据现代测评理论，尽管素质是隐藏在个体身上的内在的、抽象的东西，但是一个人的内心世界总是会表现在他的外显行为中。因此，虽然我们不能对素质本身进行直接测量，但可以通过个体表现出的行为特征对其素质进行间接的推测和判断。通过一个人对特定情境的反应来推论他的素质，也就是从个体的外在行为模式来推知其内在的素质特征。

4. 相对性

人员测评的相对性主要表现在以下两个方面：

第一，在对人的心理特性和行为进行比较时，没有绝对参照点，亦即没有绝对零点，有的只是一个连续的行为序列。因此，人员测评的度量单位是相对的。如一个员工的智力高低和能力大小等，就是测量其在组织中的整个分数序列、行为序列中的相对地位。

第二，无论多么严格的素质测评都会存在误差。一方面，测评方案的设计及测评活动的实施，都是凭借施测者的个人经验来进行的，而不同的施测者对测评目标的理解、测评工具的使用及测评结果分数的解释，难免带有个人色彩，不可能完全一致。另一方面，作为测评对象的人，其素质是抽象模糊的，其构成是极其复杂的，而且测评工具有一定的局限性，诚如苏东坡所言："人难知也，江海不足以喻其深，山谷不足以配其险，浮云不足以比其变。"由此可见，人员测评既有精确的一面，又有模糊的一面。因此，测评的结果具有相对性特征。

5. 抽样性

这一特点是从统计学角度来讲的。作为人员测评的对象，素质和绩效并不是在某一孤立的时空内抽象存在的，而是表现于个体活动的全部时空中。从理论上讲，人员测评实施时，涵盖的范围越广、搜集的信息越充分全面，测评结果的客观性和有效性就越高。但这种理想状态在实际操作中却是不可能做到的，也没有必要。任何一种测评工具都不可能百分之百地测出被测者素质的全部特征信息，只能本着"部分能够反映总体"的原理，对测评要素进行抽样。只要使样本达到测量统计学所要求的数量、有足够的代表性，即可从样本的测量结果来推断全部待测内容的特征。

六、对人员测评的认识存在的误区

当前，人员测评技术在组织的人力资源管理中得到了越来越广泛的应用。但与此同时，仍然有很多人对人员测评还存在各种各样的认识误区。

1. 人员测评可以代替用人决策

有些人过分夸大现代人员测评的作用，甚至将人员测评结果作为用人决策的唯一依据。事实上，人员测评只能为用人决策提供一些参考信息，并不能直接取代用人决策。一个人是否被录用或能否获得晋升，不仅要看其综合素质，还要考虑特定职位的胜任特征要求以及企业文化和价值理念等因素。人员测评只能为用人单位提供有关人员素质及其岗位适合性的基本数据，从而在一定程度上降低用人决策失误的概率。因此，最终的用人决策仍然需要综合考虑各方面因素而定。

2. 人员测评结果是准确无误的

国外有的组织对人员测评结果过于相信，甚至把测评结果报告中的每一句话都当做是真理。尽管现代人员测评技术较之传统的选人用人方法要更为客观、准确，但这种准确性仍然只是相对的。首先，人的心理测量的复杂性要高于物理测量，有时连测评要素的界定也很难做到非常明确；其次，在人员测评的实施过程中，还会经常受到诸多因素特别是被测者自身因素的干扰，如情绪状态、心境、身体状况等。因此，人员测评的准确性远远低于物理测量。

3. 人员测评是无用的或不值得的

这是与上述两点刚好相反的一种认识误区。尽管现代人员测评技术的应用越来越广，但仍有人认为它并不比传统的选人用人方法高明多少，不用这些测评技术，组织照样能够很好地发展。事实上，有研究表明，凡由主管根据个人意见进行选拔的人员，其正确率为15％；经过管理部门进行选拔的，正确率为35％；管理部门推荐结合人员测评进行选拔的，正确率可高达76％。在西方，有学者计算过人员测评在选人用人中的投入、产出比。结果发现，用人的准确性的提高会带来非常可观的经济效益。由此可见，人员测评具有一定的准确性，并能够为组织带来效益。

4. 人员测评就是心理测验

心理测验是众多人员测评方法中的一种，但不是唯一的方法。例如，面试、评价中心等常用的测评方法就不属于心理测验。

5. 测评软件的应用是测评科学与否的标志

随着越来越多的人员测评软件进入市场，不少人认为，使用计算机软件的人员测评是最科学、最先进的。实际上，人员测评是否有效不在于是否使用计算机软件。目前的计算机测评软件只是实现了题目做答方式和分数统计的现代化，与测评的效度和信度并不存在直接的联系。一个成熟的测评工具没有三五年甚至更长的时间的研制与检验，是不可能开发成功的。有一些单纯追求短期利润的公司，东凑西拼一些测验题目，然后编成测评软件，就在企业中用来测评人员素质，其科学性和准确性之低是不言而喻的。因此，在选择测评工具时，主要考察其信度和效度等指标的高低，而不是工具的形式。尤其在效度检验方面，需要通过多种效度的检验，才是一种有效的测评工具。

第二章　人员测评的历史沿革与发展趋势

在历史发展的长河中，人类一直在尝试对人的素质和能力进行准确的测量与评价。中华民族在不同历史时期，孕育和产生了丰富的人员测评思想、制度和方法，如西周时期的试射制、汉代的察举制、隋唐的科举制等。但现代人员测评却是在西方文化背景中产生、丰富和发展的。改革开放以来，我国已经将西方现代人员测评的理论和方法引入到人力资源管理与开发之中，并取得了长足的进步。无论在国内还是在国外，人员测评的理论与技术都将随着社会的进步和科技的发展而不断更新和改进。本章将重点介绍国内、国外人员测评的历史沿革、现状及发展趋势。

第一节　中国人员测评的历史演进

人员测评的理论与技术在现代受到了普遍关注和广泛应用，但人员测评的思想与方法在中国却源远流长。我们的先贤历来强调"治本在得人，得人在审举，审举在核真"的选才用能之道。其中，"核真"就是对人员的素质及其真实情况进行评鉴。

一、中国古代人员测评思想

（一）中国古代人员测评思想与实践的历史演进

在中国古代，没有"人员测评"一词，也没有直接论述人员测评的文字。但对人的素质特点的评鉴，在远古时期就有了。与人员测评相类似的评鉴人的活动，在中国古代被称为"知人"。老子认为"知人者智，自知者明"，把善于知人知己看做智慧的象征。我国自古就十分重视人才的鉴别、选拔与考评。按不同的历史发展阶段，我国人员测评思想的发展大致可以划分为三个历史时期。

1. 起始期：从上古到春秋战国

这一阶段是人员测评思想的萌芽阶段。传说中的五帝时代，即黄帝、颛顼、帝喾、尧、舜时期，是我国古代国家的萌生期，官吏选任制度也处于朦胧时期。《史记》记载：舜"命十二牧论帝德"，"使居官相事"，说的是舜让他所选拔的12名官员一起讨论自己的品德，要求他们做官为民做事。这里的12名官员，像禹、契、后稷、伯夷等都是氏族首领，而氏族首领是大家按以往的惯例根据他的贡献、品德、声望等推举出来的，有很大的随意性，并没有形成制度。在当时，多数职位仍以世袭制为主，只是对少数关键职位、重要人才采取荐举和观察的办法。《尚书·尧典》中也记载了尧对舜长达28年的测试与考察。

夏、商、西周是我国奴隶制国家由诞生到发展直至鼎盛的时期。这一时期的人才选拔制度，包括兴办官学选才制、"乡兴贤能"制、贡士制、世卿世禄制等，主要是采取世卿世禄制。卿是古代高级官吏的称呼，世卿就是天子或诸侯国君之下的贵族，世世代代、父死子继，连任卿这样的高官都是世袭制。禄是官吏所得的享受财物。世禄就是官吏们世世代代享有所封的土地及其赋税收入。在世卿世禄的制度下，官员由王任命，官职世代相袭。诸侯国的官员由诸侯任命，官职也是世袭。这种由贵族直接控制、封闭性的人事制度，实际上是由大小贵族世代垄断和瓜分官职，属于宗法制的选拔官员方式，体现了强烈的门第观念，具有很强的惰性，必然影响到国家公职人员的合理升降和使用。

春秋战国时期，百家争鸣、人才辈出，诸子从不同的角度阐述了对人才的见解。如孔子提出考察人才时要做到"视其所以，观其所由，察其所安"，强调通过"视、观、察"三个层次，由表及里、全面辩证地考察、分析人的行为举止与内心世界，以求正确地了解其真正的为人。孟子也提出"权，然后知轻重；度，然后知长短。物皆然，心为甚"的观点。这里的"权"、"度"指的都是测量。物既能测，心即可测，直接指明了对人的个别差异进行测量的可能性。墨子提出"官无常贵，民无常贱，有能则举之，无能则下之"，即认为官吏和百姓的地位贵贱不应该长久保持不变，有能力的就举荐为官，没有能力的就免官为民，强调地位的贵贱应该由能力的高低大小来决定。孙膑在《孙子兵法》中描述了如何评价一个将军："将者，智，信，仁，勇，严也。"作为一个将军是否合格或者优秀，第一，要看他的头脑怎么样，看他能不能正确地判断敌我形势，是否善于采取正确的战略战术；第二，要看他是否能够取信于手下的将士，比如能否言出必行、说到做到、不出尔反尔等；第三，要看他是否关心爱护部属；第四，要看他是否勇于面对危险和困难；第五，作为将军绝对不能是一个老好人，遇到军中的违纪情形，需忍痛割爱、严格处罚。

另外，这一时期还提出了一些考察人才的办法，如《庄子·列御寇》中提出了九种知人之法："故君子远使之而观其忠，近使之而观其敬，烦使之而观其能，卒然问焉而观其知，急与之期而观其信，委之以财而观其仁，告之以危而观其节，醉之以酒而观其则，杂之以处而观其色。九征至，不肖人得矣。"该段论述告诉我们，只要掌握这九种知人之法，就一定能够洞察人们心灵的秘密，分辨出谁是好人谁是坏人。庄子提出的九种知人之法，对后世的影响是很深远的。此外，《吕氏春秋》中也提出了"八观六验"人员测评法："凡论人，通则观其所礼，贵则观其所进，富则观其所养，听则观其所行，止则观其所好，习则观其所言，穷则观其所不受，贱则观其所不为。喜之以验其守，乐之以验其僻，怒之以验其节，惧之以验其特，哀之以验其人，苦之以验其志。八观六验，此贤主之所以论人也"。西周则用"试射"来选拔人才，测评项目包括其行为是否合乎礼仪、动作是否合乎乐律、射中的次数有多少。

2. 发展期：从秦汉到隋初

战国时期的秦国为适应统一中国的需要，选拔官吏的途径主要有两种：一是军功制；二是客卿制。所谓"军功制"就是以功得禄，以功授爵。秦国军功制突出两点：一是凡立有军功者，不问出身门第都可以享受爵禄；二是宗室贵族不能再像过去那样仅凭血缘关系就可以获得高官厚禄和爵位封邑。所谓"客卿制"，就是以客为卿，类似现代意义上的"引进人才"，委以重任。秦国地处边隅，人才稀缺，因此它是战国时代最早实行客卿制的，也是最有成效的。秦国统一中国后实行"王者不却众庶，故能明其德"的政策，仍重视选拔有实际政治经验和军事才能的人才，即"宰相必起于州部，猛将必发于卒伍"。秦朝的大部分官僚是靠军功、事功而得到爵位和官职的。

汉朝首次确立了察举征辟制度，为国家选拔人才。由诸王、列侯以及郡国行政长官逐级向中央政府推荐孝廉、茂才、贤良方正与文学等人才，经中央政府审查与考试后，授予官职，是谓察举。所谓征辟，是由皇帝征聘有名望的人做官，或由三公、郡县长官辟除僚属。察举征辟制是以推荐为主、考试为辅来选拔官吏。察举和征辟，对于原先实行的世卿世禄制来讲，是一大进步。但是这一制度又带有举士和举官不分、选举和考课不分、选举与教育分离、没有选官的专职官员、先选后考等特点，给各级官吏在察举和征辟中徇私舞弊留下很多缝隙，所以到东汉末年，竟然出现了"举秀才，不知书；举孝廉，父别居；寒素洁白浊如泥，高第良将怯如鸡"的怪现象。

到了魏晋南北朝，对人的评价和判别有了很大的发展，特别是魏国为了吸引人才，创设了九品中正制。这是继汉代察举征辟制之后发展起来的一种人才选拔制度，萌芽于东汉末年曹操家族掌政时期。曹操在汉末群雄割据、军阀混战之中，企图剪灭群雄，一统天下，不拘一格起用人才就成为一个迫切的课题。同时，曹操也从汉代的选人制度中发现了察举不实和过分注重品德的弊病，因此提出"唯才是举"的主张。曹操曾数次发布求贤令，他明确指出，即使是"不仁不孝"之人，只要是"高才异质"，只要有"治国用兵之术"，就可以起用他们来治国安邦。这无疑是对当时用人标准的一次有力纠正。这一指导思想的改变，带来了"猛将如云，谋臣如雨"的盛况，从而为建立新的选人制度创造了条件。曹操死后，曹丕采纳了礼部尚书陈群的建议，把曹操"唯才是举"的方针制度化，于是九品中正制成了魏晋南北朝时期主要的选官制度。

设置中正是九品中正制的关键环节。所谓中正，就是负责对某一地区人物进行品评的官员。有大小之分，州设大中正官，掌管州中数郡人物之品评，各郡则另设小中正官。中正官最初由各郡长官推举产生，晋以后，改由朝廷选授。其中郡的小中正官可由州中的大中正官推举，但仍需经朝廷任命。中正官的主要职责就是品评人物。品评的内容主要有三条：①被品评人物的家世，即家庭出身和背景，指父祖辈的资历仕宦情况和爵位高低等。这些是中正官必须详细掌握的。②行状，即个人品行才能的总评，相当于现在的品德评语。③定品，即确定品级。初期定品，原则上依据行状，家世只作为参考，晋代以后完全以家世来定品级。所谓"品"，就是综合士人德才、门第（家世官位高低）所评定的等级，共分为上上、上中、上下、中上、中中、中下、下上、下中、下下九品，但类别却只有上品、中品和下品（一品为虚设，无人能达到；二品至三品为上品；四品至五品为中品；五至九品为下品）三类。

九品中正制的初期，确实包含了"唯才是举"的精神，但由于中正官大多由享有政治和经济特权的豪门大族人士担任，于是品评的标准逐步转向由家世（门第高下）来决定，豪门大族把持了人才选拔的大权，渐渐形成魏晋时期的"门阀制度"，出现了"上品无寒门，下品无士族"的现象。

九品中正制的发展期最重要的成果是形成了以刘劭的《人物志》为代表的人员测评思想和方法。在该书中，刘劭提出了"八观五视"的知人方法："八观者，一曰观其夺救，以明间杂。二曰观其感变，以审常度。三曰观其志质，以知其名。四曰观其所由，以辨依似。五曰观其爱敬，以知通塞。六曰观其情机，以辨恕惑。七曰观其所短，以知所长。八曰观其聪明，以知所达。"所谓五视："居，视其所安；达，视其所举；富，视其所与；穷，视其所为；贫，视其所取。然后乃能知贤否。"

3. 成熟期：从隋朝至清末

隋炀帝大业年间，为了加强中央集权的需要而补充官吏，采取了开科取士的选人办法，并在朝廷中设"文才秀美"科，即进士科，揭开了中国古代选举和考试历史的新篇章，标志着中国古代科举制度的开端。唐代完善了这一制度，把智力方面的内容引入考试。唐代科举分科较细，包括秀才、明经、进士、明法、明书、明算等。明法、明书、明算是关于律令、文字、数学的专门科目，用于选拔专门人才，录取后只在与专业有关的机构任职。进士科在唐初时沿袭隋朝只考"时务策"，即对时事和政治的看法；唐太宗时加考以经书或史书内容拟出的策问题；高宗时又加考《老子》及其他"杂文"题，形成"三场考试"；玄宗时转为兼考诗赋，而且诗赋成为最主要的考试内容。明经科则注重考察儒家经义，内容以儒家经典为主，也分三场考试，第一场为"帖经"（类似于填空题），第二场为口试，第三场为时务策。

宋代对科举制度做了不少重要的改革。宋太祖正式建立了殿试制度，即在吏部考试后，皇帝在殿廷之上主持最高一级的考试，决定录取的名单和名次。于是所有及第的人都成了"天子门生"。辽代的科举制，专为汉人而设。考试分乡试、府试、省试、殿试几种。明清是科举制度鼎盛的时期，也是走向衰亡的时期。明清时考试增为四级：科试，及格者为秀才；乡试，及格者为举人；会试，及格者为贡士；殿试，及格者为进士，前三名分别称状元、榜眼、探花。明清的各级考试，每隔三年举行一次，进士及第后授给一定的官职。科举考试的内容基本上是儒家经义，以"四书五经"为主。

建立在公平考试基础上的科举制度是大规模应用测评最早的、也是对社会发展有长远重大影响的测评实践。科举制度使得社会各阶层天资聪颖的子孙们，可以通过寒窗苦读而考取功名、走上仕途，甚至与皇室攀亲。比起古代印度的种姓制度，古代中国的科举制度对于社会发展的促进作用不言而喻。但可惜的是，随着时代的前进，科举制度却被条条框框所束缚，日趋僵化，最后反而成为进步的阻力，终于在1905年被彻底废除。

（二）中国古代人员测评思想与实践的特点

我国古代人员测评主要应用于选拔官吏，特定的测评对象、社会环境和几千年来的经验积累，使得我国自古形成的测评体系有它自身的特点。

1. 测评角度多维化

《庄子·列御寇》中提出的九种知人之法，其测评的角度分别是人的"忠"（忠实）、"敬"（恭敬）、"能"（能力）、"知"（智力）、"信"（信用）、"仁"（是否贪心）、"节"（气节）、"则"（遵守规矩）、"色"（是否好色）。《吕氏春秋》中的"八观六验"，列举了知人识才的六个品评角度："守"（操守）、"僻"（邪恶言行）、"节"（气节）、"特"（突出的品行）、"人"（仁爱之心）、"志"（志向）。西汉时期的《大戴礼记》则在"观诚"中列出了知人识才的16种品评："信"（信用）、"知"（智力）、"勇"（勇敢）、"治"（办事能力）、"不贪"（廉洁）、"宁"（庄重）、"轻"（轻浮）、"重"（暴躁）、"不失"（检点）、"常"（合乎常规）、"不贰"（忠诚）、"不倦"（勤于工作）、"情"（情性）、"诚"（诚实）、"信"（认真）、"备成"（行为表现）。这些品评从人的思想、道德、意志、性格、智力和能力等诸多角度来考量备选人才。

在中国古代的科举考试中，为了满足统治阶级治国安邦的需要，科举考试比较注重对考生的政治见解、行政工作能力和文学艺术的独创能力的考察。这些测量角度，从历代科举所开设的考试内容和所使用的考试方法上是很容易看出来的。

2. 测评内容二元化

中国古代的人员测评在内容方面侧重于人的德才。尧对舜的考察以品行道德为主；《庄子·列御寇》中列举的知人识才的九法中，其中有七项是属于道德品行的，另两项属于才智。在三国时期，曹操提出"唯才是举"的主张，重才轻德。及至汉代，儒家思想占据正统地位，在人才的选用上较注重德行。刘邵的《人物志》是一部衡评人物的专著，他认为评价人才，讲德性重才能，务求两者兼顾。科举考试比较注重对人的全面素质的考评，其主要内容就是德和才。正如古人所言："士先器识而后文艺"，中国传统选人用人标准中，德最重要，才则是其次，即所谓"德才兼备，以德为先"。

3. 测评方法多样化

《庄子·列御寇》中提出的九种知人之法、《吕氏春秋》中提出的"八观六验"等，都体现了先贤强调通过多样化的方法来品评人才的特点。诸葛亮《心书》中《知人性》篇也提出了七种知人的方法："问之以是非，而观其志；穷之以辞辩，而观其变；咨之以计谋，而观其识；告之以祸乱，而观其勇；醉之以酒，而观其性；临之以利，而观其廉；期之以事，而观其信。"其中的前四法（问、穷、咨、告），是借助于言语，以问答的方式来观察、测量人的素质，显然是问答法（面试）；后三法（醉之、临之、期之），从现代测量理论上看，就是给予某些情境刺激以观测所诱导出的心理与行为的反应，属于情境测验法的范畴。

科举制度常采用的测试方法有好几种，如贴经、墨义、策问、诗赋等。即使是口试，也有三种形式：一是主考询问式的；二是根据命题准备好答案提纲，再逐个口答问题；三是考生主动进行讲演，让主考和听众进行评议（古称"试诵说"）。对人的考察往往不是单独使用一种方法，而是两种或两种以上方法的结合。唐代科举明确规定："凡明经，先贴文，然后口试，经问大义十条。……凡书学，先口试，通，乃墨试《说文》、《字林》二十条。"

中国古代多样化的测评方法往往是借助情境来实现的。有关这方面的记载，最早可见于《尚书》中的《尧典》："帝曰：我其试哉！女于时，观厥刑于二女。厘降二女于妫汭，嫔于虞。慎徽五典，五典克从。纳于百揆，百揆时叙。宾于四门，四门穆穆。纳于大麓，烈风雷雨弗迷。"文中记叙了尧对舜的五种考察方法，均是设置一定的情境，通过舜的表现，以观察其素质。当然中国古代人员测评中，也会用一些具体的单项测验，如"分心测验"、七巧板、九连环等，但与前面所列举的几种测量方法相比，仅占了很少的一部分。

4. 测评结果定性化

尽管我国古代积累了丰富的人员测评思想，但严格来说，这些思想由于社会历史条件、经济发展水平和文化心理的局限，决定着它们是零散的、经验性的并且是以定性测评为主。这种定性化的特点，也是很多人认为中国古代人员测评仅是一种思想，而不是一门科学的依据之一。

当然考察史料也不难发现，先哲们虽然不重视量化，可还是有一些量化方面的探讨。例如《世说新语》中记载了魏曹子建七步成诗、宋刘元高一日十行等。前者说明完成一种作业所需的时间，后者指一个时间单位内所完成的作业数量。

南朝诗人谢灵运曾自称："天下才共一石，曹子建独得八斗，我得一斗，自古至今共用一斗。"这是以百分数为指标来说明一个人智力的量在团体中所占的比重，具有统计学的意义。

二、我国现代人员测评的发展历程

在我国，心理测验在 20 世纪二三十年代就开始在教育领域得到应用。后来由于抗日战争而几近中断。新中国成立之后，由于种种原因，心理学在很长一段时间被视为"伪科学"，人员测评与心理测验更是无人敢于问津的领域。因此，从 1949 年至 1979 年，我国在人员测评技术的理论研究与实际应用方面基本处于停滞状态。20 世纪 80 年代开始，我国的人员测评和心理测量事业重新复兴，至今又有近 40 年过去了。根据我国著名心理学家张厚粲等人的观点，人员测评在这一期间的发展过程，可以分为以下三个阶段。

1. 复苏阶段：1980～1988 年

这一阶段的特点是从恢复心理测验开始，首先消化、吸收国外先进的测验技术和做法。在这一时期，我国心理学家修订了许多国外经典的智力和人格测验。但这个时期心理测验的应用主要局限于教育领域。当时只有少数心理学工作者和测评专家开始在社会经济领域中开展人员测评的应用研究。如中国科学院心理研究所徐联仓、陈龙修订了日本三隅的测量领导行为的 PM 量表。在此基础上，凌文辁等（1987）又开发了 CPM 中国领导行为评价量表。他们根据实际单位干部考核的需要，并考虑到中国文化传统，增加了一个品德（C）因素，主要反映在领导行为中处理公与私关系的评价。研究人员没有停留在理论研究上，他们还协助中国科学院干部局利用有关研究成果来选拔司局级干部，并在 100 多个大中小企业中考核干部，取得了较好的成效。届时，凌文辁还应中组部的邀请，在中央党校为各省部委组织部长和人事局长培训班讲领导理论与 CPM 测评方法，反响颇大，并被邀请去各地讲课和进行领导班子测评。又如原杭州大学心理系受浙江省委组织部的委托，在机关干部中开展了人员素质测评的研究与应用，得到了政府有关部门的认可。这些研究与运用为我国人员测评事业的发展起了一定的推动作用。但总体来说，这个时期人员测评的发展还处在萌芽时期，人员测评的运用领域还很少，但为以后人员测评的广泛应用和推广打下了基础。

2. 初步应用阶段：1989～1992 年

这一阶段的一个显著特点，是国家公务员录用考试制度开始建立。1989 年 1 月，中组部、国家人事部联合下发了《关于国家行政机关补充工作人员实行考试办法的通知》，要求县以上国家行政机关补充非领导职务的工作人员时，要按照德才兼备的标准，公开考试，严格考核，择优录用。中组部成立了人员考核测评中心，组织全国心理学专家研制党政领导干部测评量表，用于党政干部和公务员选拔。从此以后，所有想进入公务员行列的人必须通过公务员录用考试。这标志着国家机关在人事管理中开始引入现代人员测评技术。至 1992 年年底，全国 29 个省、国务院三个部门都不同程度地采用了人员测评方法补充人员，取得了良好的效果。这使得人员测评在社会上引起人们的广泛关注。与此同时，我国在高级官员的任用决策中也开始借用人员测评技术，许多省市都开始用现代人员测评技术来选拔厅局级领导。测评手段包括纸笔测验、结构化面试、文件框、情境模拟等。由于这种选拔方式比较客观公正，因而深受社会各界的欢迎和称颂。

3. 繁荣发展阶段：1993 年至今

近些年来，各地都有了人才市场。区域性的主要有上海人才市场、南方人才市场等大型的人才服务市场，在许多地级以上的城市也都有了小型的人才（人力资源）市场。各类用人机构有了相对灵活的用人自主权，个人也有了更多的择业自由和机会。人才交流的日益普遍促进了现代人员测评技术的更快发展。人才交流必须有一个相对一致的评判尺度。传统的人才标准主要以学历、工作经验和职称等为主，这些指标通常只能说明某些问题，并不能客观准确地反映人才的真正价值。比如说学历，它更多地反映了一个人受教育的多少，但很难反映出一个人的实际工作能力。要准确地反映人才的价值，必须借助于人员测评技术。与此相呼应，随着人员测评的应用需求不断扩大，新的人员测评手段不断发展，从事人员测评研究和服务的机构也不断增多。所有这些都象征着我国人员测评事业已进入了一个繁荣发展阶段。

在人才市场迅速发展、人员测评公司如雨后春笋般出现的同时，人员测评在实践中也存在很多问题，例如测评技术落后、不适合中国国情的西方测评工具被滥用、新技术开发相对薄弱、理论研究相对滞后、专业人才匮乏、利益驱使下的商业操作缺乏规范等。

第二节　西方现代人员测评的历史演进

西方现代人员测评是在心理测验的基础上发展起来的，在军事、工商业、教育等领域的应用中不断发展和完善。西方现代人员测评的发展，大致可以划分为三个阶段。

一、实验心理学家的探索

早在 1796 年，天文学家就发现在反应时方面存在着个体差异。当时，英国格林威治天文台台长马斯克林内解雇了他的助手，原因是助手所观测的星体通过子午线的时间比自己所测得的常常迟约一秒钟。这一事件引起了德国柯尼斯堡的天文学家贝塞尔的注意，他比较了自己和其他经验丰富的天文学家观测同一星体的通过时间，也发现了不同观测者所得数据之间有明显差异。这一发现引起了天文学家们浓烈的兴趣，他们确定了不同观察者之间的人差方程（实际上指视觉反应时的差异）及校正方法。到 19 世纪 60～70 年代，心理学家开始研究反应时间问题。这一时期，心理学家们不仅测量到反应时上的个体差异，而且也测量到了其他心理和生理活动特征的个体差异。

1879 年，实验心理学之父冯特在德国莱比锡大学创建了第一个心理学实验室，首次将实验方法引入心理学研究。他和学生们通过实验证实了个体差异的存在，并发明了测量思维敏捷性等个体差异的工具。冯特和他的学生们的早期研究为心理测验的发展奠定了基础。

1885 年，高尔顿在伦敦建立了一个"人体测量实验室"。他用自己能想到的所有方法进行测量，包括生理和心理两方面的测量，其中，生理方面测量的内容有头的大小、两臂伸展长度、站高、坐高、体重、手的握力、肺活量等；心理方面测量的内容有色彩的分辨能力、长度判断能力、听敏度、视敏度、所能听到的最高音调（其实就是声音频率的绝对极限）等。高尔顿之所以要建立这个人体测量实验室，主要原因在于他想证实自己的一个观点：感觉的敏锐程度可以是智力的指标，因为人们就是通过感觉来认识世界的。1888 年，高尔顿又在南肯新顿博物馆的科学长廊建立了类似的实验室继续工作了很多年，搜集有关人类测量方法和实践用途的信息，同时也搜集了用于统计讨论的资料。高尔顿搜集的资料数量惊人，当时没有计算机，很难进行统计分析，而且后人也不认为感觉敏锐程度与智力相关。但是高尔顿的开创性工作不啻为心理测量运动的开端。

在这一时期，美国的一些学者也认识到对人的特质和能力进行客观评价的重要性。例如，冯特的学生卡特尔在学成之后于 1888 年回到美国，任宾夕法尼亚大学心理学教授，并开始以各种心理测验来研究个别差异。他在自己的实验室内编制了 50 个测验，包括测量肌肉力量、运动速度、痛感受性、视听敏度、重量辨别力、反应时、记忆力以及类似的一些项目的测验。卡特尔于 1890 年在《心灵》杂志上发表的"心理测验与测量"一文，描述了这些测验。这篇论文首创了"心理测验"（mental test）这个术语，还由高尔顿加上了一篇附录表示支持。他的心理测验不同于智力测验，他重在测量基本的身体活动或"感觉—运动"反应，卡特尔的研究在心理学领域产生了巨大的影响。

此外，医学和精神病学家的相关工作也为心理测验的发展做出了重要贡献。1800 年以后，出于对心理机能异常者诊断和治疗的需要，一些医学和精神病学家开始对智力障碍和心理变态者进行系统的研究，并尝试使用有关测验对其进行鉴别，他们对心理测验的贡献不亚于当时的实验心理学家。例如，格拉赛使用移动的字、符号、图画等检查病人的再认，这是后来使用的记忆鼓的前身；里格的测验中已经包含了视觉认知、短时记忆、长时记忆、语句及动作模仿、造句等高级认知内容。

二、人员测评的产生——早期的心理测验

法国实验心理学家比奈是第一个智力测验的创立者，他因此被称为心理测验的鼻祖。比奈研究过变态心理学以及记忆和遗忘等心理现象。他与同事亨利一起发现存在着几种不同类型的记忆，并于 1889 年共同建立了法国第一个心理学实验室，创造了测量这些不同类型记忆的测验方法。1895 年，在他的倡导下，法国出版了第一本心理学杂志《心理学年报》。1904 年，法国教育部委派许多教育专家、医学家组成一个委员会，研究公立学校的低能儿童的班级管理问题，比奈也是委员之一。他主张采用心理测验方法去鉴别智力缺陷儿童。他与他的助手西蒙经过精心研究，次年在《心理学年报》上发表了题为"诊断异常儿童智力的新方法"的论文。这篇文章介绍了他们编制的第一份学校儿童用的智力量表——"比奈-西蒙智力量表"。这是第一个具有应用价值的心理测验。该量表含 30 个项目，由易到难排列，用通过项目数的多少作为鉴别智力高低的标准。1908 年，比奈对量表进行修订，测验项目从 30 个增到 50 个，并首次按年龄进行分组，分别适用于 3～15 岁儿童。1911 年，比奈对量表进行了第二次修订。这次修订的要点是：删除了一些旧项目，补充了一些新项目，并重新排列了项目顺序；将年龄范围扩展至成人；除四岁组为四个项目外，其他年龄组均设为五个项目，使计算更为便捷。

自"比奈-西蒙智力量表"发表后，这个量表就显示出它切合实际和有用的工具作用，在国外也成为很多著作论述的对象。例如，瑞士的克拉帕雷德、德国的斯特恩、美国的推孟等都对这个量表做了介绍，并使其能适用于本国的具体情况或把它推广运用到幼儿和成人。其中推孟还首次使用了智商的概念，并确定了智力等级的分类方法，较之比奈的智力测验有较大的进步。智力分数划分为六个级别：140 及以上——近乎天才或者就是天才；120～140——很高智力水平；110～120——较高智力水平；90～110——正常或平均智力；80～90——较木讷，但一般不判断为低能；70～80——接近有缺陷，有时分类为木讷，经常被作为低能儿看待。

早期的心理测验为现代人员测评奠定了良好基础，也为现代人员测评提供了便利的测评工具。自"比奈-西蒙智力量表"开始，测验成为一种测量个体差异的工具，在西方轰轰烈烈地开展起来。

三、人员测评的发展

（一）军事需要推动了人员测评的发展

随着心理测验的产生，人们开始不断地编制和运用心理测验。刚开始，心理

测验主要还是用在教育领域和临床诊断中。1917年，美国介入第一次世界大战，大批新兵急待分派相适应的军种和兵种工作，并且要从新兵中选拔军官。为了迅速且有效地选拔士兵和军官以赢得战争，当时的美国心理学会主席耶克斯及桑代克等人将欧提斯尝试性编制的团体智力测验运用于军队，修订后即成为陆军甲种测验。这是第一个团体智力测验。1918年心理学家用该测验对14万士兵进行了测验，成功地完成了对进入军官训练营和普通士兵连队的人员筛选和分类。陆军甲种测验包括八个分测验，即知识测验、算术测验、常识测验、异同测验、语句重组并辨真假测验、填数测验、类比测验和句子填充测验。后来，心理学家发现士兵的文化水平不同，会影响到测验效果，于是又编制了非文字的陆军乙种测验。陆军乙种测验是为母语为非英语者及文盲编制的适用于军队的团体智力测验。它包括七个分测验，即迷津、立方体分析、补足数列、数目符号、数字校对、图画补缺和几何分析。

　　第一次世界大战结束后，用于测量官兵一般智力的陆军甲种测验和陆军乙种测验被迅速应用于美国社会，直接促使在大学招生、商业和工业人员选拔中开始采用智力测验，并引发能力倾向测验在社会上也被广泛研究和应用，心理测验由此名声大振。这样，在20世纪20年代，心理测验运动展现狂热的势头，为各个阶层、不同人群设计的智力测验不断出现。同时，根据工业部门人才选拔和安置工作的需要，再加上职业咨询的兴起，心理学家又开始编制各种职业能力倾向测验，主要包括音乐、文书、机械和艺术等方面的特殊能力倾向测验。在把职业选择与个人特点相结合方面，美国学者斯特朗做出了重要贡献。他于1927年编制出版了世界上第一个职业兴趣测验——"斯特朗男性职业兴趣量表"，该量表至今仍受重视。

　　（二）企业需求使人员测评得到了广泛应用

　　到了20世纪四五十年代，心理测量学家们开始在实践中评价求职者的"岗位适合度"，也就是说，人们从此开始越来越重视"人-职"匹配。通常为了达到这个目标，心理学家需要事先对求职者进行一次简单的诊断面谈，然后进行一系列纸笔测验，通常包括能力倾向测验、兴趣测验以及投射性测验等。

　　20世纪60年代以后，许多大公司开始运用评价中心技术。评价中心最早可以追溯到德国心理学家在1929年创立的一套用于挑选军官的多项评价程序。他们当时建立这种程序的主要任务是挑选未来军官。该程序包含了许多独特的评价方法，其中包括：①采用书面测验评估智力；②任务练习；③指挥系列练习；④深入面谈；⑤五官功能测验和感觉运动协调测验等。在第二次世界大战期间，美国的战略情报局使用一套评价候选人个性的程序来选拔情报人员，获得了成功。这套程序非常强调情景模拟测验和绩效练习，也同样重视面谈、履历表分析、句子完成测验、健康调查和工作条件调查、词汇测验等传统方法。战略情报局从事的评价工作为评价中心在美国的大量应用打下了基础。在工业组织中，美国电话电报公司开创了使用评价中心技术的先河。该评价工作从 1952 年一直持续到 1960 年，结果证明，在被提升到中级管理岗位的员工中，有 78% 与评价中心的评价鉴定是一致的；在未被提升的员工中，有 95% 与评价中心在八年前认定的缺乏潜在管理能力的判断是吻合的。此后，许多大公司，如通用电气公司、国际商用机器公司、福特汽车公司、柯达公司等都采用了这项技术，并建立了相应的评价中心机构来评价管理人员。

近几十年来，西方人员测评思想和方法日新月异，开发了名目繁多、内容丰富的测评技术，主要有智力测验、能力测验、性向测验、成就测验、情景模拟等。现在无论政府机关选拔公务员，还是公司企业录用新员工，抑或个人进行职业生涯规划和设计，都会考虑进行测评。据美国人力资源协会有关资料报道，发达国家 50% 的企业通过人员测评选拔应聘者。另外，随着人员测评工作更加专业化，西方出现了许多专门提供人员测评服务的公司，他们把人员测评技术应用于人力资源开发的各个领域。如今，西方的人员测评已形成一个产业。以美国为例，目前有 2/3 的大企业和 1/3 的小企业都采用人员测评，每年仅人员测评服务的直接收入就已达到 20 亿～30 亿美元，如果包括与测评服务相关联的咨询和培训费用，则可达 100 亿美元。

第三节　人员测评的发展趋势

目前，在很多国家人员测评已经形成一个产业。随着人员测评的应用需求不断扩大以及新的理论、方法和技术的不断涌现，人员测评本身也呈现出新的发展趋势。

一、人员测评的应用范围更加广泛

美国管理学会在 1997～1999 年以邮寄问卷的方式对其会员单位的 1000 多名人力资源主管进行调查，以了解现代人员测评在美国企业组织中的实际应用情况。调查将人员测评分为三个类别：基本技能评价、职业技能评价和心理测量。基本技能评价涉及文字表达能力、数字能力；职业技能评价涉及文字录入速度、办公软件熟悉程度、数据库软件熟悉程度以及职业精通度；心理测量涉及认知能力测量、职业兴趣测量、管理评价、个性测量、任务环境的心理模拟等。这项调查表明人员测评已不仅用于员工选拔之中，而且广泛应用于人力资源管理的各个领域，从一般的考核、培训需求的确定到员工职业生涯发展的咨询，都有着广泛而重要的作用和良好的发展前景。

二、评价中心技术越来越受到青睐

评价中心技术是一种相对较新的人员测评技术，被认为是当代人力资源管理中识别人力资源的最有效工具之一。其主要特点是工作情景模拟并综合运用多种评价方法、多种评价源来评价被测者的某些特质。具体包括情景模拟、文件筐测验、无领导小组讨论和演讲等。情景模拟将被测者置于特定的模拟现实的环境中，采用多种测评技术来观察被测者的行为反应，对其岗位胜任特征做出判断。因此，其最大特点是能创设动态的、较真实的环境条件来观察被测者在当时情景中的心理和行为反应，使测评结果更为客观、真实。评价中心技术在企业的人力资源开发和管理中有着广泛的应用：①利用评价中心技术来进行员工，特别是管理人才的招聘与选拔，合理地配置企业人力资源；②利用评价中心技术来配备团队或领导班子；③利用评价中心技术来获取员工的优、劣势及潜能等方面的信息，为员工的发展提供依据。

三、基于胜任力的人员测评逐步兴起

1973 年，著名心理学家、哈佛大学教授麦克利兰提出了胜任力（competency）这一概念，这是一种与当时普遍接受的智力测验有明显不同的预测竞争力的方法。麦克利兰认为传统的智力测验、性向测验以及学业测验等手段，无法预测从事复杂和高层次职位工作的员工的绩效，而且对妇女或社会地位低下的某些少数民族还存在偏见和歧视。为此，他通过第一手材料挖掘，把直接影响工作绩效的个人条件和行为特征称为胜任力。由此引发了 30 多年来学者和企业管理实践者对胜任力的研究。

将胜任力思维运用在人员测评中，对企业选人用人和组织发展都具有积极意义。它能够大幅度提高人员测评的有效性，保证组织发展的有序性。基于胜任力模型的人员测评系统，紧密结合岗位分析与人员测评工作，采用关键事件法、行为观察法、访谈法等方法，对所需测评的岗位进行深入研究，以找出此岗位的关键胜任特征。在实施相应岗位的人员测评时，对关键胜任力进行质和量的解释并给它们分配相应权重，从而针对这些胜任素质设计相应的测评试题，以提高人员测评的针对性和准确性。

四、计算机和多媒体技术在人员测评中的应用逐渐增多

随着信息技术的普及应用和人员测评理论与方法的发展，计算机和多媒体技术在人员测评中的作用日益突出，逐步形成了以计算机为平台的人员测评体系，即计算机化测评。所谓计算机化测评，就是借助计算机或者与计算机网络相连接

的仪器设备进行的人员测评。例如，在评价中心中，传统的书面描述的模拟情景被直观的计算机屏幕呈现的情景所代替；使用电脑对被测者的行为表现进行记录；使用声像视听设备进行辅助测评等。计算机化测评作为一种重要的测评方式，逐步获得了专业领域的认同。

五、猎头公司在高级管理人才选拔中的作用日益突出

关于猎头的起源，最通俗的说法是：相传在古老的原始部落时代，有一个食人部落，每当战争结束，他们就会把敌人的头颅割下来，作为战利品带回部落，并将人脑吸干，悬挂于部落内，以此来炫耀自身实力，又可以吓唬来犯的敌人。后来人们将这种带有原始野蛮色彩的行为称为"猎头"。如今，"猎头"特指猎夺人才，即发现、追踪、评价和甄选高级人才。猎头公司就是依靠猎取社会所需各类高级人才而生存的中介组织。与人才交流中心不同，猎头公司采取隐蔽猎取、快速出击的主动竞争方式，为客户猎取从普通人才市场得不到的高级人才。猎头公司的猎物对象是高级管理人才。一般来说，主要是举荐管理和技术等领域的高级人才。猎头公司通过对个人能力与职位要求的准确研究、比较，把优秀人才配置到更加合适的岗位上，在高级管理人才资源的合理配置中发挥了重要的作用。

第三章　人员测评的理论基础

在协作竞争、和谐共生的今天，人是一个组织能否生存与发展的关键因素。在组织的各项资源中，人力资源是其他资源的主宰者，其他资源的组合与使用完全由它来决定。所以说，人力资源是组织核心竞争力的一项最重要的战略资源。然而，一个组织仅有丰富的人力资源还是不够的，必须对人力资源进行有效的配置，才能发挥其最大的效用；否则，就会造成这种宝贵资源的浪费与内耗。人力资源的配置就是把符合组织发展需要的各类人才及时、合理地安排在合适的岗位上，使之与其他资源相结合，形成现实的生产力。人力资源配置的直接目的是实现个人与岗位相匹配。为了实现这一目标，就需要对个人与岗位进行精准的分析，这种分析构成了人员测评的主要内容，其理论基础主要包括人-职匹配、工作分析、素质结构与测评、测量理论和统计分析等。其中，人-职匹配理论解决的是人员测评的目的问题；工作分析解决的是职位对人员的素质要求问题；素质结构与测评解决的是人员的素质内容与可测性的问题；测量理论解决的是测评的误差控制与测评的设计问题；统计分析解决的是测评结果的数据分析与处理的问题。

第一节　人-职匹配理论

人-职匹配理论揭示的是个体的个性特质与职位要求相一致的原理。其基本思想是：个体差异是普遍存在的，每一个个体都有自己的个性特质，而每一个职位由于其工作性质、环境、条件、方式的不同，对工作者的能力、知识、技能、性格、气质、心理素质等有不同的要求。对于个人的职业决策来讲，就是要根据个人的个性特质来选择与之相对应的职业种类和职位；对于组织的人力资源决策来讲，就是要根据工作岗位的要求来选择合适的人。人-职匹配原理的核心是：最优的不一定是最好的，最匹配的才是最佳的。良好的人-职匹配既能提高组织的效能，也能提升员工的职业能力。人-职匹配理论中最有影响的是"特质-因素论"。

一、特质-因素论

特质-因素论（trait-factor theory），又称帕森斯人-职匹配理论，是最早的职业辅导理论。1909 年美国波士顿大学教授弗兰克·帕森斯（Frank Parsons）在其《选择一个职业》的著作中，提出了人与职业相匹配是职业选择焦点的观点。这一观点经由美国职业心理学家威廉逊（E. G. Willianson）在 1939 年的推进，形成了完整的人-职匹配理论。他们认为，每个人都有自己的特质，即个人的特质，主要包括能力倾向、兴趣、价值观和人格等。这些都可以通过心理测量工具来加以测评；而要在特定的职位上取得成功，必须具备一定的条件或资格，在人力资源测评中这些条件或资格称为因素，它们可以通过工作分析来取得。每一种人格特质都有与之相适应的职业，人人都有选择恰当职业的机会。

帕森斯提出的职业指导分三步来进行：

第一步，评价求职者的生理和心理特点或特质。通过心理测量及其他测评手段，获得有关求职者的身体状况、能力倾向、兴趣爱好、气质与性格等方面的个人资料。还可以通过面谈、调查等方法取得有关求职者的家庭背景、学业成绩、工作经历等方面的信息，并对这些信息进行评价。

第二步，分析各种职业对人的条件或资格的要求，并向求职者提供有关的职业信息。包括：①职业的性质、工资待遇、工作条件以及晋升的可能性；②求职的最低条件，诸如学历要求、所需的专业训练、身体要求、年龄、各种能力以及其他心理特点的要求；③为准备就业而设置的教育课程计划，以及提供这种训练的教育机构、学习年限、入学资格和费用等；④就业机会。

第三步，实现人-职匹配。指导人员在了解求职者的特质和职业的各项指标的基础上，帮助求职者进行比较分析，以便选择一种适合其个人特点又有可能得到并能在职业上取得成功的职业。

特质-因素论强调个人特质与职业所需要的素质及技能之间的协调和匹配。为了对个体的特质进行深入详细的了解与掌握，特质-因素论十分重视人员测评的作用。可以说，应用特质-因素论进行职业指导以对人的特质的测评为基本前提。这一理论首先提出了在职业决策中实现人-职匹配的思想，它奠定了人员测评的理论基础，推动了人员测评在职业选拔与指导中的运用和发展。

二、霍兰德的职业类型论

霍兰德的职业类型论（Holland's career typology）讲的是人格与职业的相互适应，是一种比较有影响的人-职匹配理论。

约翰·霍兰德（John Holland）是美国约翰·霍普金斯大学心理学教授，著名的职业指导专家。职业类型论是他于 1959 年在职业选择理论（theory of career choice）中提出的。他认为，职业选择行为是个人人格特质在工作中的延伸，职业的选择过程能够反映出个人的人格特质。而个人人格特质与其所选择职业之间的适配程度则影响个人对工作的满意、成就、适应以及稳定程度。人的人格类型、兴趣与职业高度相关，兴趣是人们活动的巨大动力，凡是具有职业兴趣的职业，都可以提高人们的积极性，促使人们积极地、愉快地从事该职业。反过来，每一特殊类型人格的人，也会对相应职业类型中的工作或学习更感兴趣。

（一）基本假设

霍兰德的职业类型论包含四个基本假设，它们是：①在现实的文化中，大多数的人可以归属于六种职业类型中的一种，这六种类型为实用型（realistic）、研究型（investigative）、艺术型（artistic）、社会型（social）、企业型（enterprising）以及常规型（conventional）。每一特定类型人格的人，便会对相应职业类型中的工作或学习感兴趣。②人们所处的职业环境也同样可区分为这六种类型，同一种环境类型由相同类的人格类型所占据。例如，现实型的环境由现实型人格的人所支配。③人们倾向于寻求足以发挥其能力与技术、展现其态度与价值观念，以及足以解决问题并适当扮演其角色的职业环境。④个人的行为由个体的人格和所处的环境之间的相互作用所决定。

霍兰德人-职匹配的具体描述见表 3.1。

表 3.1　霍兰德的职业类型

人格特质	类型	职业环境
喜欢有规则的具体劳动，愿意使用工具从事操作性工作，动手能力强，做事手脚灵活，动作协调。偏好于具体任务，不善言辞，做事保守，较为谦虚。缺乏社交能力，通常喜欢独立做事，不适应社会性质的职业	实用型	**职业类型**：各类工程技术工作、农业工作；通常需要一定体力，需要运用工具或操作机械 **主要职业**：工程师、技术员；机械操作、维修安装工人、木工、电工、鞋匠等；司机；测绘员、描图员；农民、牧民、渔民等
聪明、抽象、喜欢分析、个性独立。思想家而非实干家，抽象思维能力强，求知欲强，肯动脑，善思考，不愿动手。喜欢独立的和富有创造性的工作。知识渊博，有学识才能，不善于领导他人。考虑问题理性，做事喜欢精确，喜欢逻辑分析和推理，不断探讨未知的领域	研究型	**职业类型**：主要指科学研究和科学实验工作 **主要职业**：自然科学和社会科学方面的研究人员、专家；化学、冶金、电子、无线电、电视、飞机等方面的工程师、技术人员；飞行驾驶员、计算机操作人员等
想象、美感、喜欢借由艺术作品表达自己。有创造力，乐于创造新颖、与众不同的成果，渴望表现自己的个性，实现自身的价值。做事理想化，追求完美，不重实际。具有一定的艺术才能和个性。善于表达、怀旧，心态较为复杂	艺术型	**职业类型**：主要指各种艺术创造工作 **主要职业**：音乐、舞蹈、戏剧等方面的演员、艺术家编导、教师；文学、艺术方面的评论员；广播节目的主持人、编辑、作者；绘图、书法、摄影家；艺术、家具、珠宝、房屋装饰等行业的设计师等
关心社会问题、喜欢与他人互动、对教育活动有兴趣。喜欢与人交往、不断结交新的朋友、善言谈、愿意教导别人。关心社会问题、渴望发挥自己的社会作用。寻求广泛的人际关系，比较看重社会义务和社会道德	社会型	**职业类型**：主要指各种直接为他人服务的工作，如医疗服务、教育服务、生活服务等 **主要职业**：教师，保育员、行政人员；医护人员；衣食住行服务行业的经理、管理人员和服务人员；福利人员等

续表

人格特质	类型	职业环境
外向、进取、冒险、具有领导能力、能说服他人。追求权力、权威和物质财富，具有领导才能。喜欢竞争、敢冒风险、有野心、抱负。为人务实，习惯以利益得失、权利、地位、金钱等来衡量做事的价值，做事有较强的目的性	企业型	**职业类型**：主要指那些组织与影响他人共同完成组织目标的工作 **主要职业**：经理企业家、政府官员、商人、行政部门和单位的领导者、管理者
实际、保守、顺从、喜欢具结构性的活动。尊重权威和规章制度，喜欢按计划办事，细心、有条理，习惯接受他人的指挥和领导，自己不谋求领导职务。喜欢关注实际和细节情况，通常较为谨慎和保守，缺乏创造性，不喜欢冒险和竞争，富有自我牺牲精神	常规型	**职业类型**：主要指各类文件档案、图书资料、统计报表之类相关的各类科室工作 **主要职业**：会计、出纳、统计人员；打字员；办公室人员；秘书和文书；图书管理员；旅游、外贸员工；保管员、邮递员、审计人员；人事员工等

　　至于这六个类型之间的关系，如图 3.1 所示。霍兰德认为，实用、研究、艺术、社会、企业以及常规六个类型之间的关系在二度空间的平面图上可以依据他们之间的相似程度排列成一个六角形。在六角形中，距离越近的两个类型其相似程度越高；相反，距离越远的两个类型其相似程度越低。

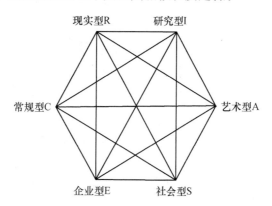

图 3.1　霍兰德职业类型示意图

（二）辅助性假设

除了四个基本假设外，霍兰德还提出了五个辅助性假设。

1. 一致性

一致性（consistency）指的是各类人格类型或各种职业环境之间的相似程度。在霍兰德所提出的六类人格特质或六种职业环境中，某两类型之间的相似程度，也许较其他两类型特质或职业环境之间的相似程度要高。例如，现实型（R）和研究型（I）存在某些共通的地方，表现为不善交际、喜欢做事而不善与人接触等，这两种类型的一致性就高。反之，事务型（C）与艺术型（A）的一致性偏低，因为两者所具有的特点是完全不同的，前者突出顺从性，后者强调独创性。各类型的一致性程度可以用它们在六边形上的距离来表示：一致性高的，它们在六边形模型上的位置是相邻的，如 R-I、R-C 等；一致性中等的，它们在六边形模型上的位置是相间的，如 R-E、R-A 等；一致性低的，它们在六边形模型上的位置是相对的，如 R-S 等。

2. 区分性

区分性（differentiation）指的是个人人格特质或职业环境界定的清晰程度。某些人的人格特质较接近某一类型而与其他类型相似甚少，这种情况表示区分性良好；若某些人与多种类型相近，则表示他们区分性较低。若某些人与六个类型中的很多类型都很接近，则表示区分性很低。

3. 适配性

适配性（congruence）指的是个人人格特质与其所处职业环境之间的匹配程度。适配性的高低，可以预测个人的职业满意程度、稳定性及职业成就。属于某一类型人格特质的人需要在适合他的职业环境中工作，例如，研究型的人好奇心强，喜欢以思考的方式解决问题，就适合在研究型的职业环境中工作。这样的适配能导致较高的工作满意度和成就感，同时也能持续较长时间在同一领域中工作。

4. 认同性

在人格类型部分，认同性（identity）主要是指个人在目标、兴趣以及能力等各方面的清楚程度及稳定程度；在职业环境部分，认同性则指某一类型环境是否有清楚稳定的目标、任务或报酬。

5. 可算性

根据六个类型在二维空间上的关系，可以将人格特质或职业环境的一致性区分为高、中、低三个不同的程度；同时也可以计算出个人人格特质与职业环境之间的适配性程度，至少有四个不同的程度。这些计算方法在实务方面能为相关人员提供具体的数据，以便进行深入的分析，这就是可算性（calculus）假设。

这五个辅助性假设有利于将霍兰德的人-职匹配理论应用于人力资源管理的实践之中。

三、人-职匹配的一般原则

人-职匹配的目的就是要做到人尽其才、才尽其用、人事相宜，最大限度地发挥人力资源的作用。为此，需要遵循如下几个原则。

1. 能级对等原则

人-职匹配的最终表现形式是人员与岗位的有机结合。岗位有层次和种类之分，它们占据着不同的位置，处于不同的能级水平。每一个人的素质也不相同，分别处于不同的能级位置。能级对等原则要求每一个人所具有的能级水平与所处的职业环境的能级水平相对应。

2. 优势定位原则

每个人都有自己的优势和劣势，优势定位原则就是根据自己的优势，选择最有利于发挥自己优势的岗位，管理者也应根据岗位要求选择最具相对优势的人。

3. 动态调节原则

动态调节原则，指的是当人员素质或岗位要求发生变化时，要适时地对人员配置进行调整，以保证始终使合适的人在合适的岗位上工作。岗位或岗位要求是不断变化的，人也是不断变化的，人对岗位的适应也有一个实践与认识的过程。只有坚持动态原则才能保证能级对等原则与优势定位原则的实现。

人-职匹配原理在不同的时期其侧重点也不相同，在信息技术得以广泛应用之前，主要是因岗选人，即根据工作岗位的要求挑选人员。随着信息技术在具体工作中的渗透，工作的内容可以更加丰富，员工在工作中的自主权利也更大。在这种情况下，单单依靠因岗选人来实现人-职匹配已经很难激发员工的活力。这时的组织就需要在因岗选人的基础上，对于有特殊才能的人实行因人设岗，让那些有才能的人开辟新的工作领域，为组织的业务创新做出贡献。

第二节　任职资格分析

人-职匹配主要讲的是个人的人格特质与职业环境之间的适配。人力资源实践中，人员配置关注的焦点是职位。与人员测评直接对应的部分是工作分析中的任职资格分析。

一、工作分析

随着专业化分工的出现和发展，职位便产生了。不同的职位具有不同的工作内容和责任，相应地，对于从事这一职位工作的个体的要求也不相同。

工作分析就是通过对组织中的职位进行周密调查、搜集资料、分析整理，来确定职位的工作性质、职责、权限、工作环境以及所需人员的任职资格条件等要素，并编写"职位说明书"的系统过程。其内容包括三个部分，即工作内容分析、任职资格分析和工作环境分析。

工作分析以其出发点的不同，可以分为两大类：基于任务的工作分析和基于能力（competence）的工作分析。前者首先要明确的是某一职位的任务、职责和责任，由此推出从事这一职位所需要的能力和素质；后者的出发点就是职位所需的能力与素质，强调的是从事这一职位的人的综合素质。

工作分析中，信息的收集至关重要。信息的收集方式既可以是定性的也可以是定量的。定性的方法主要有观察法、访谈法、工作日志法、典型事件法等；定量的方法主要是问卷调查法，如职位问卷分析法（PAQ）、弗莱希曼工作分析系统、任务清单分析法、关键事件法、管理职位问卷描述法（MPDQ）、海（HAY）方案法、功能性职务分析法（FJA）等。这些方法各有其优缺点及适用范围。从职务描述和分类来看，任务调查表和功能性职务分析的效度最高；从精度来讲，职位分析问卷和任务调查表被认为最标准化、最可靠；对于职务评价来讲，职位分析问卷最有效，功能性职务分析和任务调查表次之；对于绩效评估来说，关键事件法明显高于其他方法。

二、任职资格分析的内容

任职资格分析是工作分析的重要组成部分，它需要对与工作相关的信息进行深加工，包括对已有信息进行必要的推理。任职资格分析为人员测评明确了具体的测评目标，也为个体选择职位提供了指引。个体可以根据自身的素质条件，选择自己适合做和喜欢做的工作。这样就可以发挥其所长、展现其实力。

任职资格分析的主要内容为：①知识、技能。其包括：准入学历、对有关政策法令、工作准则的通晓程度；对设备、材料性能、工艺与操作方法等的掌握情况。②经验。其包括相关工作经历要求、有关工艺规程、操作规程、工作完成方法等实际经验要求。③能力。根据前两项分析内容确定岗位任职者所需具备的注意力、决策力、创造力、适应性等。④个性素质。这是指任职者的态度、职业性向、气质性向、价值取向等。⑤身体素质。其包括任职者完成岗位职责所需要的体力、精力、健康程度等。

第三节　人员的素质结构及其可测性

在对个人进行分析与评价时，通常用"素质"来描述，如"身体素质好"、"品德素质高"、"业务素质强"等。那么，什么是"素质"呢？素质可以测评吗？这是对人员进行测评时首先需要回答的问题。

一、素质的概念

"素"的本义是"没有染色的丝绸"，引申为"白色"、"本"、"原"与"真"，指的是带根本性的物质或构成事物的基本成分；"质"的本义与"砧板"和"贝"有关，指的是"禀性"和"底子"，意思是"一事物区别于他事物的内部所固有的规定性"。简单地说，"素质"就是事物本来的固有属性。对于人来讲，素质也就是人的本来属性。素质的概念在使用中，其内涵不断延伸，外延也不断丰富。因此，对素质的定义也是仁者见仁、智者见智。

在心理学中，"素质，通常指人生来具有的某些解剖和生理的特点，特别是神经系统、脑、感觉器官和运动器官的解剖与生理特点，是能力形成和发展的自然前提和基础"(《心理学大词典》)。心理学上讲的是遗传素质，它给人的个性、才能和心理发展提供了自然基础。在教育学中，人的素质指的是在先天禀赋基础上，通过后天环境与教育的影响，形成并发展起来的相对稳定的个体身心结构的基本特性或属性，是制约人的活动方向、水平、质量的内在品质。这个定义意在强调教育在素质培养中的作用。

在人力资源管理中，对人员的评估主要针对的是特定岗位任职者已有的素质特征，它能够预测和区分个体的绩效水平。鉴于此，可以将人员的素质界定为，个体完成特定工作岗位的任务与活动所具有的基本的、稳定的、内在的品质。

二、素质的特征

从上面的界定可以看出，素质具有以下几项特征。

1. 基本性

基本性是素质最根本的特征，意思是说，素质是人最一般、最基础的品质。素质并不是社会中少数精英所特有的，而是存在于每一个正常个体身上的必要品质。人与人之间，在素质上虽无"有"、"无"之分，但有"高"、"低"之别。导致素质差异的因素是多方面的，既有先天的遗传，也有后天环境与社会的作用。单就 DNA 来讲，人类体内的差异性基因高达 10%。

2. 稳定性

从静态的角度分析，人的素质一经形成便以一定的结构（自组织系统）的形式存在于有机体之内，具有相对的稳定性。它既可能是人体的神经生理系统的特性，又可能是人在主观与客观的交互作用中形成起来的系统化的心理系统的特性或品质，还可能是人的身心交互作用过程中形成的知识结构系统的特性。个体素质一旦形成，既不会因一时一事的变化而改变或消失，也不会因一时一事的出现而形成或发展。个体偶然的、一时的、片断的认识和行为都不是科学意义上的素质，只有那些惯常的、稳定的心理与行为特性才是素质。

3. 内隐性

人的素质是基于先天生理基础，个体已有知识经验和外在环境刺激的交互作用而形成并内化了的品质或特性。因而，素质就其本身来说，是以内隐的形式存在的。但素质作用的发挥必须通过其外显的认知、情绪、态度、行为等来释放出个体的内在能量，并作用于相应的活动对象，产生一定的活动效果。所以，素质既以内隐的形式存在，又以外显的方式表现。

三、素质的结构

人的素质表现在不同的方面，如品德、智力、体能等。但这些不同的方面并不是各自孤立地存在，也不是凌乱地堆积在一起，而是互相补充、互相辅助、互相渗透，进而形成一个有机的整体，构成一个系统，并具有稳定的结构。通常认为，人的素质由生理和心理两个部分构成。生理素质是指人体在运动、劳动和生活中所表现出来的力量、速度、耐力、灵敏及柔韧等机能，包括体力和精力两个方面。它是其他素质发展的基础，也是完成工作任务的必要条件。其中，体力又分为与健康相关的和与技能相关的两大类。与健康有关的包括了心肺耐力、肌肉力量、肌肉耐力、身体组成、柔韧性五项；与运动技能相关的包括了速度、力量、灵敏、神经肌肉协调性、平衡、反应时六项。

心理素质是一个比较综合的概念，是在先天条件的基础上将从外部获取的东西内化于个体的，并与社会适应行为和创造行为紧密相关的心理品质。它主要由两个要素所构成，其一是具有动力特征的个性素质，主要包括需要、兴趣、动机、情感、意志等非智力因素。其二是反映个体智慧特征的智能素质，主要包括品德、知识、智力和能力。其中，品德素质包括政治素质、思想素质和道德素质；知识素质包括通用性知识和专业性知识；智力素质包括注意力、观察力、记忆力、想象力、思考力等；能力素质包括组织能力、协调能力、领导能力、控制能力、交往能力、表达能力等。人员的素质结构如图 3.2 所示。

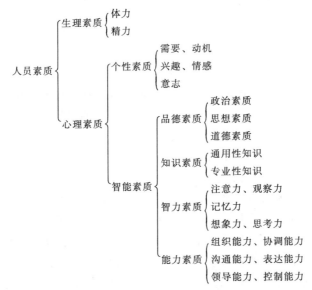

图 3.2　人员素质结构图

四、素质的测量

（一）个体差异是素质可测性的依据

人员测评的目的是对人的素质进行测量和评估。如果人与人之间在素质上没有差异的话，也就没有必要对人的素质进行测评了。因此，人员测评的基本假设之一就是人的素质具有差异性。虽然素质是人最一般、最基础的品质，是人人都有的，但就个体而言，每个人的素质又都是特有的。正是在这个意义上，人员的素质（personal qualities）又被称为个性特征（personal characteristics of an individual）。

素质的差异性指的是，个体在生理素质和心理素质上所具有的区别于他人的特点。这种差异表现在生理素质上，就是人与人之间体力与精力的不同；表现在心理素质上，就是智力性素质和非智力性素质的差别。个体的素质差异是客观存在的，它源于人的自然属性和社会属性，具体表现在先天的遗传和后天的经验两个方面。

1. 先天生理遗传的差异

遗传是从上代继承下来的生理解剖上的特点，如机体的结构、形态、感官和神经系统等。人的发展总是要以遗传获得的生理组织和一定的生命力为前提。没有这个前提，任何发展都不可能。如色盲是由遗传而来的，后天不能补救，所以色盲者很难成为画家，也不能从事需要辨别颜色的工作。

人与人之间的遗传基因是有差异的。由于遗传基因的差异，有些人易于发展成为善于思辨的科学家，有些人易于发展成为有才能的音乐家，有些人易于发展成为优秀的体育运动员。

2. 后天社会影响的差异

后天的经验是通过环境的影响而获得的。环境包括自然环境和社会环境，其中，自然环境包括自然条件与地理环境；社会环境包括政治、经济、文化以及与个体相关的其他社会关系。

每一个人都是生活在特定环境中的主体，不同的环境会造就与之相适应的特定人群。人与人之间的区别，主要是环境差异产生的多样性。就自然环境而言，"橘生淮南则为橘，生于淮北则为枳"，"一方水土养一方人"。正是由于适应地球上不同的自然环境，才出现了各色人种；就社会环境而言，不同的社会环境造就了个人的身心机能与体质的差异。社会的变迁，会给人们的生活条件、生产方式、思想意识和精神状态带来相应的变化，从而影响个体身心机能的改变。环境对人的改变是深刻的，尤其是社会环境对个体的素质改变起着十分重要的作用。

素质作为个体的综合品质，是在先天条件的基础上将从外部获取的东西内化于个体而成的，是一种客观存在。著名的心理测量学家桑代克（Thorndike）认为，"凡是客观存在的事物都有其数量"；默克尔（MoCall）进一步认为，"凡是有数量的东西都是可以测量的"。

（二）素质的测量方法

生理素质主要反映的是人的自然属性。对于成年人来说，人的生理素质在某一时段是客观的、稳定的，可以通过标准化的工具来测量。具体的测量既可以是身高、体重等表征，也可以是走、跑、跳、投等活动。

心理素质主要反映的是人的社会属性，它是通过人的社会实践活动表现出来的，属于隐性品质，无法对它进行直接的测量，只能通过间接的方法来推断。常用的方法有两种：一是"刺激-反应"方法；二是认知心理的过程论方法。

1. 刺激-反应方法

"刺激-反应"方法是由俄国生理学家巴甫洛夫在 20 世纪初开创的。其基本假设是：刺激与反应间存在着必然的联系，表现为一种刺激动因可以引起一种固定的、可预见的反应。人对刺激物的反应也可以用"刺激-反应"模式来理解。不过，在刺激到反应之间，还有十分重要的"中介"存在，心理素质就是一种重要的中介。

心理素质的测评就是用适当的刺激材料，例如，面试中的问题、评价中心中的情景等，对被测者进行刺激，并将对刺激的反应结果记录下来，再通过统计和分析来对被测者的心理素质进行推断。

2. 信息加工过程方法

过程论方法源于认知心理学。认知心理学又称信息加工心理学，它把人看做是一个信息的加工处理系统，认为认知就是信息加工，包括信息的接收、处理和输出的全过程。认知可以分解为一系列阶段，每个阶段是一个对输入的信息进行某些特定操作的单元，而反应则是这一系列阶段和操作的产物。信息加工系统的各个组成部分之间都以某种方式相互联系着。认知心理学重点考察作为人类行为基础的心理机制，其核心是输入和输出之间发生的内部心理过程。关键是用什么方法测量出信息加工过程的特性，如速度、准确性、解决问题的策略、路径、方式以及推理过程等。有人把这种方法称为汇聚性证明法，即把不同性质的数据汇聚到一起而得出结论。目前这种方法尚处于实验或小范围的应用阶段。可以预见，随着认知心理学的成熟和智能技术的发展，过程论方法必将成为一种崭新的素质测评方法。

第四节　测 量 理 论

人员测评就是根据组织发展的需要，对人员的某些特质（trait）进行测量。即以相关的测量理论为依据，通过一定的操作程序，对人员的特质赋予数量化的价值。科学的测量需要科学的理论来指导，指导人员素质测量的理论主要包括经典测验理论（classic test theory，CTT）、概化理论（generalizability theory，GT）和项目反应理论（item response theory，IRT）三种理论模型。

一、经典测验理论

（一）真分数

以真分数理论（true score theory）为核心理论假设的测量理论及其方法体

系，被称为经典测验理论。经典测验理论是围绕真分数展开的，是最早实现数学形式化的测量理论。其奠基者是斯皮尔曼（Charls Spearman），他在 1904 年将真分数的概念引入到测量之中，使得经典测验理论得以兴起。20 世纪 30 年代这一理论渐趋成熟；50 年代格里克森的著作使其具备了较为完备的数学形式；1968 年，洛德和诺维克的《心理测验分数的统计理论》一书，将其推至巅峰，并实现了向现代测量理论的转换。

人员测评测量的是人员的素质。我们知道，人员的素质具有相对的稳定性。如果用数字来度量它的话，它应该是一个相对固定的数值。在经典测验理论中，将那个与人员的某项素质相对应的数值称为真分数（true score），它反映的是人员特质的真正水平。

任何测量都需要测量工具，人员素质测量的工具通常是测验量表和测量仪器。测验量表涵盖反映某项特质的若干个项目（item），测验所得分数为各个项目得分的总和。被测者每次测验所得的分数或者测量仪表的读数，叫做观测值或观察分数（observed score）。从测量的角度来讲，真分数可通过平行测验，即等价度量，针对同一被测者进行无数次测量来取得，其值为无数次观测分数的平均值或数学期望。所谓平行测验，指的是符合相同规定、独立编制的测量同一种特质的不同测验。平行测验中不仅项目的数量、表述形式、表达内容和范围、难度系数等要相同，而且指导语、时限、例子以及测验的所有其他方面也要相同。事实上，对同一被测者进行无限次平行测量是不可能的。因此，真分数只是一种理论上的预设，是一个潜在的变量，它需要借助统计方法来推断，也就是通过有限的样本资料来估计。

（二）样本资料与真分数

在人员的素质测量中，样本资料取决于被测者素质水平、测量工具和测量环境。在真分数理论中，被测者是固定不变的，变动的是测验，而且这种变动是同质性的，是平行测验。对同一被测者进行数量足够多的平行测验就可得到样本资料。在实际操作上，寻找一个理想的被测者，开发数量足够多的平行测验量表是非常困难的。替代的方案是：固定测验量表，对相似的被测者实施相同的测量。由于被测者尽管相似，但毕竟不同，所测得的分数（观测值）也不可能完全相同，有的高有的低，当样本容量足够多时，这些误差就会相互抵消，其均值也会趋近于真分数。例如，测量中国职工的组织承诺水平，要找出一个能够代表全体中国职工的被测者几乎是不可能的，开发数量足够的中国职工组织承诺的平行量表也是异常困难的。可行的方法是，开发一个能够度量中国职工组织承诺的量表，根据抽样原则选取足够多的中国职工实施标准化测量，所得样本的均值，便是中国职工组织承诺水平的估计值。

（三）真分数基本假设的数学表达形式

以真分数为核心假设的测量，其数学表达形式为

$$S = T + E$$

其中，S 为观测分数（observed score）；T 为真分数（true score）；E 为误差项（error score）。

这一数学模型还要满足如下三个关于误差项的基本假设：

（1）误差项是服从均值为零的正态分布的随机变量。在这种条件下，观测变量的数学期望就是真分数的估计量。

（2）误差项与真分数间的相关系数为零（$\rho_{(T,E)} = 0$），即误差分数独立于真分数。如果误差分数与真分数相关，它就部分地反映了所要测量的人员特质，也就不能称其为误差分数了。

（3）不同测验的误差分数之间的相关系数为零（$\rho_{(E_i,E_j)} = 0$），即误差分数间相互独立。这样就进一步保证了误差项的随机性，使得观测分数的均值可以稳定地趋向于真分数。

这些基本假设与线性回归中关于误差项的假设是完全一致的，这样就满足了对真分数的估计和方差分解的要求。与线性回归不同的是，这里的 T 是潜变量而不是预测变量（自变量），没有观测值，是待估变量。

（四）真分数与信度

根据变量和的方差的计算公式和经典测验理论模型的基本假设，可以得出：

$$\sigma_S^2 = \sigma_T^2 + \sigma_E^2 + 2\rho_{TE}\sigma_T\sigma_E = \sigma_T^2 + \sigma_E^2$$

在此基础上，经典测验理论提出了信度（也叫信度系数）的概念，将信度定义为真分数的方差对观测分数方差的解释率，其数学表达形式为 σ_T^2/σ_S^2 或者 $1 - \sigma_E^2/\sigma_S^2$。由此可见，减少测量误差的方差可以提高测量的信度。

在经典测验理论中，真分数是潜在变量，不能直接测量到。测验的目的就是要通过观测分数实现对真分数的统计推断。统计推断的内容主要是估计值和方差。真分数的估计值为观测分数的均值。有了信度系数之后，真分数的方差就可以从观测分数的方差推算出来，其值为观测分数的方差与信度的乘积。于是，真分数方差的估计问题就转化为信度系数的计算问题。

经典测验理论给出了几种估计信度的实用方法，例如，采用相关系数法导出的重测信度（test-retest reliability）、复本信度（equivalent-forms reliability）、分半信度（split-half reliability）；根据同质性的概念导出的克伦巴赫（cronbach α）系数、库德和理查逊（Kuder，Richardson 1937）的 K-R20 公式和 K-R21 公式、荷伊特信度（Hoyt 1941）等，都是信度估计的重要方法。

（五）真分数与效度

在经典测验理论中，与信度系数密切相关的另一个重要概念是效度，它也是在观测分数方差分解的基础上界定的。在定义信度时，测验分数的方差被分解为真分数的方差与误差分数方差。即

$$\sigma_S^2 = \sigma_T^2 + \sigma_E^2$$

这里只涉及了随机误差的方差，系统误差的方差包含在真分数的方差之中。真分数的方差还可以进一步分解为：与测量目的有关的方差（σ_V^2）和与测量目的无关的系统方差（σ_I^2）。即

$$\sigma_T^2 = \sigma_V^2 + \sigma_I^2$$

于是，$\sigma_S^2 = \sigma_V^2 + \sigma_I^2 + \sigma_E^2$。

这样一来，观测分数的方差就由与测量目的有关的方差、与测量目的无关但稳定的方差和测量误差的方差所组成。

效度被定义为与测量目的有关的方差对观测分数方差的解释率，即 $\dfrac{\sigma_V^2}{\sigma_S^2}$。

从上面的方差分解可以得出：

$$\frac{\sigma_T^2}{\sigma_S^2} = 1 - \frac{\sigma_E^2}{\sigma_S^2}; \quad \frac{\sigma_V^2}{\sigma_S^2} = 1 - \frac{\sigma_E^2}{\sigma_S^2} - \frac{\sigma_I^2}{\sigma_S^2}; \quad \frac{\sigma_V^2}{\sigma_S^2} = \frac{\sigma_T^2}{\sigma_S^2} - \frac{\sigma_I^2}{\sigma_S^2}$$

由此可见，要提高测量的信度就要减少随机误差的方差；要提高效度不仅要减少随机误差的方差，还要减少系统误差的方差；信度是效度的必要而非充分条件，也就是说，没有高的信度就不可能有高的效度，即使有高的信度也不一定有高的效度。信度和系统误差的方差共同决定了效度的高低，高的信度和较小的系统误差方差才能导致较高的测量效度。

信度系数与效度系数的这些推论为测量质量的判断和提升提供了参考性的指导。例如，在对同一特质进行测量时，使用项目较多的量表比项目少的量表更可靠；项目的表述要尽量准确地反映测量的目的，不要有歧义；测量的条件和过程要尽可能一致；测量对象要尽量广泛等。

（六）经典测验理论的优点与局限

经典测验理论是其他测验理论的基础，经过数十年的发展，整个体系比较成熟，应用相当广泛。就是在新的测验理论不断崛起的今天，它仍然处于相对优势地位，是精度要求不是特别高的测验的首选。

经典测验理论以随机抽样理论为基础，建立了简单的数学模型，方便实用。但也有其局限。例如，项目统计量受样本的抽样变动影响大；被测者的测验分数依赖于项目的难度，使得进行不同测验的被测者之间难以比较；经典测量理论中

经常用到的平行测验假设是不可能实现的，误差的分解也过于简单等。正是这些局限，导致了其他测验理论的产生、发展和运用。

二、概化理论

（一）概化理论的作用

概化理论（generalizability theory，GT）是克伦巴赫（Cronbach）和他的同事为克服经典测验理论的局限性于 20 世纪 60～70 年代提出的，其目的在于提高测量的可靠性和针对性。

任何测量都有误差。在人员测评中，测量的误差既可能来自测量工具，也可能来自评分者，还可能是测量条件和环境所造成。不管误差来自哪里，总之，产生误差的原因是多种多样的，而经典测验理论仅以一个误差项（E）就概括了所有的随机误差，并没有对误差进行区分。如果人员测评需要评估不同因素对测评结果的影响，并且希望通过改进测评来提高测评的可靠性的话，经典测验理论就无能为力了。而概化理论为解决这些问题提供了概念框架和技术。

概化理论的基本思想是，任何测评都是针对特定的人群为了特定的目的在一定的情境关系之中进行的，应该从测评的情境关系中具体地考察测评工作，设计一套能够辨析测评误差的不同来源，并在保证一定测评可信度的基础上经济实用的测评方案。

（二）侧面、条件及全域

在人员测评中，首先要明确的是测评的对象（object）或被测者（examinee），解决"针对谁，测什么"的问题。例如，招聘技术人员时测评的是备选者的相关知识和技能两个变量；明确了"测什么"之后，就要考虑影响测评结果的各种因素，如被测者要完成的各项任务（tasks）、评分者（raters）等。概化理论将影响测评结果的因素叫做侧面（facet），如同心理实验中的因素（factor），每一个侧面会有不同的水平（level），这里的水平被称为条件（condition）。例如，评价中心中会让被测者完成 N 个任务，这 N 个任务就构成了任务侧面的 N 个条件。所有侧面的全部条件的可能组合构成一个观测全域（a universe of admissible observations）。如果说每一个侧面是一个维度的话，观测全域就是一个由这些维度构成的多维空间。在面试中，观测全域就是由试题侧面和面试考官侧面所构成的二维空间。概化理论就是要辨析出导致测评误差的来源，并在此基础上，设计一个既有效又经济的测评方案。

（三）概化分析

概化分析包括两个方面，其一是 G-研究（G study）；其二是 D-研究（D

study）。

1. G-研究

G-研究的主要任务就是对观测全域随机效应的方差成分进行估计，以了解方差的构成情况和相对比较，从而辨析出主要的方差来源，为下一步的 D-研究做准备。与方差分析不同的是，G-研究中只做方差分解，不进行 F 检验。G-研究关心的是各个方差成分的大小和相对的比例。

2. D-研究

D-研究通常涉及三个议题。

（1）侧面容量。最典型的就是在可接受的信度系数下确定各个侧面的容量。例如，面试中，在保证一定信度的条件下，需要多少个面试考官，问多少个问题才能达到既保证质量又不至于浪费的效果。

（2）测评结果的概化。D-研究的另一个关注点是测评结果的外推或者概化。在概化理论中，把侧面的条件样本所对应的总体叫做条件全域；把测评结果进行概化时所涉及的条件全域的集合叫做概括全域或推断全域（universe of generalization）。

例如，在招聘办公室文字秘书时，让应聘者根据所提供的材料写一个通知和一封信函，然后由三位评分者打分，假如张三的成绩为优秀，张三的这个成绩可能的概化全域有两个：一是从通知和信函的写作情况来推断张三的写作能力，可能的情况是，将张三的这一次测试成绩外推为张三的写作能力为优秀；另一个是从三个评分者的评价推断出任何有资质的评分者也会得到相同的结论，对任何一个有评分资格的人来说，张三的测试成绩都是优秀。

至于是否可以概化，就要看概化所涉及的侧面是固定侧面（random facet）还是随机侧面（fixed facet）。

如果某一侧面所包含的条件样本的容量相对于总体而言非常小，而且又是随机样本或者可由条件总体中的任一随机样本来替换（interchangeable），则可视为随机侧面。例如，在测评中，如果所用的试题是从试题库中随机抽取的，那么，测评的试题侧面就是随机侧面。随机侧面可以进行概化。

如果某一侧面所包含的条件样本的容量是有限的且不可替换，则此侧面为固定侧面。例如，标准化的心理测验中测验的项目总是不变，此种试题侧面就属于固定侧面。

固定侧面可以减少测评的误差，但却不能进行概化。例如，把科技说明文作为阅读理解题的测评材料，这时，所测的特质就不再是一般的阅读理解能力，而是特定的对科技说明文的理解能力了。

概化理论从本质上讲是一种关于随机侧面的理论，因此，在概化分析中，至少应有一个侧面是随机侧面。

（3）测评的结构设计。D-研究的第三个关注点为测评的结构设计。测评的结构有三种：交叉设计、嵌套设计和混合设计。

若每一位被测者完成所有的项目并且由所有的评分者给予评分，则此种设计就是交叉设计（crossed design），记为被测者×试题×评分者。结构化面试通常采用这种设计。

若每一位被测者完成所有的项目，但每一位评分者只给其中的部分项目评分，此时，试题就嵌套于评分者，这种设计被称为嵌套设计（nested design），记为被测者×（试题：评分者）。例如，在知识类笔试中，通常采取流水作业的方式进行评分，每一位评分者只评其中的一部分试题。

如果每一位评分者只给一个项目评分的话，就出现了所谓的混合设计（confounded design）。

（四）测评结果的解释

决策者根据决策目的对测评结果做出相对性或绝对性的解释。相对性解释针对的是被测者排名的相对位置，适用于招聘、选拔等活动；绝对性解释针对的是被测者的实际水平，适用于达标类的测评，如对电工的资格测试就需要做出绝对性解释。

在概化理论中，针对这两种不同目的的决策，将测评的误差分为相对误差和绝对误差。就相对决策而言，除被测者的主效应之外，所有影响被测者排位的变异分量都要纳入测评误差的变异之内。例如，在交叉设计中，所有与被测者有关联的交叉效应之和构成了相对误差的内容。就绝对决策而言，除被测者的主效应之外，所有其他效应的变异分量都是测评误差的组成部分。

与相对误差和绝对误差相对应，在概化理论中，提出了两个系数，即概化系数（generalizability coefficient，$E\rho^2$）和可靠性系数（dependability coefficient，Φ）

$$E\rho^2 = \frac{\sigma^2(\tau)}{\sigma^2(\tau) + \sigma^2(\delta)}$$

其中，分子为全域分数的方差；分母为全域分数的方差与相对误差之和。

$$\Phi = \frac{\sigma^2(\tau)}{\sigma^2(\tau) + \sigma^2(\Delta)}$$

其中，分子为全域分数的方差；分母为全域分数的方差与绝对误差之和。

（五）概化理论的优缺点

概化理论在解析测评的误差方面具有明显的优势，它能针对不同测评情境估计出测评误差的各个来源，为改善测评，提高测评的针对性、准确性和经济性提供了有用的工具。其缺陷是统计计算相当繁杂，不易推广。同时，由于概化分析基于随机抽样模型，一次抽样数据的分析结果只能是对测评统计规律的一次验证，其可靠性取决于测评数据的完备性。因此，在应用中需要较高的测评设计水平和实测控制能力。

概化理论从测评的侧面来分析误差源，为人员测评的精细化提供了一些指导。比如，就评分者侧面而言，在挑选评分者时应尽量多元化以扩大其全域。人员测评的评分者可由人力资源部门、用人单位的专业人士和专家联合组成，这样就比较容易构成随机侧面。当然，评分者的多元化必然会给评分者信度带来冲击。为此，应注重评分者在实施测评之前的沟通与讨论，以便形成比较一致的评分标准，进而提高评分者的信度水平。如果在评分过程中出现高度不一致，应采取统计手段或其他方式进行修正。就测评的项目而言，最好根据双向细目表来随机抽取试题，这样的试题侧面也就属于随机侧面了，从而也就保证了在试题侧面的概化。

三、项目反应理论

（一）什么是项目反应理论

概化理论沿着随机抽样理论的方向深入分析了经典测验理论中不加区分的随机误差，着重讨论了影响测评结果的各个侧面与测评结果的概化问题，也就是测评的外部效度问题。项目反应理论（item response theory，IRT）则将关注点转向测评的试题上，从测评项目这一微观的角度来研究测评的内部效度问题。测评结果的报告也从测评的分数转向潜在的特质（latent trait）。正是在这个意义上，项目反应理论也叫"潜在特质理论"（latent trait theory）。

潜在特质虽然不能通过直接观测而获得，但可借助被测者对测评项目的反应情况来推测。项目反应理论针对被测者对测评项目反应的正确性概率导入解释模型，并得出对被测者潜在特质的估计值。准确地讲，项目反应理论是一种概率化的测评理论（probabilistic test theory）。

项目反应理论以描绘项目反应概率的曲线为起点，它将这种曲线叫做"项目特征曲线"（item characteristic curve，ICC）。项目特征曲线就是以能够稳定反映被测者某种特质的变量（记为 θ）为自变量，以被测者对试题正确作答的概率为因变量的回归曲线。项目反应理论中的一项重要内容就是确定项目特征曲线的形态，这种形态的数学模型就是项目反应函数（item response function）。项目反应理论中的项目反应函数主要有三种，分别是包含一个、两个和三个项目参数的模型。

（二）项目反应模型

1. 单项目反应模型

含有一个项目参数的项目反应模型（one-parameter logistic model）是由丹麦数学家乔治·拉什（Georg Rasch）于 20 世纪 60 年代提出的，其表达式为

$$P(\theta) = \frac{1}{1 + e^{-1(\theta - b)}}$$

其中，θ 表示被测者的潜在特质水平；b 表示项目难度参数；$P(\theta)$ 表示特质水平为 θ 的被测者在项目上正确回答的概率。

单一项目参数模型的示意图如图 3.3 所示。

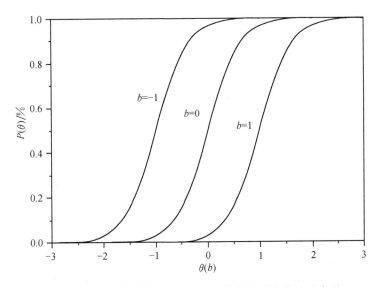

图 3.3　难度系数分别为 -1、0、1 的项目反应曲线示意图

从理论上讲，θ 的取值在 $-\infty \sim +\infty$。当 $\theta = -\infty$ 时，$P(\theta) = 0$；当 $\theta = +\infty$ 时，$P(\theta) = 1$；θ 的取值通常在 $-3 \sim 3$。在图 3.3 中，项目难度参数 b 与潜在特质变量 θ 标示在同一个数轴上。

2. 双项目反应模型

含有两个项目参数的项目反应模型（two-parameter logistic model）是 20 世纪 50 年代引进的，它就是广泛应用于生物学中的 logistic 函数。其表达式为

$$P(\theta) = \frac{1}{1 + e^{-a(\theta - b)}}$$

其中，θ 表示被测者的潜在特质水平；b 表示项目难度参数；a 表示项目区分度参数；$P(\theta)$ 表示特质水平为 θ 的被测者在项目上正确回答的概率。

两个项目参数模型的示意图如图 3.4 所示。

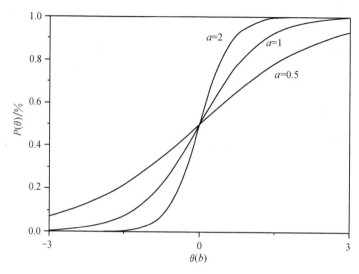

图 3.4　难度系数为 0，区分度系数分别为 2、1、0.5 的项目反应曲线示意图

3. 三项目反应模型

含有三个项目参数的项目反应模型（three-parameter logistic model）是 Brinbaum 在 1968 年在二参数模型的基础上通过增加一个新的猜测参数（记为 c）而提出的。其表达式为

$$P(\theta) = c + (1-c)\,\frac{1}{1+\mathrm{e}^{-a(\theta-b)}}$$

其中，θ 表示被测者的潜在特质水平；b 表示项目难度参数；a 表示项目区分度参数；c 表示猜测参数，即猜对某一测评项目的概率；$P(\theta)$ 表示特质水平为 θ 的被测者在项目上正确回答的概率。

三个项目参数模型的示意图如图 3.5 所示。

以上三种模型是基本模型，在应用时可根据测评的要求来进行选择。除此之外，还有一些相对复杂的模型，例如，专门用来处理李克特量表的广义等级展开式模型（generalized graded unfolding model）等。

项目反应理论中另一个重要的函数叫做信息函数，它是用来测定一个单独的项目或者一套试卷有效性的工具，其值越大，误差就越小。

（三）项目反应理论的优点

1. 参数的不变性

无论哪种模型在应用时都要对相关参数进行估计，与其他测评方法相比，项

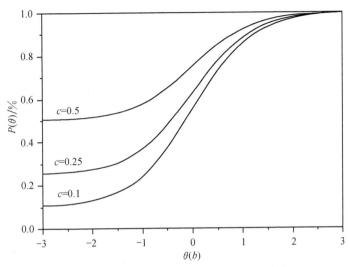

图 3.5　难度系数为 0，区分度系数为 1，猜测系数分别为
0.1、0.25、0.5 的项目反应曲线示意图

目反应理论的突出优点在于其参数的不变性，即项目参数的估计独立于被测者样本。它的假设前提是：被测者在某一项目上的反应结果仅由被测者的潜在特质所决定（项目特征曲线是被测者作答正确的概率对其潜在特质水平的回归），不仅测评的项目之间具有独立性，而且同一项目上被测者的反应也是相互独立的。也就是说，同一被测者在测验中不会因为一个项目的作答情况而影响对其他项目的作答；同时，在测评中各个被测者的作答也是彼此独立的，一个被测者的成绩不影响另一被测者的成绩。这一特点也叫做局部独立性。例如，难度系数就被定义为项目本身固有的特性，不随被测者样本的变化而变化。如果被测者样本的容量足够大的话，对某一项目的反应也会表现出统计上的规律性、项目的难易程度，决定于刚好能够答对的那部分人的潜在特质水平。

2. 项目参数估计更具准确性

项目反应理论深入到测评的微观层面，将被测者的潜在特质水平与被测者在项目上的反应行为关联起来并且将其参数化、模型化，是通过统计调整控制误差的最好方法。由于项目参数具有跨群体不变性的特点，所以，与其他方法相比，它对项目参数的估计更具准确性。这一优点使其成为题库建设的新宠，广泛地应用于 GRE、TOEFL 等国际知名考试和各类测评之中。衡量题库质量高低的一个重要标准就是题库中各个项目参数的完备性与准确性。在这方面，项目反应理论提供了迄今为止最为有效的工具。

3. 使成套测验更具针对性和有效性

项目反应理论中的信息函数使得成套试卷的编制更加具有针对性和有效性。

在相对性测评（常模参照测评）中，测评试卷编制的一个重要目标是使测评的误差降到最小。应用项目反应理论，可以预先设定潜在特质量表上所有值的最大允许误差，然后利用公式求出所有水平值上的最小允许信息量，形成一个信息函数。这样一来，测评中就能够使用较少的试题来达到不超过允许误差的要求，提高了测评的效率。在绝对性测评（标准参照测评）中，测评试卷编制的原则为：第一，准确划定合格的分数线；第二，尽量降低对被测者合格与不合格的误判率。应用项目反应理论，可以在设定条件下从题库中抽取并组拼出同时满足以上两项原则的比较理想的测评试卷。

4. 导致了计算机自适应测试的产生

项目反应理论与计算机相结合导致了计算机自适应测试（computer adapted test）的产生。项目反应理论的基础和核心就是建立了对刺激变量（题项）做出正确反应的概率与这个刺激变量所隐含的潜在特质水平之间关系的等式。在刺激变量的特点已知的条件下，潜在特质模型能够根据被测者对题项的作答情况推断出被测者的潜在特质水平。除此之外，项目反应理论还将项目难度参数与潜在特质的水平定义在同一个量尺上，这样就实现了项目难度与潜在特质水平之间的匹配。在实际测评中，可以根据对题目的作答情况估计出被测者的潜在特质水平，并以此为基础选出难度与之相当的项目进行新一轮的测试，使得对潜在特质的估计更加精确。

计算机自适应测试又被称为个性化的考试，是项目反应理论在计算机自助测试中的应用。与传统的纸笔考试不同的是，计算机自适应测试可以根据被测者的实际表现挑选出与被测者潜在特质相匹配的试题。计算机自适应测试的题项不是事先定好的，而是根据被测者在前一个题项中所表现出来的能力或潜在特质的情况而有针对性地从题库中挑选出来的。换句话说，计算机随时都在对题项进行在线调整，以保证挑选出能最大限度测量出被测者潜在特质的题项。

（四）项目反应理论的局限性

项目反应理论作为一种现代测评理论，虽然将传统测验理论向前推进了一大步，但不可能是完美无缺的，必然存在着一定的局限性。具体来讲，首先，它假定所测的潜在特质是单维的，这在现实中是很难满足的。其次，它对项目参数的估计尽管不依赖于特定的样本，但要保证参数估计的稳定性，就需要大量的样本。三参数模型需要 2000 个以上的样本，双参数模型的样本要求在 400 个以上，就是单参数模型最少也要求 200 个样本。在现实的测评中要对大量的试题进行大样本测试以获取稳定的参数估计值，其人才和物力的投入都是相当巨大的。最后，模型比较复杂，不容易理解，相关软件的操作也有一定的难度。正是这些局限制约了它在实践中的应用和推广。

（五）三种测验理论的比较

上述三种测量理论构成了现代人员测评的理论基石。三者之间既有区别又有联系。经典测验理论是基础；概化理论在宏观层面上从外推的角度，沿着经典测验理论中随机样本的思路向前发展；项目反应理论则从微观层面深入到具体的项目层次，采用数学建模和统计调整，而不是随机抽样的方法对项目进行分析。经典测验理论容易理解、操作简单、体系完整，在现实中更易于被接受，适应面很广；概化理论主要解决测量误差及其来源问题，对于分析测评的信度有一定优势；项目反应理论数理逻辑严密，测量精度较高。概化理论和项目反应理论对使用者的素质和客观条件都有很高的要求，故应用的范围受到限制。在人员测评实践中，测评工具和测评技术的选取并不是越复杂越好，应根据具体的测评对象、目的和具备的条件来进行选择。在进行选择评估时，应尽量多地运用不同理论，以便从多个视角获得所需的信息。在实际操作上，则需要将理论通俗化，以利于测评人员准确快速地运用于实践之中。

第四章 人员测评系统的构建与效度信度检验

人员测评是测评考官与被测人员之间借助测评工具而进行的互动，目的在于对被测人员的某些素质予以测量和评定。为了保证测评的精准性、实用性和客观性，就要科学地构建人员测评系统，并对测评的效度与信度进行检验。只有达到一定效度和信度标准的测评，其结果才能作为人员决策的依据。

第一节 测评系统的构成

人员测评就是在特定的环境中，测评考官运用特定的工具对被测者的某些方面素质进行测量与评价，以实现人-职匹配。具体来讲，人员测评过程就是测评考官根据岗位需要，运用测评工具对被测人员施以刺激，被测人员对此刺激做出反应，测评考官对被测人员的反应情况进行度量与评价。这是一个测评考官与被测人员之间相互作用的过程。从系统科学的角度来讲，人员测评体系实质上是一个动态的系统。所谓系统就是由若干相互联系、相互作用的要素所组成的具有特定功能的有机整体。系统的构成要素必须在两个以上，而且各要素的组合不是简单相加或机械拼凑，而是有机结合，并产生特定的整体功能。人员测评系统的构成要素为测评考官、测评工具和方法、被测人员。

一、测评考官

测评考官作为测评系统的主体，是决定人员测评能否成功的关键要素。在人员测评中，测评考官是一个广义的概念，泛指人员测评活动的主导方，包括测评工具的研制者、修订者或选择者，测评活动的组织者、参与者、评分者、报告者等。

按照国际惯例，测评考官分为两类：一类是咨询机构的专业顾问；一类是资深人力资源管理者。从事人员测评的专业人士必须具备一定的资质，通常由专业机构颁发资格证书。

在我国，测评考官一般由三类人员组成：一是具有人员测评专门知识的专业人士，主要是咨询机构的咨询师、高校教师和研究机构的研究人员；二是从事人力资源管理实务的专业人士，主要是人力资源部门或组织人事部门的专职工作者；三是人员使用部门的资深人士，主要是人员使用部门的主管或骨干。无论是企业，还是国家机关或者事业单位，从事人员招聘与选拔的工作人员基本来自上述三个方面。

考虑到测评考官的特殊地位和作用，对测评考官的素质要求也相对较高。一个合格的测评考官，应具备的基本素质包括品德、知识、技巧、经验等多个方面。

人员测评活动通常由测评小组或测评委员会来主持实施。在人员构成上，要顾及测评考官的年龄结构、性别结构、知识结构以及性格结构，以保证测评考官在测评活动中能够互补互助，相得益彰。例如，国家公务员录用考评中，明确要求测评小组的考官必须在专业、职务、资历、年龄、性别、来源等方面合理搭配。

良好的个人品格和道德修养是测评考官必备的第一要件。人员测评的主体是测评考官，客体是被测者，主客体的关系体现为人与人之间的关系。在中国这样一个关系主导型的社会里，要保证人员测评的客观性和公正性，测评考官必须具有良好的个人品格和道德修养，公正无私的品德和高度的责任意识是测评考官做好测评工作的前提。测评考官的任何私念都会导致测评结果的扭曲。

测评考官应具备的知识包括测评组织方面的知识和与测评内容相关的知识。前者保证测评的程序公平，后者保证测评的评分公平。

人员测评是一个测评考官与被测者的互动过程，在这个过程中，测评考官捕捉到的与测评主题相关的信息越多越好，不仅如此，测评考官还要能够对这些信息进行甄别，以便去伪存真。这就需要测评考官掌握一些测评的技巧，例如，无领导小组讨论中的座位摆放，面试中随机场景的设置等。

测评考官在人员测评过程中，常常需要做出许多主观的判断，这些判断主要依靠工作经验和社会经验，属于经验直觉判断。如果缺乏从业经验，对业务没有比较深入的了解，很难保证测评的准确性。

人员测评是一项以心理学为基础的专业要求较高的综合性活动。做好这项工作既要具备一定的专业知识和能力，还要具有良好的心理品质和职业道德，同时还要以健康的体质来支撑。

二、测评工具和方法

在人员测评的实践中，由于每项测评活动的目的、内容、方式、时间、地点、对象等各不相同，很难在已有的测评工具中找到完全匹配的测评工具。因此，选择、修订或研制针对特定目的和特定对象的测评工具便成为人员测评的先导性工作。人员测评中，常用的测评工具与方法主要包括以下几类。

（一）能力测验

在人员测评中，能力包括智力与体力。能力测验（ability tests）是人员测评中颇为常用的测验。能力可分为一般能力和特殊能力两类。前者是指在不同的工作中表现出来的共同的能力，也是胜任任何工作任务的必备能力。例如，观察力、注意力、语言表达能力、数字计算能力、空间想象能力、推理能力、适度的体力等。后者是指某些专业性工作中表现出来的能力，它针对某些行业或岗位。例如，对机械操作工来讲，空间知觉能力、机械理解能力、动作敏捷性、耐力等方面的智力与体力就比较重要。

（二）成就测验

成就测验（achievement tests）也叫专长测验，通常用来测量个体现有的知识或技能，而这些知识或技能对完成特定的工作是不可或缺的。成就测验有两种形式：一是知识测试，二是工作样本测试。

1. 知识测试

知识是人们在各种实践活动中获得的对客观世界的认识。通过自身实践获得的知识叫做经验知识，属于直接知识；通过学习获得的知识叫做理论知识，它是前人对实践经验和认识的概括与总结。知识测试就是人们所掌握的知识量、知识结构和知识水平的测量与评定。传统的知识测评方法为纸-笔测试，也就是按照统一时间、统一地点、统一要求对被测者进行施测，被测者以纸-笔的形式作答，评分者对其作答结果进行评定。各类资格考试均属于知识测试。随着计算机的普及，越来越多的知识测试将采用计算机来施测。知识测试在众多的测评中属于效度较高的测评。

2. 工作样本测试

工作样本测试要求被测者在一个可控的环境里实际完成一项或几项工作任务，这些任务与被测者将要从事的工作高度相关。例如，招收电脑维修工，就让申请人直接去检查和维修一部功能不正常的电脑。工作样本测试实用、简单，但对测试的设计要求较高，常常需要对该工作非常熟悉的专家对工作任务进行分解，找出关键环节，这样才能保证该项测试的效度。

（三）人格量表

人员测评中，人格指的是个体的非智力性心理活动特性和稳定行为特征，主要包括情绪、性格、兴趣、气质、动机、态度、意志等。人格测量具有描述和鉴别功能，常用于职业指导、培训和人际关系处理等方面。

用于人格测量的工具叫做人格量表（personality inventories），一般为自陈式量表。它要求被测者根据自己的实际情况回答若干项针对某一人格特质的问题，然后，由评分者给出分数和评价结果，以衡量其人格特点。在使用自陈式量表时，往往会出现社会赞许性问题。为了鉴别被测者回答问题的真伪，通常会在量表中加一些测谎题（lie-scales），以便提高测量的效度。

（四）面试

面试（interviews）是人员测评中最常用的工具之一，它指的是在特定的情境下，测评考官以面谈和观察为主要手段，对被测者某些特定素质进行测量与评定的过程。

面试可以是比较随意的非结构化的（unstructured）面试，也可以是比较严谨的结构化的（structured）面试。结构化面试对面试的方方面面都有严格的要求，例如，提问内容、问题的排序、回答时限、评分标准等。结构化面试相对比较客观和公正。公务员招考面试基本上采用结构化面试来进行。在企业的人员招聘或选拔中，一般同时采用结构化和非结构化面试。通过结构化面试获取直接与工作有关的欲知信息，通过非结构化面试可以获得一些附加信息。有经验的面试考官往往能在非结构化面试中，通过递进式提问捕捉到一些关键性信息。

（五）评价中心

评价中心（assessment centers）主要针对管理者而不是普通员工。它是以测评管理素质为中心的由若干个具有情境模拟性的测评组合在一起的综合性测评活动。

评价中心是将被测者置于一系列逼真的模拟管理情境或工作情境之中，要求被测者完成各种各样的工作，以对其在活动中的行为表现做出评价的一种技术方法。其目的是推测被测者在管理方面的潜力和发展前景，同时，还能发现被测者的不足，以便有针对性地进行培养。

评价中心的常用技术有文件筐作业、无领导小组讨论、角色扮演、管理游戏、案例分析等。评价中心不是简单的几个情境模拟的堆积，而是根据特定的目的与标准将若干项测评技术有机地结合在一起。

评价中心对个人的评价一般是通过群体的形式来进行的。它将被测者组成若干个小组，测评考官对被测者在小组内的行为表现进行观测和评价。

（六）书面信息分析

书面信息是与被测者密切相关的个人资料，主要包括申请表、履历表、人事档案、推荐信等。

申请表是用人单位或人力资源部门在招聘和选拔中要求申请人提供的与工作有关的当下的个人信息。对申请表进行审查是人员测评的一个常用方法，在与其他测评方法一起使用时，它总是排在最早的位置。申请表通常只包含反映事实的信息，一般需要有相应的附件来加以证实。传统的申请表只填写文字方面的信息，对申请表的审核也只作定性的分析；新近开发的代码式申请表则可以进行定量的分析，它要求申请者依据代码本填写相应项目的代码，以便计算机进行处理，在计算机处理时对不同编码的项目赋以不同的权重，这样处理的结果会更客观一些。

履历表是被测者的背景材料，主要反映的是过去的情况。履历表包含的信息比较多，例如，婚姻状况、受教育的情况、早期的生活经历、健康状况、社会关系、个人爱好等。目前有一种传记式登记表比较受青睐，它通常由50～100个多项选择题构成，题目的内容相当广泛，包括一些个人资料、嗜好与态度、社会价值观、工作价值观等。

人事档案在我国，尤其是行政机关和事业单位以及国有企业特别重要，它是人员录用与选拔的重要依据之一。人事档案比较全面地反映了一个人从上学到当下的主要经历、家庭情况、学习和工作成绩、主管与单位的评价等各个方面的信息。查阅、分析被测者的人事档案是一种比较好的辅助测评方法，但要注意辨别档案材料的真伪。

推荐信一般是由既熟悉被测者又被用人方认可的第三者，以书面形式呈现的对被测者相关素质进行评价的介绍信。通常情况下，大多数推荐信都过于肯定，但也不能因此而忽略推荐信的作用，毕竟其中还是包含一些有用的信息。

（七）体检

体检是通过医学、物理与生化检验等手段测定人体组织器官、整体生理功能与健康状况的一种方法，它也可以用来确认履历表中被测者关于健康状况填写的真假。体检通常是人员测评的最后环节，但却是一个不可省略的环节。它除了具有剔除身体不合格的候选人的功能外，还能发现候选人在身体方面的某些缺陷，以便合理安排工作；还可以建立人员健康档案，以便他用。

除此之外，对有些有特殊要求的工种或职位还要进行药物测试。例如，运动员要进行兴奋剂检测。

三、被测人员

被测者作为测评的客体，处于应对的地位。对于被测者来说，影响被测者测评结果的因素可能有很多，人员测评中主要关注两个方面：一是测评焦虑；二是针对测评进行的训练。

关于测评焦虑对测评结果的影响，一般认为是非线性的，即轻度焦虑对测评结果产生积极的影响，高度焦虑则对测评结果产生负面影响。引起中等程度焦虑的测评环境有利于低水平焦虑的被测者，而在比较轻松的测评环境中，高焦虑的被测者会表现得更加出色。毫无疑问，长期的焦虑会干扰被测者对所需信息的获得和提取。因此，被测者要正常发挥其水平，就应注意对情绪进行调节。

关于测评前的训练，主要有三种形式。第一种是针对测评的项目做大量的强化练习，目的仅在于提高测评的成绩。这类训练只会改善被测者的测评分数，不能提高其水平和能力。它降低了测评的效度，从而不能有效测量所要评定的潜在素质。

第二种是适应性训练。其目的在于消除或平衡因对测评熟悉的程度不同而导致的差异。在测评前，公布标准的测评手册，以使被测者对测评的形式和流程有所了解，进而降低被测者的测评焦虑。这种训练有利于测评效度的提高。

第三种是认识技能训练。它主要是发展有效解决问题的行为，例如，寻求多种解决问题的办法，并对各种方法的效果进行评估，从细节中提取有用的信息等。这种训练有利于提高被测者的能力。

被测者常常希望通过参加一些培训来提高自己的测评分数，这只是短期直接的目标。即便如此，在参加培训时也应尽量多地利用培训资源，以期同时实现多个目标，将短期利益与长期效益结合起来。

测评作为一个系统，其目的是要实现人-职匹配。为了确保这一目的的实现，就要对其全过程进行监控，监控的依据和标准主要是测评的效度和信度。

第二节　测评的效度

一、效度的概念

在人员测评中，效度涉及"测什么"以及在多大程度上测到所要测的东西。测评的效度主要反映的是测评分数与特定行为特征之间的关系。随着测评理论发展和应用范围的扩大，效度的概念也随之发生了改变。在 1999 年美国出版的《教育与心理测验标准》中，效度被定义为"既得证据与已有理论对测验分数解释的支持程度。对测验分数的解释构成了测验应用的基础"。这样一来，效度的定义就由过去对测评结果的强调转向对测评过程的关注，使得效度变成了一个不断积累证据，以支持测评分数解释的过程。其中，测评分数的解释就是"关于测评所要测量的构念（construct）或概念（concepts）的解释"。

人员测评首先需要回答的问题就是："测什么？"在人员测评中，测的是被测者的一种或几种素质，这些素质是基本的、潜在的和相对稳定的。为了能够实现对这些隐性的素质进行测量，就需要构造出一些概念，即"构念"。例如，在招聘营销人员时就要考察"语言表达能力"、"人际交往能力"等。测评的目的在于用显性的特征揭示潜在的特质。

测评本身就是一个过程，包括测评工具的开发、测评的实施、测评资料的分析与解释等环节，每一个环节都包含了对所要测量的"构念"的反映，各个环节对测量构念的有效反映程度的积累就是测评的效度。

效度作为衡量测评质量的一种手段，其侧重点的转移就与现代产品质量管理的侧重点的转移相类似。过去的质量理论和方法侧重于结果，希望在终端通过质检来保证质量。现在的质量理论和方法更多地注重过程，实施过程管理，把品质保证看成是一个过程，认为优良的品质是通过过程来实现的。为了获得优质的产品或服务，应当建立过程绩效测量指标和过程控制方法，并持续改进和创新。对效度的概念重新定义，体现了过程控制的精神，在测评的每一个环节收集其有效性的证据，通过效度证据的不断积累，可以更恰当地使用测评的分数，更准确地对测评分数进行解释和推断。除此之外，还可以在效度证据积累的过程中，及时地发现问题，并想办法予以解决，进而校准"构念"的界定，改进和完善测评系统，更好地保证测评目标的实现。

因此，从测评工具的研制、记分和指导语的标准化、被试作答反应、主试或评分者、测验的实施、数据整理、统计分析、结果的解释等全过程，都要保证其科学性和准确性，那样才能保证测量的结果和结论是有效而正确的。

二、效度的不同表现形式及其检验

鉴于效度的过程特性，在测评的不同阶段效度的表现形式也各不相同，大致可以分为内容、反应过程、内部结构、与其他变量的关系、测验结果六个方面。

（一）基于内容的效度及其检验

人员测评首先就是要根据特定的目的形成"构念"，然后将"构念"具体化，以确定测评的内容。基于内容的效度考察的是实际测评的内容与测评"构念"之间的契合程度，评判的方法通常为专家评定法。具体分为以下三步。

1. 明确测评的内容

根据测评的目的，明确测评的素质及其权重，确定各部分内容的比例。例如，对职业经理人的测评包括知识、能力和品德三个方面的素质，其权重分别为0.25、0.50和0.25。

2. 确定每个项目所测的内容

明确每个项目所要测量的内容，并与第一步中的素质相对应，有的项目可能同时对应两个或两个以上的素质。在面试等比较综合的测评形式中，常常会出现这种情况。对各项目的覆盖程度及其相对比重或相对重要性的评价，由相关专家来确定。

在具体的操作过程中，由专家凭借自己的知识和经验，来评判测评工具中所使用的项目与测评内容之间的关系。并在此基础上，计算内容效度比（content validity ratio，CVR）：

$$CVR = 2(N_e - N/2)/N$$

其中，N_e为评判中认为某项目很好地反映了测评内容的评判者人数；N为评判者总人数。由此计算公式可以推出：当$N_e = N$时，CVR＝1；当$N_e = 0$时，CVR＝－1；当$N_e = N/2$时，CVR＝0。

也就是说，当所有的评判者都认为某一项目很好地反映了测评内容时，CVR达到了最大值，即1；当所有的评判者都认为某一项目不能反映测评内容时，CVR取最小值，即－1；当一半评判者认为某一项目很好地反映了测评内容，而另一半评判者认为该项目不能反映测评内容时，CVR的取值为0。

对于测评项目的评判，还可以运用项目反应理论计算其信息函数的极大值（maximum value of the item information function）来进行。项目反应理论为此提供了专门的计算公式和程序。

3. 以恰当的形式呈现测评工具

测评工具的外在表现形式（如测验的材料及用语、试题的印刷等）对于被测者、测评考官，以及其他未经过专门训练的旁观者来说，是否"看起来有效"直接影响到测评的可接受性。例如，将用于儿童智力测评的工具直接拿来测评成人的智力就不合适。在开发或使用测评工具时，要注意项目的呈现方式，使之与特定的测评情境相匹配。例如，在测评一个初级机械工的简单计算能力时，最好使用与机械操作有关的术语，而不是"用 10 元钱买 6 元 6 角钱的香蕉，还剩多少钱"。在人员测评中，测评工具表面上"看起来有效"的程度叫做表面效度。

虽然测评工具的表现形式不直接决定测评的内容，但为了取得被测者的信任与合作，还是不容忽视的。

（二）基于反应过程的效度及其检验

人员测评的结果由被测者的应答情况和评分者赋分状况共同来决定。当然，在完全客观化的测验中，评分者的赋分状况不会影响测评效度。

在人员测评中，当测评的内容涉及态度、价值观等主观判断时，往往会受到社会赞许性的影响，被测者的应答结果可能不是其真实的想法。面对这种情况，可通过设置测谎题或眼动仪，要求被测者边作答边讲述（think aloud），并记录被测者对项目的反应时，计算不同部分得分的相关性等策略来衡量被测者的真实应答情况。

在一些包含主观性评分的测评中，评分者的偏好、情绪等主观因素也会对打分产生影响。针对这种情况，一般通过设置多位独立的评分者，细化评分标准，要求评分者给出打分的理由等方式来了解评分者的实际打分情况。

（三）基于内部结构的效度及其检验

1. 建构效度

人员测评中要测的是人员的素质，而素质是隐性的变量，自身有其内在的结构。这种内在的结构可以是单维的也可以是多维的。人员测评的起点是素质的"构念"，首先考察构念的内容，然后，进一步考察它的内在结构。基于内部结构的效度是通过测量什么、不测量什么的证据累积起来给予确定的。当实际测得的资料无法证实关于构念的假设时，并不一定表明测评的结果出了问题，也可能是关于构念的假设不恰当。如果是这样的话，就应对构念的假设进行修正。这正是重测评过程而不是测评分数的新效度概念的精华之所在，而且这可能是一个多次反复的过程。

衡量构念结构的效度指标，叫做建构效度（construct validity）或结构效度、构念效度，它适用于多重指标的测量情况。建构效度分为两种：聚合效度（convergent validity）与区别效度（discriminant validity）。当测量同一构念的多重指标彼此间聚合或相互关联时，就表明存在聚合效度；与聚合效度相反，区别效度是指当一个构念的多重指标相聚合时，则这个构念的多重指标，也应与其相对立（或相区别）的构念的测量指标呈负向相关（低相关）。例如，与"内向"相关的多重指标应会与"外向"相关的多重指标间有负向相关。

2. 建构效度的检验方法

对建构效度的检验主要有两种方法：其一是因子分析；其二是"多质-多法"矩阵。

1）因子分析法

（1）两种因子分析的功用。因子分析包括探索性因子分析（exploratory factor analysis，EFA）和验证性因子分析（confirmatory factor analysis，CFA）两种。探索性因子分析是一种用来简化变量、分析变量间组群关系、或探究出变量背后共同潜在构念的统计技术。通过探索性因子分析，可以萃取隐藏于测评项目背后的共同因子。验证性因子分析的功用主要在于评鉴测量工具的因子结构是否恰当，探讨潜在变量之间的关系是否与特定的理论观点相符合。通过验证性因子分析，可以从关于构念的假设出发，检验测评项目背后的共同因子及其结构。在研制新的测评工具时，常常先做探索性因子分析，再做验证性因子分析。这样做能够体现结构效度的动态过程。

（2）平均变异抽取量与建构效度。具体到因子分析，聚合效度指的是测评工具中的测评项目在欲测量的潜在变量上的收敛程度；区别效度指的是不同的潜在变量之间相互区别的程度。Fornell 和 Larcker（1981）、Anderson 和 Gerbing（1988）给出了具体的计算方法和判别标准。建构效度（包括聚合效度与区别效度）的检验以平均变异抽取量（average variance extracted，AVE）为基础，所有数值皆取自验证性因子分析的完全标准化解。

平均变异抽取量的计算公式为

$$AVE = \frac{\sum \lambda^2}{\sum \lambda^2 + \sum \theta}$$

其中，λ 为测评项目在同一因子上的负荷量；θ 为测评项目的测量误差。

聚合效度的判定标准：Fornell 和 Larcker（1981）建议其判别标准为 0.5。也就是说，当 AVE 大于 0.5 时，测评项目较好地收敛于欲测量的潜在变量（因子）。

区别效度的判定标准：每一个潜在变量的平均变异抽取量大于各潜在变量（因子）相互之间的相关系数的平方值。例如，在表 4.1 中，某项研究通过验证性因子分析确证了研究构念由四因子构成。各因子的平均变异抽取量的平方根介于 0.72~0.74（括弧内的数字），均大于成对因子之间的相关系数，显示研究的构念具有区别效度。

表 4.1 四因子的区别效度

因子	F_1	F_2	F_3	F_4
F_1	(0.72)			
F_2	0.03	(0.73)		
F_3	0.52*	0.21*	(0.74)	
F_4	0.38*	0.15*	0.70*	(0.73)

* 表示因子间相关系数在 $\alpha=0.05$ 水平上显著。

注：对角线上的数值为此因子的平均变异抽取量的平方根，该数值应大于非对角线上的数值。

区别效度还可以通过对因子间相关系数的区间估计来检验，如果因子间相关系数的置信区间 $(\mu-1.96\sigma, \mu+1.96\sigma)$ 不包含 1，则认为，该测评具有显著的区分效度；如果因子间相关系数的置信区间 $(\mu-1.96\sigma, \mu+1.96\sigma)$ 包含 1，则认为，该测评的区分效度不显著。

2）"多质-多法"矩阵法

"多质-多法"矩阵（multitrait-multimethod matrix）。这种方法是 Campebll 和 Fiske 于 1959 年提出的。它运用多种方法（即内容和形式均不同的测评工具）测评多种特质，再根据测得的分数计算出各种不同的相关系数，由此生成相关系数矩阵。它可以同时检验聚合效度和区别效度。

"多质-多法"矩阵中，聚合效度是指不同测评方法下测得同一构念或特质的得分之间的相关性程度；区别效度是指同一种测评方法下测得不同构念或特质的得分之间的相关性程度。

例如，用三种不同的方法（Method 1、Method 2、Method 3）测评三种不同的素质（A、B、C）。计算各种可能得分之间的相关系数，形成一个由相关系数构成的矩阵，见表 4.2。

表 4.2 多特质多方法矩阵

		Method 1			Method 2			Method 3		
		A_1	B_1	C_1	A_2	B_2	C_2	A_3	B_3	C_3
Method 1	A_1	(0.89)								
	B_1	0.43	(0.89)							
	C_1	0.36	0.32	(0.76)						
Method 2	A_2	0.62*	0.03	0.20	(0.93)					
	B_2	0.22	0.70*	0.13	0.40	(0.94)				
	C_2	0.10	0.13	0.64*	0.22	0.30	(0.84)			
Method 3	A_3	0.59*	0.11	0.02	0.60*	0.20	0.21	(0.94)		
	B_3	0.14	0.82*	−0.16	0.13	0.61*	0.23	0.30	(0.92)	
	C_3	0.21	0.10	0.72*	0.06	0.19	0.52*	0.49	0.36	(0.85)

* 为聚合效度；其余为区别效度。

注：圆括号中的数字为信度系数。

一个优良的测评，其"多质–多法"矩阵应满足如下条件：

(1) 相同方法相同特质（信度）：相关要高；

(2) 相同方法不同特质（区别效度）：相关要低；

(3) 不同方法相同特质（聚合效度）：相关要高；

(4) 不同方法不同特质（区别效度）：相关要低。

此外，还可以考察新研制的测评工具与已有的能有效测量相同特质的旧的测评工具之间的相关。若二者的测得分数之间具有较高的相关性，则说明新的测评具有较好的结构效度。这种方法叫做相容效度法；也可以考察新研制的测评工具与某个已有的能有效测量不同特质的测评工具间的相关，若二者的测得分数之间具有较高的相关性，则说明新的测评的效度不高，因为它测不到要测的特质，这种方法叫做区别效度法。

(四) 基于与其他变量的关系的效度及其检验

1. 效标关联效度

人员测评所测的是人员的素质，重点在于实现人–职匹配，进而提升组织绩效。可见，对人员的素质进行测评，只是手段而非目的。为了检验测评手段的有效性，就要建立素质测评得分与绩效变量之间的关系。绩效变量作为检验人员素质测评有效性的标准，简称为效标。正因为如此，基于与其他变量之间关系的效度又被称为效标关联效度。根据测评数据与效标资料搜集的时间差异，效标关联效度又分成同时性效度（concurrent validity）和预测性效度（predictive validity）两种。

同时性效度一般用于对现有员工的测评。例如，为了提高培训的针对性，考察机械能力倾向与一线机械操作工的绩效之间的关联关系就属于同时性效度。就测评而言，同时需要做两项工作：一是对一线操作工进行机械能力倾向测试；二是收集这些员工的工作业绩表现，之后分析两者得分的相关关系。如果机械能力倾向测试的高分组的实际工作业绩确实优于低分组的实际工作业绩，就可以认为该项测评具有较好的效标关联效度。类似这种的效标关联效度检验就属于同时性效度检验。

预测性效度的效标资料需要经过一段时间才可能搜集得到。预测性效度通常用于人员选拔和配置等工作之中。例如，在选招消防员时，首先要进行身体素质方面的测试，测试内容包括力量、速度、耐力、灵敏和柔韧性等几个方面。待新招的消防员上岗之后，收集他们在消防工作中的业绩表现。如果身体素质测评中低分组的业绩表现明显低于高分组，则表明此种测评的预测效度好。

2. 效标关联效度的检验方法

效标关联效度一般可以通过统计分析计算出一些数量指标。常用的估计方法有相关系数法、分组法、命中率法、预期表法和功利率法。

1）相关系数法

估计效标关联效度最常用的方法是计算测评分数与效标分数之间的相关系数。根据变量的性质不同，可分别采用积差相关系数法、等级相关系数法等。

2）分组法

分组法分两步来进行。第一步，根据效标分数将被测者分成若干个小组；第二步，计算级别与人员素质测评得分之间的相关度。如果分成两个组，就用点二列相关法或者二列相关法；如果分成多个组，就用多列相关法。例如，考察一个测量性格内外向性的量表是否有效。首先，对被测者实施测评，记录其所得分数；其次，按照被测者的行为表征，将其分为两组，一组为性格外向的人，另一组为性格内向的人；最后，运用点二列相关法计算组别（内向组与外向组）与测评得分之间的相关系数，如果达到显著性水平，就说明该项测评具有良好的效标关联效度。

3）命中率法

运用测评手段对员工进行甄选时常常会用命中率法来检验测评的效度。其指标有两个：正命中率和总命中率。

总命中率=（达到测评分数标准的人员中工作合格的人数＋没有达到测评分数标准的人员中工作不合格的人数）/参加测评的总人数。若总命中率高，则说明该项测评对区分合格者与不合格者来说是有效的。

正命中率=达到测评分数标准的人员中工作合格的人数/达到测评分数标准的人数。计算正命中率的方法，只关心通过测评被选中的人员中的合格者有多少，不关心被淘汰的人员中是否有合格者。

4）预期表法

将人员的素质测评得分与效标分数制成二维图表，并将每个变量按水平分成若干档次，然后列出每个档次上的人数的百分比。从预期表我们可以看出效标效度的高低。从右下角到左上角的对角线上各格中的数字越大，说明效标关联效度越高。

5）功利率法

为了衡量人员测评的效用，将会计中计算收益的方法引入人员测评之中，计算人员测评的增值效用。具体计算公式如下：

$$U = B \times (N_s) - C \times (N_a) - S$$

其中，U 为效用；B 代表录用一个人员所产生的平均利润；C 代表录用一个不合格的人所造成的损失；N_s、N_a 分别代表人数；S 代表整个选拔过程的费用。

这种针对人员录用而计算的损益被称为功利率。这种方法常用于管理人员和技术人员的招聘或甄选。除此之外，还可计算使用测评与不使用测评的效用之差来对测评的收益进行评估。

　　由于同一测评可以有不同的效标，所以，在对人员测评是否有效进行评价时，效标的选择是一个很重要的方面。假若所选的效标不恰当，或者所选的效标无法量化，或者即使可以量化但度量的标准不统一，则很难正确地估计出测评的实证效度。如果效标及效标测量都合乎要求，在计算效标与观测分数的相关时，有一个因素必须予以重视，即观测分数与效标之间是否符合线性关系的问题。因为，计算皮尔逊积差相关系数的前提之一是两个变量之间具有线性关系，否则会得出错误的效度结论。这就要求我们在选用相关系数的计算公式时，不仅要注意公式的选择，还要注意各公式的使用条件。

（五）基于测评结果的效度及其检验

　　测评的结果来自于对构念的操作和统计分析。与测评结果有关的事项包括对测评数据的分析与解释和对测评结果的应用两大方面。对测评数据的分析要考虑其统计的有效性，对测评的统计结论效度（statistical conclusion validity）进行检验；在分析素质测评的得分与效标分数的关系时，对其中的因果关系尤其要谨慎处理，与之相对应的效度被称为内部效度（internal validity）；对测评结果的概化需要分析其外部效度（external validity）。

　　1. 统计结论效度

　　统计结论效度，是衡量对测评数据进行分析时所用程序与方法的有效性的指标。统计结论效度关注的是测评的误差和显著性检验，不涉及系统性偏差的来源问题。决定统计结论效度高低的因素，主要是数据本身的质量和统计方法的恰当性。测评数据是统计分析的材料，数据的质量是统计结论效度的基础和前提，数据质量较差的测评是不可能具有较好的统计结论效度的。任何统计分析方法的运用都要满足特定的前提条件，如果违反了统计分析方法的运用条件，统计结论的效度也就大打折扣。在进行统计分析时，尤其应注意小样本的情况。由于样本的容量小，测评数据的稳定性就会差一些。此时，再做统计分析时应考察其统计效力（statistical power）。

　　2. 内部效度

　　人员测评的终极目标是绩效的提升。为了能够实现这一目标，需要找出导致绩效的原因。在效度分析中，将衡量人员的素质测评得分与效标之间因果关系的明确程度的指标，叫做测评的内部效度。通过测评手段明确人员的某些特定素质是导致某种特定绩效的原因并不是一件容易的事，因为导致绩效的原因可能比较复杂。就拿机械操作工来说，机械能力倾向测试得分应该是其业绩的重要原因。但是，如果他缺乏工作动机，即使机械能力倾向测试得分较高也不会有好的业绩。因此，在考察测评中的因果时，一定要谨慎从事，认真辨析出与自变量混杂在一起的其他变量，通过控制其他变量来提高测评的内部效度。

3. 外部效度

任何测评都是在特定的情境下进行。那么，测评的结果是否能够反映测评对象的整体情况？是否具有普遍的适用性呢？这些问题涉及测评的外部效度。测评的外部效度，是指测评的结果能够一般化和普遍适用于样本所在的总体以及其他同类总体的程度。外部效度可以细分为总体效度和生态效度两种。总体效度，是指测评结果能够适用于测评对象所在总体的程度，也就是概化的问题，对此，概化理论给出了详尽的分析方法，其核心要点是需要概化的侧面，其样本必须是从总体中随机选取的。生态效度，是指测评结果在实际中适用于其他情景的程度，也就是跨总体的有效性。比如，对大学生的测评结果是否对企业员工照样有效。

就内部效度与外部效度的关系而言，一般认为，内部效度是外部效度的必要条件，但不是充分条件。内部效度低就不可能谈及对其他情景的适用性了；而内部效度高也不一定能够概化或者适用于其他总体。

第三节　测评的信度

一、信度的概念

信度（reliability）又叫可靠性，指的是测评结果的一致性（consistency）或稳定性（stability）的程度。一般来说，使用一个好的测量工具，严格按照规程来操作，其结果就不应随工具的使用者或使用时间等方面的变化而发生较大变化。例如，用一根标准的软尺，按照相同的方法去测量一张桌子的长度，不管测多少次，测量的结果都会相同。但是，人员素质的测评比物理测量要复杂得多，不太可能用同一种量表去反复测量同一个人的同一种素质。例如，用同一个简单数字计算能力测试量表来对同一位一线操作工进行反复施测，测试的结果肯定不一致，测得的分数必然会越测越高。这样的测试受到了学习效应的影响。事实上，影响测评结果一致性的因素有很多，有来自测评内容方面的，如表述不当；有来自情境方面的，如环境吵闹；有来自被测者方面的，如心情不好；有来自评分者方面的，如测评考官的个人偏好等。在这些误差的来源中，随机误差决定了信度的高低。

根据随机误差来源的不同，可以将信度大致分为三类：与时间有关的再测信度（test-retest reliability），与内容有关的个别信度（individual item reliability）、组成信度（composite reliability，CR）、内部一致性信度（internal consistency reliability）、折半信度（split-half reliability）、复本信度（equivalent-forms or alternate-forms reliability），与评分者有关的评分者信度（inter-rater reliability）。

二、信度的计算与应用

信度的概念是在经典测验理论中产生的，经典测验理论认为，测验所得分数由真分数和误差分数共同构成。信度被定义为真分数的方差对观测分数方差的解释率。有关信度类型及其计算方法是在这一基础上衍生的。

（一）再测信度

再测信度是指使用同一测评工具，按照相同的操作规程，在不同的时间，对同一组被测者，施测两次所得分数的一致性程度。再测信度大小等于同一组被试者在两次测验上所得分数的皮尔逊积差相关系数。由于再测信度考察的是测评的稳定性，又被称为稳定系数（coefficient of stability）。如果再测信度比较高，则说明前、后两次测评的结果比较一致，测评比较稳定。

再测信度容易受时间间隔的影响，如果两次施测的间隔时间太短，被测者有可能会记住测试的内容，这样的话，第二次测评的结果极有可能与第一次相近，两次测评得分的相关系数也会比较大。因此，两次测评的时间间隔最好消除记忆效应。至于两次测评的间隔时间，可以是几十分钟、几个小时，也可以是几天、几个月甚至几年，这要根据测评的内容和测评的目的来确定。通常，智力类素质测评的间隔时间一般在六个月左右。正是因为再测信度对时间间隔的敏感性，所以，在报告再测信度时，要同时提供时间间隔，以及被测者在此时间间隔内与测评内容有关的信息。

（二）与测评内容有关的信度

1. 单个项目的信度

单个项目的信度，指的是单个测评项目对所测潜在变量的反映程度。在验证性因子分析中，其值为测评项目在潜在因子上负荷量（标准化解）的平方。多数情况下，其判别标准为负荷量大于 0.5 且具有统计显著性。在项目反应理论中，单个项目的信度用项目的信息量来衡量。

2. 组成信度

组成信度就是由反映同一潜在变量的所有测评项目所组成的信度，目的在于衡量同一个潜在变量的所有测评项目间的一致性。Bagozzi 和 Yi（1988）建议，组成信度应大于或等于 0.6。组成信度的计算公式为（所有数据均取自验证性因子分析的完全标准化解）

$$CR = \frac{\left(\sum \lambda\right)^2}{\left(\sum \lambda\right)^2 + \sum \theta}$$

其中，λ 为测评项目在同一因子上的负荷量；θ 为测评项目的测量误差。

3. 内部一致性信度

内部一致性信度，指的是欲测概念内部所有项目间的一致性程度。较高的内部一致性信度表明测评的项目反映的是同一个潜在构念。如果内部一致性信度不高，则表明测评项目可能反映几个不同的构念，这时可以考虑将此测评内容分解成几个部分，每个部分构成一个新的分测验，再计算各个分测评的内部一致性信度。

最常用的内部一致性信度为 Cronbach α 系数，它是由 Cronbach 于 1951 年提出的。计算公式为

$$\alpha = \frac{K}{K-1}\left(1 - \frac{\sum S_i^2}{S_X^2}\right)$$

其中，K 为测评项目的个数；S_X^2 为被测者总分的方差；S_i^2 为每一个被测者在所有测评项目上的方差（$i=1, 2, \cdots, K$）。

Cronbach α 系数在 SPSS 统计软件中很容易就可以算出。Cronbach α 系数的判别标准见表 4.3。

表 4.3　Cronbach α 系数的判别标准

内部一致性信度	Cronbach α 系数
不可信	Cronbach α 系数<0.3
勉强可信	0.3≤Cronbach α 系数<0.4
可信	0.4≤Cronbach α 系数<0.5
很可信（最常见）	0.5≤Cronbach α 系数<0.7
很可信（次常见）	0.7≤Cronbach α 系数<0.9
十分可信	0.9≤Cronbach α 系数

4. 折半信度

折半信度，指的是将一个测评工具中所包含的全部项目分成对等的两半，所有被测者在这两个只包含一半项目的测评上所得分数的一致性程度。因为折半信度反应的是两个只包含一半项目的测评之间的一致性，所以，它有时也被称作内部一致性系数。

折半信度的计算分两种情况来进行：

（1）当两个只包含一半项目的测评分数的方差（S_a^2 和 S_b^2）相等时，计算公式为

$$r_{xx} = \frac{2r_{kk}}{1 + r_{kk}}$$

其中，r_{kk} 为两个只包含一半项目的测评分数间的相关系数；r_{xx} 为整个测评的信度值。

（2）当两个只包含一半项目的测评分数的方差（S_a^2 和 S_b^2）不等时，计算公

式为

$$r_{xx} = 2\left(1 - \frac{s_a^2 + s_b^2}{s_x^2}\right)$$

其中，s_x^2 为全体被测者在整个测评上得分的方差。

或者：

$$r_{xx} = 1 - \frac{s_d^2}{s_x^2}$$

其中，s_d^2 为同一组被测者在两个只包含一半项目的测评分数之差的方差。

折半信度也可以在 SPSS 统计软件中算出，其判定标准参考 Cronbach α 系数的判别标准。

5. 复本信度

对同一批被测者，实施内容相似，难易相当，相同的操作规程的两种测验版本，所得到的两种测评得分的一致性程度叫做复本信度（equivalent-forms），其值为两次测评得分的皮尔逊积差相关系数。

当复本是同一时间连续施测时，复本信度又称为等值性系数；当复本是经过一定的时间间隔施测时，复本信度又称为稳定性与等值性系数。在实际施测中，为抵消顺序效应，一般随机地选出一半被测者先做 A 版本测验后，再做 B 版本测验，另一半被测者先做 B 版本测验，再做 A 版本测验。

（三）评分者信度

1. 相关系数法

评分者信度，是指不同评分者对同一对象进行评定时的一致性程度。最简单的估计方法就是随机抽取若干份答卷，由两个独立的评分者打分，再求每份答卷两个评判分数的相关系数。这种相关系数的计算可以用积差相关方法，也可以采用斯皮尔曼等级相关方法。如果评分者在三人以上，而且又采用等级记分时，就需要用肯德尔和谐系数来求评分者信度。例如，在一次面试中九位考官为七位参加面试者评分，将评分转化为排名后，结果见表 4.4。

表 4.4　面试评分（等级）结果

评分者 被试	R_1	R_2	R_3	R_4	R_5	R_6	R_7	R_8	R_9
N_1	3	5	2	3	4	4	2	4	3
N_2	6	6	7	6	7	5	7	7	6
N_3	5	4	5	7	6	6	4	4	4
N_4	1	1	1	2	2	2	2	1	2
N_5	4	3	4	4	4	3	5	6	5
N_6	2	2	3	1	1	1	1	3	1
N_7	7	7	6	5	5	7	6	5	7

注：$R_1 \sim R_9$ 为评分者；$N_1 \sim N_7$ 为参加面试者的编号。

根据表 4.4 数据计算得到的肯德尔和谐系数 $W = 0.827$，评分者信度很高，表明评分是可靠的。

就评分者信度而言，无论是哪一种相关系数，都可以在 SPSS 统计软件中得以实现。

2. 概化系数和可靠性系数

在经典测评理论基础上发展而来的概化理论，将信度分析向前推进了一步。为了进一步分析方差误差，概化理论将误差区分为相对误差和绝对误差。相对误差是指测量设计中的侧面和测量目标之间的交互作用；绝对误差是指所有侧面的主效应和侧面及测量目标之间的交互效应的方差分量。概化理论用概化系数和可靠性系数作为反应误差的指标，把由相对误差估计出来的信度系数叫做概化系数或 G 系数；把由绝对误差估计出来的信度系数叫做可靠性系数或 ϕ 系数。概化系数和可靠性系数反映了测评信度的高低，分别代表常模参照测评和标准参照测评中的信度水平。

从上面关于信度的表述可以看出，一个测评可能涉及多个信度，对信度的选择应结合实际需要和必须满足的条件来进行。同时，对信度的估计最好使用区间估计。

第四节　信度与效度的关系及提升策略

一、信度与效度的关系

信度与效度是衡量测评系统质量的两项重要指标。事实上，此二者也是相互关联的。信度是测评结果所显示的一致性、稳定性程度，也是对测评结果一致性和稳定性的评价标准。一个具有信度的测评活动，不管由谁来主持，或进行多少次同样的操作，其结果总是非常一致的，其一致性的表现形式主要有跨时间的一致性、跨样本的一致性、跨评分者的一致性和跨测评项目的一致性。效度反映的是测评结果对测验分数解释的支持程度，它是一个证据的不断积累过程，用以支持对测评结果的解释和在特定领域及范围中的概化。两者结合起来，作为监控测评系统的指示器，在一定程度上保证了测评的科学性、实用性和客观性。

就信度与效度的关系而言，测评的信度是效度的一个必要的前提，没有较高的信度，就不可能有较好的效度。也就是说，信度是效度的必要条件但非充分条件，高的信度不一定必然会有高的效度，但高的效度必然会有高的信度，不可能存在高效度而低信度的情况。信度是为效度服务的，因而效度是信度的目的；效度不能脱离信度单独存在，所以信度是效度的基础和前提。经典测验理论通过数学表达式对效度与信度的关系做出了更为清晰的诠释。

在经典测验理论中，测评分数的方差（σ_S^2）分解为与测量目的有关的方差（σ_V^2）、与测量目的无关的系统方差（σ_I^2）和随机方差（σ_E^2），即

$$\sigma_S^2 = \sigma_V^2 + \sigma_I^2 + \sigma_E^2$$

效度被定义为与测量目的有关的方差对测评分数方差的解释率，即 $\frac{\sigma_V^2}{\sigma_S^2}$；信度被定义为非随机误差对测评分数方差的解释率，即 $1 - \frac{\sigma_E^2}{\sigma_S^2}$。

从上面的方差分解可以得出：

$$\frac{\sigma_V^2}{\sigma_S^2} = 1 - \frac{\sigma_E^2}{\sigma_S^2} - \frac{\sigma_I^2}{\sigma_S^2}$$

由于 $\frac{\sigma_I^2}{\sigma_S^2} \geqslant 0$，所以，效度不可能比信度大。

从上面有公式可以看出，效度是由信度与系统误差共同决定的。信度与效度的关系还可以借用射击的结果来加以说明，具体情况如图 4.1 所示。

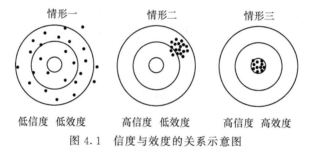

图 4.1　信度与效度的关系示意图

从图 4.1 中的"情形一"可以看出，射击既不"稳"也不"准"，即信度低，效度也低；"情形二"虽然"稳"但不"准"，即信度高，效度低；"情形三"既"稳"又"准"，即信度高，效度也高。

根据信度与效度的关系原理，人员测评应以信度为出发点。如果人们对某一潜质的认识尚不统一，就不可能产生高的信度。在这种情况下，如果对其进行测评，测评结果将毫无价值可言。由此可见，并不是所有人员方面的问题都可以通过测评来解决，只有那些在认识上比较成熟（一致）的特质才有可能予以施测。

二、信度与效度的提升策略

以信度与效度作为评判标准对测评系统进行监控，有利于测评质量的保证。下面就从如何提高人员测评信度与效度的角度，分别对测评系统的不同构件进行分析。

（一）从测评考官方面提高信度与效度

首先，测评考官的构成应尽量多元化，从不同领域或部门随机选取具有资质

的人员组成考官小组，然后根据职能进行分工，有的是施测者，有的是评分者，还有的身兼两职。

就施测者而言，在正式测评之前尽量使被测试者知道测评的形式与程序、熟悉测评的环境，以免被测者因与测评内容无关的外部因素的干扰而影响水平的发挥。在测评过程之中，一定要严格按手册指导语进行操作，不要故意制造紧张气氛，或给被测者一些暗示、协助等，以免产生与测评目标无关的系统偏差，而降低测评的效度。

就评分者而言，首先，要保持良好的状态，精力要充沛，心情要平和。尽量不要让身体不适和心情不好的人参加评分。在评分过程中，一次不能连续工作太长时间，否则会引起身心疲惫、注意力不集中、粗心马虎，从而影响评分工作的客观性。其次，要统一评分标准，标准要具体，前后要一致。对评分过程出现的例外情况要及时通报。这样才能保证评分者的一致性，进而提高评分者信度。最后，多个评分者同时评分时，要保证各个评分者的独立性。当测评考官之间出现评分分歧时，通过增加评分者或者讨论的方式来解决分歧，以保证评分者信度达到测评许可的标准。

（二）从测评工具方面提高信度与效度

测评工具是事关测评成败的关键要素，一个好的测评工具不仅能测到所要测的东西，而且还具有良好的稳定性，前者为测评的效度提供保障，后者为测评的信度提供保障。

1. 效度的提升

1）测评项目的针对性

就内容效度和建构效度而言，测评的试题样本必须充分地反映欲测的构念。实践表明，双向细目表是一个较为有效的工具，是由测量的内容材料维度和行为技能所构成的表格，它能帮助测量工具的编制者决定应该选择哪些方面的项目以及各类型项目应占的比例。双向细目表的研制应由专业人士来进行，既要考虑欲测构念的理论依据，也要考虑欲测构念的实践情况。根据双向细目表开发出来的测评工具，其内容效度与建构效度一般说来都会比较好。

2）测评项目的明了性

就表面效度而言，测评的项目应当明确易懂。测评项目的呈现要与被测者理解水平及方式相匹配，有的可以以文字的方式呈现，有的可以以图片的形式呈现，有的还可以以音像的形式呈现。当测评的项目较多时，要以适当的方式予以提醒，以防被测者漏答，例如，在纸笔测评中，如果页数较多，甚至正反两面均有测试项目，最好在每页下既有总页数又有当前页码的标记，或者在容易被漏做的那一页的前页的最后写上提示性的语言。另外，应尽量兼顾每一个项目呈现的完整性。例如，在安排多项选择题目时，不要将题目与需要选择的答案分开安排在正反两面。总之，在研制测评工具时，应选择最容易为被测者所接受和理解的方式作为测评工具表现的形式。

3）测评工具的长度

就测评的效标关联效度而言，一般说来，增加测评工具的长度可以通过提高测评的信度来提高测评的效标关联效度。测评工具的长度与测评效度关系的计算公式如下：

$$r_{(KX)Y} = \frac{Kr_{XY}}{\sqrt{K(1-r_{XX}+Kr_{XX})}}$$

其中，$r_{(KX)Y}$ 为测评工具 x 增长至原来的 K 倍后，新观测值与效标 y 观测值之间的相关系数；K 为测评工具增长的倍数；r_{XY} 为原测评的效度系数；r_{XX} 为原测评的信度系数。

值得注意的是，不能一味地为追求测评的效标关联效度而增加测评工具的长度，还要考虑被测者的承受能力。

4）项目取样的全面性

就基于测评结果的效度而言，测评项目的取样应当全面，要涵盖欲测构念的全部内容，这样就有可能具有较好的内部效度。在抽取测评项目样本时，要以随机取样的方式来进行，这样才能为测评结果的概化提供基础，测评的外部效度也会得到保证。

2. 信度的提升

为了保证测评的信度，就要弄清楚影响测评工具稳定性的因素。一般来说，测评项目的取样、项目间的同质性程度、项目的难度和区分度等是影响测评工具稳定性的主要因素。

1）取样范围

就测评项目取样而言，取样的范围、内容与形式等都应遵照广泛认同的规范，这样才能保证测评的一致性。一般情况下，取样范围越广，测评的信度也就越高。如果取样范围过窄，就不太可能测到被测者的真实水平，测评结果就不稳定，有可能出现高水平的被测者的得分不一定高，低水平的被测者的得分不一定低的情况。因此，测评项目的取样内容必须充足而且应具有代表性。

2）项目数量

就测评工具的长度而言，测评项目数量上的增加能够提高测评的信度。这种效果可用斯皮尔曼-布朗公式来计算，该公式的表达形式为

$$r_{XX'} = Kr_{XX}/[1+(K-1)r_{XX}]$$

其中，K 为增加测评项目后的测评工具的长度与原测评工具的长度之比；r_{XX} 为原测评的信度；$r_{XX'}$ 为增加测评项目之后的测评信度。

由此可见，通过增加测评项目可以提高测评的信度。需要注意的是，增加的项目必须与原来的项目具有同质性；否则，无法提高测评的内部一致性系数。

在增加测评项目的数量时，应遵循适度性原则。事实上，测评项目的增加同样服从效用递减规律，每增加一个项目都会增加被测者的精力损耗，超过一定的数量后会引起被测者的疲劳感，甚至反感，被测者可能的反应是不再作答或者乱答，这样必然导致测评信度的降低。

3）项目难度

就测评项目的难度而言，如果测评项目太难，大多数的被测者的分数会偏低，整个测评分数的分布会出现右偏态；如果测评项目太易，大多数的被测者的分数会偏高，整个测评分数的分布会出现左偏态。无论是右偏，还是左偏，都会影响测评的信度。在人员测评中，最好是选择难度适中的测评项目。当测评项目的难度适中时，整个测评的分数就会接近正态分布，且标准差也会比较大，以相关系数为基础的信度值必然也会增大。

4）项目区分度

就区分度而言，它度量的是测评内容有多大的可能性把不同水平的被测者区分开来。测评的区分度越高，其信度也越高。任何一次信度高的测评，其观测分数应趋近正态分布，即高分段、低分段的被测者只占少部分，绝大部分被测者的观测分数既不偏高也不偏低。这样的测评，其信度会较好。因此，提高测评项目的区分度，有助于测评信度的提高。

（三）从被测者方面提高信度和效度

被测者是测评内容的承载者，被测者的状态直接影响到测评的结果。成功的测评应当反映出被测者的正常水平，人员测评应充分考虑被测者的情况。在人员测评中，可将被测者分为个体与群体两类。

1. 从个体被测者方面提高信度与效度

就个体而言，如果被测者不能正常发挥，再好的测评工具也难以保证测评的信度。一般情况下，被测者的测评动机、情绪、态度、身体状况、注意力、耐心、求胜心等，都会影响测评的结果，造成较大的随机误差，进而影响测量的信度与效度。例如，情绪波动大，测评的稳定性就差，信度就低；身体状况不好，或者过分焦虑会导致水平失常，测评的效度就会比较低。因此，应尽量让被测者调整好心态，在生理、心理、知识、技能等方面做好应有的准备，以正常状态参加测评，不要因为疲劳、疾病或急躁而影响其测评效果。

2. 从群体被测者方面提高信度与效度

就被测者群体而言，如果缺乏必要的同质性，群体中的个体之间差异太大，则不太可能获得恰当的效度资料。有时候，同样一种测评，对年龄、性别、文化程度、职业等方面不同的被测者群体，常常表现出不同的预测力，即具有不同的预测效度。

当被测者群体异质，即被测者群体内个体间的特质彼此差异较大时，整个被测者群体的观测分数的分布必然较广，以相关系数为基础计算出来的测评信度必然会大。如果被测者群体高度异质的话，就很有可能造成对实际测评信度的高估。

当被测者群体同质，即被测者群体内个体间的特质彼此差异不大时，整个被测者群体的观测分数的分布必然较窄，以相关系数为基础计算出来的测评信度必然会小。如果被测者群体高度同质的话，就很有可能造成对实际测评信度的低估。

我们知道，测评信度的计算大多以相关系数为基础，而相关系数的大小往往取决于全体被测者得分的分布情况。因此，被测者群体观测分数的离散程度以及被测者群体的平均水平都会影响测量信度。

此外，如果被测者群体全部观测分数的均值太高或太低，都会使被测者群体的观测分数的分布变窄，有可能造成对实际测评信度的低估。

在人员测评中，当被测者群体的同质性不够高时，可通过将该群体恰当地拆分为若干个亚群体的方式来提高测评在各同质性较高的亚群体上的信度。亚群体通常按照人口学或组织学等变量来拆分，如年龄、性别、文化程度、职业、爱好等。因此，在研制测评工具时，应尽量将有关的人口学或组织学等方面的类别变量纳入其中，以提高测评结果的应用范围。

（四）从施测场景方面提高信度和效度

被测者作为人员测评的内在因素固然重要，但诸如环境、场地、设备、天气等外在因素对测评效度与信度的影响也不应忽视，尤其是选拔人才类的大型考试，应尽可能提供给每个被测者同样的测试环境和条件，以确保每个被测者能够发挥出正常的水平。

在实施测评时，测评场所应当整洁、干净、明亮、安静、舒适，测评设备应当齐备、完好。施测人员要严格遵守测评纪律，必须明确什么内容可在测评期间谈及，哪些不可以谈及，更不能与人大声交谈，或穿上走路响声很大的鞋。舒适和谐的测评氛围，有助于相对准确地测出被测者的正常水平。

此外，如果需要连续进行多个场次的测评，要设定两次施测的时间间隔，以免影响被测者的水平发挥。对于需要多次重复测评的内容，时间间隔是影响测评信度的重要因素，因为在计算重测信度、稳定性与等值性系数（复本信度之一）时，两次测评相隔时间越短，测评信度可能就会被高估；间隔时间越长，其他因素带来影响的机会就多，测评信度可能就会被低估。因此，要根据测评内容与被测者的具体情况，恰当安排测评的场次。

第五章　人员测评流程

　　人员测评是一个过程，其目的在于获取被测者与工作有关的信息，以便实现人-职匹配。人员测评作为一种专业化的活动，与其他技术性活动一样，有其必须遵守的规范和流程。只有遵从这些规范和流程，才能保证测评的质量，即良好的测评效度与信度。由于人员测评的具体目的不同、内容有异、对象有别，测评的设计与实施的具体环节也不可能完全一样。但人员测评是一种具有普适性的技术，有其特定的技术规程。通常情况下，人员测评的基本流程为：确立测评目标—选择或研制测评工具—制订测评方案—组织实施测评—数据处理与统计分析—提交测评报告—测评结果反馈。具体流程见图5.1。

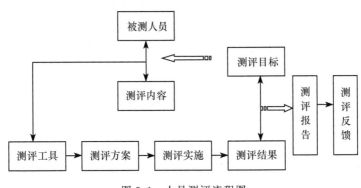

图 5.1　人员测评流程图

第一节　测评目标的确立

　　人员测评的终极目标是实现人-职匹配，真正做到事得其人、人适其事、人尽其才、才尽其用、用显其效。人力资源管理与开发的动态性导致人-职匹配在不同的阶段具有不同的表现形式，与之相对应，人员测评活动的具体目标也各有所异，大体上包括配置性测评、选拔性测评、考核性测评、诊断性测评和开发性测评。

一、配置性测评

　　配置性测评的目标是为岗位配人，也就是，根据岗位的要求选择合适的申请者，属于资格性测评，常用于招聘活动。一般来说，只要找到符合岗位要求的人员就可以了。虽然这些岗位是一般性的岗位，但其要求是实实在在的，不能随意制定，而且标准也不可以降低。例如，货车司机就必须有货车驾驶证、掌握常见问题的处理技巧、吃苦耐劳、品德优良等。

二、选拔性测评

选拔性测评的目标是选优，对应的职位是管理岗位或者要求较高的位置，其待遇相对比较优厚，工作条件也比较舒适。这类岗位的应征者常常会比较多，符合岗位要求的候选人也不止一个，要求进行选优工作。此时人员测评的重点在于将候选者区分开来。为了保证测评的客观公正性，对测评的要求更加严格、更加精确，测评的形式也更加多样化。

三、考核性测评

考核性测评的目标是对员工现有绩效下的个体特质进行鉴定。考核性测评与员工的绩效直接对应，绩效指的是员工对组织和团队的贡献。考核性测评的对象是员工的行为，一般认为，行为导致绩效。员工的行为是可观测的，通常也是可度量的，通过对员工行为的度量实现对员工潜在特质的测评。例如，快速完成任务反映的是员工的敏捷性；对出现的问题能够做出准确的判断反映的是专业能力；与同事的关系融洽反映的是人际技巧等。考核测评的方法主要有关键事件法、360度考核、叙述法、目标管理法等。考核性测评可以作为培训与员工调整的依据。

四、诊断性测评

诊断性测评的目标是找出导致问题的人员素质方面的原因。在组织的发展过程中，往往会出现这样或者那样的问题，其中与人有关的问题就需要通过测评来诊断。例如，员工士气不高，干劲不足，工作场所员工受到侵害等。诊断性测评重在查找原因，而原因往往比较隐蔽，这就要求测评的内容必须相当宽泛且精细。诊断性测评所测的是负性的行为或态度，测评结果中涉及员工的个人权益和员工之间相互关系的部分，一般不宜公开，只供内部掌握和参考。在进行诊断性测评时尤其要注意保护员工，尽量避免对员工个人和组织造成不必要的麻烦。

五、开发性测评

开发性测评的目标是发现员工的潜力，以便促进员工的成长。员工在工作中有可能发现自己以前不曾知晓的偏好和兴趣，尤其是年轻员工，其素质具有潜在性和可塑性特征，其潜力一旦被发掘，就会迸发出巨大的力量。就组织而言，识别员工的个人潜力之后，就可以有意识地加以培养和开发，这也是人力资源管理的责任。开发性测评应当具有针对性，它以某些客观的表征为线索，主要进行的是能力倾向方面的测评。如霍兰德的职业倾向测验。

测评目标既是测评活动的起点，又是测评活动的归宿。它不仅决定了测评的内容、标准和形式，圈定了被测者的范围，还为测评报告的撰写提供了指南。因此，在人员测评活动的开始，明确测评的目的，确立测评的具体目标，是测评工作能否成功的关键。

第二节　测评工具的选择、修订与研制

一、测评工具的选择

由于人员测评的目标不同，具体的测评在内容、方式、对象等诸多方面存在差异，可以直接借用的测评工具非常有限。因此，选择、修订与研制针对特定目标和对象的测评工具便成为人员测评的基础性工作。

选择已有的成熟工具是人员测评中最经济实用的一种方式。要选到有效且实用的测评工具并不是一件轻松的工作，它需要获取一些关于测评工具的必要信息，熟悉一些测评工具的评判标准。表5.1列举了选择测评工具时需要检查和评估的项目。这些项目的相关信息，主要来自测评工具研制者或者经销商提供的产品说明与使用指南、使用者的信息反馈以及独立研究者或研究机构的评论。在选择测评工具时仅仅依靠宣传材料和目录是不够的，要深入考察反映测评工具质量高低的关键性指标。例如，效度与信度的积累证据；使用条件与操作要求；可能出现的问题与预防措施等。可供直接选用的测评工具大多是通用性的和标准化的工具。例如，智力或能力倾向测验、个性测验等心理素质量表；知识类试卷（根据具体要求从试题库中抽取）、机考套题等。

表 5.1　测评工具检视表

测什么？（知识、能力、心理特质……）
适合什么岗位？（管理、技术、销售、后勤……）
适合哪类群体？（年龄、学历、资历……）
测评工具的名称：　　　　　　　　　　　　　　版本：
测评方式：（考试、面试、情境模拟……）
信度：　　　　　效度：　　　　　参照群体：
可能出现的负面效应：　　　　　注意事项：
实施测评的条件：（考官要求、设施、场地、时间……）
操作手册：
费用：
总体评价与使用建议：

二、测评工具的修订

某些测评工具，如文件筐测验、无领导小组讨论等，可以在借鉴的基础上通过修订加以使用。测评工具的修订以已有的测评工具为基础，要按照选择测评工具的要求对欲修订的测评工具进行全面了解，以核准该测评工具的开发、评价和使用情况。对测评工具的修订从"表面效度"开始，在不改变原测评工具基本功能和构念的前提下，根据被测者的情况，对测评内容和指导语的表述进行审视，修改那些不适合的表述，使其更加清楚、简洁。接下来，通过初试对测评工具进行必要的修订，重点是收集被测者与测评考官对测评内容、难易程度、时间、方式等方面的反馈信息，组织专业人士评估测评的效度与信度，并依据测评规范和内在机理对测评工具进行适当的修改、调整与完善。最后，用已修订的测评工具进行再测，测评的人群最好包括两部分，一部分是参加初试的人群，另一部分是没有参加初试的被测者。根据再测结果，对测评工具做进一步的完善，并给出使用说明和操作指南。

三、测评工具的研制

对于那些只有本单位才需要的独特知识与技能的测评，是不可能通过借用或者修订的测评工具来进行的，这就需要研制测评工具。

测评工具的研制是一项非常专业化的工作，大致要经历如下几个阶段：第一，在测评目的的引导下，通过查阅文献、访谈、实地考察等手段对欲测量的潜在构念给出操作性的定义。第二，从操作定义出发，面向专业人士、被测群体广泛收集反映该项构念的相关项目，结合已有的文献资料初步确定测评内容。第三，针对被测者的特点，将测评内容转化为可度量的测评工具。第四，运用新开发的测评工具对被测者进行预试，并进行信度和效度分析，直到满足测量学的要求为止。第五，经过再测积累效度与信度的证据，形成正式测评工具。

在人员测评实践中，往往需要进行综合性测评，任何单项的测评工具都不可能达成测评目标，只有将多种测评工具组合起来，才能满足具体测评的需求。在进行测评工具组合时，应当清楚各种测评工具的表现形式和使用方法。表 5.2 列举了常用的测评方式与其所对应的素质。

表 5.2　常用的测评方式与素质对应表

测评方式	测评工具	对应的素质
履历分析	文档资料	任职资格
纸-笔测试 人-机互动	知识测试、案例分析、文件筐作业等	从事工作必备的知识与心理品质
心理测验	智力测验、能力倾向测验、人格测验、兴趣测验、价值观测验等	各种心理品质

续表

测评方式	测评工具	对应的素质
面试	结构化、非结构化	仪容仪表、表达能力、应变能力、情绪掌控等
情境模拟	文件筐作业、无领导小组讨论、角色扮演、工作样本、游戏	各种展开实际工作的能力
评价中心	情境模拟工具的组合	管理技巧、合作能力、团队精神，及其相关的心理品质
群众评议	评议表	人际沟通能力、工作实绩等
体检	医用设备与器材	身体素质

至于如何组合，人员测评的实践表明，双向细目表是一种颇为有效的工具。表5.3是一张供营销人员招聘测评的双向细目表。表中既列出了营销人员应具备的各种素质，也列出了不同的测评形式及其所体现的内容。

表5.3 营销人员招聘测评双向细目表

测量内容	测量形式	心理品质		人际技巧		表达能力		说服能力		营销知识		学习能力		应变能力		风险意识		合 计	
		题量	占分	题量	占分	题量	占分	题量	占分	题量	占分	题量	占分	题量	占分	题量	占分	题量	占分
人格类型 能力倾向 职业兴趣	量表	60	25															60	25
营销学	笔试									10	7							10	7
口头表达	朗诵					1	5											1	5
	产品介绍					1	5											1	5
经验与教训	面试											2	15	1	8	1	8	4	31
关系的建立与维系	游戏			2	15													2	15
产品推销技巧	情景模拟							2	12									2	12
合 计		60	25	2	15	2	10	2	12	10	7	2	15	1	8	1	8	80	100

第三节 测评方案的制订

测评方案就是对将要开展的测评活动所作的预想性部署或安排。测评方案一般由三部分组成：标题、正文和落款。其中，落款的内容为测评方案的制订单位与成文时间。落款既可以采用题注的形式表示，即在标题之下以括号的形式注明，也可以置于正文的下方。标题应当明确、具体，避免与落款重复。如果标题为"××公司××年基于聘用目的的销售经理素质测评方案"，落款则为"人力资源部×月×日"，不用再写"××年"。

正文是测评方案的主体，应包括如下几项内容。

一、前言

扼要交代制定此方案的背景、目的、依据等方面的内容。例如，某市考录公务员面试工作方案的前言为"根据《中华人民共和国公务员法》有关规定和市委组织部、市人事局《××年度全市考录公务员面试工作意见》的有关精神，为切实组织好我市考录公务员面试工作，特制定本方案"。

二、测评的目标与任务

目标要清晰，任务要明确。例如，某公司为配合公司的战略调整，计划对全体中层管理干部的胜任力进行测评，其目标与任务的表述为："本次测评将用五天时间对公司全体 29 位中层干部的岗位胜任力进行综合评估，并形成个体与群体两个层面的书面测评报告，以达成如下三个目标：①全面了解中层管理人员的素质，为进一步优化中层管理队伍提供参考依据；②发现有潜力的人才，将其纳入接班人培养计划；③以测评结果为依据，结合公司战略调整部署，为中层管理人员提出培训与发展建议。"

三、测评的组织机构

测评的组织机构包括测评工作的领导者、执行者、监督者、测评考官、其他工作人员，比如，计分员、计时员、引导员等。在做方案时不一定列出具体的名单，但要有一个人员的构成说明。例如，领导小组组长一般由组织中负责人力资源工作的副职领导担任，组员由测评工作涉及的各个部门的主管组成，这样的组合有利于测评工作的协调与开展；执行小组通常由人力资源部牵头组建；监督者在政府机关的测评活动中，由人大代表或政协委员或者纪委工作人员担任，在企业由职工代表担任；测评考官由来自用人单位、人力资源部和专家组的人员共同组成，人数为七个或者九个比较适宜；其他工作人员由人力资源部负责选取。

四、被测人员

明确被测人员的范围或具体的人员名单。

五、测评内容与标准

总体来讲，任何测评测的都是人员的素质，但具体的内容则由测评目标和被测人员的特性共同决定。如果是大型的测评，则可以进行分类，如技术人员类、营销人员类、行政人员类等，各个类别的测评内容有所不同。在明确测评内容之后，就需要将其转化为指标体系。

测评的指标体系，是由反映测评对象各个方面特征、状态的指标所构成的有机整体或集合。测评指标包括测评要素、测评标志和测评标度三个方面。其中，测评要素就是将测评内容细化成可操作性的条目，有若干个彼此关联的条目所组成的维度；测评标志是对测评要素的关键性特征的描述；测评标度就是根据测评要素或测评标志的差异程度赋予其权重。

六、测评方式与配套设施

常用的测评方式有履历分析、纸笔测试、心理测验、面试、情境模拟、评价中心等。人员测评可能选取其中的一种或几种测评方式。例如，公务员考录工作中会用到履历分析、纸-笔测试和面试。实施不同方式的测评需要与之相配套的设施与条件，如果连基本条件都不能满足的话，相应的测评是不可能开展的。

在人员测评的实际工作中，五、六两项常常会以表格形式呈现。例如，表5.4列出了一线操作工的素质测评内容、测评方式、测评工具和指标体系。

表 5.4　一线操作工的素质测评

测评内容		测评方式	测评工具	指标体系	权重/%
生理素质	身体健康状况	体检	医用设备和器材	健康状况良好，无中、重度气质性疾病	30
	体格			体格健壮，精力旺盛	
任职资格		履历分析	档案资料	达到高中毕业水平	10
心理素质	职业兴趣	纸-笔测试	霍兰德职业倾向量表	职业兴趣倾向于现实型（R型得分最高）	60
	职业能力	纸-笔测试工作样本	机械能力测试、注意分配仪、双手调节仪、机器等	机械能力、操作能力、动作协调能力、控制能力达到中等以上水平	

七、测评实施步骤与时间安排

按测评实施的时间顺序将各个时间段需要完成的事件与责任人以及所需时间和支持条件罗列出来，罗列的方式可以是文字形式，也可以是图表形式。表5.5是某企业招聘技术人员的测评安排表。

表 5.5　公开招聘技术人员测评安排

阶　段	测评内容	测评方式	地　点	时　间	备　注
第一阶段	资质	履历分析	人力资源部	半天	人力资源部与被测者确认资料
	身体素质	体检	某医院体检中心	半天	人力资源部联系
第二阶段	专业知识	纸-笔考试	公司大会议室	半天	人力资源部负责
	心理素质	人-机互动	某专业测评机构机房	半天	测评机构负责
第三阶段	专业技能	面试	公司小会议室	半天	各测评小组负责
		模拟操作	各个相关车间	半天	
第四阶段	公布测评结果		公司大会议室	半天	人力资源部负责

八、测评费用

测评费用主要包括购买或研制测评工具的费用、购买仪器、设备和必备用品的费用、外请专家和工作人员费用、场地费用等。其中，可以重复使用的器具与设备属于固定资产投入。

九、其他事项

提出一些注意事项和可能出现的问题的处理原则和方法。

人员测评是一项专业性很强的活动，离开理论与技术的支撑是不可能取得可靠而有效的结果的。人员测评方案不是纸上谈兵，是要变成实际行动的工作安排。因此，在做人员测评方案时，始终牢记测评的目标，时刻想到如何执行，不断地积累信效度证据。

人员测评作为一项综合性的工作，需要多方合作才能完成，测评活动既牵涉到单位内部各部门间的协调，又涉及与单位之外的个人或组织的沟通，关系到的人与事十分广泛，而且相互之间的关系也比较复杂。因此，制定测评方案时应尽可能细致周密一些。初稿形成之后要广泛征求各有关人员和专家的意见，并根据反馈的意见和建议，对初稿进行反复调整与修改，直到参与各方认同后，才上报审批。

第四节　测评的组织与实施

测评的组织与实施就是将测评方案转化为具体的行为事件。这一阶段是真正见到实效的阶段，来不得半点疏忽，任何环节出现问题都会对测评的结果产生影响。这一阶段的主要工作和任务包括以下几个方面。

一、成立测评组织机构

测评的组织机构是一个临时性的执行机构，是测评工作顺利进行的保障。对于大型的人员测评来说，组织机构的设置应完整配套，功能齐全。通常情况下，包括领导小组、工作小组、监督小组、后勤小组。各个小组权责明确，相互配合，协同作业。对于一般性的测评，可以根据具体情况，将上述的各个小组进行适当的合并。其中，领导小组统一指挥，统一部署，负责处理测评活动中的例外情况；工作小组负责日常工作安排；监督小组负责关键性环节的监督工作；后勤小组提供必要的后勤保障。

工作小组的第一项任务就是将测评方案细化为具体的实施细节。由于人员测评方案是一个指向未来的粗线条的计划，其重点放在实现目标的可行性上，再加上测评方案到具体实施之间存在一定的时间间隔，其间可能会发生一些变化。因此，在具体实施上应考虑到这些影响因素，将重点放在操作细节上，力争做到细致、严密，简便明了，易于操作。

二、测评前的准备

测评准备的内容主要包括测评所需材料、场地、人员、后勤等。

测评材料包括测评资料和仪器。对于履历分析来讲，查看表格填写是否规范，证明材料是否齐全，是否提供证明人及其单位的联系方式等；对于纸-笔测试来讲，重点检查测评工具的表现形式是否符合要求，答题卡或答题纸、评分表是否配套，草稿纸、书写用具是否备齐；对于人-机互动测评来讲，重点查看计算机运作是否正常，预装软件是否完备；对于模拟测评来讲，重点查看仪器设备及其摆放；对于借助其他单位开展的测评来讲，主要督促对方检查测评准备情况。

测评场地的选择与布置，要与测评方式的要求以及不同被测者的特点相匹配。一般情况下，要求标识清晰、光线充足、色调温和、通风性好、安静。除了测评室以外，还要准备"候考室"、"广播室"、"后勤工作室"等。

人员方面的准备，要求做到"通知到人、培训到位"。让被测人员熟悉测评的规则、程序和纪律；所有工作人员明确各自的责任和任务；尤其要做好测评考官的培训工作，对测评考官培训应采取集中的方式来进行。对于综合性的测评，可按测评方式进行分组来组织培训。培训的内容包括测评的目标、测评的维度及评分标准，施测过程中观察与记录的要求，测评流程，争议解决方法，测评报告的填写与呈报要求，测评考官的纪律要求等。在条件许可的情况下，可以找一些有经验的测评考官做示范性测评。对考官队伍进行培训能有效地提高测评信度与效度。

三、测评过程的控制

无论是心理测验、笔试、机考、还是情景模拟，都必须注意关键事项与环节的控制。其中，时间与主观评议需要重点关注。在测评中，计时员应注意时间的掌控，该提醒的时候要给出明确的时间指示信号。对于那些只强调起始时间的心理测验，则视作答情况灵活处理。有些测评中，不可避免地要进行一些主观评分，如面试、无领导小组讨论等。主观评分一定要强调评分的独立性，评分差异较大的考官要陈述其评分依据，并经小组讨论，决定最终评分。如果讨论仍然不能达成一致，交由领导小组处理。

四、测评资料、工具、仪器的管理

对测评资料、测评工具、测评仪器进行科学的管理和维护，是人员测评组织实施阶段的重要任务之一。有些测评工具、测评数据和结果需要作保密处理；有的资料需要保存一段时间以备查；有些仪器需要归回原位。诸如此类的工作应挑选责任心强、心思细密、谨言慎行的人员来负责。

第五节　测评结果的统计与分析

一、测量尺度

人员测评是对反映个体特征的变量进行度量与评价，度量的过程实际上是将给定的数值分配给被度量的特质或事件，通过这些数值来反映被度量特质或事件的水平。由于测量变量反映的个体特征不同，测量尺度也不可能一样。根据测量尺度的差异，在人员测评中，将测量变量（measurement variable）分为以下四类。

1. 类别变量

类别变量或名义变量（nominal/categorical）取值有明显的类别，但无顺序或等级，可以是字符型变量，也可是数值型变量。这类变量的取值范围通常是有限的，而且每个数值都代表特定的类别。分类指标的各类别间是平等的，没有高低、大小、优劣之分。在实际分析中，这类变量的主要用途是进行数据分组或分类。例如，性别、组别、种族、职务类别等。

2. 顺序变量

顺序变量（ordinal）取值有明显的顺序或等级，可以是字符型变量，也可是数值型变量。这类变量的取值范围通常是有限的，而且每个数值都按照某种逻辑顺序排列出高低或大小，以确定其等级及次序。顺序指标的各类别间有高低优劣之分，不能随意排列。例如，职务高低、收入水平、排名先后等。

3. 等距变量

等距变量（interval）不仅能将变量区分类别和等级，而且可以确定变量之间的数量差别和间隔距离。它可以是数值型变量、货币型变量，但不能是字符型变量。测量结果形成等距指标。等距指标的值以数字表述，有计量单位，可以进行加减运算。等距指标的各类别间有大小之分，但没有绝对的零点，不能乘除计算，如气温。

4. 等比变量

等比变量（ratio）是一种理想的测评变量，也是最高级别的测量尺度。它按变量的绝对差异与相对差异对其进行辨别与区分。测量结果形成等比指标。等比指标的确切值以数字表述，有计量单位，有绝对意义上的零点，既可以加减，也可以乘除。例如，身高、体重、销售额、营业收入等。

在人员测评的常用统计软件中，把等距变量与等比变量合称为标度变量（scale），并将其作为预设变量。

二、测评数据的核查

人员测评的统计与分析，就是对上述几类变量进行合理的统计与分析。为了保证统计与分析的正确性和精确性，在进行统计与分析之前要对人员测评所得到的数据进行审核。

事实上对测评数据的初步审核是在数据的收集中进行的，在收集到数据时应立即检查数据资料是否齐全，有无遗漏。如果发现问题，可以即时进行补救。取得数据后，对数据的质量审核主要采用两种方法：计量审核和逻辑审核。

计量审核，即核查数据资料中各项计量资料。其内容包括：数据是否有错误或矛盾的地方，计量关系是否正确、计量单位是否一致等。例如，参加测评的总人数应等于各年龄组被测人数的总和，也应等于男、女人数的总和。

逻辑审核，是指检查数据资料的内容是否合于逻辑，有无不合理的地方。例如，有的测评题目只限女性回答，但有男性也给出了答案，这显然是不合理的。又如，有的被测者为了应付差事，将所有的题项都选同一个答案等。

通过对数据质量的审核，可以发现一些无效的资料和数据。对于这些问题能补救的应尽量补救，确实无法补救的，应予以剔除。

三、测评数据的处理

在人员测评中，数据的处理主要包括个体数据的处理、群体数据的描述性统计、个体在群体中的排位、各测评变量的相关关系分析等。

(一) 个体数据的处理

对于个体而言，测评数据主要涉及如何计分的问题。一般情况下，对个体测评的计分分两步来进行。第一步，各测评维度的计分。就客观性评分来说，直接相加就可得出总分，知识类考试和心理测验通常这样做；对于主观性评分，当评分者较多时，一般的做法是：去掉一个最高分和一个最低分，然后再求和或者平均数。如果有的维度包含几个项目，比较科学的做法是，先对各个项目进行去掉最高分与最低分的处理，再计算其均值。第二步，计算个体的测评总分。由于测评的目标不同，对测评各个维度所赋予的权重也不会相同。因此，在计算个体的测评总分时，通常采用加权求和的方式来进行，这样就得出了个体测评的原始分数，至于是否报告原始分数，则视情况而定。例如，在智力测验中，报告的就不是原始分数，而是经过数学变换后的"正态化标准分数"。

(二) 群体数据的描述性统计

描述性统计就是对所收集的大量数字资料进行整理、概括，以寻找数据的分布特征。它可使无序而庞杂的数字资料变成有序而清晰的信息资料。

对群体数据进行描述性统计，一方面了解参加测评的人员的总体情况，另一方面可以据此来确定个体在群体中的相对位置。

人员测评中的描述统计主要用来描述测评变量的分布情况，其指标包括频数分布、集中量数和差异量数。

1. 频数分布

频数分布，指的是群体数据在不同分组中所出现的次数情况，或者各种随机事件在人员测评中出现的次数分布（或频数分布）情况，频数分布通常以表格或图形的形式予以呈现。

进行频数统计时，首先就是要确定分组的原则。在人员测评中，可以根据类别变量进行分组，也可以按照分数或者事件来分组，具体操作视测评的需求而定。频数分布包括简单频数分布和累积频数分布。累积频数分布就是每转向下一组，必须把此前各组的次数（频数）累加起来进行统计。一般的统计分析软件都提供频数分布分析工具。表 5.6 是某企业招聘技术工人时的数学与机械知识考试成绩的频数分布表。

表 5.6　数学与机械知识考试成绩频数分布表（$N=83$）

分数段	频 数	百分比/%	累积百分比/%
60 以下	11	13.3	13.3
60～69	27	32.5	45.8
70～79	33	39.8	85.5
80 以上	12	14.5	100
合计	83	100	

2. 集中量数

集中量数也称集中趋势（或平均指标），是用来描述数据分布集中趋势的统计量。它是一组数据的代表值，代表着测评变量的一般水平，别的数值围绕在它的周围。常用的集中量数包括算术平均数、中位数和众数。

1）算术平均数

算术平均数（mean，$\overline{X}$）通常被称为平均数，又叫均数或均值。它是衡量测评资料集中趋势的统计量，是一组性质相同的数值的代表值。算术平均数的定义是：一定数目的观测值的总和，除以该数目所得的商。

用公式表示：

$$\overline{X} = \frac{\sum_{i=1}^{n} x_i}{n}$$

其中，$\sum_{i=1}^{n} x_i = x_1 + x_2 + \cdots + x_n$；$n$ 表示测评数据的个数。

算术平均数是根据全部参加该项测评人员的测评结果计算得来的，能够作为全体的体表。其特点是：简明易懂、计算方便，是最严密、最可靠、最简单、应用最广泛的一种集中量数。但是，它容易受到少数极端值的影响而削弱其代表性。

2）中位数

将某项测评变量的全体观测值按其数值由小到大（或由大到小）的顺序排列后，处于数列中间位置上的观测值称为中位数（median）。如果数据个数为奇数，则中位数数值恰为 $(n+1)/2$ 位置上的数值。如果数据个数为偶数，则中位数数值为最中间位置上两个数值的平均值。

中位数不是一个数组中各数据的算术平均值，它主要受一组数据中的中间位置上的数值的影响，用中位数来反映一个数组中各数据大小的一般水平并不很精确，但中位数计算简单，与平均数相比，中位数不受数据中两端异常的特殊值的影响。从这个意义上说，它可以作为数据平均指标的代表值。对于数据分布不很规则的情况，中位数是度量数据集中趋势的较合理的统计量之一。

中位数是根据全部观测值数目确定的，简单明了，计算方便。但它不如平均数那样容易被人理解，其用处也不如平均数那么广泛。

3）众数

众数（mode）是指测评变量的全体观测值中出现次数最多的那个数值。众数并没有通常意义上的"平均"的含义。但众数在数据中出现的次数最频繁，说明该数值在数据中最具有代表性，因而从另一个侧面反映了数据的集中化趋势。同中位数一样，众数不会受到资料中极端值的影响。但并不是每一组数据都是具有众数的，只有当数组中不同数值的数据出现的次数具有明显的差异时，才有众数可言。

在人员测评中，有时没有必要计算算术平均数，只需要掌握最普遍、最常见的标志值就能说明全体被测人员在该变量上的一般水平，这时就可以采用众数。例如，要想知道员工满意度的一般水平，众数就是最好的代表值。

众数不受极端数值的影响，易于理解。但众数可能不存在，即使存在也可能不是唯一的。因此，作为度量中心趋势的众数并不像平均数和中位数那样应用广泛。

下面以某次测评的部分观测值为例来说明算术平均数、中位数与众数的求法。

某次测评中，测评变量的观测值为

$$95, 86, 81, 68, 56, 43, 48, 81, 81$$

这组数据的算术平均数为

$$\bar{x} = (95 + 86 + 81 + 68 + 56 + 43 + 48 + 81 + 81)/9 = 71$$

把数据按从小到大的顺序排列以后，就得到

$$43, 48, 56, 68, 81, 81, 81, 86, 95$$

该组数共有九个数值，按中位数的定义应当取第五个数据为中位数。于是，中位数为 81，同时可以看出，众数同样为 81。

3. 差异量数

差异量数，是用来描述数据分布差异情况或离散程度的统计量。差异量数的大小决定了集中量数的代表性强度：差异量数越大，集中量数的代表性越弱；差异量数越小，集中量数的代表性越强。

例如，有两组数：

A 组　　10　30　50　70　90　100
B 组　　40　45　50　55　60　65

A 组数的差异量数较大，平均数和中位数 50 的代表性比较差一些；B 组数的差异量数较小，50 的代表性就要好一些。

常见的差异量数有全距（range）、离均差（average deviation）、标准差（standard deviation）和差异系数。

1）全距

全距又称极差，指的是人员测评中一组观测值中的最大值与最小值的差，它是人员测评中度量各观测值变异程度大小最简便的统计量。全距的计算过于简单，它只考虑到了全体数据中的最大值与最小值，而忽略了全体观测值的内在差异。两组数据的最大值和最小值可能相同，但其离散程度可能完全不同。由此可见，全距不能够准确地反映群体数据的实际离散程度，实际上，全距所反映的仅是群体数据的最大的离散值。只有在资料很多而又要迅速对资料的变异程度做出判断时，才使用全距这一统计量。

2）离均差

离均差指的是全体测评数据中的各个数据对全体数据均值离差的绝对值的平均数。其计算公式为

$$A. D. = \frac{\sum_{i=1}^{n} |x_i - \bar{x}|}{n}$$

其中，A. D. 为离均差；n 观测值的个数；x_i 为第 i 个被测者的观测值。

事实上，为了准确地衡量全体测评数据中各个观测值的变异程度，最有效的办法就是以平均数为基准，计算各个观测值与平均数的离差。虽然离均差能够体现一个观测值相对于平均数的偏离程度，但因为离均差有正、有负，且离均差之和为零。为了解决离均差有正、有负及离均差之和为零的问题，便先取各个离均差的绝对值，再将各离均差绝对值之和除以观测值的个数，以此作为一个度量群体数据的差异量的统计量。

3）标准差

方差和标准差是沿着离均差的思路发展而来的。离均差用绝对值来解决离差的正负号和其和为零的问题，但绝对值不便于运算，于是便以平方来代替绝对

值。这样一来，既解决了因离均差而带来的符号问题，又可以进一步地通过数学运算来对离均差进行深入的分析。因此，通常用方差来度量一组数据的离散性。方差常用字母 σ^2 来表示。其计算公式为

$$\sigma^2 = \frac{\sum\limits_{i=1}^{n}(x_i - \bar{x})^2}{n}$$

与前面的离均差公式相比较，其差别仅在将绝对值符号变成平方号而已。为了使统计量的单位同观察值的单位相一致，再将方差开平方，取其正的平方根，即得到标准差 σ，标准差也称为均方差。其计算公式相应地变为

$$\sigma = \sqrt{\frac{\sum\limits_{i=1}^{n}(x_i - \bar{x})^2}{n}}$$

更进一步，为了使所得的统计量是相应总体参数的无偏估计量，统计学证明，在求离均差平方和的平均数时，分母不用样本容量 n，而用自由度 $n-1$，于是，便有了样本方差的概念，将其记为 S^2，此时

$$S^2 = \frac{\sum\limits_{i=1}^{n}(x_i - \bar{x})^2}{n-1}$$

相应地，样本的均方差就是样本方差的正平方根，记为 S，其计算公式为

$$S = \sqrt{\frac{\sum\limits_{i=1}^{n}(x_i - \bar{x})^2}{n-1}}$$

统计学中，常用样本标准差 S 估计总体标准差 σ。

从上面的推导可以看出，方差和标准差能够反映全体测评数据对其以均值为代表的中心的偏离程度。标准差（或方差）越小的数据群，其分布越集中于均值附近；反之，标准差（或方差）越大的数据群，其分布相对于均值就越分散。

标准差是最重要、最完善的差异量数，常与平均数一起使用，以便比较确切地描述数据分布的整体状况。标准差的缺点是计算起来比较麻烦，而且在一定程度上会受到极端值的一定的影响。

4）差异系数

变异系数是衡量群体数据中各观测值变异程度的另一个统计量。当对两组或多组数据资料的变异程度进行比较时，如果计量单位与平均数相同，可以直接利用标准差来比较；如果计量单位和（或）平均数不同，则需要用标准差与平均数的比值（相对值）来比较。标准差与平均数的比值称为变异系数（coefficient of variation），记为 C. V. 。变异系数可以消除因计量单位和（或）平均数的不同而

产生的影响，实现对两组或多组数据资料的变异程度进行比较。

变异系数的计算公式为

$$\text{C. V.} = \frac{S}{\bar{x}} \times 100\%$$

值得注意的是，变异系数由平均数和标准差两个统计量共同来决定，因而在利用变异系数来衡量数据资料的变异程度时，最好将平均数和标准差也一并列出。

上面所论及的反映群体数据的集中量数与差异量数，在常用的统计软件中很容易计算出来，关键是理解它们的统计意义。

（三）个体在群体的排位

个体在群体中的排位也叫地位量数，是描述或确定某一个观测值在全体数据中所处位置的统计量。常用的地位量数为：百分位数（percentile）和标准分数（standard score）。

1. 百分位数

百分位数是一个位置指标，主要用于描述一组测评数据在某百分位上的水平和分布特征。它是把一组数据从小到大排列（或者由大到小排列），分割成 100 等分，每等份含 1% 的观测值，分割点上的值就是百分位数，用符号 P_x 表示。取任意一个百分位数 P_x，它可将全体数据分成两部分，其中，有 $(100-x)\%$ 的数值大于 P_x，有 $x\%$ 的数值小于 P_x。又如，百分位数 P_{25} 的意思就是：以 P_{25} 为分界线，有 25% 的数据比它小，有 75% 的数据比它大。在人员考核中，通用电气前 CEO 韦尔奇所用的活力曲线即 20—70—10 准则，实质上就是百分位数的运用。他要求对员工进行排位，淘汰排名靠后的 10%，重奖排名靠前的 20%，保留中间的 70%。用百分位数来说，就是找出两个百分位数：P_{10} 和 P_{80}。

百分位数的计算分两种情况：不分组与分组。

在不分组的情况下，将全体数据由大到小排出名次，假如共有 N 个数据，排在第 R 位的数据，其百分位为

$$x = 100 - \frac{100R - 50}{N}$$

例如，在有 50 人参加的测评中，某人排第 10 位，则他的百分数为 81；如果有 38 人参加测评，排在第 10 位的百分位数为 75。如果在两组水平相当的情况下，将此二人进行比较的话，50 人中的第 10 名要优于 38 人中的第 10 名。

在分组的情况下计算百分位数要复杂一些，其计算公式为

$$P_x = L_x + \frac{i_x}{f_x}\left(n \cdot x\% - \sum f_L\right)$$

其中，L_x 为 P_x 所在组段的下限；i_x 为组距；f_x 为组内频数；n 为全体数据的个数；

$\sum f_L$ 为小于 L_x 的各组内频数之和。

例如，某次人员招聘的面试成绩统计见表 5.7。

表 5.7 人员招聘面试成绩统计表

分数段	组内频数（f）	累计频数
95～100	1	157
90～94	4	156
85～89	6	152
80～84	8	146
75～79	16	138
70～74	24	122
65～69	34	98
60～64	21	64
55～59	16	43
50～54	11	27
45～49	9	16
40～44	7	7
总人数（n）	157	

$$P_{10} = 44.5 + \frac{5}{9}(157 \times 10\% - 7) = 49.33$$

$$P_{90} = 79.5 + \frac{5}{9}(157 \times 90\% - 138) = 81.56$$

百分位数常用于制定测评的评定标准，如不需要制定评定标准可以不计算百分位数。如果样本量太小，计算出的百分位数也没有实用意义。

2. 标准分数

标准分数又称 Z 分数，是以标准差为单位来表示某一个体的测评得分在群体中所处位置的量数。所以，有时也叫相对位置量数。其计算公式为

$$Z = \frac{X - \overline{X}}{S}$$

其中，X 为某个体的测评得分；$\overline{X}$ 为群体测评分数的平均值；S 为标准差。

下面以某次人员测评中甲乙两人的得分排名加以说明。

在某次人员招聘测评中，甲乙两候选人的笔试与面试的总分同为 168 分，由于名额有限，只能录取一名。请问应该录取谁？甲乙的得分见表 5.8。

表 5.8 甲乙两候选人的测评得分

计算项目	笔试	面试	总分
甲	76	92	168
乙	88	80	168
全体人员得分的均值	70	85	
全体人员得分的标准差	12.5	3.1	

甲在笔试上得分的标准分为

$$\frac{76-70}{12.5}=0.48$$

甲在面试上得分的标准分为

$$\frac{92-85}{3.1}=2.26$$

甲的总标准分：$0.48+2.26=2.74$。

乙在笔试上得分的标准分为

$$\frac{88-70}{12.5}=1.44$$

乙在面试上得分的标准分为

$$\frac{80-85}{3.1}=-1.61$$

乙的总标准分：$1.44+(-1.61)=-0.17$。

由此可见，录取甲更为合理。

（四）各测评变量的相关关系分析

在对人员测评的数据进行深入分析时，常常会涉及不同测评变量之间的关系。相关关系分析的目的主要是力求通过具体的数量分析，探讨测量变量之间的相互关系的密切程度及其变化规律。由于测评变量的测量尺度不同，有的是类别变量，有的是顺序变量，还有的是等距或等比变量，在考察测评变量之间的相关关系时就会用到不同类型的相关。人员测评中涉及的相关关系主要有积差相关、等级相关和点二列相关。

1. 积差相关

积差相关又叫积距相关，反映的是两个等距或等比变量之间的线性关系。对其大小与方向的度量叫做积差相关系数（product-moment coefficient of correlation，r）。它是 20 世纪初英国统计学家皮尔逊（K. Pearson）提出的，所以，也叫皮尔逊相关系数。

在计算两测评变量 X 与 Y 的积差相关时，首先将变量 X 与变量 Y 组成二维随机向量 (x, y)。

若对 n 个被测者就测评变量 X 与 Y 进行测评，得到 n 对数据 (x_1, y_1)，(x_2, y_2)，$\cdots$，(x_n, y_n)。则积差相关系数 r 的计算公式为

$$r=\frac{\sum_{i=1}^{n}(x_i-\overline{X})(y_i-\overline{Y})}{\sqrt{\sum_{i=1}^{n}(x_i-\overline{X})^2 \cdot \sum_{i=1}^{n}(y_i-\overline{Y})^2}}$$

其中，$x_i (i=1, 2, \cdots, n)$ 为 i 个被测者在测评变量 X 上的得分；$y_i (i=1, 2, \cdots, n)$ 为 i 个被测者在测评变量 Y 上的得分；$\overline{X}$ 为变量 X 的均值；$\overline{Y}$ 为变量 Y 的均值。

使用该公式时，两个测评变量观测值的对数 n 要超过 30 $(n>30)$，且两个变量的总体是正态分布或近似正态分布，否则计算它们的积差相关系数就缺乏有效性。

对两个测评变量积差相关系数的计算与显著性检验，在常用的统计软件中很容易实现，关键是其适用的条件和对结果的解释。

2. 等级相关

在进行相关分析的过程中，常常会遇到一些并不能满足积差相关条件内的具有等级顺序的测评数据，在人员测评中经常会出现这种情况。此时，要研究两个或两个以上测评变量的相关，就需要采用等级相关（rank correlation）。这种相关方法对测评变量的分布和数量的多少不作要求，只需要等级资料就行了。等级资料包括等级评定资料或者将连续变量的观测值转化而得到的等级资料。因此，这种相关又叫非参数相关。计算等级相关的方法很多，常用的主要有斯皮尔曼（Spearman）等级相关系数和肯德尔（Kandall）和谐系数。前者用于求两组等级数据的相关，后者用于求多组等级数据之间的相关。

斯皮尔曼等级相关系数的计算公式为

$$r_R = 1 - \frac{6 \sum D^2}{n(n^2 - 1)}$$

其中，D 为两个变量每对数据等级之差；n 为两列变量成对观测值的对数。

肯德尔和谐系数的计算公式比较复杂，好在常用的统计软件都提供斯皮尔曼等级相关系数和肯德尔和谐系数的计算与检验。

从等级相关的适用条件中可以看出，等级相关的应用范围要比积差相关广泛，它的突出优点是对数据的总体分布、样本大小都不作要求，只要能排出顺序就行了。但缺点是计算的精度不太高。因此，在能够计算积差相关系数时，尽量不要选择等级相关。

3. 点二列相关

当两个测评变量中，一个为二分名义变量，即只分两类的测评变量，如男与女、称职与不称职等；另一个为等距或等比变量时，此二变量之间的直线相关就是点二列相关（point bi-serial correlation）。点二列相关系数常用符号 r_{pb} 来表示，其计算公式为

$$r_{pb} = \frac{\overline{X}_p - \overline{X}_q}{S_t} \times \sqrt{pq}$$

其中，$\overline{X}_p$ 表示与二分变量中 p 类别相对应的测评变量观测值的平均数；$\overline{X}_q$ 表示

与二分变量中 q 类别相对应的测评变量观测值的平均数；S_t 表示等距或等比变量的标准差；p 为二分变量中某一类别次数的比率；q 为二分变量中另一类别次数的比率，$q=1-p$。

例如，表 5.9 为某企业对一线操作工的机械能力测试成绩，满分为 150。希望知道员工的机器能力是否与性别相关。

表 5.9　某企业一线操作工的机械能力测试成绩表

性别	女	男	男	女	男	男	男	男	女	女
分数	124	128	119	116	133	131	121	146	115	104
性别	男	女	女	男	男	女	女	女	男	男
分数	140	122	101	144	131	112	110	101	125	137

性别属于二分名义变量，成绩属于等距变量。计算点二列相关系数的过程如下：

$$S_t = 13.16$$

$$n = 20 \quad p = \frac{11}{20} = 0.55$$

$$q = 1 - 0.55 = 0.45$$

$$\overline{X}_p = \frac{\sum X_p}{np} = 132.27$$

$$\overline{X}_q = \frac{\sum X_q}{np} = 111.67$$

$$r_{pb} = \frac{\overline{X}_p - \overline{X}_q}{S_t} \times \sqrt{pq}$$

$$= \frac{132.27 - 111.67}{13.16} \times \sqrt{0.55 \times 0.45} = 0.78$$

点二列相关系数的显著性检验是通过对 $\overline{X}_p - \overline{X}_q$ 的显著性检验来完成的，需要用到 t 检验。经计算，此处的 t 值为 5.266，在 0.01 水平显著。说明员工的机械能力与性别显著相关。因此，在条件同等的情况下选择男员工做操作工会更合理一些。

点二列相关在一般的统计软件中不能实现，需要借助统计软件间接来完成。

第六节　测评结果的报告

人员测评的最终产品就是测评报告，它将人员测评的成果按照一定方式进行整合并给出相应的解释和使用建议。测评目标是测评报告的指针，不同的测评目标对测评报告的要求有所不同。

一、测评报告的分类

就被测者而言，测评报告可分为个体测评报告和群体测评报告。个体报告针对被测者个人参与的测评项目和测评结果进行说明。测评的目标不同，报告的重点也不一样。如果是资格类测评，重点报告是否达到某一任职资格的要求；如果是选拔性的测评，不仅要达到任职资格，还要比较优秀，要报告与其他候选人的比较情况；如果是培训与开发类的测评，主要报告其潜质和不足，以及发展的方向和需要补充或提高的地方。总之，要针对测评目标，为被测者或者相关部门提供可信的有价值的决策信息。

群体报告是在对同一组被测人员测评结果的总体情况以及各测评变量之间关系进行分析的基础上，对该群体测评结果的总体情况进行解释与说明，并为以后的测评积累材料。

就测评的项目而言，测评报告可分为单项报告和综合报告，此类测评报告同样要以测评目标为导向。单项报告就是对被测人员在某个单一测评项目的结果进行分析与解释，例如，评价中心中分别对被测人员（个体或者群体）在文件筐作业、无领导小组讨论、案例分析等活动的表现情况进行报告。

综合报告就是对被测人员（个体或者群体）参与的全部项目的测评结果进行综合分析和评价。

二、测评报告的内容

人员测评的书面报告通常包括如下几个部分。

1. 基本信息

基本信息包括被测人员的基本情况（如年龄、性别、职位等方面的个人资料或者被测者群体的简况）、测评项目、测评时间等。表 5.10 是某公司招聘新员工时素质测评的基本信息表。

表 5.10　某公司招聘新员工时素质测评的基本信息表

测评项目	职业倾向测验、专业知识考试、面试	测评时间	
姓名		年龄	
性别		应聘岗位	

2. 测评结果

测评结果是测评报告的主体部分，它包括被测者在各个测评维度上的得分及其解释。测评得分的呈现可以是表格，也可以是图示，关键是要让使用者清楚明白。表 5.11 和图 5.2、图 5.3 是一份职业兴趣测试的结果的不同呈现形式。

表 5.11　××职业兴趣测评得分

职业兴趣	传统型（C）	企业型（E）	社会型（S）	艺术型（A）	研究型（I）	现实型（R）
得分	23	15	16	11	19	20

注：以上总分分别由兴趣、经历、人格三方面倾向得分相加组成，各种倾向的满分为 24 分。

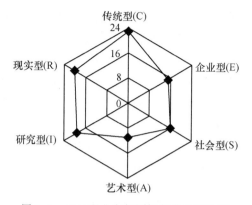

图 5.2　××职业兴趣测评得分的雷达图

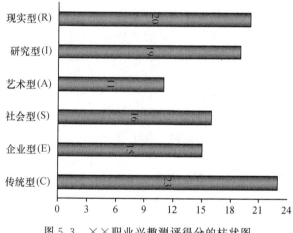

图 5.3　××职业兴趣测评得分的柱状图

对各种职业类型得分的解释，以现实型为例，如表 5.12 所示。

表 5.12　现实型职业类型得分及解释表

现实型（R）：

【共同特点】愿意使用工具从事操作性工作，动手能力强，做事手脚灵活，动作协调。偏好于具体任务，不善言辞，做事保守，较为谦虚。缺乏社交能力，通常喜欢独立做事。

【性格特点】感觉迟钝、不讲究、谦逊的。踏实稳重、诚实可靠。

【职业建议】喜欢使用工具、机器，需要基本操作技能的工作。要求具备机械方面的才能、体力，或对从事与物件、机器、工具、运动器材、植物、动物相关的职业有兴趣并具备相应能力。如：技术性职业（计算机硬件人员、摄影师、制图员、机械装配工），技能性职业（木匠、厨师、技工、修理工、农民、一般劳动）。

【本项得分】满分为 24 分，实得分数为 20。

3. 综合分析与建议

综合分析是在单项分析的基础上通过比较权衡得出的，是关于被测者总体情况的概括性分析。上面案例的综合分析见表 5.13。

表 5.13　职业兴趣类型综合分析表

主导兴趣类型	传统型（C）
职业兴趣稳定性	职业兴趣较为突出，稳定性强。对自己喜欢的东西比较执着，但要注意培养多方面的兴趣，力求在专的基础上增加广度，以广促专
兴趣	对系统的有条理的工作感兴趣，喜欢有秩序的生活，喜欢照章办事，偏爱有程序和内容要求等比较明确的工作
性格能力特点	有较强的自我控制能力，注意力稳定、稳重、顺从、持久、有序、责任心强，讲究实效。但依赖性也较强、想象力和创造力不够
适合的环境特点	体力要求不高，室内，较低的人际技能
适合的职业建议	广告管理员、计算机操作人员、机械操作人员、实验室工作者、会计、审计人员、银行员工、办公事务人员、人事员工、记账员、打字员等

4. 备注

对一些注意事项进行说明。例如，测评结果的效力说明与解释权，还有免责条款等。

第七节　测评结果反馈

测评报告完成之后，测评的技术性工作已告结束。但测评活动还需要进行一个延伸的环节，即测评结果的反馈。测评结果反馈的可能对象有被测人员、人力资源管理部门、主管、管理层、测评考官等。具体的反馈对象、反馈内容应根据测评的目标和实际情境而定。

从资料的保存和人员测评工作的改进与完善的角度来讲，人员测评的实施者和人力资源管理部门应得到所有测评资料，其他反馈对象视测评目的而定。例如，人员招聘测评，测评结果还要告知应聘对象和用人单位主管。如果应聘对象较多，可采取公告的方式告知。告知的内容为与是否录用直接相关的关键性指标。对用人单位关于录用人员测评情况的报告要详细一些，除了录用决策信息，还应包括使用与发展方面的信息。又如，绩效考核类测评，其结果不仅要反馈给相关主管部门，重要的还是反馈给测评对象本人。由于被测人员的直接主管通常也是测评考官，因此，测评结果的反馈一般应由被测人员的直接主管来完成。向被测人员反馈测评结果时，应选择较为轻松的环境和情绪较为稳定的时机，反馈的信息要真实、具体，不要简单地肯定或否定，同时还应引导被测者积极地参与到这一过程之中，大胆地表达他们自己的看法，并与其主管一起进行讨论和分析，以便找出个人的优势和不足，为进一步提升绩效明确努力的方向和实现路径。

值得注意的是，无论哪种目的的测评信息反馈，都必须坚持客观性和准确性的原则。用于反馈的信息必须是真实的测评结果，不得随意夸大、添加或缩减，不得掺入个人的主观意见或评价。否则，容易造成人力资源管理上的决策失误，也会对被测人员产生消极的影响。

附录　管理人员素质测评案例[①]

××有限公司基于聘用目的的销售经理素质测评

一、前期调查准备工作

（一）测评背景

××有限公司是国内知名的医药广告代理公司，其各项业务主要由五位项目主管负责。这五位主管在日常工作中各负其责，并向总经理直接负责。鉴于这种组织结构的弊端日益严重，因此需要一位销售经理统管公司所有的销售事务。

人力资源部经理决定对公司内部的五位项目主管和外部的三位应聘者进行科学、公正的素质测评后，确定最后人选，以提高人才选拔的有效性。

（二）成立测评小组

测评小组由人力资源部经理、招聘主管、公司总经理、高层领导和测评专家共10人组成，确定分工和工作日程。

（三）销售经理的工作分析

测评专家听取公司领导和相关人员的介绍，测评小组开展座谈会，查阅与销售经理岗位相关的资料，调查分析销售经理的工作职责和规范，为构建销售经理胜任素质模型做准备。

二、构建销售经理胜任素质模型

（一）初步确定胜任素质要素

首先，测评小组成员通过访谈法、问卷调查、查找历史资料等方法，从各个渠道获得数据，交由测评专家分析并汇总，这样就可以获得相关表格的内容。

其次，汇总所有表格的内容，逐条讨论，合并相似的要素，并检查胜任素质是否完整，最终得出初步的24项胜任素质要素（表5.14）。

表 5.14　销售经理胜任素质要素初步列表

胜任素质要素			
销售专业知识	积极主动性	团队建设和协作能力	创新能力
医药广告专业知识	灵活性和适应性	果断决策能力	人际关系营造能力
成本收益意识	行为的结果导向	领导指挥能力	说服沟通能力
销售技能	自我成就动机	管理绩效	个人影响力
信息调查与收集能力	思维分析能力	组织计划能力	客户服务倾向
职业兴趣取向	书面交流能力	时间管理能力	承受压力能力

---

① 资料来源：www.glzy8.com/show/32431.html

（二）将胜任素质要素归类

首先，将上述 24 项素质按个人内在素质、人际关系能力、组织管理能力分类，并着手调查各个要素的相对重要性，以便确定需要重点测评的素质。表 5.15 是分类后的素质构成情况及重要程度调查表。

表 5.15　初步胜任素质分类及重要程度调查表

填表说明：按各个要素对销售经理胜任工作的重要性进行打分，采用 10 分制，"1～6 分"表示"一般重要"，"6（含）～8 分"表示"比较重要"，"8（含）～10 分"表示"非常重要"。

测评维度	胜任素质要素	重要程度调查评分		
		1～6 分	6（含）～8 分	8（含）～10 分
个人内在素质——专业知识	销售专业知识			
	医药广告专业知识			
	成本收益意识			
个人内在素质——心理素质	职业兴趣取向			
	积极主动性			
	灵活性和适应性			
	自我成就动机			
	思维分析能力			
	承受压力能力			
	创新能力			
个人内在素质——专业技能	信息调查与收集能力			
	销售技能			
	时间管理能力			
人际关系能力	书面交流能力			
	人际关系营造能力			
	说服沟通能力			
	个人影响力			
	客户服务倾向			
组织管理能力	团队建设和协作能力			
	果断决策能力			
	领导指挥能力			
	管理绩效			
	组织计划能力			
	行为的结果导向			

其次，由测评专家统计、分析、调整所获得的数据，取分数最高的八项素质作为素质测评的最终胜任素质，并对此八项素质的行为进行分级定义，如表 5.16 所示。

表 5.16 销售经理胜任素质要素的分级定义表

重要程度得分	胜任素质要素	级别	测评得分	各级别的行为定义
8	组织计划能力	较弱	1	能够调动组织成员的积极性，相互启发补充，懂得运用工作进度表
		中等	2	善于发挥团队作用，能够发现并运用他人的优点 善于运用工作进度表、考核表等工具安排工作计划
		熟练	3	有目标、系统化地协调工作，能够为自己和下属拟订必要的工作计划，有计划地运用材料和资源；擅长于组织和安排各种活动，协调活动中的人际关系
		出色	4～5	根据工作要求和现有资源制订出合理的工作计划，对工作的优先顺序做出准确判断和安排；考虑各种可能出现的危险和问题，制定工作考察表、工作进度表，并严格执行
7.5	说服沟通能力	较弱	1	观点鲜明，能明确表达自己的立场，阐述的内容有一定的针对性
		中等	2	论证严密，通过有力的辩驳维护自己的观点，能把握适度让步和坚持己见之间的分寸
		熟练	3	能够以理服人，并接受合理的建议，善于理解他人的建议与意见
		出色	4～5	能够坚定不移地维护自己正确的观点，能够处理一对多的辩驳
7	人际关系营造能力	较弱	1	维持正式的工作关系，偶尔在工作中开始非正式的关系
		中等	2	在工作中与同事、客户进行非正式的接触，刻意建立融洽关系
		熟练	3	在工作之外的俱乐部、餐厅等地与同事、客户进行接触，与同事、客户进行相互的家庭拜访
		出色	4～5	与同事、客户变成亲密的私人朋友，并能对人际资源进行归类管理、开发运作，能利用私人友谊扩展业务
6.5	团队建设和协作能力	较弱	1	运用复杂的策略提升团队的士气和绩效，以公正的态度运用职权
		中等	2	保护组织的声誉；取得组织所需的人员、资源和资讯；确保组织的实际需要得到满足
		熟练	3	将自己定位为领导者；确保他人接受自己提出的任务、目标、计划、趋势、政策；树立榜样，确保完成组织任务
		出色	4～5	拥有真实的号召力，提出令人折服的远见，激发下属对团队使命的兴奋感
6	思维分析能力	较弱	1	能够进行因果关系分析，发现问题的基本关系，确定需要执行的活动的先后顺序
		中等	2	能把复杂的问题、过程或项目进行系统分析，化繁为简；能够把资料中大量的信息进行归类，为决策提供参考
		熟练	3	考虑讨论问题中各个方面之间的联系；能识别出问题产生的若干原因，并分析相应的对策及可能的结果
		出色	4～5	在两难问题的讨论中，将正反两方的优缺点分析得很透彻，能抓住问题的实质；能预见性地分析各种可能出现的问题，并寻找出最佳的解决策略

续表

重要程度得分	胜任素质要素	级别	测评得分	各级别的行为定义
5.8	果断决策能力	较弱	1	对存在的问题有一定的理解，能够分析正反两个方面的结果；在他人的帮助下能对情况做进一步的分析
		中等	2	能较全面地分析问题，能够分析决策的各种结果，能够提出一些建议供他人参考
		熟练	3	能够运用决策，客观地分析存在的问题，采取措施；积极与他人探讨，提出合理化建议，为组织提供有力的支持
		出色	4～5	善于根据具体情况进行正确判断和果断决策，为组织在关键问题上的发展方向提出有导向性的建议
5.5	客户服务倾向	较弱	1	为客户设想，使事情变得更加完美，表达对客户的正面期待
		中等	2	收集有关客户的真正需求，找出符合其需求的产品或服务，并让客户随时能找到自己
		熟练	3	重视组织的长期效益，以长远的战略眼光解决客户问题；站在客户的角度思考并做出短期内对组织不利但在长期实则有利的决策
		出色	4～5	成为客户信赖的顾问，依照客户的需要和问题，提出独特见解的意见，深入参与客户的决策过程，指导客户如何解决艰难的问题
5.2	成本收益意识	一般	1～2	有一定的成本意识，但未采取措施控制成本
		中等	3～4	掌握一定的财务知识，有控制成本的意识，并运用于管理过程中
		熟练	4～5	熟练运用自己掌握的财务知识，采取措施控制成本，从投入、产出的角度来处理销售业务和管理等各个业务部门

最后根据调查得来的最终分数，运用加权平均法计算各个要素的权重，结果如表 5.17 所示。

表 5.17　销售经理八项胜任素质权重表

胜任素质要素	重要程度调查得分	权重/%
组织计划能力	8	8/51.5=15.53
说服沟通能力	7.5	7.5/51.5=14.56
人际关系营造能力	7	7/51.5=13.59
团队建设和协作能力	6.5	6.5/51.5=12.62
思维分析能力	6	6/51.5=11.65
果断决策能力	5.8	5.8/51.5=11.26
客户服务倾向	5.5	5.5/51.5=10.68
成本收益意识	5.2	5.2/51.5=10.10
总分	51.5	100

三、选择测评方法、编制测评工具

根据上述八项测评要素的特点，测评小组决定首先通过专业知识测试和心理测试从八名候选人中选出四人进入第二轮测评，在第二轮测评中可组织四人开展无领导小组讨论、角色扮演、公文筐测验，最终决定胜出者。若遇到平分秋色的两位候选人，可运用结构化面谈来甄选。

四、实施测评

1. 培训测评小组成员的操作规范

培训内容包括标准实施测评规程（主要测试应做的事和不宜做的事）、标准指导语（主要测试要说的话）以及施测过程中的时间控制、现场情况应急处理等。

2. 准备好所需要的场地、设备和材料

测评场地要求采光好、无噪音，空间上能合理布置桌椅。测评设备包括白板、音像放映设备和摄像装置等。被测人员所需材料包括测试编号、题本、答题纸、草稿纸、铅笔和橡皮等；测评人员所需材料包括测评手册、记录纸和计时器等。

3. 具体实施方案

测评实施的具体过程如图 5.4 所示。

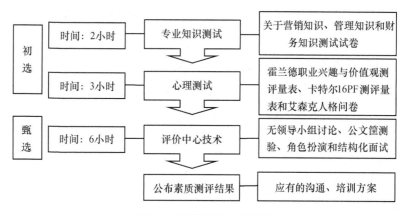

图 5.4　测评实施方案简图

五、处理测评数据

1. 初选阶段数据处理

专业知识测试和心理测试的结果可用表 5.18 来反映，并按八位被测者的测试总得分排名。

表 5.18 被测人员专业知识测试、心理测试得分汇总表

被测人员	专业知识测试	心理测试			总分	名次
		16PF 测评量表	霍兰德职业兴趣测评量表	艾森克人格测试问卷		
被测 D						1
被测 B						2
被测 F						3
被测 A						4
被测 E						5
被测 C						6
被测 H						7
被测 G						8

2. 甄选阶段数据处理

首先，分别汇总测评人员对被测 A、B、D、F 在无领导小组讨论、公文筐测验、角色扮演及结构化面试中的表现评分，填入评分表中。例如，被测 A 在无领导小组讨论中的表现由其中四位评委评分，表 5.19 是他们的评分统计表（以 5 分制为例）。

表 5.19 评委对被测 A 在无领导小组讨论中的评分统计表

测评项目：无领导小组讨论　　　　被测人员姓名：被测 A　　　　测评日期：　　年　月　日

测评要素（权重）	评委 1	评委 2	评委 3	评委 4	平均分
组织计划能力（15.53%）	5	4	4	5	4.5
说服沟通能力（14.56%）	5	5	5	5	5.0
人际关系营造能力（13.59%）	4	5	4	5	4.5
团队建设和协作能力（12.62%）	4	4	5	3	4.0
思维分析能力（11.65%）	5	4	3	4	4.0
果断决策能力（11.26%）	5	5	5	5	5.0
客户服务倾向（10.68%）	5	5	4	4	4.5
成本收益意识（10.10%）	5	4	4	4	4.5
八项胜任素质加权得分（$\sum$ 平均分×权重）					4.507

与此同时，为了提高报告的直观性和可读性，可将统计表中的数据转换成统计图，如图 5.5 所示。

3. 汇总结果

比较总结四个项目的测评结果，如表 5.20 所示。

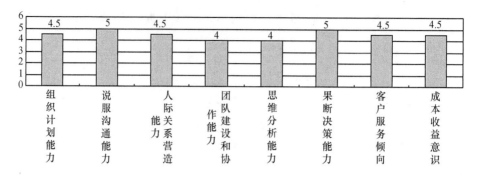

图 5.5　评委对被测 A 在无领导小组讨论中的评分统计图

表 5.20　被测 A、B、D、F 在评价中心项目中的得分汇总表

被测人员	无领导小组讨论	公文筐测验	角色扮演	结构化面试	总　分	名　次
被测 F	4.611	4.550	5.000	4.600	18.761	1
被测 A	4.507	4.562	4.500	4.551	18.120	2
被测 D	4.450	4.540	4.450	4.533	17.973	3
被测 B	4.410	4.500	4.430	4.511	17.851	4

　　最后，经过所有测评人员及测评专家商议，确定被测 F 为销售经理。

六、撰写测评报告

　　综合分析上述数据和图表，将本次素质测评实施的具体情况形成书面报告，提交人力资源部经理和企业最高决策者，作为他们做出人事决策的参考。

七、跟踪评估结果

　　跟踪考核销售经理上任后的工作表现，评估本次素质测评的实际成效，以便改进素质测评的流程和方法。

方法与技术篇

第六章　问卷调查法

问卷调查是一种十分常用的信息收集方法。问卷调查的内容具有标准化、系统化的特点；问卷调查的实施可以在较大的时间、空间跨度内进行；问卷调查所获取的资料便于处理和分析。因此，问卷调查法是人员测评中最受青睐的测评方法之一。

第一节　问卷调查法概述

一、问卷调查法的含义

问卷是指为了获取人们对某些特定问题的相关信息，而专门设计的一系列问题的组合。它由调查项目、备选答案及说明组成，主要用于了解被调查者的行为、态度和社会状态等方面的情况。

问卷调查法又叫问卷法，是调查者通过预先精心设计的问卷来收集资料的一种方法。调查者采用文本的形式给出一系列与调查目的有关的问题，让被调查者填答，通过对问题答案的回收、整理和统计分析，以获取有关信息。采用问卷调查法，可以系统地了解满意度、基本需要、工作动机、领导风格和价值观等组织人力资源管理中较为关心的主题。

问卷调查法是由英国优生学家和心理学家高尔顿首创的。高尔顿受其表兄达尔文提出的生物进化论的影响，决心研究人类的遗传变异问题，遂于 1882 年在英国伦敦设立人类学测量实验室。人类学测量研究需要收集反映人类学生理特征和心理特征的大量数据，但高尔顿觉得——访问调查相当费时而且不经济，于是就把需要调查的问题印成书面形式寄发出去，取得了巨大成功。例如，高尔顿想要验证一个推断：科学家对科学的兴趣是由于他们的遗传禀赋所决定的。于是，他向英国皇家学会的两百多名科学家同事发放了问卷进行调查。问题涉及政治背景、宗教信仰、帽子尺寸和为什么对科学感兴趣等方面。尽管问卷很长很烦琐，但大多数科学家都完成并返还了问卷。高尔顿对这些问卷进行分析后发现，大多数科学家宣称他们对科学的兴趣来自遗传。问卷调查结果验证了他所提出的推断。尽管高尔顿当时编制的问卷还很粗糙，所使用的问卷和数据分析方法用现代测量学的标准来看还存在一些问题，但在人员测评的发展历史中具有极其重要的意义。

自从高尔顿发明问卷调查法之后,问卷调查法就成为一种非常重要的调查方法。在人员测评中,就个体层面而言,对个性、气质、需要、态度、价值观等变量的测量,主要是使用问卷调查法;就组织层面而言,薪酬设计、培训需求等方面也主要依靠问卷调查法提供数据支持。

二、问卷及问卷调查法的类型

(一)问卷的类型

从被调查者回答问题的形式来看,问卷可分为非结构化问卷、结构化问卷和综合型问卷三大类。

1. 非结构化问卷

非结构化问卷又称为开放式问卷。它的特点是在问题的安排和设置上,没有严格的结构形式,被调查者可以依据本人的意愿用自己的语言自由作答。如:"你觉得本部门工作效率不高的原因有哪些?""你对本公司新一轮薪酬制度改革有何想法和建议?"

非结构化问卷一般较少作为单独的问卷进行使用,往往是在对某些问题需要作进一步深入的调查时,与结构化问卷结合使用。通过非结构化问卷,可以收集到范围较广泛的资料,可以深入了解某些特殊的问题,探询到某些特殊的调查对象的特殊意见,也可以获得某项研究的补充和验证资料。有时候调查者可以根据被调查者的反应,形成另一个新问题,作进一步的调查,使调查者与调查对象之间形成交流,使调查更为深入。

对于文化程度不高、文字表达有一定困难的调查对象,不宜采用非结构化问卷进行调查。另外,非结构化问卷所收集到的资料较难以量化,不易进行统计分析。调查者需要具有较高的研究分析能力,才可能从回收的问卷中做出判断和分析。因此,这类问卷多适合于作进一步深入分析时使用。

2. 结构化问卷

结构化问卷又称为封闭式问卷。其特点是问题的设置和安排具有结构化形式,问卷中提供有限量的答案,被调查者只能选择作答。如:"你的学历是:小学;初中;高中;大专;大学本科;硕士;博士。"在考察被调查者的相关态度和行为时,结构化问卷常采用李克特(Likert)量尺法,如:①表示喜爱程度的三点量尺:喜爱;一般;不喜爱。②表示同意程度的四点量尺:极为同意;同意;不同意;极为不同意。③表示频率的五点量尺:总是;经常;有时;偶尔;从不。④表示满意程度的六点量尺:非常满意;比较满意;有点满意;有点不满意;比较不满意;非常不满意。

结构化问卷由于已设置了有限的答案供被调查者选择作答,容易回答,节省时间，文化程度较低的调查对象也能完成，因此被调查者比较乐于接受这种方式，问卷的回收率也较高。同时，这种问卷的调查结果有利于分析和确定变量之间的关系，易于量化和进行数据的统计处理，因此这类问卷被普遍使用。但是，正因为限制性的选答，所以通过回收的问卷难以发现特殊的问题，难以获得较深入、详尽的资料。

3. 综合型问卷

为了调查的需要，有时可以综合结构化问卷与非结构化问卷的优点，并弥补其不足，采用综合型问卷。综合型问卷是指在一张调查问卷中，既有结构化问题，又有非结构化问题。这种问卷一般以结构化为主，适当加入若干非结构化问题。调查者对于比较确定的问题，用结构化问题提出；而对于尚未明了的问题，或需要进行深层次研究的问题，则采用非结构化问题提出。

（二）问卷调查法的类型

按照问卷填答者的不同，问卷调查可以分为自填式问卷调查和代填式问卷调查。其中，自填式问卷调查，按照问卷传递方式的不同，可以分为报刊问卷调查、邮寄问卷调查、现场填答问卷调查和网上填答问卷调查；代填式问卷调查，按照询问方式的不同，可以分为访问问卷调查和电话问卷调查。

参考其他研究者的观点，可以将上述几种问卷调查方法的利弊进行概括，具体内容见表 6.1。

表 6.1 各种问卷调查方式的利弊

项 目	自填式问卷调查				代填式问卷调查	
	报刊问卷	邮寄问卷	现场填答问卷	网上填答问卷	访问问卷	电话问卷
调查范围	很广	较广	窄	很广	较窄	可广可窄
调查对象	较难控制和选择，代表性差	有一定控制和选择，但回复问卷的代表性难以估计	可控制和选择，但过于集中	较难控制和选择，代表性差	可控制和选择，代表性较强	可控制和选择，代表性较强
影响回答的因素	无法了解、控制和判断	难以了解、控制和判断	有一定了解、控制和判断	无法了解、控制和判断	便于了解、控制和判断	不太好了解、控制和判断
回复率	很低	较低	高	不确定	高	较高
回答质量	较高	较高	较低	较低	不稳定	很不稳定
投入人力	较少	较少	较少	较少	多	较多
调查费用	较低	较高	较低	较低	高	较高
调查时间	较长	较长	短	较长	较短	较短

三、问卷调查法的优缺点

（一）问卷调查法的优点

1. 经济高效

使用问卷调查法只需用精心设计的问卷做工具，就能收集到大量的相关资料；问卷调查法不仅能够突破空间限制，而且能在较短的时间内对很多人进行调查，从而节省大量的人力和费用。这是问卷调查法被广泛应用的主要原因之一。

2. 调查工具具有同一性

每份问卷都有相同的内容和形式，问卷的编制、印发、回收也有统一的规定。问卷调查工具的同一性，使得调查者可以按同样的标准对不同地区、不同人群进行调查，收集到具有统一标准的资料，便于运用计算机对调查结果进行处理。

3. 调查方式具有灵活性

虽然问卷调查要求使用相同的问卷进行调查，但是实际调查方式不要求统一。在实际调查中，既可以由调查者派送问卷给被调查者当面填答，也可以通过邮寄的方式让被调查者填答，还可以将被调查者组织起来集中填答。因此，问卷调查的方式灵活、方便，有利于调查的实施。

4. 调查过程具有匿名性

当调查者采用自陈式问卷来收集资料时，由于问卷不要求署名，填写地点不限，可以做到独立填写，大大减轻被调查者的心理压力，有利于被调查者填写自己的真实情况和想法。特别是当问卷内容涉及一些较为敏感的问题和个人隐私时，匿名性是确保调查对象表达出自己的真实情况和想法的重要条件。

5. 调查资料便于整理和分析

在问卷调查中，由于问题的内容、先后次序、回答的方式等方面都是相同的，因此，问卷调查的标准化程度较高。这使得问卷调查所得到的资料便于整理和分析。

（二）问卷调查法的缺点

1. 缺乏弹性

问卷中大部分问题的答案由问卷设计者预先划定了有限的范围，缺乏弹性。这使得被调查者的作答受到限制，从而可能遗漏一些更为深层、细致的信息。特别是对于一些较为复杂的问题，仅靠简单的填答难以获得研究所需要的丰富材料。问卷的设计要求比较高，如果在设计上出现问题，调查一旦启动便无法补救。

2. 质量有时得不到保证

一方面，被调查者在填写问卷时可能不会如实填写自己的真实情况和想法；另一方面，当被调查者对问卷中的某些问题不清楚时，往往容易产生误答、错答和缺答的情况。这些因素使得问卷调查所得资料的质量有时得不到保证。

3. 回收率有时偏低

在问卷调查中，问卷的有效回收率必须达到一定的标准，否则就会影响调查资料的代表性和全面性。由于问卷能否完成、能否收回，在很大程度上取决于被调查者。当被调查者对该项调查的兴趣不大、态度不积极、责任心不强、合作意愿不够时，或者被调查者受时间、精力、能力等方面的限制无法完成问卷时，问卷的回收率、特别是有效回收率就会受到影响。

从问卷调查法的优缺点分析来看，应用这种方法必须扬长避短，找到它的最佳适用范围。由于对问卷的作答有赖于被调查者的理解水平，它要求被调查者首先要能理解调查问卷中各项目的含义，懂得填答问卷的方法。因此，它一般适用于具有一定的教育背景和文化水平的调查对象。另外，从被调查的内容看，问卷调查法适合于收集静态、行为、态度方面的信息，尤其适用于了解个体的工作动机、需要、满意度、价值观等。

第二节　问卷的编制

问卷编制又称问卷设计，它是调查者根据调查研究目的和内容的需要，编写问题并形成问卷的过程。问卷项目设计的好坏是直接关系到调查活动能否取得成功的关键因素。问卷设计的要求极为严格，问卷设计的质量直接关系到问卷调查的有效性。因此，编制问卷是问卷调查中十分重要的一个环节。

一、问卷的结构

问卷一般由标题、前言、指导语、问题、编码、个人基本资料以及结束语七个部分组成。

1. 标题

每份调查问卷都要有一个称呼，即标题。它反映的是调查研究的主题思想和内容。标题一般由调查对象、调查内容和调查问卷组成，如"××员工工作状况调查问卷"。

2. 前言

前言的内容包括调查的目的、意义和主要内容，对被调查者的期望和要求，问卷填写方法的说明，回复问卷的方式和时间，调查的匿名和保密原则，以及调查者的个人身份或组织名称等。为了能引起被调查者的重视和兴趣，获得他们的支持和合作，前言的语气要谦虚、诚恳，文字要简明、通俗。另外，需要对被调查者的支持表达谢意，如："您好，非常感谢您参加我们的调查！本次调查只需要占用您 10 分钟的时间"。前言一般放在问卷第一页的上方。

3. 指导语

指导语对于问卷的作用就相当于某一产品的使用说明书，就是用来指导被调查者如何填答问卷的各种说明和注意事项。问卷的指导语可详可略，根据实际情况而定。简单的如"请按照您的实际情况或真实感受在右列适当的数字上打'√'或画圈"。

指导语分为卷头指导语和卷中指导语。卷头指导语一般以"填答说明"的形式出现在前言之后；卷中指导语则是针对某些特殊问题做出的特定提示，如"从 10 到 25 题可选多个答案"等。

4. 问题

问题是问卷的主体和核心，是调查者与被调查者沟通信息的载体。问题分为特征问题、行为问题和态度问题三类。特征问题用以测量被调查者的基本情况；行为问题测量的是调查者过去发生的或正在进行的某些行为和事件；态度问题用以测量被调查者对某一事物的看法、认识、意愿等主观因素。它是揭示某现象产生的直接原因和历史原因的关键一环。特征问题与行为问题统称为事实问题，它们是有关被调查者的客观事实。一个问卷中不一定必须同时具备三种类型的问题。

5. 编码

编码是指用于计算功能识别的数码，对问题和答案进行转换，这样才能用计算机进行统计处理和分析。编码工作既可以在调查问卷发放之前进行，也可以在调查问卷收回之后进行。前者称为预编码，后者称为后编码。

6. 个人基本资料

个人基本资料中要求填写的项目，一般都是研究中需要使用的变量，如性别、年龄、文化程度等。研究中不涉及的项目，就不要在个人基本资料中出现，以保持问卷的简洁。

个人基本资料涉及事实问题，调查对象较容易填写。但是有些人对这类问题会心存戒备，特别是涉及个人隐私的问题，如年龄、经济收入等。因此，在填写之前的说明语中应当明确告诉被调查者是匿名填写，并让被调查者了解本问卷对研究的意义。另外，最好把这部分问题放到最后，一方面可以尽量避免因这些问题所引发的戒备心理影响被调查者对问卷主体内容的填答，另一方面也可以减少拒答的人数。

7. 结束语

结束语要向被调查者对本次调查的支持与协助再次表示感谢，并提醒被调查者检查问卷的填答情况，以免漏答。如："问卷到此结束，请您再从头到尾检查一次是否有漏答与错答的问题。最后，再次真诚感谢您的协助！"

二、问卷的编制流程

（一）明确调查目的

在问卷编制的过程中，调查目的是首先要考虑的问题。因为调查目的是问卷设计的灵魂，是问卷调查的出发点和中心，它决定着调查的一切方面，如调查对象的选择、调查范围的确定、调查内容的设计、调查结果的分析。因此，在进行问卷编制开始阶段，首先应该明确调查目的。

（二）探索性工作

探索性工作，就是熟悉和了解调查对象的一些基本情况，以便对各种问题的提法和可能的回答有一个初步的、感性的认识。

探索性工作的最常见方式，是问卷的设计者亲自进行一定时间的非结构化访谈，即围绕着所要考察的问题，以自然、融洽的方式，同拟调查的目标对象交谈。通过这种交谈，常常可以避免在设计问卷时，出现许多含糊的问题，也可以避免设计出不符合客观实际的回答。

（三）编制问卷项目

1. 确定问题类型

在明确调查目的的基础上，需要进一步确定问题的类型。问卷项目按回答的形式一般可以分为开放式问题（open-form items）和封闭式问题（closed-form items）。

（1）开放式问题。又称无结构式问题（unstructured items），是一种只提出问题、不提供答案，让被调查者自由回答，很少给予作答限制的问题类型。如："您喜欢团队合作这种工作方式吗？请详述原因。"

（2）封闭式问题。或称结构式问题（structured items），是一种既提出问题、又提供答案，由被调查者从所提供的答案中选择填写的问题类型。封闭式问题在具体设计上，又可分为以下几种：

第一，肯定—否定式。对问题只给出肯定或否定两个答案，被调查者从中选择一个。如：

您喜欢团队合作这种工作方式吗？A. 是的；B. 不是的。

第二，多项选择式。在每个问题后列出多项答案，让被调查者选择，选择的数量可以限制，也可以不限制。如：

你工作之余最喜欢从事的活动是什么？①下棋；②打球；③读书；④上网；⑤逛街；⑥与好友聚会。

第三，排列顺序式。在每个问题后列出多项答案，让被调查者按某种标准将其排列成顺序。如：

下列因素可能对你选择职业产生了影响，请你按各项因素的重要性程度排列成序，并将排列序号填在各选项前的括号中（具体选项略）。

第四，等级评分式。提出问题后，让被调查者根据对问题的反应程度进行选择，对问题的反应程度通常用文字、数字或线段排列成连续的等级。如：

你是否喜欢外派？①非常不喜欢；②比较不喜欢；③一般；④比较喜欢；⑤非常喜欢。

2. 设计问卷项目时应注意的事项

调查者在编制问卷时必须首先考虑设置的问题是否合适，下面是设计问卷项目时应注意的事项：

（1）问题是否与研究目的相一致。问卷的每一个题目必须符合研究假设或研究目的，满足调查要求，不能随意编制题目。例如，问卷的目的是了解员工的工作价值观，则问卷里的所有问题都必须与工作价值观有关。

（2）问题是否令人难以回答。在问卷里应避免提出让人不喜欢回答的问题。例如，"你是否曾经有过偷盗企业财物的念头？""你在工作时是否经常偷懒？"像诸如此类的问题非常敏感，即使有这种想法或行为的人很可能也不会照实回答。

（3）问题是否涉及个人隐私。问卷编制者应该尽量避免列入有关个人隐私的问题。除非这些问题是调查者研究的主题，而且事先获得被调查者的同意。否则，这种问题会遭到抵制，不可能得到真实的答案，甚至会导致被调查者对整个问卷调查产生负面的看法。

（4）问题是否涉及社会禁忌。如果正面问及一些道德问题、政治问题，尽管被调查者有多种不同的看法，但他们往往会按照一定的社会规范来回答。这样，调查者就无法获得被调查者真实的看法。这类问题最好用间接的方式提问。

（5）问题是否具有暗示性。问卷的问题不应暗示被调查者做出某种倾向性的回答。例如，"有研究表明团队协作的工作方式效果更好，你喜欢团队协作吗？"像这样的问题已经强调了团队协作的好处，当然会暗示被调查者选择肯定的答案。

（6）问题是否超出作答者的能力。问卷所问的问题应与被调查者的实际能力相适应。例如，对普通员工问："你认为金融危机将给我国带来何种影响？""你认为本企业未来采取何种发展战略较为有利？"像这类问题可能超出了一般员工的认知能力范围，导致被调查者无法回答。因此，问卷编制者要换位思考，先把问题内容加以描述或具体化，然后问意见。如果被调查者是文化水平较低的员工，要在他们的知识、经验、能力的范围内提问题，不要过于抽象和复杂，更不要把问题理论化。

3. 编制题目的原则

（1）用词浅显易懂。题目的文词应力求清晰明了，避免有含混不清的地方造成被调查者对语意的误解，最终导致问卷调查结果的偏差。如："你认为当前员工的工作负担够重吗？"此处的"够重"一词语意不清。另外，用词要简单易懂，尽量节省被调查者的时间。

（2）每个问题只涵盖一个意思。一个句子只能提及一个意思，以免混淆。例如，"当你遇到挫折时，你是否会坚持不懈并尝试采用新的方法去解决问题？"这个句子就涵盖了"坚持不懈"和"尝试采用新方法"两个意思，容易对被调查者造成困扰。上述例子最好把它改为两个问题："当你遇到挫折时，你是否会坚持不懈？"和"当你遇到挫折时，你是否会尝试采用新的方法去解决问题？"

（3）避免主观性和情绪化的字眼。问卷的问题应该采用客观、中性的字眼，不应该使用容易激起被调查者情绪的表述。如："你认为企业在业余时间让员工加班是否有迫害员工的嫌疑？"这个句子所用的"迫害"这个字眼就非常不恰当。

（4）问题的选项应清楚界定。问卷里各个问题的选项应界定清楚，各个选项不能有混淆的情形。例如，第一个选项是 10 年以上，其后的选项依次是 8～10 年、5～7 年、2～4 年及 2 年以下，各个选项分得很清楚，被调查者很容易选出符合自己情况的选项。假如所编的选项是 10 年及以上，其后依次是 8～10 年、5～8 年、2～5 年和 2 年及以下，选项因为有重叠的情形出现，将会造成被调查者无法判定选择哪一选项，这是问卷编制者应避免的。

（5）不用假设或猜测的语句。如："假如你是企业管理者的话，你是否会同意改善本企业的办公条件？"像这种假设性的问题，因为被调查者有太多的想象空间，会导致所得的结果不易归纳和解释。

（6）句子不宜过长。通常被调查者在填答一份问卷时，都不希望花费太多的时间，问卷的题目简单清楚、一目了然，被调查者的配合度会较高；反之，如果题目复杂冗长，被调查者有可能会应付了事，甚至不看题目随便勾选答案。

4. 对问题作答偏差的控制

作答偏差（response bias），指的是被调查者在回答问题时，不依照问题所问的内容真实地表达自己的想法而造成的偏差。例如，被调查者在回答问题时，不是考虑自己的真实意见是什么，而是去想怎样回答会让调查者满意，或者大多数人会怎么样回答，或是给一个最简单的答案就算了，这些回答问题的方式被称为作答定势（response set）。由于按一些固有的定势回答问题，使得被调查者的真实意见没有表达出来，从而产生了作答偏差。造成作答偏差的最常见的作答定式有社会期许式作答（socially desirable responding）、顺从式作答（acquiescence responding）和两极式作答（extremity responding）。

　　1）社会期许式作答

　　这是最常见的一种作答定势，指的是被调查者倾向于给出被社会大众所赞同的答案的倾向。如："我总是不愿意与那些生活境况不太好的人来往"，这句话是违背社会道德的，被调查者是不愿意当着调查者表示赞成的，所以他选择了"不太符合"这一选项，而他的实际情况很有可能是"较符合"。

　　心理学中控制社会期许的方法有多种，能应用到问卷调查中的方法主要有两种：社会期许平衡法和压力缓解法。

　　（1）社会期许平衡法的例子，如："你是否同意歧视女性员工是不对的？a）同意，b）不同意"。这是一个社会期许性很高的问题，选择"不同意"是要承受很大压力的，所以要采取措施平衡这个问题的社会期许。可以把问题改成"你是否反对性别歧视？a）是，b）否"这样的陈述，社会期许性就有所降低了，因为只是说了是否，没有明确地说出反对或同意来。这种方法只是在问题上降低了社会期许，而在答案是二选一的情况下，社会期许的压力仍然是很大的。可以采用增加选择的数量的方法来进一步缓冲社会期许的压力。例如，给出"同意、较同意、较反对、反对"四个选项，这样，被调查者就可以通过一些较温和的方式表达自己的真实意见。

　　（2）压力缓解法，旨在缓解被调查者在回答社会期许式问题时的压力。大多数情况下，社会期许式作答是在被调查者回答涉及自尊、个人隐私、道德伦理、政治敏感等问题时出现。为了缓减压力，调查时不应该有无关的人在场；调查者要注意提问的方式方法；在条件许可的情况下，甚至可以让被调查者在这些问题上采取自陈方式，以缓解被调查者的压力，尽可能控制社会期许的影响；最好是采用电子化的投票后，各人的选择得分在电脑里综合统计后给出一个总分。这样，就可消除被调查者的顾虑了。

　　2）顺从式作答

　　同社会期许不同，顺从式作答是被调查者不习惯说"不"、"反对"等语词，日常中这些被调查者似乎倾向于说"是"、"同意"、"赞成"等肯定话语。顺从式作答往往出现在问题抽象性较高、有较高难度的情况下，被调查者不愿意多加思考，就点头称"是"。控制顺从式作答的方法就是不要采取问一个问题，然后给出"是"、"否"，或"同意"、"反对"两个选项的形式，而要把正反两个意思用两个不同的陈述句表达出来，让被调查者在这两个陈述句中选一个同意的，而永远不给他只是点头称是的机会。

　　3）两极式作答

　　这也是一种常见的作答定式，它一般出现在回答一些量尺形式的问题时。两极式作答会倾向于给出极端的回答，而中庸式的作答也是两极式作答的一种形式，它倾向于给出尽可能居中的回答。由于受中庸思维和面子观念等因素的影响，中国人在表达个人的意见时，常会做出一些折中或妥协，在量尺的填答上容易产生中庸式的作答。为了控制这种作答定势，在针对中国人进行的问卷调查中，量尺最好采用李克特偶数量尺。如四点量尺、六点量尺，使之不包含中间点，迫使被调查者在正反两种态度中表明其倾向。

5. 问卷项目的排序

问卷项目的相互间的联系及前后次序，会影响到被调查者对问题的回答，甚至影响到调查能否顺利进行和调查结果的质量。一般而言，问卷项目的排序有以下几个常用的原则：

（1）被调查者熟悉的或简单易懂的项目放在前面，比较生疏或不易回答的项目放在后面。问卷开头的几个问题应相对简单，使被调查者回答起来比较容易。这样，就可以使被调查者形成问卷较易完成的良好感觉，有利于他们继续填答下去。

（2）把能够引起被调查者兴趣的项目放在前面，把较易引发被调查者顾虑和紧张的项目放在后面。如果前面的一些项目能够引起被调查者的兴趣，吸引他们的注意力，不仅有利于问卷调查工作的顺利进行，也有助于提高调查的质量。反之，则容易促发被调查者的自我防卫心理，甚至使他们产生反感。

（3）先问行为方面的项目，再问态度方面的项目。问卷中的问题一般包括行为、态度和个人背景资料三个方面的内容。行为方面的项目主要是有关已发生的、客观的事实，容易回答。态度方面的项目涉及被调查者的主观想法，适宜放在行为项目之后。个人背景资料虽然也是事实性问题，但由于它们是与被调查者本人直接有关的信息，如果放在开头部分（目前国内很多问卷调查即采用这种编排方式），即使问卷前言中说明了匿名性，但一开始就问这些信息，被调查者的潜意识中仍难免会产生一种本能的防卫心理，从而影响问卷填答结果的真实性。当然，个人背景资料放在问卷后面有时也会出现问题。有些作答者往往坚持不到最后，或者不认真填写，或者拒绝填写，尤其是敏感性问题的调查，这样就会造成样本缺乏，不利于对人口背景资料的统计分析。

（4）按一定的逻辑顺序排列项目。就时间框架而言，一般按时间先后顺序来提出问题，既不要颠倒也不要打乱。另外，一般尽量把询问同一方面事物的问题排在一起，否则会影响被调查者的思路和注意力。

（5）把非结构化问题放在问卷的结尾部分。由于非结构化问题需要被调查者进行较多的思考和书写工作，因此回答非结构化问题所用的时间要长一些。如果问卷一开始就呈现非结构化问题，当被调查者发现自己回答前边问题已经花了很长的时间，就很容易以相对敷衍甚至随意勾选的方式对待后面的结构化问题。

（四）问卷的预试和修订

问卷编制完毕后，在正式调查之前，还需要对其进行预试和修订。任何调查问卷都不可能一次设计成功，往往要经过若干次的修改才能完成。预试的目的在于了解问卷是否存在模糊、混乱或者准备不充分的题目，从而不断完善调查问卷，或检验其可行性。通过预试收集以下几方面的信息：①调查内容与调查对象是否相符？②题目内容是否符合研究概念的定义和目的？③语句是否通畅？④提供的备选答案是否全面而有代表性，是否有重叠，是否容易作答？⑤题目数量是否过多或过少？⑥被调查者的答案分布是否合理，有无异常答案？

预试所采用的样本应与正式调查时被调查者的特征相似。预试可采用个别访问的方式，或集中一起当面施测的方式。调查者根据预试的结果，再对问卷做进一步的修订。如果预试结果表明需要对问卷做重大的修改，则修改完后还需再做第二次的预试。如此反复，直到问卷达到测量学要求为止。

在预试时，可以抽取一个小样本，用问卷初稿对这些人进行调查。问卷回收后进行相应的分析和调整。如果填答内容的错误多，答非所问，就要仔细检查答题指导语是否准确、清晰，含义是否明确具体，还可以检查问题形式是否过于复杂；如果问卷中几个问题普遍没做回答，要仔细分析原因并加以改进。

预试时可以直接将问卷初稿复印若干份（3～10份），分别送给相关的专家以及典型的被调查者，请他们阅读、指正。

（五）检验问卷的性能

问卷在正式使用之前必须检验其信度，以确定问卷测量分数的可靠性；同时应检验其效度，以确定问卷测量结果的准确性。只有在信度和效度上达到测量学要求的问卷，其测评结果的科学性才有保证，才能用于正式测评。

（六）检查问卷的版面设计

能否设计出一份完美的问卷，在很大程度上决定着问卷调查的回收率、有效率和回答的质量，以至一项调查的成败。可见问卷的版面设计在问卷调查中的重要性。一份精美的问卷与一份粗糙的问卷给人的感觉是不同的，要使人愿意参加调查，问卷本身的形式也很重要。因此，设计问卷时应将问卷的形式考虑在内，如装订的效果、纸张的质量、字体大小、行间距、版式等。

例如，在自陈式问卷中，可经常使用等级选项，如用1、2、3、4分别代表"完全不同意"、"不同意"、"同意"、"完全同意"等不同的程度。有些较长的问卷在换页时，没有再次在开头注明这些数字的意义，回答者有可能因为记不清这些数字的含义或记错顺序而造成错选，甚至选择刚好相反的选项。因此，在设计等级选项时，应在每页的第一行明确每个选项的含义。

另外，回答者也常常出现因看错行而误答的现象，调查者应在设计问卷呈现方式时避免这种现象，如可以使用空行方式（比如每五题空一行）或画线方式（比如每五题之后画一横线作为间隔），也可以用打底色的方式作为提示，如奇数项目用白底，而偶数项目用浅灰为底色，这样也能有效地防止填答错行。

第三节　问卷调查的实施

一、问卷发放与回收的主要形式

在采用问卷法进行人员测评的实践中，问卷的发放与回收通常有三种形式：邮寄式、现场填答式和网上填答式。

邮寄方式，指将事先设计好的问卷邮寄给被调查者，请其填好后寄回。邮寄简便易行，省时省力。邮寄问卷时，应附回件邮资或将回件的邮票和信封连同问卷一并寄出。但这种方式的缺点也很明显：如果被调查者对所调查的主题不感兴趣，或对问卷中的一些问题存在疑问或不便于回答，都会影响问卷的回收率和有效率。邮寄问卷的回收率一般都比较低，约在30％～60％左右。

现场填答，是由调查者本人亲自到现场发放问卷，或委托其他人发放问卷，被调查者当场作答、当场回收。委托其他人出面发放问卷会比较方便，但是如果调查者能亲自到现场发放，则能当面解释和回答被调查者的疑问，并且由于有情感交流，易于取得被调查者的合作。这些均有助于提高问卷的填写质量和回收率。一般来讲，这种方式的回收率和有效率均较高。因此，在条件许可的情况下，调查者应尽量亲自到场发放问卷并指导问卷的填写。如果要委托他人发放，则务必要确保受托者认真负责。另外，不管是调查者本人到现场发放问卷还是委托他人发放，最好征得被调查者所在单位的同意，取得他们的支持与配合，相关单位的配合对作答质量和有效回收是非常重要的。当然，现场填答方式也存在一定的不足之处。这种方式费时费力、成本较高，只适用于特定的场合。

此外，随着网络的普及，网上问卷调查也日益流行。通过网上填答和提交问卷，相较于以上两种方式的优势是，能真实反映作答者的评价，省去了印刷成本和邮寄问卷的时间，也节约了邮寄问卷的费用。而且，采用这种方式所获得的数据能直接进入问卷开发者设定的数据库，并能方便地转到数据统计软件包，进行相关的数据统计分析，这就节省了数据输入的时间、人力和费用。因此，这种方式越来越受到青睐。然而，这种方式可能遇到的最大问题是问卷的回收率偏低。

二、问卷调查的实施步骤

问卷调查的实施步骤一般包括选择调查对象、样本抽取、分发问卷、回收和审查问卷。问卷调查实施的组织工作要十分严密。从选择调查对象、分发问卷，到回收和审查问卷等环节均需严格把关，这是问卷调查成功的前提。

1. 调查对象的确定

问卷调查对象的选取，应根据测评的需要来确定。调查对象要恰当。被调查者的合作态度以及理解、回答相关问题的能力等因素，都会影响问卷调查的质量。一般而言，如果被调查者对调查内容比较熟悉，具有一定的语言理解能力和表达能力，并且较少接受问卷调查，其回答问卷的积极性会比较高。反之，无论是回答问卷的积极性还是问卷的填答质量都会较低。

如果就某一单位进行人员测评时，通常以该单位全部成员作为调查对象。当调查的问题涉及组织层面或群体层面时，通常采用抽样方法选择调查对象。由于问卷调查的回复率和有效率一般都不可能达到100%，因此选择的调查对象应多于研究对象。确定调查对象数量的公式是

$$调查对象 = 研究对象 /（回复率 \times 有效率）$$

例如，假定研究对象是 250 人，回复率是 75%，有效率是 90%，那么调查对象就是 $250/（75\% \times 90\%）＝370$（人）。

2. 问卷的发放

如前文所述，问卷发放有多种方式，如现场发放、随报刊投递、邮寄、派人送发、电话访问，或登门访问等。具体采取何种形式，视测评目的和条件等因素而定。

除了发放形式以外，还有些因素对问卷调查也会产生影响。如调查时间、场合的选择等，也会影响到人们参加的意愿。如重要的节假日、年末或年初等，均不适宜让被调查者填写问卷。调查者应尽可能选择被调查者方便的时间、地点，而不是仅仅从自己便利的角度出发来发放问卷。

3. 问卷的回收和审查

回收问卷是问卷调查的重要环节。回收的途径有两个：直接回收和间接回收。直接回收又称当场回收，即问卷由调查对象按照填写要求填写完毕后，由调查者当场收回。现场填答问卷（调查者亲自发放）、网上填答问卷、访问问卷和电话问卷均属此类。直接回收问卷的有效性和回收率一般较高，但对调查者的素质要求较高。间接回收包括报刊问卷、邮寄问卷和委托他人的现场填答问卷三种方式。间接回收问卷的有效性和回收率一般不高，因为这取决于调查对象和委托人。

对于现场填答的问卷，在回收时要当场粗略地检查填写的质量，主要检查是否有漏填和明显的错误，以便及时纠正，保证问卷有较高的有效性。因为问卷收回去后再发现问题就无法补救了。这项工作最好由调查者本人亲自在场指导，或者必须向委托人提出明确的要求。

三、问卷调查在实施过程中应注意的问题

1. 实施程序标准化

关于操作中的标准化问题，调查者一般会比较重视指导语的一致性。在大多情况下，除书面指导语外，调查者往往还要与被调查者进行一些谈话和解释。因此，调查者的态度、沟通技巧、谈话内容、行为方式等都可能影响被调查者合作与参与的意愿、对问卷本身的理解以及回答问题的倾向性。

2. 实施过程中的特殊情况处理

在调查过程中，应对可能出现的各种问题和意外做好充分的准备。例如，在问卷调查时常常遇到被调查者没有准备笔的情况，因此调查者应该准备备用纸笔，户外调查还要考虑携带一些方便被调查者填答的工具。

3. 对调查过程进行一定的监督和提示

如果问卷通过被调查单位统一发放，调查者最好能参与组织过程。这样既可以及时发现问题、解答疑问，也可以监督实施过程，防止个别单位出现"集体代劳"的现象。

在报刊问卷、邮寄问卷和网上问卷三种方式的问卷调查中，总有相当一部分被调查者没有填写问卷，致使其初始回复率较低。其中，相当一部分人是因为遗忘的因素，或者是工作太忙而顾不上。因此，在规定的回复时间之后，应每隔一周左右向被调查者发出一次提示通知或催复信件（每次的内容应有所区别），并再附上一份问卷，提醒被调查者填答寄回。经过1～3次的提示或催复，一般可使回复率达到一定的高度。

4. 提高被调查者的参与意愿

问卷调查需要被调查者的真实回答，因此，积极参与就变得非常重要。为了提高被调查者参与调查的意愿和积极性，可以从以下几个方面着手：

（1）营造良好的氛围。要为被调查者创造一种宽松、适应的调查环境，使被调查者乐于接受调查，并能放松地表达自己真实的想法。

（2）使被调查者感到有所收益。赠送小礼品或者支付调查费，既可以表达对被调查者的感谢，也能进一步显示调查的正规性。除了这些物质回馈方式，承诺给被调查者反馈信息也是一种很好的做法。

（3）提高被调查者的参与感。例如，有些调查可以在问卷设计时提供自由发表意见的项目，鼓励被调查者展示自己的能力参与研究，也可以在一定程度上调动起合作的积极性。

四、调查资料及数据的整理

对于回收的问卷必须认真审查。回收的问卷中，总会有一些回答不合格的问

卷。如果对回收的问卷不经审查就直接加工整理，就会造成中途被迫返工或降低调查质量的严重后果。因此，对回收的每一份问卷进行严格审查，是问卷调查不可缺少的环节。问卷回收以后，需要逐份进行筛选，剔除不合格问卷。只有坚决淘汰一切不合格的问卷，把调查资料的整理加工工作建立在有效问卷的基础上，才能保证调查结论的可靠性和科学性。

1. 识别无效问卷

资料回收后，首先应判断其可信性，识别并剔除无效问卷。空白较多的问卷、未完成的问卷很容易被识别和剔除，但有些表面上完整的问卷也可能存在种种问题，需要进一步辨别。常见的无效问卷包括：

（1）选择单一选项。比如全部都选 B，或者一半选 A 一半选 B。

（2）随意填答（回答者随机选择答案）。这种情况在没有测谎题的问卷中较难发现，但有时通过对完全相同的题目或相近题目进行对比仍可判断出来。

（3）漏答太多。一般来说，漏答超过 1/3 就应按无效问卷来处理。

（4）错行太多。这种情况一方面与问卷设计形式有关，另一方面也说明被调查者不够认真，因此也应视为无效问卷。

（5）多人答案雷同。这种情况在当场回收的问卷中较少，多出现在同一单位集体发放问卷、经一段时间后回收的情况下，有些被调查者可能相互抄袭应付，或者一个人填答几份问卷。这样的问卷显然不能反映真实情况，都应作为废卷处理。

2. 处理缺省值

有时一批问卷中有个别地方未作答或个别地方错行，如果都作为无效问卷就可能流失很多样本。对这种问卷，常见的做法有两种，一种是在统计相关项目时，有缺省值的样本不参加统计，当统计不涉及缺省项目时参与统计；另一种处理方式是对缺省值赋值，然后参加统计，比如对缺省值取中间值，如对 1～5 级评分的项目，缺省值都取 3；或者取所有样本的平均值，如其他样本在该项目上的均值为 3.1，则缺省值为 3.1。

3. 减少数据录入过程中的错误

在录入数据时也经常会有错误产生，因此应该尽量杜绝这种错误，以免不必要地降低调查结果的准确性。首先，在录入时就应该选择不易产生错误的录入方式，这与数据库的特点和编码方式有关，也与录入人员个人的操作习惯有关。其次，数据全部录入之后应做检查。可以采用随机抽查的方式核对录入数据的正确率，也可以利用频次统计来查找一些错误，如答案为 1～6 的选项，如果频率统计中出现"7"，就一定是录入错误。

第四节　问卷调查结果的统计分析处理

调查结果的统计与分析是问卷调查工作的重点，也是难点。同样的调查数据，由于分析方法的不同以及对数据的理解有异，可能会得到完全相反的结果。常见的问卷调查结果的分析方法，可分为定性分析和定量分析。

一、定性分析

定性分析，就是确定研究对象是否具有某种性质的分析，在问卷调查中属于探索性的分析。其目的是对问题定位或利用定性分析来定义问题，或将问题研究引向深入，或寻找处理问题的途径。定性分析的样本一般比较少，通常不超过30个，其结果的准确性一般相对较低。

实际上，定性分析在很大程度上依赖于分析人员自身的敏锐视角和对资料的独特理解。通常情况下，两个分析人员从分析中得到完全相同结论的可能性非常低。因此，定性分析要求分析人员具有较高的专业水平，最好是实际参与数据资料收集与统计工作的调研人员也参与分析，这样有利于保证调查问卷定性分析的质量。

二、定量分析

在对问卷进行初步的定性分析后，就可以对问卷进行更深层次的定量分析。问卷定量分析，首先要对问卷调查结果做数量化处理，然后利用量化的数据资料进行分析。定量数据有三种基本类型：分类数据、顺序数据和数字数据。分类数据本身不是数量的，但可以给每个类别赋一个值，如"1"代表男性，"2"代表女性。对分类数据进行统计分析时，常用的统计方法有百分比、次数、众数和卡方检验。顺序数据也以分类形式出现，但它是根据事物的等级、程度等以升序或降序排列的，各类别间可以比较。对顺序数据进行统计分析的统计方法，有中位数、百分位数、等级相关系数等。数字数据是真正的数量，包括离散数据和连续数据。适合这类数据的统计方法有平均数、标准差、积差相关系数、t 检验、F 检验等。

问卷的定量分析，根据分析方法的难易程度，可分为简单定量分析和复杂定量分析。

（一）简单定量分析

简单的定量分析是对问卷调查的结果进行一些简单的分析，如利用百分比、平均数、频数来进行分析。

1. 对开放式问题的定量分析

例如，在表6.2的例子中，如果所有回收的问卷只有这五种答案，就很容易做出分析概括。然而一般回收的问卷少则几十份，多则上千份。所以，对于开放性问题就可能有几十种甚至上千种答案。对于这么多的不同答案，就很难进行分析。因此对于这种问题，必须进行分类处理，例如可以把不愿被外派到海外工作的原因大致分为五类，见表6.3。

表6.2　员工海外派遣意愿调查

您为什么不愿被外派到海外工作？	
被调查者	回答
1	自己语言能力差，沟通困难
2	害怕自己很难适应当地的文化习俗
3	担心安全得不到保障
4	害怕远离亲人
5	外派的工资没有太高的吸引力

表6.3　不愿被外派到海外工作的原因

原　因	百分数/%
语言方面	27
文化适应方面	22
安全方面	13
家庭方面	32
工资方面	6

利用上表中的五种原因，我们就可以进行分析处理，并且很容易从表中看出被调查者的观点。

2. 对封闭式问题的定量分析

例如，有人认为学业成绩对工作表现具有极其重要的影响，您同意这种观点吗？

1＝非常不同意　　2＝不同意　　　3＝不确定　　　4＝同意　　　5＝非常同意

假如50个被调查者参加了对这一问题的调查，可以简单地统计每种回答的数目。结果可以整理成表6.4所示的形式。

表6.4　学业成绩对工作表现具有重要影响

变量类型	变量取值	频数	百分比/%	累计百分比/%
非常不同意	1	18	0.36	0.36
不同意	2	15	0.30	0.66
不确定	3	10	0.20	0.86
同意	4	5	0.10	0.96
非常同意	5	2	0.04	1.00

从表6.4中，可以一目了然地看出分析结果：几乎2/3的被调查者认为，学业成绩对工作表现并无重要影响，仅有14%的被调查者认为学业成绩对工作表现具有重要影响。

3. 数量回答的定量分析

这类回答结果为数字。如："您每年用于自我充电的花费是多少？"对于这类问题，最好的方法是将量化后的数据划分为不同的区间。在用区间表示数据分布的基础上，可以使用位置测度、平均值、中位数、出现频率最高的值、分散程度的测度、范围、四分位数的间距、标准差等各种统计量进行分析。

（二）复杂定量分析

对问卷调查结果仅作简单定量分析，会遗漏大量的数据信息，也会大大增加决策的风险性。另外，简单定量分析常用于单变量和双变量的分析，但是组织中人的心理和行为现象是复杂多变的，仅用两个变量难以满足需要。这时，就需要用到复杂定量分析。在问卷分析中，常用的复杂定量分析包括卡方检验、t 检验和方差分析、多元统计分析等。

1. 卡方检验

卡方检验主要用于对分类数据的统计分析，通常以交叉列联表的形式反映各类别的频数，对各单元格中的频数是否存在差异进行检验。卡方检验会产生多个结果，这种情况多采用 Pearson 卡方检验，它适合所有单元格频数均大于五的列联表。当有的单元格频数小于五时，较适合使用似然比方法进行校正。

除通过结构化问卷获得分类数据外，对回收的开放式问卷进行内容分析也可以获得频数资料，这些频数资料均可进行卡方检验。

2. t 检验和方差分析

t 检验和单因素方差分析，是检验样本均数有无差异的方法，用于对顺序数据和数字数据的分析。t 检验只能用于两个样本的均数比较，对多样本的均数比较，则必须使用单因素方差分析，单因素方差分析也可以进行两两比较。

t 检验可分为单样本 t 检验、独立样本 t 检验、配对样本 t 检验。独立样本 t 检验是最常用的方法，如分析性别对职业兴趣的影响。在人员测评研究中，配对样本 t 检验主要用于对同一样本两次测量的均数进行比较，如培训前后员工沟通技能的差异分析等。

使用 t 检验和单因素方差分析都要求样本数据呈正态分布，满足方差齐性要求。在人员测评实践中，只要样本数据接近正态分布且基本满足方差齐性要求，也可以使用 t 检验和单因素方差分析进行检验。

3. 多元统计分析

多元统计分析是研究多个变量之间关系以及内在统计规律的一门统计学科。利用多元统计分析的方法，不仅可以对多个变量之间的相互关系以及内在的统计规律进行分析，而且还可以对研究现象进行分类和简化。对问卷调查结果进行多元统计分析的方法较多，如聚类分析、因子分析等。

（1）聚类分析是一种数值分类方法，即完全是根据数据关系进行分类。要进行聚类分析，就要首先建立一个由某些事物属性构成的指标体系，或者说是一个变量组合。入选的每个指标，必须能刻画事物属性的某个侧面，所有指标组合起来形成一个完备的指标体系，它们互相配合可以共同刻画事物的特征。所谓完备的指标体系，是说入选的指标是充分的，其他任何新增变量对辨别事物差异无显著性贡献。如果所选指标不完备，则导致分类偏差。例如，要对人员测评方式进行分类，就要有描述人员测评方式的一系列变量，这些变量能够充分地反映不同的人员测评方式。通过聚类分析就可以得到人员测评方式分类的结果。

（2）因子分析的目的是用现有的变量（观测变量）去建构一些新的变量。新变量是观测变量的线性组合。这些新变量代表着那些无法直接观测的基本特征，也称之为"潜在变量"，如"工作价值观"、"职业兴趣"、"成绩动机"、"情绪智力"等。因为新变量是由现有变量组成的，所以新变量的数目就应该比现有变量少。例如，问卷中有 20 个项目，每五个项目组合成另外一个新的潜在变量。原来的 20 个项目，就变成新的四个潜在变量了。所以说，因子分析是减少变量（variable reduction）的一种统计工具，其优点在于用一个或少数几个综合指标概括原始尽量多的信息，能够实现对问题的高度概括，并揭示现象背后更一般的特征和规律。

在复杂定量分析中，如果想了解问卷的潜在结构，采用因子分析方法较为适合；如果需要对问题选项进行划分，则较宜使用聚类分析方法。当然，这两种方法也可以相互配合使用。

三、统计分析方法的选择及应该注意的问题

在问卷调查的统计分析中，定性分析和定量分析不可能完全分开，常常需要将定性分析与定量分析结合起来使用，使之互相配合，以便得到更准确、更全面和更深入的调查结果。

需要指出的是，选取恰当的问卷分析方法并不是一件很容易的事情。通常情况下，选择方法时必须注意两个问题：①如果只需对问题进行探索性分析，那么可以采用定性分析或简单定量分析；②如果需要对问题进行实证研究，则需要利用复杂定量分析。

附录　A公司员工满意度调查案例

A 公司是一家拥有 700 多名员工的电子企业。随着企业的发展，公司内部出现了一些管理问题，企业和员工的关系显得有些紧张。这引起了公司高层的重视，公司高层想对员工关系的现状摸摸底，并把任务交给了人力资源部。人力资源部决定通过员工满意度问卷调查来完成本次任务。

一、准备阶段

人力资源部制定了调查方案，具体包括调查目的、调查对象、调查内容、调查方法、组织者等事项。

（1）调查目的：找出公司员工关系方面的问题，并进行针对性的改进。

（2）调查对象：市场部、技术部、生产部、采购部、财务部。

（3）调查内容：反映员工关系现状的各个方面，包括工作回报、公司管理、企业文化、员工发展、对公司自豪感、公司战略愿景认同度六个方面。

（4）调查方法：采用著名的"明尼苏达工作满意度调查表"进行调查（题目样例见表 6.5），该调查表共有 20 个大项内容，每一项有五个小项。20 个大项是：个人能力发展、成就感、能动性、公司培训和自我发展、权力、公司政策及实施、报酬、部门和同事的团队精神、创造力、独立性、道德标准、公司对员工的奖惩、本人责任、员工工作安全、员工所享受的社会服务、员工社会地位、员工关系管理和沟通交流、公司技术发展、公司的多样化发展、公司工作条件和环境。

表 6.5　明尼苏达满意度问卷题目举例

就目前的工作而言，我对以下各题叙述的项目感觉	非常不满意	不满意	一般	满意	非常满意	原因
（1）所有的时间都能忙于工作						
（2）有独立的工作机会						
（3）时常有机会去做不同的事						
（4）我的老板管理部属的方式						
（5）我的督导在决策上的能力						

（5）组织者：人力资源部。

二、实施调查

采取全样本无记名网上调查方式开展调查。

三、调查结果分析

A 公司此次调查共有 680 名员工参加，收回有效问卷 650 份，有效回收率为 95.6%。问卷回收后，人力资源部对各部门之间的反馈结果进行了比较分析，根据分析结果，撰写了员工满意度调查报告。报告主要包括如下模块：本次调查过程总体说明、调查统计结果、现存问题及原因分析、改善员工满意度的重要性分析及具体改进措施建议。

第七章　关键事件法

员工的绩效可以从结果和行为两方面来考察。行为绩效是指在一个时期里或一定范围内员工所有行为的整体状况。对行为绩效的考核一般通过关键事件法来进行。关键事件法对于提高员工的行为绩效具有重要的意义，通过关键事件法可以调整或改善员工的行为绩效，进而提高组织的效能。

第一节　关键事件法概述

关键事件法（critical incident method，CIM）又称关键事件技术（critical incident technique，CIT），由美国学者福莱纳根（J. C. Flanagan）于 1949 年在《人事评价的一种新途径》（*A new approach to evaluating personnel*）一书中提出。福莱纳根（1954）认为，关键事件法是一种直接观察人的行为并收集相关数据的测评方法，其目的是通过该技术提高实际工作的有效性。

关键事件法主要用来识别在各种工作环境中影响工作绩效的关键性因素。关键事件法是工作分析的补充，单独使用关键事件法的效果不佳，需要结合访谈法和问卷调查法等综合使用，否则评价绩效时其结果会有失偏颇。关键事件法能够识别出区分绩效好的员工和绩效差的员工的关键事件。通过关键事件法的运用，可以从行为的角度系统地观察和描述某位员工在其岗位上的行为绩效。作为 20 世纪 40 年代兴起的一种测评技术，美国通用汽车公司于 1955 年即开始使用关键事件法来进行人员测评。目前关键事件法在心理学、人力资源管理等领域受到广泛关注。

一、关键事件法的概念

（一）定义

关键事件法是一种行为分析技术，它要求上级主管把每位员工在工作活动中表现出来的、对组织的效益产生重大影响的、非同一般的工作行为记录下来。这些行为可以是积极的，也可以是消极的，如工作中发生的事故就是关键事件。在一定的时间里，通常是半年或一年之后，根据累积的纪录资料，通过对这些在工作中极为成功或极为失败的事件进行分析和评价，主管和员工就相关事件进行面谈并讨论，进而评价员工的绩效。

绩效评估是组织绩效管理的一个过程，是组织用来评价和衡量员工某一时段工作表现的手段。其目的是根据员工实际的工作状况提出具体的反馈意见。在管理实践中，为了更有针对性地向员工提出清晰的改进意见，绩效效标应侧重于行为效标取向来评估，即采用员工的工作活动来评估。如果仅仅采用结果效标，将会只以工作产出的结果论成败而不容易提出应如何改进工作的具体建议。行为取向的绩效评估，侧重于对工作行为的状态或行为表现的工作活动情形进行考评。行为取向的绩效评估可采用行为定向、重要事件、叙述、评语等方法。

（二）要点

关键事件法的要点在于，观察、收集到的事件必须具有特殊的意义与重要性，并能为这些事件设定系统的评价标准，某一工作的关键事件是能够表明员工所做的工作是特别有效或者特别无效的。关键事件由主管或指定的观察者在员工工作时记录在案，这些记录为绩效评定提供了一个以行为为基础的出发点。关键事件法只记述员工个体工作的具体行为，而不笼统地对一个人的个人特质做出评价。

关键事件法是观察、书面记录员工有关工作成败的"关键性"事实。它包含了三个重点：①观察；②书面记录员工所做的事情；③明确关系工作成败的关键性事实。关键事件法的理论基础是，每一项工作中都有一些关键事件，业绩好的员工在这些事件上表现出色，而业绩差的员工则正好相反。

关键事件法集中关注与工作行为相关的关键事件，以关键事件来解释工作活动与成果的绩效状况。不管是采用问卷调查还是深入访谈作为主要的资料收集工具，其主要目的都是为了寻找与绩效密切相关的关键事件。关键事件法所记录的关键事件能够将杰出的任职者和不称职的任职者在典型事件中处理事情的方式区分开来，这些信息为准确的绩效评估提供了参考依据。

（三）原则

关键事件法的主要原则是认定与员工职务有关的行为，选择其中最重要、最关键的部分并据此来对员工进行评定。关键事件法先从领导、员工或其他熟悉岗位工作的人那里收集一系列与职务行为相关的事件，然后描述"特别好"或"特别差"的职务绩效。在大量收集这些关键事件以后，再对它们进行分类，并总结出职务的关键特征和行为要求。关键事件法考虑了职务的动态特点和静态特点。

关键事件法将使得主管不得不考虑下属在整个考评时间里所积累的关键事件，从而避免了评定中只关注近期有关绩效情况的倾向；同时，所保留的一系列关键事件记录还可以使主管更清楚地掌握哪些方面是员工做得比较好的、哪些方面是还需要通过指导与协助来改进的。关键事件法借助于一系列事实记录而使得许多评定误差得以较好的控制。

（四）描述内容

对关键事件的描述内容一般包括以下几个方面：①导致事件发生的原因和背

景；②员工的特别有效和无效的行为；③关键行为的后果；④员工对关键事件行为后果是否能够控制或避免。

（五）分类

员工的关键事件从性质角度可以分为：正向关键事件和负向关键事件。正向关键事件是指对个人绩效及组织绩效产生积极影响的关键事件，正向关键事件中的工作行为是能够支持和佐证员工的工作行为；负向关键事件是指对个人绩效及组织绩效产生消极影响的关键事件，负向关键事件中的工作行为是倾向于否定员工的工作行为。

正向关键事件包括但不限于以下事件：超出了个人绩效承诺目标或一般要求的工作业绩，对组织绩效提升有重大贡献；支持周边协作、跨部门跨项目工作；在本职工作以外为部门的文化与组织氛围建设做出了明显的贡献；提出合理化建议并取得重要或重大成果的。负向关键事件包括但不限于：重大的或重要的工作失误；重大的违纪行为等。

二、关键事件法的作用

关键事件法对组织绩效管理的作用主要表现在以下三个方面。

1. 为绩效考评提供事实依据

在关键事件法的实施阶段，管理者要对员工在工作中所表现出来的关键事件进行记录，以记录的事件作为绩效考评中的事实依据。当管理者将一个员工的绩效评定为"优"、"良"、"中"、"差"等不同的等级时，需要一些充足的证据作为判断的依据，而不能仅凭主管的主观判断。如果对员工的考核项目没有客观的评价标准，就无法客观地区分员工绩效的优劣，容易导致管理者仅仅凭其个人主观意见就决定评定结果，这种情况的发生不仅无法激励士气，而且有可能打击绩优者、鼓励绩差者，以致无法发挥绩效考核应有的功能。

2. 为绩效改善提供事实依据

绩效管理的目的之一是改善和提升员工的绩效和工作能力，进而提升组织的绩效。在绩效改进阶段，当管理者对员工说"你在这方面做得不够好"或"你在这方面还可以做得更好一些"时，需要结合具体的事实向员工说明其目前的状况与组织期望的差距，以及如何改进、如何提高的具体建议。关键事件法可以为主管指导员工提供具体的事实依据。例如，当主管认为某个员工与其他员工沟通的方式有待改进时，主管可以举出该员工的一个具体事例来说明："我们发现你对待同事非常热情主动，这是很好的。但是其他部门的同事要选择何种工作方式应该由他们自己做出选择，因为这是他们的权利与责任。但我发现你在与其他部门的同事接触时，总会要求他们按照你的方式作业。比如，本周二上午，你跟生产部李大同先生就加强员工质量意识同他进行沟通时，态度非常强势，我觉得这样做似乎不太妥当，你的看法呢?"主管这种根据关键事件法的记录事实、就事论事的指导方式，会让员工清楚地意识到自己在工作中存在的问题，有利于员工快速改善和提高绩效。

3. 为优秀绩效的评定提供事实依据

关键事件法可以为主管发现优秀绩效及其背后的原因提供事实依据。绩效管理不仅在指出员工有待改善方面需要提供事实的依据，在表扬员工时也需要以事实为依据，就事论事，而不是简单地向员工说"你做得不错"，表扬需要明确地表达，是哪些事情做得好，好在哪里。因为每个员工都想知道主管对自己的评价，也都会期望得到上级的赞美与指导协助。但员工期望得到的赞美不是言不由衷的赞美或者敷衍了事的赞美，而是以事实为根据的赞美。这样不仅可以向员工传达管理者对员工的每一件优秀事迹都是非常清楚的信息，而且会促使员工更加积极地工作，同时还可以帮助管理者发现优秀绩效背后的原因，然后再利用这些信息帮助其他员工提高绩效，使其他员工以优秀员工为榜样，把工作做得更好。

三、关键事件法的应用范围

关键事件法广泛应用于人力资源管理活动的许多方面，如工作分析、工作设计、人员甄选、培训需求诊断、绩效评估等，尤其是应用于绩效评估中的行为锚定。

关键事件法适用于那些岗位职责的目标相对难以量化，但是工作流程和工作行为标准比较明确的岗位。例如，酒店客房部的服务员，其工作流程和行为标准都很明确，只要观察服务员的行为是否符合工作流程和行为标准的优秀行为，或者是否符合工作流程和行为标准的禁止行为，就可以对其做出评价。如果岗位的工作流程和行为标准不是很明确，就不太适宜使用关键事件法。以下是关键事件法在组织管理实践中的主要应用。

1. 用于工作分析与工作设计

传统的工作分析注重工作的组成要素，而关键事件法的着眼点主要是研究工作绩效优秀的员工，着重找出与优秀绩效相关联的行为，并结合这些行为定义该工作岗位的职责内容。与进行工作分析和工作设计所使用的传统方法相比，关键事件法具有更强的工作绩效预测性。

2. 用于员工甄选

组织可以运用关键事件法收集与优秀绩效相关的关键事件，并在此基础上设计关键事件测验作为甄选员工的工具，通过关键事件测验选拔优秀员工。所谓关键事件测验，是指通过对实际工作情景中的关键事件进行精心加工和再设计，运用关键事件测评员工胜任力的一种技术。其特殊之处在于：基于特定的关键行为与任务信息来描述具体的工作活动。该方法起源于第二次世界大战，当时美国空军的一个项目小组运用行为事件研究飞行程序，并以这些关键行为事件选拔飞行员。20 世纪 40 年代，关键事件测验成了美国空军飞行员选拔和评价的一种重要手段。由于在军队得到成功运用，二战结束后，关键事件测验被应用到企业人才的选拔实践，效果非常理想。

关键事件测验取材于管理实践中一些影响组织价值取向和行为模式的重要事件，并对这些事件进行了加工提炼，因此具有仿真性高的特点。同时，关键事件的处理一般具有一定的难度，对关键事件的处理本身就反映了员工的实际工作能力和素质。被测者也容易接受来自于工作实践中的关键事件作为测评材料。因此，关键事件法是一种有效的员工甄选工具。

3. 用于员工培训

培训的目的之一就是帮助员工弥补不足、达到岗位的素质技能要求，培训所遵循的原则是投入最小化、收益最大化。通过应用关键事件法的技术分析，可以有效地发现目前在岗人员的状况与岗位要求之间的差距，从而为员工量身定做培训计划提供可靠的依据，有效地突出培训重点，有针对性地帮助员工弥补不足之处，从而提高培训投资收益，取得更好的培训效果。

4. 用于员工绩效考核

绩效管理是人力资源管理的核心，其目的是基于组织的发展战略，在管理者与员工双方持续动态沟通的基础上，经过绩效计划、绩效实施、绩效考评、绩效结果反馈、绩效考评结果应用和绩效改进等一系列环节，促使员工、员工所在部门和组织绩效的持续改进和提高，最终实现组织的战略目标和员工发展的一种管理活动。

关键事件法应用于绩效管理的最大特点就是能有效区分优秀员工与普通员工的工作行为，以关键事件法为基础来确定绩效考核指标，真实地反映员工的工作表现。在此基础上建立的绩效考核指标，有助于让工作表现好的员工及时得到回报，提高员工的工作积极性。对于工作绩效不够理想的员工，也可通过针对性的培训或其他方式帮助员工及时改善工作绩效。

四、关键事件法的优点

1. 提供明确的事实证据

关键事件法的主要优点是，研究的焦点集中在职务行为上，所关注的行为是可观察、可测量的。关键事件法所观察与记录的数据，为主管向下属人员解释绩效评价的结果提供了明确的事实证据。关键事件法记录了明确的时间、地点、人物，根据关键事件法做出的评价有理有据，容易被员工接受。

2. 避免近因效应的考核误区

关键事件法可以确保主管在对下属人员的绩效进行考察时，所依据的是员工在整个考评期间累积记录的关键事件的行为表现，而不是员工在最近一段时间的表现，可避免考评的近因效应。

3. 保存动态的关键事件记录

关键事件法能保存动态的关键事件记录，能详细地不间断地记录员工绩效变化的历史，如员工是通过何种途径来消除不良绩效的，员工又是通过何种行为来获得好绩效的，从而为组织发现员工行为与绩效的关联关系提供依据。

4. 反馈及时，便于员工快速提高工作绩效

根据记录的关键事件对员工进行评估后，如果发现员工的行为与组织的要求有偏差，就可以立即或于稍后的较短时间内与员工沟通，直接就工作行为的好坏进行讨论，让员工在第一时间能获得反馈，有助于员工及时改进工作行为，进而提高工作绩效。

5. 测评成本较低，易操作

相对于无领导小组讨论、文件筐测验等测评技术，关键事件法不需要复杂的评分表，评价标准易于掌握，不需要耗费巨大的人力物力，测评执行难度较低。

五、关键事件法的缺点

1. 耗费时间较长

关键事件法需要主管或观察员花大量的时间去观察、收集、记录那些关键事件，并加以概括和分类，然后将观察结果撰写为工作日志，这会给主管或观察员造成巨大的工作负担，且观察记录工作必须持续不断进行，耗费时间长。

2. 难以对员工工作绩效的所有层级水平进行评价

关键事件法记录的只是一些特别好的或特别不好的事件，并没有贯穿员工整体工作活动的整个过程。关键事件关注的是显著的对工作绩效有效或无效的事件，这就遗漏了反映平均绩效水平的事件。而对员工整体的工作表现来说，很重要的一点就是要描述其"平均"的职务绩效。仅仅从这些突出的显著事件进行绩效评估带有一定的片面性。利用关键事件法进行绩效管理时，就难以对中等绩效的员工做出准确评价。

3. 会造成员工的不安全感

使用关键事件法进行评估时，主管需随时记录员工的工作表现，这会使员工觉得时刻有人在观察和记录自己，一些员工会因此感到不安或反感。部分犯过小过失的员工可能会有强烈的不安全感，这种不安全感不仅可能会降低员工的工作效率，甚至会促使员工离职。

4. 不能作为单独的考核工具

关键事件法侧重于考察员工的行为面，虽然使用关键事件法可以显现出工作行为中好的绩效或不好的绩效，但对于重视绩效结果的组织来说，关键事件法必

须跟其他测评方法搭配使用效果才会更好。关键事件法的评估结果是基于对员工个体的行为表现做出的，而不是根据统一的评估标准，因此，在不同员工之间，评估的结果不具有可比性，在对不同员工之间进行比较或要做出与薪资提升等相关的决策时，关键事件法的测评结果参考意义不大。

作为一种测评方法，关键事件法是其他绩效评价方法的一种很好的补充。使用关键事件法进行工作绩效评价时，主管如果能结合使用对下属的工作期望目标，则会取得较好的效果。

第二节　关键事件法的准备

当组织要推行关键事件法时，事先必须有详细的规划，并在组织中进行充分的倡导，使组织的大部分成员能够对推行该技术的意义及具体程序有一个基本的了解与认同。因此，在推行关键事件法时，必须进行一些必要的准备工作。准备工作主要包括以下六个方面。

一、明确目标，设定工作任务

在确定组织目标之后，应将满足组织目标的具体工作逐级分解为部门的目标与任务，并设定完成部门目标与任务的绩效指标。员工的行为以保证部门目标与任务的实现为轴心，并从部门的任务中辨别出关键性的工作活动，再确定这些关键性工作活动相应的工作行为要求。

各部门接到根据企业目标所确定的工作任务后，由主管进行分配，交由负责各个岗位的员工执行。这就是设定工作职责或者是划分岗位工作任务。

岗位工作任务需从内容和性质上进行分门别类，如从工作性质角度可以划分为管理性岗位和技术性岗位。

从任务发生的几率和频率看，岗位工作任务又可以分为可见性工作任务和突发性工作任务。可见性工作任务，是指能够事先预见并安排的工作任务；突发性工作任务，是指不能事先预见的、随机发生的工作任务。可见性工作任务又包括现行的工作任务和潜在的工作任务。现行的工作任务，是指目前条件下根据岗位需要必须完成的工作任务；潜在的工作任务，是指将来需要完成或拓展的工作任务。现行的工作任务，又分为经常性工作任务和偶发性工作任务。经常性工作任务反映了岗位工作的基本特征，是工作绩效的主要组成部分；潜在性工作任务可纳入工作目标绩效，而突发性工作任务则属于工作特别绩效。

在量化岗位工作任务之前，需要对每个岗位的工作任务有个基本的认识，明确该岗位的工作任务整体上属于什么类别，这些工作任务有哪些是经常性的、有哪些是偶发性的、有哪些是潜在性的。

二、关键事件法测评要素的确定

关键事件法的测评要素要根据岗位工作任务的要求来确定。在实际操作中，关键事件法的测评要素可由岗位主管或专门负责关键事件的小组来确定。

关键事件法的测评要素确定，一般包括以下两步：①对所有岗位进行分门别类，之所以归类的原因是：岗位数目繁多，不可能做到一人一个考核体系；②确定每一类岗位的关键事件法测评要素。在确定关键事件的测评要素时，主要考虑两方面因素：

（1）从员工行为所产生的结果方面考虑。凡员工行为与结果指标有关联的好的事件与坏的事件，都可列入测评要素。主要的效标有销售额、利润、周转率、物耗、进度、效率、效益、成本、质量、交货期、生产、浪费、满意度等。

（2）从组织所期望的行为模式考虑。组织所期望的员工外显行为，主要包括以下几个方面：①员工的行为符合组织的价值理念；②员工的态度符合组织内大多数人所认同的好态度标准；③员工的沟通行为会导致良好的人际沟通；④员工的工作投入是属于高工作投入；⑤除完成工作要求外，员工的行为还能促进组织的有效性。凡极其符合或者极其不符合组织期望的员工行为，都可列入关键事件法的测评要素。

三、工作分析及关键事件的确定

（一）工作分析与关键事件特征

一般而言，工作分析的方法可以分为职务定向方法和行为定向方法。

1. 职务定向法

职务定向方法是静态地描述和分析职务的特征，收集各种与"工作描述"有关的材料。所谓工作描述就是确定工作的具体特征，重点包括两方面工作：①确定工作名称；②确定工作的活动和程序，包括所要完成的工作任务、工作职责等。

2. 行为定向法

行为定向方法集中于与"工作要求"相适应的工作行为，属于相对动态的分析。关键事件法就是一种常用的行为定向方法。这种方法要求管理人员、一线员工以及其他熟悉工作岗位的人员，记录工作行为中的能影响工作成功或者失败的行为特征或事件，即"关键事件"。在大量收集关键事件以后，对其进行归类、整理及分析，总结出岗位的关键特征和行为要求，并在此基础上建立一套能够区分优秀工作行为与不良工作行为的数据库。

关键事件必须是与员工个人、或员工所在团队、或组织关键绩效相联系的关键行为及其结果。而员工履行其职责的正常的行为、非工作行为及其结果不应作为关键事件。

3. 关键事件的特征

关键事件法强调的是最有效的和最无效的行为表现的关键事件，关键事件主要有以下几个特征：①关键事件与个人绩效和组织绩效具有内在的必然联系，前者是手段，后者是结果；②关键事件关注的是达成绩效目标过程中的行为及其结果；③关键事件与任职资格有相关性，任职资格是对个人关键事件性质的判断依据。

（二）关键事件的识别

运用关键事件分析法进行工作分析时，其重点是对岗位关键事件的识别。这对调查人员提出了非常高的要求，一般非本行业、对专业技术了解不深的调查人员很难在很短时间内识别该岗位的关键事件是什么。如果在识别关键事件时出现偏差，将对测评结果带来巨大的影响。

在识别岗位关键事件时，可能会出现以下两种情况：一种是岗位的关键事件在组织内得到广泛认同，成为众所周知的事件；另一种情况是某些岗位的关键事件往往下意识地掩藏在人们的经验之中，但又没有被人们清晰地认识到。在后一种情况下，工作分析专家或上级主管必须在岗位任务的基础上，通过访谈等多种方式，向岗位相关人询问该岗位的关键事件、起因以及常用的解决方法与处理结果。

关键事件的识别，以工作中做得特别好与做得特别不好的事件为基础。因此，选取合适的关键事件时必须考虑以下两点：

第一，必须有事件发生的情景、工作目标、实际行为和工作结果四个关键要素，也即所谓的 STAR 法，又叫"星星法"。这样命名的原因是情景、工作目标、实际行为和工作结果的四个英文单词的第一个字母分别为 S、T、A、R，STAR 英文翻译过来就是"星星"的意思。其中，情境是指事件发生时的情境是怎么样的；目标是指员工为什么要做这件事；行动是指员工当时采取了什么行动；结果指员工采取这个行动获得了什么结果。

第二，关键事件的选择必须是与工作绩效相关联的事件，并能区分有效绩效和无效绩效。

（三）确定关键事件的方法

1. 工作场所会议

工作场所会议是最常用的关键事件确定工具，一般要求有多名岗位专家参加，这些专家们至少要有几年的相关岗位工作经验，对所要分析的工作岗位非常熟悉，有充分的机会去观察员工在完成工作任务时表现出的各种水平的工作行为，包括从最差的到最出色的工作行为。通过工作场所会议的充分讨论，可以确定出不同工作岗位的关键事件。

2. 行为事件访谈法

行为事件访谈法（behavioral event interview，BEI），由美国哈佛大学心理学教授麦克利兰开发，是一种开放式的行为回顾式调查技术，主要是与高绩效员工面谈（有时也会找一些普通绩效员工作为对比），激发他们讲述在实际工作中发生的关键事例，包括成功事件、不成功事件或负面事件，并且让被访者详尽地描述整个事件和当时的想法。面谈的目的是为了识别能导致高绩效的行为。

一般说来，如果被访者的口头表达能力比书面表达能力强的话，更适宜使用访谈的方法来获取关键事件。

访谈方式可借助 STAR 工具挖掘被访者的行为事件。通过情景、工作目标、实际行为和工作结果的访谈思路，引导被访者讲述任职期间的故事。一般要采访谈 3～5 个高绩效任职者，收集他们在岗位上经历过的典型或关键事件。通过有针对性的提问，引导被访者集中谈论真正体现其个人行为的关键事件。针对每个事件进行深入的挖掘式提问，获得在各种不同的情境下被访者相对稳定的行为模式。被访者对于关键事件的描述至少应包括以下内容：①这项工作的内容是什么？②谁参与了这项工作？③被访者是如何做这项工作的？④为什么这样做？⑤这样做的结果如何？

访谈结束后，调查人员需要对收集到的数据进行分析讨论，最终总结出相应岗位的关键行为模块。具体来说，包括以下几方面工作：首先，对所有已收集的资料进行内容分析，找出各种关键行为要素在所收集数据中出现的频次；其次，对优秀绩效组和普通绩效组的关键行为要素进行分析统计，找出两组的共同点与差异点；最后，根据不同的要素维度进行关键行为模块的归类，确定出组织的关键行为数据文件。

3. 抽样法

抽样法选取的员工样本与行为事件访谈法差异很大，行为事件访谈法主要选取高绩效员工访谈，抽样法则选取绩效特别好和特别差的员工作为观察与访谈对象，找出影响这些员工绩效的关键事件、产生原因及其发生过程。应用抽样法寻找关键事件时，可以通过在工作过程中观察员工行为以及与相关员工访谈相结合的方式进行。在收集到一定数量的关键事件后，将这些关键事件按相应的工作领域加以分门别类。

在使用行为事件访谈法和抽样法收集岗位信息的过程中，调查人员往往会遇到这样的问题：任职者有时并不十分清楚所在岗位的职责以及胜任该岗位所需要的能力等。此时，调查人员需要向任职者询问一些问题来激发任职者对关键事件的理解与回忆。如询问"请问在过去的一年中，您在工作中所遇到比较重要的事件是什么？您认为解决这些事件的最为正确的行为是什么？最不恰当的行为是什么？"等。

4. 工作日记法

工作日记法是让员工用工作日记的方式记录每天的工作活动，通过汇总的工作日记寻找关键事件。这种方法要求员工在一段时间内对自己工作中所进行的一切活动加以记录。如果员工的工作日记记录得很详细，工作日记就会提示一些其他方法无法获得或者观察不到的行为细节。

以上四种方法各有利弊。在数据的收集过程中，不可能也不应该只选择一种方法收集关键事件，一般都会寻求多种方法的组合，在不同方法间寻求有效性、可靠性和广泛性的平衡，最终形成书面的报告，如实地记载相关的内容。

（四）关键事件的记录与整理

1. 记录

识别关键事件后，调查人员应记录以下信息和数据：①导致该关键事件发生的前提条件是什么？②导致该关键事件发生的直接原因和间接原因是什么？③关键事件的发生过程和背景是什么？④员工在关键事件中的行为表现是什么？⑤关键事件发生后的结果如何？⑥员工控制和把握关键事件的能力如何？

2. 整理

主管或关键事件观察员详细记录上述各项信息后，需要进一步对这些信息数据进行分类整理，归纳总结出各个岗位的主要特征、具体要求和员工的工作表现情况。

四、关键事件法的评价方法

1. 年度报告法

年度报告法是管理人员审核考评期内员工关键事件的连续记录。年度报告中表现特别好或表现特别差的事件，就代表该员工在考评期间内的工作行为绩效。在考评期内没有或很少有特别好或特别差的事件记录的员工，就表示他们的行为是被组织认可的。这类员工的行为绩效属于处在平均水平，一般给予平均绩效的评价。年度报告法的主要目的，是相对客观地指出员工的绩优行为或绩差行为，以便员工保持或发扬绩优行为，克服或改正绩差行为。

2. 关键事件清单法

为进一步明确与员工绩效相关的关键行为，可以采用关键事件清单法。关键事件清单法，是开发一个与员工绩效相关联的关键行为的清单来进行绩效考核。

这种考核方法是对每一个工作岗位给出 20 或 30 个关键项目。考核者只简单地检查员工在某一项目上是否表现出众。出色的员工将得到很多检查记号，这表明他们在考核期间内表现优异；一般员工将只得到很少的检查记号，因为他们仅在很少的情况下表现出众。

实践中，关键事件清单法常常对不同的项目给予不同的权重，以表示某些项目比其他项目重要。考核者把每位员工关键事件清单上的考评结果汇总后，就可以得到这些员工量化的综合评价结果。由于根据关键事件清单法得到的结果是员工绩效的量化指针型的总分数，因此必须为组织内每一个不同岗位制定一个考核清单。关键事件清单的制定很费时间，费用也很高。

3. 行为责任评级法

行为责任评级法，是行为考评法与量表考评法的结合。在考评的过程中，往往利用量表做评级后，再根据关键事件和量表等级做进一步的考评定位。

五、关键事件评定表的设计

当评估的目的、效标与方法确定后，就可以着手编制评估工具。评估工具指评估的具体量表。通常一份好的评估工具，编制的过程相当复杂，既要具有实用性，又要符合心理测量学的要求。

关键事件评定表的编制也是一个复杂的过程。在编制过程中，相关部门人员的参与非常重要，既可以集思广益，又可以在沟通中取得共识，为以后推行使用减少阻力。关键事件法评定表的设计，可依据三种不同的关键事件评分方法分别制定，具体样例如下。

1. 年度报告法

关键事件的记录如表 7.1 所示。

表 7.1　年度报告法关键事件记录

员工姓名：

发生时间：

发生地点：

发生时的情境：

为什么要做这件事：

当时采取的行动：

行动获得的结果：

分析与解释：

记录人：　　　　　　　　　　　　　　记录时间：

2. 关键事件清单法

该种方法的使用如表 7.2 所示。

表 7.2　关键事件清单法（工作岗位：业务开发）

关键事件	权数/%	员工 A	员工 B	员工 C	考核者
(1) 与客户良好沟通，取得订单	10				
(2) 出货后再度与客户确认	10				
(3) 协助它部门发挥团队合作效益	8				
(4) 保持全勤，遵从纪律	6				
(5) 参加大学自考，自我成长与学习	5				
(6) 改进客户服务方式	5				
…					
…	100				

3. 行为责任评级法

该种方法的使用如表 7.3 所示。

表 7.3　行为责任评级法（职位：生产课长）

职　责	工作目标	关键事件	结　果
负责安排 生产工作	(1) 提高员工生产力 (2) 满足交期需求	(1) 导入新生产系统 (2) 改善加工制程	(1) 上月效率提高 1.3% (2) 上月交货达标率提高 2%
控管原材 料的利用	(1) 提高材料效益 (2) 库存成本最小化	(1) 采用分段领料措施 (2) 推行广告牌制度	(1) 上月材料损耗率降低 1% (2) 上月 WIP 降低 3%
监督生产 产品质量	(1) 不出现不良品 (2) 员工操作熟练	(1) 成立一个品管圈 (2) 导入 JI 培训	(1) 上月 A 产品良率提高 1% (2) 上月人为错误减少 20 件

六、关键事件法测评考官的选择与培训

1. 考官的选择

关键事件法由谁来评估，主要与评估的对象、评估的目的、组织的结构、组织的管理风格等有关。通常会以被测者的直属主管为主，一般为部门主管。作为员工的一线直属上级，主管在评价员工的行为表现时具有得天独厚的优势，主要表现为以下几个方面：①主管是凝聚下属、达成组织目标的关键人物；②主管最了解下属完成工作所需要的知识、技能、态度等任职条件；③除了下属本人外，主管对下属的岗位工作最为了解；④主管对下属最有影响力；⑤主管担负着为下属分配工作的责任；⑥主管要为下属的工作成果负责。

主管在上述方面具有的优势，是组织内其他管理人员所无法替代的。所以，主管必须充分认识到其在组织实施关键事件法中所承担的责任及具备的优势，切实担负起关键事件法所赋予的责任。

2. 考官的培训

一个好的测评考官需要具备多方面的知识与技巧，因此当组织确定了考官之

后，还必须对考官进行相关培训。一般来讲，主要的培训内容有：

（1）绩效管理相关知识的培训。包括绩效管理的目的、绩效考核的标准、绩效考核的方法选择、绩效考核的量表设计、绩效考核的评估技术、如何协助员工改善绩效等。

（2）关键事件技术的培训。包括关键事件法的概念、技术特点、实施时的注意事项、避免观察记录失误的要领等。

（3）测评结果反馈技巧的培训。主要包括关键事件法测评结果反馈的方法、与员工沟通的技巧、如何激励员工等。

第三节　关键事件法的实施

一、关键事件法的实施条件

组织是否适宜采用关键事件法进行测评除了需考虑拟测岗位的工作特性要适合关键事件法外，还需满足其他一些条件。在大多数情况下，组织要顺利实施关键事件法需要具备以下几个必要条件：①高层管理者对关键事件法的认同和推动。②制定与组织实际情况相适合的关键事件法的管理制度。③明确关键事件法的责任人并赋予其应有的权限。④确定组织内部的关键事件标准。⑤建立员工关键事件的申报、审批、录入和查阅制度。⑥建立基于 IT 平台的员工关键事件信息库。

二、关键事件法的观察过程

对涉及员工关键事件的行为进行观察是实施关键事件法的基础环节，因此，在测评期间是否能如实地、持续地、准确地观察员工的关键事件非常重要。如果能真实准确地观察员工的工作行为，就为公正、公平、公开地实施关键事件法打下了良好的基础。

1. 充分准备

实施关键事件法时，测评考官要预留充分的时间来观察被测者。在观察前要了解测评工具或量表，对被测者的岗位工作应做充分的了解，这样才能掌握重点，有的放矢地去观察。需要注意的是，在组织中常常会碰到这样的问题，有些经验丰富的员工也不是很清楚自己完成工作的行为方式。他们的许多工作行为已经形成习惯，做起工作来并未意识到工作程序的细节，也不了解何种行为模式对工作绩效有好的影响，何种行为模式对工作绩效有坏的影响，所以对于关键事件的意识也就不强。出于同样的习惯，一些主管的关键事件意识也不是很强。因此，对员工的工作过程进行观察、记录时，应使用事先预备好的关键事件评定表，一边观察，一边核对与记录。

2. 控制下属人数

作为担负观察职责的主管，直接控制的下属人数应当有所限制。当下属人数过多时，主管就会顾此失彼，造成观察不足、无法确保对每个下属的行为都能充分掌握的现象。反之，当下属人数过少时，主管就可能不由自主地过分干涉下属的职责，影响下属的正常作业，造成下属在决策或工作上畏缩不前。主管在观察下属的活动时，必须按预定的观察时间或观察要求去观察，不能想起来才去观察，想不起来就不去观察。观察密度过于频繁，下属会认为主管过分干涉自己的行为；观察密度过于疏散，甚至久久都不去观察，下属就会产生做好与做不好都没关系的认识误区。

3. 掌握观察时机

观察的时机，可以选在主管对下属进行日常的工作指导时实施，也可以选在主管有特殊项目或要对下属下达工作指令时，在与下属的接触、沟通过程中进行，这样就可以较准确地确认下属的工作行为与结果。

4. 找出原因

主管观察下属时，不仅要掌握其行为表现及工作活动的模式，还要了解下属产生这样那样工作行为的原因。如果主管不能掌握引起下属行为反应的原因，而只根据下属的工作活动及其产生的结果草率地进行判断与分析，就无法全面地了解掌握事件的所有事实。

例如，许多主管在期待下属采取某种行为时，通常会以定式化的方式思考，以为仅仅发布"照这样去做就可以达到目标"之类的命令就可以达到预期的结果。但实际上，下属对于一定的刺激，并非一定会采取某种特定的行为模式，下属的行为反应会因人而异。因此，主管必须思考：下属的行为会受哪些事件的影响？下属对命令的反应会不会受到主管的语气、当时的情景、下属的自我感觉等因素的影响？

一般来说，人类的所有行为都有复杂的原因，会受到价值观、需求、态度、性格、健康状况、能力、经验等一系列因素影响。人类行为是极为复杂的相互纠结在一起的多种因素的综合作用结果。主管在观察下属的行为表现时，同时应考虑有可能对行为表现产生影响的原因，在考虑下属个别差异的基础上，去理解、观察下属的行为及其原因，尽量避免先入为主的观察视角。

三、关键事件法的记录过程

关键事件的记录一般采用 STAR 法，如图 7.1 所示。也就是说，在记录一个事件时，从情景、工作目标、实际行为和工作结果四个方面来进行。STAR 法是记录关键事件的基本原则。

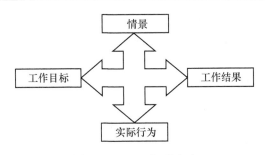

图 7.1　STAR 记录方法

四、关键事件法在实施阶段应注意的问题

关键事件法由于实施时间跨度大，涉及的人和事比较繁杂，在实施过程中，需要避免一些常见错误，以确保关键事件法的顺利进行。主管在实施关键事件法时常犯以下两个错误。

1. 主管在认知上存在误区

主管常常会认为，员工的绩效考评是人力资源部门的工作，而不是主管的职责。组织在推行关键事件法时，主管往往从认识上就没有引起足够的重视。然而关键事件法的实施从观察到记录又离不开一线主管的支持与协作。因此，当主管在认知上存在误区时，关键事件法的测评效果就会大打折扣。

2. 缺乏记录或记录不准确

主管由于自己的任务特性，在工作时间及工作地点方面有可能与员工不完全一致，造成观察缺失，以至于只能以有限的数据，从某一角度对员工做出评价，导致记录或评价不能如实反应员工工作表现的全貌。

主管在记录员工的行为表现时融入了个人的观感与评价，对一些行为表现的认定标准不清楚，或者在测评期间前后的认定标准不一致，导致记录失真。主管在记录时常常出现的一个问题是，主管对消极事件的印象一般要比对积极事件的印象更深刻，员工的消极事件比积极事件更容易出现在主管的记录中。

第四节　关键事件法评价结果的报告与反馈

一、关键事件法评价结果的报告

（一）评估种类

关键事件法一般是在对员工进行绩效评估的基础上，形成员工的评价报告。

关键事件法的绩效评估有三种：一是工作期间日常的绩效评估。日常的绩效评估不具形式，是非正式的、随时随地都可以进行的。二是定期的绩效评估，是较为正式的评估，通常一个月、一季或半年为一个循环期，评估循环期内工作计划的进展状况。三是期终评估，主要是评估整个工作时段或测评期间的绩效，一般是某一工作告一段落后进行，在时间上可以表现为一季、半年或一年。

在组织实践中，期终评估最为常见。实际上，日常或定期的绩效评估对于及时发现员工工作行为中存在的问题，帮助员工迅速改进工作行为最为重要，但由于日常或定期的绩效评估费时费力，给主管增添了不少的工作压力，只有在少数组织中能够做到。

（二）绩效评估报告形式

在关键事件法的实际操作中，日常或定期的绩效评估通常不形成正式的评价报告，但期间发生的事件可以作为记录材料，供期终评估时使用。大多数组织一般是根据员工行为表现的记录材料，在期终评估时形成对员工的评价报告。由于关键事件法的评分方法有年度报告法、关键事件清单法、行为责任评级法三种，三种不同的评分方法形成了三种不同的关键事件评定表，因而最终的评价报告也依照关键事件评定表的不同而表现为不同形式。

使用年度报告法时，测评考官将记录的发生在每位员工身上的关键事件都列入统计，并分门别类。如：发生在各位员工身上的关键事件有多少？在所有的关键事件中，对于工作绩效有积极影响的事件有多少？是哪些？对于工作绩效有消极影响的事件有多少？是哪些？积极影响或消极影响的状况、程度如何？

使用关键事件清单法时，测评考官主要针对员工在关键事件清单上所发生的关键事件进行考核。具体做法是，将员工表现好的行为与表现不好的行为次数分别列入统计，再乘以该行为相应的权重比率，加总后就可以得出该员工的工作行为表现与绩效水平。

使用行为责任评级法时，关键事件评定表上已清楚列明了该工作岗位的岗位职责、工作目标、关键事件及工作成果，因此只要按照关键事件评定表进行观察记录，根据测评要求定期统计报告，员工的工作行为表现与工作绩效水平就能够一目了然地呈现出来。

（三）使用注意事项

关键事件法的评价报告是关于员工在测评期间的工作行为说明，由于测评方法的特点所限，评价报告没有标准的结构化形式，难以在效标的选择上形成统一的基准或规范。再者，关键事件法是对不同员工的不同工作侧面进行描述与评价的，因而无法在不同员工之间进行工作状况或绩效优劣的比较。最后，在关键事件法的实践中，主管往往会用个人主观的标准来衡量员工的工作表现，员工缺乏参与的机会，关键事件的观察与记录往往带有主管的主观色彩。基于上述三点缺陷，关键事件法的评价报告不能作为所有人事决策的依据，尤其不能仅仅根据关键事件法的评价报告结果就做出员工的职位晋升、薪酬调整等方面的决策。

二、关键事件法评定报告的反馈

(一) 必要性与注意事项

传统的绩效管理侧重事后评估，近年来的绩效管理逐渐转向侧重事先的计划与过程管理。其原因主要是事后评估主要针对的是过去已发生的事实，而不是面向组织的未来。

关键事件法作为一种绩效考核方法，可以将工作行为中的关键事件更为及时、清晰、有效地反馈给员工，帮助员工明确了解自己在工作中的优异表现及存在的问题，为员工未来改进工作指明方向。同时，关键事件法还有助于提高员工在工作行为中的自律标准，促使员工按照关键事件中的行为标准要求自己，提高员工的业务水平和能力。

关键事件法中的结果反馈虽然对于帮助员工认识自己的工作状况、改进员工的工作行为具有很大的促进作用，但反馈本身却是整个评估过程中非常困难的环节。一些负责考核的主管通常并不知道如何将关键事件法的评价结果有效地反馈给员工。因为在反馈过程中，员工很容易产生自我防御甚至对立反抗的情绪，在对一些关键事件的认识上，员工与主管很可能有不同看法，双方的争辩较易发生，在这种情况下，负责考核的主管的反馈非但达不到预期目标，反而有可能恶化两者之间的关系。

为了避免反馈中出现对立局面，测评考官在反馈前应注意以下事项：①事先做好准备，重点强调对未来的期望；②聚焦于工作表现，突出强调理想的行为表现；③确定员工今后发展所必须采取的具体措施。

(二) 反馈方式

关键事件法的反馈方式主要有三种。

1. 测评考官主导下的反馈方式

告知员工的绩效情况，并说服员工要按照主管的要求执行任务或改进工作。使用这种反馈方式的目的是让员工了解主管对他的工作评价，也希望员工接受主管对其工作所做出的分析与判断，并加以改进。反馈的整个过程由主管控制。这种反馈方式的背后假设是：主管做出的评价都是正确的。其缺点是：①容易激起员工的自我防卫机能 (self-defense mechanism)；②双方的沟通地位不平等，沟通管道不通畅，单项交流多，双向交流少，沟通的真诚度不够；③可能对主管与员工的关系造成不利影响；④员工缺乏改善的主动性。

２．双向沟通型反馈方式

主管告知员工其绩效情况，并倾听员工对评价结果的意见。这种反馈方式采取了双向沟通，首先是主管向员工通报对其工作评价的结果，然后让员工有机会对主管的评价做出反应，员工可以表达同意或不同意主管评价的意见，也可以表达其他的感受。这种双向沟通的反馈方式能够消除员工的自我防卫情绪，同时也有利于员工确切了解工作中需要改善的地方。但这种反馈方式对主管的要求较高，主管必须具备以下素质：①善于聆听；②能了解员工的反应与感受；③善于总结和分析。

３．协商型反馈方式

主管与员工平等沟通，共同商讨解决问题的方法与步骤。这种反馈方式的目的是通过让员工参与讨论，引导员工发现自己的问题，然后与主管一起寻求解决问题的方案。主管在反馈过程中扮演的是辅导角色，主管主要通过提出一些问题，激发员工去反省工作中的问题所在，以及如何解决这些问题。这种反馈方式的背后假设是：员工有自我认识的能力与自我改善的动机。在一个开放且彼此信任的沟通环境下，员工的自我认识能力与自我改善动机就有可能达到反馈的预期效果。协商型反馈方式通常会起到以下效果：①将员工的自我防卫机能降至最低；②鼓励员工提出一些创新性的改进工作方案；③提高员工采取行动的积极性。

（三）常见的错误

关键事件法在反馈阶段常犯的错误是反馈不足或反馈不及时。一些主管由于顾虑反馈会招致员工的不满而导致对立情绪，在测评期间就没有进行足够的日常绩效反馈，或者没有在事件发生的第一时间反馈给员工。许多主管往往一直等到测评期终时，才将记录的关键事件反馈给员工，失去了及时纠正员工行为的最好时机。由于员工的优异行为不能及时得到肯定，或者不良行为不能及时得到制止或纠正，员工在测评期间的行为绩效也会受到影响。主管的反馈不足或反馈不及时，不仅造成了组织绩效无法达到最优状态，也影响了员工个人的绩效成绩。

例如，某组织在实施关键事件法时，某位主管一直记录了某位员工不好的行为，但却一直没有及时反馈。记录的关键事件有员工第一个月连续迟到了三次，第二个月早退了三次，第三个月无故顶撞主管，第四个月又怠慢客户，第五个月又丢失客户沟通记录。主管全部用关键事件法记录下来，但就是不告诉员工，一直等到期终测评的时候，主管才把小账本亮出来，通告员工在测评期间都做错了哪些事，所记录的全是员工的缺点，所以员工的测评成绩肯定是很低的。此时员工会怎么想？为什么不早点提醒呢？也许早点反馈的话，员工的行为早就改善了。

第八章　面　　试

面试是人员测评中使用较多、研究者较为关注的测评方法，同时也是被测者容易接受的测评方法。无论是组织的招聘选拔，还是测评咨询机构的人才鉴定，面试几乎都是不可或缺的必经程序。每年都有不计其数的与面试相关的研究文章问世。在被测者眼中，面试已成为人力资源测评中的必要环节。从发展趋势来看，未来面试在测评领域仍将保持旺盛的活力，仍会继续成为人员测评领域各方关注的焦点。本章将对面试的概念、特点、类型、实施等进行介绍。

第一节　面　试　概　述

一、面试的定义

面试是广泛应用于招聘、选拔等人力资源管理过程中的常用测评技术，其历史源远流长，作为一种理论，最早于 20 世纪 40 年代提出。由于不同学者对面试研究的视角不同，至今面试尚未有一个统一的定义。

最常见的面试定义是：在精心设计的特定情境下，通过测评者与被测者的双向交流，测评者以面谈和观察为主要手段，对被测者的相关素质进行考察评定的过程。

面试是一个通过测评者与被测者面对面的信息交流，对被测者的能力、性格、价值观、潜能等各方面素质进行综合评价的过程，以期得到其他测评手段如笔试、心理测评等所不能得到的交流与观察方面的信息，为组织的人员决策提供依据。

二、面试的目的

面试的目的主要有两个：一是获得被测者的相关信息，二是向被测者提供组织的相关信息。

在获得被测者的相关信息方面，重点收集被测者"愿意做什么"及"能够做什么"的信息。通过了解被测者的综合素质状况及其学习经历、工作经验等情况，检验被测者与组织特定岗位的匹配程度，考察被测者所具备的素质经验是否适应组织特定岗位的要求。

在向被测者提供组织相关信息方面，重点介绍组织的概况、相关岗位的职责待遇等，以激发被测者对该组织或岗位的兴趣及热情，展示组织的公众形象，达到扩大组织影响力、树立组织良好形象的公关目的。

三、面试的理论基础

成功的面试基于以下两个假设：首先，与岗位要求或绩效指标密切相关的问题能有效地预测被测者在未来工作中的表现；其次，被测者的过去行为能够一定程度上预测其将来行为。因此，设置一个与被测者实际工作环境相类似的情境，或者给被测者呈现一个与工作相近的典型虚拟情境，然后通过测评者与被测者面对面的信息交流，观察被测者是否具备与工作岗位相关的素质，通过考察被测者在特定情境下的行为态度，来判断该被测者是否适合某岗位。

在面试中，被测者内在素质通过其外显行为表现出来，外显行为主要包括语言行为及非语言行为。非语言行为包括被测者的体态动作、神情仪表等。测评者通过与被测者的交流，听其言、观其行，根据被测者的语言行为及非语言行为推断被测者的内在品质。

四、面试的特点

（一）测评范围广

面试的测评范围非常广泛。常见的面试内容涉及被测者的仪表风度、专业知识、语言表达能力、实际工作经验、工作动机、反应速度及应变能力、人际交往能力、思维能力、自我控制力及情绪的稳定性、兴趣爱好、进取心等。面试时测评者还可以向被测者介绍单位及岗位的相关情况，与被测者就薪酬福利等问题直接讨论。

由于面试测评的范围非常广，面试可以满足不同组织不同岗位对不同素质人员的要求。

（二）具体灵活

面试能够测评的范围虽然相当广泛，但因组织及工作岗位的不同，不同岗位在职责、工作性质、任职条件等方面的要求存在很大差异，因此，每一次具体面试的侧重点也有所不同。不同被测者的学历经验不同，对其进行面试时侧重了解的内容也应有不同。

测评者可以根据特定岗位的要求或被测者的特点，有针对性地对被测者的某些素质进行重点测评。可以在某一方面连续追问，根据被测者的回答不断调整问题，全面考察被测者的各项素质。

例如，同样一个岗位，如果面试一个应届本科毕业生，面试的侧重点在于了解其专业知识的掌握程度，语言沟通能力及反应能力的强弱；如果是面试一位有多年工作经验的应聘者，则主要考察其以前的工作经验及工作成就。

（三）双向沟通

面试时，测评者与被测者实现了面对面的双向交流。测评者通过观察被测者的言谈举止、仪表风度等，可以直接了解被测者的内在思想；被测者也可以通过对测评者行为的观察，判断面试单位的价值标准、职位情况等。通过面试可以较好地实现测评者与被测者之间的双向沟通，避免彼此间的误判以及不切实际的幻想，有利于双方都做出正确的双向选择。

在双向沟通的过程中，双方能够实时问答，有利于将讨论引向深入。由于是面对面的直接交流，测评者不仅可以评定被测者回答问题质量的优劣，还可以观察被测者回答问题时的表情及语气语调等。

五、面试的分类

（一）按面试的结构化或标准化分类

1. 结构化面试

结构化面试又称标准化面试，是指面试的方式、内容、程序、评分标准、评委构成、结果的分析评价等都有严格的标准和要求，测评者必须按照事先确定的标准实施面试，不得随意变动。

实施结构化面试的主要目的是减少面试内容和过程的随意性、盲目性，保证同一时间对不同被测者使用统一标准测评，提高面试的一致性和统一性。

结构化面试具有以下几个特点：第一，面试的内容及程序等预先确定，有利于增加面试的信度；第二，由于事先确定面试的内容，面试内容一般准备得比较全面详尽，面试内容的目的性较强，有利于提高面试的效度；第三，面试程序规范化，能有效降低面试的随意性，同时简化操作程序，提高面试效率；第四，灵活性较差，由于结构化面试的内容程序必须按规定操作，容易导致测评者照本宣科提问，测评者及被测者自由发挥的空间较小，不利于获得关于被测者在既定的面试内容之外的信息。

2. 非结构化面试

非结构化面试的内容、程序没有严格规定，测评者可以根据自己的判断及面试需要随时向被测者提问。由于面试的内容、程序没有任何限定，测评者自由发挥的空间较大，测评者可以根据被测者的具体情况对其感兴趣的问题连续追问，也可以根据被测者现场的回答情况决定下一个询问主题。

在非结构化面试中，测评者和被测者之间的交流相对自然，问答节奏比较自在随便，询问主题不会有前后不连贯或唐突的感觉，被测者在相对轻松的状态下也比较能够展现出自己真实的一面。非结构化面试的缺点是由于面试的内容、程序没有事先确定，面试的计划性不强，面试中容易遗漏重要或关键的问题。面试的主题也有可能偏离面试的主要目的，导致面试的效度降低。不同被测者的面试内容也很容易产生较大差别，使得测评者在最后决定面试结论时不易区别不同被测者的优劣。

3. 半结构化面试

半结构化面试又称混合式面试，就是结合结构化面试与非结构化面试的模式，在面试中只大致规定面试的内容、程序，对每个被测者都询问一些共同的问题，但允许测评者根据不同被测者的具体特点，随机询问一些仅针对特定被测者的问题。半结构化面试兼容了结构化面试与非结构化面试的优点，既考察了被测者的共性素质，又兼顾了特定被测者的个性素质。这种面试对于全面了解被测者具有实际意义，因此被广泛采用。

（二）按面试的组织方式分类

1. 小组面试

小组面试是指由一组测评者对一名或多名被测者面试。构成测评者的小组由来自人力资源部、业务部门等组织内不同部门的成员及组织外部的专家组成，每位测评者可以根据自己的专长或感兴趣的话题对被测者进行提问。小组面试的特点是效率高，一次小组面试可以综合不同部门对被测者的看法，同时，多部门的集体决策也有利于融合各位测评者的不同观点，有助于全面客观地对被测者做出评价。小组面试的缺点是提问缺乏系统性，容易产生重复提问或者遗漏某些重要问题的现象。

2. 系列面试

系列面试是指由不同部门不同级别的管理人员作为测评者，先后对被测者进行面试，每个测评者都从自己的角度独立地对被测者做出评价。每位被测者都要经过若干个环节的面试，最后综合所有测评者的评价做出面试结论。在实践中，有的系列面试采取淘汰制方式，即被测者只有通过了上一轮的面试才能进入下一轮的面试。

系列面试中的初试，一般主要考察被测者的仪表风度、思维及反应能力、工作态度、价值观等基本素质；后续的面试则侧重考察被测者的专业知识与技能等；最后再对被测者的综合素质做出评价。

系列面试的优点，是各个面试环节的测评重点清晰，比较容易从不同角度对被测者做出准确评价。淘汰制系列面试，还可以逐步淘汰不符合要求的面试者，提高面试效率。

3. 一对一面试

一对一面试是最传统的面试方式，即由一名测评者对被测者进行面试。一对一面试的优点，一是成本较低，无需大量的测评人员；二是被测者在面对一位测评者时，容易放松，回答提问时防备心较弱。一对一面试的缺点是主观性较强，测评者的个人意见就决定了面试结果，存在判断偏差的风险。在一对一面试的情况下，测评者的准备是否充足对面试的成功有较大影响。

另外，还有一种特殊的面试，即压力面试。压力面试就是在面试中设计一种压力情景，给被测者造成一种紧张不安、焦虑烦躁的气氛，以此测试被测者面对压力时的情绪稳定性、心理承受力、应变能力、思维能力等。压力面试一般适用于责任重大、独立性强、工作难度、强度较大的岗位。对于压力较轻的工作岗位，不易滥用压力面试。

压力面试一般采用小组面试的形式。测评者通常准备一些刁钻古怪的问题，一方面进行穷追不舍、刨根问底式的提问；另一方面对被测者的回答也常采取否定、怀疑及批评的态度，使被测者处于被动防守、进退失据的境地。以此来考察被测者处于压力情况下的心理素质及应变能力。在压力面试下，心理素质好的被测者会显得沉着冷静、灵活机智，而心理素质差的被测者则会表现出紧张失控、应答失据等行为。

压力面试对测评者的场面控制能力及面试技巧要求较高，操作起来难度较大，甚至会产生面试失败的后果。

第二节　面试的准备

面试的准备就是从面试工具、面试场所、面试考官、被测者等方面为正式面试做好准备。

一、工作分析

面试的目的就是为特定组织或岗位找到适合该组织或岗位的人选，实现人-职匹配或人-组织匹配，使员工的专业技能、个性、价值观等与组织或岗位的要求相一致。在面试实施之前，首先要了解组织的企业文化特点、岗位的职责、任职要求、工作关系、发展机会、薪酬福利等。然后，据此才能找到符合组织或岗位要求的人选。因此，在面试准备阶段，首要的工作就是工作分析。

通过工作分析，测评者可以了解空缺岗位的主要工作性质及要求，掌握该岗位对任职人员的基本要求，明确面试是要挑选什么样的人、应该用什么样的方式去选人。通过工作分析，有利于面试的组织者在确定面试的内容、程序、方式等问题时有的放矢，根据组织或岗位需要灵活确定面试的方案。

工作分析的主要内容，包括工作描述和工作要求两方面内容。工作描述主要包括工作名称、工作活动和程序、工作条件和物理环境、社会环境、职业条件等要素，主要是描述工作的具体特征。工作要求的主要内容包括有关工作程序和技术的技能要求、文化程度、工作经验、工作态度、健康状况等。工作要求说明了从事某项工作的人所必须具备的技能、知识、兴趣、身体状况和行为特点等心理生理要求。工作要求的内容构成面试测评内容的基础。

大多数组织在完成了工作分析之后，都会编写工作说明书和工作规范。工作说明书就是对有关岗位的工作职责、工作条件、工作活动等工作特性方面的信息所做的书面描述。工作规范则是全面反映特定岗位对从业人员的品质、特点、技能以及工作背景或经历等方面要求的书面文件。

在面试实施之前，测评者应尽量了解工作说明书和工作规范的内容，并向相关岗位的主管、资深员工请教，以全面深入地掌握该岗位对任职人员的要求。

二、面试测评要素的确定

在工作分析的基础上，测评者基本上可以确定需要对被测者的哪些素质进行测评。在测评实践中，从测评的经济性、可靠性等角度考虑，对于不同的素质宜采用不同的测评手段施测。具体到面试，测评者就要考虑哪些素质适合采用面试、哪些不适合面试，而适用其他的测评手段，如纸笔测试等。面试所要评估的素质应该是其他测评手段不能经济有效地评估的素质。

一般来说，适宜面试测评的素质，包括通用要素和专业要素两大类。通用要素是指适用于任何岗位的测评要素；专门要素是指仅适用于特定岗位或人员的测评要素。

（一）通用要素

1. 个人信息

个人信息主要指被测者的文化程度、技能证书、工作经历、家庭状况等。个人信息可以反映被测者的主要成长及教育工作背景，从被测者的叙述方式还可以看出被测者的价值观、人生职业规划等要素。

2. 仪表风度

仪表风度是指人的体格外貌、服饰仪容、言谈举止、精神风貌等。仪表风度是一个人精神面貌和内在素质的外在表现，反映了一个人的性格、气质、审美情趣、道德修养等。仪表风度是面试最容易观察到的素质。仪表风度并不是对所有岗位都重要，但对某些岗位来说，良好的仪表风度却是必不可少的要素之一。如公关、销售、管理、文秘等岗位，这些岗位的员工形象往往代表着组织的形象。所以从事上述岗位的员工一般要具备五官端正、衣着整洁、举止得体、行为稳重、精力充沛、礼貌大方等素质。

3. 语言表达能力

语言表达能力是指清晰流畅地表达自己的观点、思想以及解释、叙事的能力。语言表达能力是人的能力、人格及素质的外部表现，是达到工作目标的重要手段。语言表达承担着表明意图、沟通思想、传递信息等功能。同一个问题或同一种观点，不同人采用不同的表达方式、语言技巧、语气语调等便会产生截然不同的效果。

面试中对语言表达能力的考评主要考察被测者使用语言的逻辑性、遣词造句的准确性、叙事的流畅性、观点的简洁性及明确性、论点论据的说服力、感染力等方面。

4. 人际沟通能力

人际沟通能力是指通过观点、态度、思想及情感的交流，建立良好协作关系的能力。工作中的人际沟通能力，分为与上级的沟通能力、平级的沟通能力和与下属的沟通能力。与上级的沟通主要是指接受上级任务并向上级反馈；平级沟通主要是部门间的协调及沟通；与下属的沟通主要是布置工作任务及工作指导等。

人际沟通能力反映了被测者能否准确地领会对方表述的意图并准确把自己的意图表述给对方的能力。面试中可以设定一种的虚拟人际关系来测试被测者的人际沟通能力。

5. 综合分析能力

综合分析能力包括综合和分析两个方面的能力。综合指的是把分析过的对象或现象的各个部分、各属性联合成一个统一的整体。分析指的是把一件事物、一种现象、一个概念分成较简单的组成部分，找出这些部分的本质属性和彼此之间的关系。

综合分析能力，侧重考察被测者是否能从复杂现象中抓住事物的内在联系的能力，反映被测者能否在纷乱的现象中发现问题的本质及结症；能否全面权衡各种问题的轻重缓急，提出适当的解决方案的能力。

6. 应变能力

应变能力是指面对意外事件能迅速地做出适当的反应，使事件得以妥善解决的能力。应变能力反映了被测者在决策条件突然改变的情况下，能否沉着冷静、灵活地根据实际情况做出适宜决策的能力。面试中，可以通过考察被测者对突发问题的反应是否敏捷恰当等，来观察其应变能力。

7. 求职动机

求职动机是指推动个体进行求职活动以达到求职目的的内部心理活动。被测者的求职动机与测评组织所提供的职位条件一致时，被测者能够胜任该职位并稳定工作的可能性较大。面试中，可以通过考察被测者对相关职位的期望、态度等，来把握其求职动机。

8. 组织协调能力

组织协调能力是指根据工作任务需要对组织资源进行分配，并控制、激励、协调群体活动过程，从而实现组织目标的能力。

9. 情绪稳定性

情绪稳定性是指员工能积极地调节自己的情绪，使情绪不会在短时间内产生强烈起伏的能力。情绪稳定性高的员工具有较强的情绪自控性，通过自控，把自己的消极情绪隐蔽起来，以避免对工作产生不良影响。

10. 自我认知能力

自我认知能力是指员工能客观地评价自己的优劣势，能深入了解自己的情感与需要，并能在实践中不断学习和提高的能力。自我认知能力较强的员工一般能做出正确的自我评价，能不亢不卑，懂得扬长避短，客观地分析自己的能力及情绪。

11. 兴趣爱好

兴趣爱好主要反映被测者在业余时间里主要从事哪些活动、有什么爱好及娱乐活动，通过了解被测者的业余生活考察其情趣及生活方式。

12. 活力

活力情况反映被测者的精神状态是否积极、健康是否良好、能否承受强度较大的工作等。

（二）专业要素

1. 专业知识

专业知识是指一定专业领域内相对稳定的系统化知识。面试中虽然不能全面系统地考察被测者对专业知识的掌握程度，但可以灵活地结合岗位需要、有针对性地考察被测者对某些专业知识点的掌握程度，这是对纸笔测试测评专业知识的补充。

2. 专业技能

专业技能是指对某一具体业务规范的把握驾驭能力。专业技能一般通过练习获得，具有专业技能的员工能够掌握某种专业活动的操作技巧，确保工作流程的顺利进行。常见的专业技能如驾驶技能、办公软件使用技能、烹饪技能等。

面试中可以通过询问被测者接受专业技能的培训情况、是否获得专业技术证书、从事该专业工作的年限等了解被测者的专业技能。

三、面试提纲的编制

为了减少面试的随意性、盲目性，需要提前制定面试提纲，确定面试的测评要素、评价内容、提问要点、提问方式等细节，以保证面试进行的标准化。

制定面试提纲时，首先要确定着重测试哪些要素。由于不同岗位对人员素质的要求不同，面试前就需要根据测评目标与工作分析的结果，确定面试重点考察的测评要素。

一般来说，确定测评要素以经验法、调查法居多。经验法就是请人力资源专家回顾过去的工作，分析优、中、差不同表现的员工的差异，总结出辨别不同员工的指标，在此基础上提出面试的测评要素。调查法就是通过专题访谈、问卷调查等方法，从主管、人力资源管理人员、岗位工作人员等渠道获取信息，收集、筛选及确定面试的关键要素。

在确定面试要素之后，接着就要确定面试要素的评价内容。例如，假设确定了求职动机是面试的重点测评要素之一，接着就要确定求职动机的评价内容是什么。通过分析，可以确定求职动机的主要评价内容，包括考察被测者的求职目的、对未来工作及个人发展的期望、离开原单位的原因等方面。

面试的评价内容明确之后，就要据此编制提问要点。仍然以求职动机为例，提问要点可以是诸如此类的问题：你为何来我单位求职？你对我单位了解些什么？你对我单位有什么希望和要求？你认为原来的单位有什么缺点？你认为什么样的工作最适合你？

四、面试评分标准的确定

面试提纲制定以后，为了保证面试的客观性、一致性，提高面试的信度，还需制定各个测评要素的评定标准。评定标准就是面试考官在面试过程中判定被测者素质状况的尺度。评定标准的制定通常是在工作分析的基础上进行，并结合面试目的确定评价要素的具体行为表现。

评定标准的内容主要包含以下三个方面：评价指标、量化尺度及对应规则。评价指标就是指能够反映评价要素的典型行为表现；量化尺度就是反映不同水平的评价指标的连续分布顺序及等级，即在不同数量水平上，评价要素的典型行为表现的等级划分；对应规则就是一定的行为表现与一定的等级之间的对应关系。

常见的评定标准的等级划分方式有三级制、五级制、百分制、十分制等。以优、良、中三级制评定语言表达能力、逻辑思维能力、组织协调能力为例，评定标准如表8.1所示。

表 8.1　面试评分标准表

测评要素	评定标准
语言表达能力	优：表达准确、简洁大方，叙述流畅得体，无语病 中：表达尚清楚，叙述较通顺，不够简洁，有些语病 差：表达不准确，语言不通顺，说话啰嗦、累赘、混乱
逻辑思维能力	优：层次清晰，主次分明，条理清楚，善于综合分析，逻辑性强，思维面广 中：有条理，有主次，有一定逻辑性，能分析归纳问题 差：条理混乱，内容凌乱，缺乏逻辑性，思维面窄，回答问题绕弯子
组织协调能力	优：有极强的设计能力，计划能力，计划周密可行，组织能力极强；有极强的合作意识，合作技巧高，协调沟通方法得当 中：办事有计划，但不够严密，有一定组织能力，有合作意识，懂得一些协调方法 差：办事无计划性，考虑事情极不周到，缺乏组织管理意识；缺乏合作意识，协调沟通方法差

五、面试评定表的设计

结构化面试中，需要使用面试评定表对面试成绩进行最终评定。面试评定表是面试标准化、结构化的重要手段，它集中体现了面试的测评标准。在实际面试过程中，测评者通过提问与观察被测者的反应与表现，根据测评标准对被测者打分，在面试评定表上记录面试要点。面试评定表如同笔试中的考生试卷，是面试中的重要文件，应存档备查。

面试评定表的构成主要包括以下几个方面：①姓名、面试序号、性别、年龄；②面试的类别与职位；③面试的评价要素及评价指标；④面试评价标准的量化尺度；⑤评语栏（包括录用建议或录用决策）；⑥面试评委签字栏；⑦面试时间。

在设计面试评定表时，需要根据测评要素在某个岗位所占的相对重要性来确定其权重。确定权重时常用的有两种办法：一是先确定各个测评要素的权重，然后根据权重分配不同测评要素的分数，在这种情况下，各要素权重的不同直接体现为各要素满分值的不同，如表8.2所示；二是评定分数时各个面试要素的满分值相同，评定结束后再根据不同要素的权重加权合成总分。具体做法是在最后合成总分时，只要将各要素的得分乘以其权重系数即可。这样的好处，是符合一般模糊评价给分的心理习惯，便于测评者正确做出判断，打分相对容易，如表8.3所示。本例中，总分合成公式为总分 $T = 15A + 17B + 16C + 8D + 17E + 10F + 7G + 10H$。

表 8.2　结构化面试评定表

序号	02	姓名	张三	性别	男	年龄	25	文化程度	本科	报考部门	销售部

面试要素	综合分析	言语表达	应变能力	计划、组织与协调	人际交往的意识与技巧	自我情绪控制	求职动机与拟任职位的匹配性	举止仪表	合计
权重/%	15	17	16	8	17	10	7	10	
评分标准　好	11~15分	13~17分	12~16分	7~8分	13~17分	8~10分	6~7分	8~10分	
中	6~10分	7~12分	6~11分	4~6分	7~12分	4~7分	3~5分	4~7分	
差	0~5分	0~6分	0~5分	0~3分	0~6分	0~3分	0~2分	0~3分	
要素得分	14	16	11	4	14	7	5	8	
考官评语	各方面综合素质好，接受能力强，反应快。组织协调能力不足。求职动机不够明确。建议考核录用。 考官签字：刘明　79分　　　2010年3月8日								

表 8.3　结构化面试评定表

序号	02	姓名	张三	性别	男	年龄	25	文化程度	本科	报考部门	销售部

面试要素	综合分析	言语表达	应变能力	计划、组织与协调	人际交往的意识与技巧	自我情绪控制	求职动机与拟任职位的匹配性	举止仪表
权重/%	15	17	16	8	17	10	7	10
满分	10	10	10	10	10	10	10	10
要素得分	A 9	B 9	C 7	D 5	E 8	F 7	G 8	H 8
考官评语	各方面综合素质好，接受能力强，反应快。组织协调能力不足。求职动机不够明确。建议考核录用。 考官签字：刘明　79分　　　2010年3月8日							

六、面试考官的选择与准备

(一) 面试考官的素质要求

面试是通过面试考官与被测者的双向交流，由考官采用提问、倾听、观察等手段逐步认识和评价被测者。所以，考官是否有能力掌控面试局面，以及能否对被测者做出客观准确的评价，直接关系到面试的成败。由于考官在面试中起关键性作用，所以选择胜任的考官，就成为决定面试成功的前提条件。

在面试过程中，考官对被测者的评定不是对被测者情况的照相式反映，而是考官主观认识的结果。由于面试是对被测者的专业素质、思想品德、价值观等各方面的全面考察，因此，首先要求考官的自身素质在各个方面都有卓越表现，进而才能客观、公正地评价被测者。这就对面试考官的素质提出了较高要求。

面试考官应具备以下几项基本素质。

1. 良好的个人品格和修养

面试结果对被测者的职业发展生涯具有重大的影响，面试的全过程只有体现公平、公正、客观的精神，才能保证面试结果的准确性。这就要求面试考官必须遵守客观公正的评分原则，对被测者坚持人人平等，一视同仁，不偏袒或歧视任何被测者；也不会因为考官个人的情绪波动而使评分产生偏差。面试考官能否做到公正、客观，将决定面试的效度和信度。同时，面试考官的个人修养也体现了组织的文化特征，被测者往往通过面试考官的行为举止来对组织进行判断。因此，面试考官必须具备公正、正直、亲和等素养，以利于创造良好的面试氛围，便于被测者如实地反映自己的实际情况。

2. 扎实的专业知识和丰富的工作经验

对被测者的专业知识水平进行评估是面试的基本任务之一。这就要求面试考官，首先要具备扎实的专业知识基础。同时，由于面试是一个非量化的评估过程，面试考官的经验对于能否做出准确的评价具有较大的影响。很多情况下，面试考官往往是根据经验性的直觉做出判断。因此，扎实的专业知识和丰富的工作经验是成为面试考官的重要条件之一。

3. 掌握相关的人员测评技术

面试过程是一个利用人员测评技术来评价被测者的过程，因此，掌握基本的人员测评技术才能在面试中有的放矢，熟练运用各种面试技巧准确简捷地对被测者做出客观的评价。

4. 较强的人际沟通能力

面试的过程是一个人际交流过程。面试考官在与被测者的交流中，首先应善于利用自身的人际交往经验，创造一个轻松愉快的面试气氛，使被测者降低心理负担，最大限度地临场发挥自己的潜力。同时，面试考官还可以利用自身对人际关系的敏感力，判断被测者的人际处理能力。

5. 认真负责的敬业精神

面试是一个极其严谨、需要精神高度集中的工作。如果在面试过程中考官漫不经心、前后标准不一致，就会严重影响面试的结果，甚至导致面试的失败。

（二）面试小组的结构

在集体面试时，必须提前确定面试小组的人员结构。集体面试由多名考官参与面试，其优点是可以减少个别考官由于偏见或知识经验不全面带来的判断误差。为了充分发挥集体面试的优点，面试考官的结构安排就显得非常重要。

面试小组一般由5～9人组成，其中一名为面试主考官。面试小组应充分考虑小组成员在专业知识、经验阅历等方面的互补性。一般情况下，面试小组应包括以下几方面人员：人力资源管理人员、业务部门的主管、人员测评专家。

其中，人力资源管理人员可以是人力资源部的主管，也可以是专职的面试专员。他们了解组织整体的人员状况，对组织目前的人员总数、学历结构、年龄结构、专业技能结构等比较熟悉，也了解组织各岗位的基本职责及任职条件等。人力资源管理人员还对组织未来的发展规划及当地的人事政策比较了解。

业务部门的主管一般选自一线部门的业务经理，他们掌握本部门工作所需要的业务知识和经验，对本部门的具体运作情况及空缺岗位的任职条件有更具体的理解。一线部门的业务经理参与面试，有利于一线部门按需录人，避免人力资源管理部门与业务部门在人员资格方面发生误会或分歧。

人员测评专家可以来自组织内部，也可以来自外聘的专业人员。人员测评专家具有扎实的测评知识和经验，具备较丰富的面试技巧，能够控制面试的节奏和气氛，引导被测者如实反映其真实情况。

（三）面试考官的准备

1. 熟悉工作说明书

面试考官必须以工作说明书的内容为依据，掌握面试内容的侧重点，有针对性地根据工作说明书的要求对被测者进行询问和评价。所以，面试前面试考官必须熟悉并牢记工作说明书的内容，这是面试成功的基本保证。

2. 熟悉面试程序及其测评要素、评分标准

面试程序包括面试实施的具体步骤、每个被测者的面试时间等方面。熟悉面试程序是面试考官掌握面试节奏的必要条件。为了保证面试考官有针对性地提问并按照评分标准客观公正地打分，面试考官必须提前熟悉测评要素、评分标准，熟悉基本的面试问题，以便在面试中能有的放矢，并做好评分的记录工作。

七、被测者的筛选

（一）资格审查

面试前需根据被测者的应聘材料对其面试资格进行审查。考察其学历、学位水平是否与目标岗位的要求一致，是否取得必需的专业技能资格证书，工作经验是否适应工作要求等。

（二）笔试

为了保证参加面试的被测者具备基本的知识和能力要求，减少面试的参加人数及工作量，需要在面试前进行笔试以筛选不合要求的被测者。笔试主要是对被测者的专业技术知识和工作能力进行测试。在管理实践中，也有不经笔试直接进入面试的情形。

八、面试场所与材料的准备

（一）面试场所的准备

选择合适的面试场所，是面试准备工作的重要环节。被测者职位所属的层次不同、面试方式的不同，以及是否在异地进行面试等，都会影响到面试场所的选择。面试考官应根据面试对象及面试方式的不同，灵活安排面试场所。

一般来讲，面试场所应符合以下几种基本要求：①面试环境整洁安静，面试过程中无噪音、无闲杂人员干扰；②面试房间的面积应适中，不要过分拥挤以免产生压迫感，同时避免过分空旷产生距离感；③采光度好，温度适宜。

（二）面试材料的准备

面试前应将被测者的各种材料分门归类，放进档案袋。同时将面试程序安排说明书、面试评定标准、面试评定表等材料准备齐全。

第三节　面试的实施

一、面试的过程

面试过程是面试的核心阶段，面试过程能否顺利进行，直接关系到面试的成败。一般情况下，面试过程可以分为以下四个阶段。

（一）营造气氛阶段

大多数被测者在参加面试时都情不自禁地有紧张感，这是由于面试结果可能对被测者的个人发展具有较大的影响。被测者出于对结果的在意会不由自主地出现紧张、焦躁、拘谨等状态，这是人的正常生理反应。作为面试考官，应理解被测者的心情，并通过主动营造轻松活泼的气氛，使被测者放松心情、调整情绪。

当被测者进入面试室后，面试考官应热情大方地接待被测者。如通过微笑或点头示意等方式对被测者表示欢迎，也可以与被测者进行简短的社交性交流。如询问被测者几点到的、路上乘车挤不挤等话题，聊天的内容控制在一般性的生活话题，时间控制在2~3分钟，聊天的主要目的是让被测者放松。

除压力型面试外，和谐的面试气氛建立以后，应尽量维持并使之贯穿面试的整个过程。为了做到这一点，面试考官应始终保持亲切自然的面部表情，避免表情过于严肃，消除被测者对考官的戒备和怀疑态度。面试考官的提问语气也应尽量做到平易近人，避免通过强势语气对被测者造成压迫感。对于表现不佳的被测者，也尽量避免过于严厉的责备，以鼓励和肯定为主。

（二）面试基本情况介绍阶段

面试开始后，面试考官应首先介绍面试的内容、要求及基本程序，让被测者了解面试的目的及安排。面试考官还应对面试小组成员的基本情况做一简单介绍，让被测者对面试考官的基本情况有所了解。之后面试考官可以将话题引入到被测者身上。

（三）正题阶段

正题阶段是面试的实质性阶段。面试考官将根据测评要素对被测者进行全面的考察。面试考官在此阶段要注意谈话内容应始终围绕面试的目的进行。原则上要避免与面试主题无关的话题，时刻注意从被测者言行举止的各个方面收集与被测者关键素质相关的信息。

在这个阶段，要注意面试时间的控制，按计划把握面试的节奏。如在 30 分钟的面试里，多少时间是用于测试被测者的知识水平、多少时间是用于了解被测者的价值观及态度等，面试考官都应该随时把握面试进度。

（四）结束阶段

面试应有一个完美的结尾。当面试考官觉得已充分收集了被测者的相关信息，可以对被测者的能力素质等情况进行判断时，就可以考虑结束面试。一般情况下，被测者在结束面试后，对面试结果都比较关注，而面试的结束阶段会给被测者留下深刻的印象，所以，面试能否顺利地结束就显得特别重要。

在面试结束阶段，面试考官首先要检查一下是否遗漏某些该问而没问的问题，如果有的话应在最后时间提问。面试考官一般还会向被测者介绍何时能给出面试结果、以什么方式通知等情况。同时，面试考官要留几分钟时间给被测者，供被测者对不明白、不知晓的问题提问。

二、面试中常用的技巧

（一）面试中"问"的技巧

1. 面试问题必须简洁明了，通俗易懂

面试的主要目的是通过考察被测者对面试问题的回答及反应方式了解其能力、动机、人格特质等，而不是难倒被测者。所以，面试的问题应清晰明了，提问的方式、内容应该适合被测者的接受水平，使被测者能够马上抓住问题的要点及核心，便于被测者展现其真实水平及内在的价值取向，避免模糊化的问题使被测者觉得不着边际。

2. 提问方式可以多种多样

面试问题的提出方式可以多种多样，如可以采用假设式提问、连串式提问、开放式提问等。不同的提问方式对被测者考察的侧重点不同。

假设式提问，着重考察被测者面对新问题时的态度、推理能力、想象力以及处理任务时的方法等。假设式问题没有标准答案，被测者是在想象的基础上根据其工作经验、专业知识等提出问题的解决方案。类似问题如："如果你作为项目经理，就……你该如何决策？"

连串式提问，就是向被测者提出一连串相关的问题，要求被测者逐个回答。如："你在过去的工作中是否遇到过什么挫折？如果有，是什么？你从挫折中学到了什么？如果今后再遇到类似情况，你会如何处理？"这种提问方式主要是考察被测者的反应能力、逻辑思维能力等。

开放式提问，有利于引发被测者从较全面的角度观察问题，被测者不能简单地用"是"或者"不是"来回答问题。开放式问题便于考官有充裕的机会观察被测者，并为下一步提问提供切入视角。如"请你谈谈你过去担任销售部经理的经验"。

3. 提问时应先易后难

面试问题一般是根据工作说明书的要求事先拟定的。在实际面试中，应先将被测者容易回答的问题排在前面，被测者首先接触的是熟悉的问题时，较易进入角色，展开思路，迅速适应面试的情景。考官提问时，可以选择先具体后抽象、先微观后宏观的顺序提问。

4. 把握问答的主动权

在整个面试过程中，考官应始终掌握面试的节奏及面试主题。面试的目的是获得被测者的相关信息，考官可以不间断地通过观察被测者在面试中的表现情况，根据面试的目的对面试话题进行不断追问、转换、拓展、收敛、结束等。当考官认为已得到被测者某一方面的信息时，可以选择结束该话题，并展开另一话题观察被测者其他方面的表现。如果被测者对某一问题的回答不够全面或不够清楚，考官应进一步追问。

5. 避免诱导性问题

诱导性问题的答案常常局限在特定的答案中，考官无法通过该类问题的问答准确了解被测者对问题的见解或真实想法，达不到考察被测者的目的。

6. 适当提一些压力型问题

压力型问题有利于考察被测者面对挫折或指责时的应急反应，区别不同被测者在压力情境下的反应。压力型问题如："你的上一份工作为什么没有做得更好？"

（二）面试中"听"的技巧

1. 保持对被测者的高度关注

考官对被测者的关注，是促进被测者认真坦诚地回答问题的最大动力。对被测者的关注，意味着对被测者及其意见的尊重与重视。当被测者感受到考官的尊重与重视时，比较容易敞开心扉，采取开放诚恳的态度与考官进行交流，同时被测者也容易从紧张的情绪中舒缓过来。保持对被测者的高度关注，就需要考官在面试中集中精力，认真倾听被测者回答问题，不做与面试无关的事情，避免漫不经心的眼神，以平等的态度善待被测者。

2. 及时调节被测者的情绪

考官应掌握随时调节被测者情绪的技巧。根据面试中被测者的表现情况，通过话题转换、身体语言等，帮助被测者迅速适应面试环境，重新树立信心，引导其发挥正常的水平。

3. 尽量用身体语言对被测者表示鼓励

面试是双方语言及行为举止的双向交流。考官可以通过点头、微笑、聚精会神地倾听目光等身体语言鼓励被测者直抒胸臆，无保留地说出自己的观点。身体语言的特点是避免了直接对被测者的观点做出评价，有利于促进被测者大胆地说出真实想法。

4. 善于进行阶段性总结

面试是通过与被测者不同角度的交流，来考察被测者的多项相关素质。在面试中，对各项素质的考察实际是有阶段性的，各阶段考察的侧重点有所不同。因此，当结束某一素质的考察时，考官应该对被测者所做的回答进行归纳总结，必要时将总结性的观点呈现给被测者，以取得被测者的确认。

5. 避免占用过多时间表达自己观点

面试的目的是考察被测者的素质，而不是展现考官本人的思想。所以在面试中，考官要尽量创造机会让被测者表达自己的观点意见，而不是阐述自己的观点。即使考官认为被测者所讲的内容无关紧要，或者其观点有明显错误，考官仍要表现出从容、耐心的态度，避免与被测者发生争执，以适当的点头或应声之类的举动，表示对被测者的注意和兴趣。

6. 避免滞后、抢先、断章取义等行为

滞后，就是考官没有对被测者的回答及时做出反应。面试中，考官应当认真聆听被测者的回答，及时对被测者的回答做出反应。如果由于考官的注意力不集中而对被测者的回答不能做出即时反应，被测者就会觉得考官不是很重视其表现，甚至怀疑考官是否在听他讲话。这样，就会影响被测者的情绪，使之失去谈话的兴趣与信心，导致考官无法全面地得到被测者的真实信息。

抢先，就是考官在被测者没有把话说完的情况下，就对被测者的回答做出反应，或者被测者还没说完，考官替被测者说了出来。抢先会使被测者觉得自己的表达没有得到考官的肯定和尊重，被测者很容易产生受伤害的感觉，进而影响被测者充分发挥其能力。

　　断章取义，就是没有全面客观地理解被测者所表达的意思，而是仅仅根据被测者部分的语句做出反应。断章取义使考官以偏概全，曲解误读被测者的意思，同时也容易漏掉被测者其他语句所要表达的内容。

　　（三）面试中的观察技巧

　　一般情况下，被测者的语言行为应该与其非语言行为相一致。面试中考官需要通过观察被测者的非语言行为来判断其自信程度、有没有说谎等。

　　1. 注意被测者的面部表情变化

　　自信的被测者，其眼神敢于与考官正视交流，面部表情自然轻松。如果被测者的目光不敢与考官正视或者一触即躲开，或者盯着某一固定的地方看，则说明被测者缺乏自信，是内心胆怯的表现。

　　2. 注意被测者的肢体语言变化

　　被测者的不自信，往往会通过肢体语言表现出来。如被测者在面试过程中一直无意识地紧握双手，或者双臂交叉在胸前，这些都属于紧张或习惯性地保护自己的动作，是不自信的表现。被测者在叙述或回答问题时如果有说谎或隐瞒现象，也会不经意间在肢体语言上表现出来。

　　3. 注意被测者的语气语调变化

　　自信的被测者在语言表达方面往往声音清晰洪亮，语调沉稳果断；相反，不自信的被测者在语言表达方面往往声音低弱，语气不够坚定，语调犹豫迟缓，语气语调会受考官的态度影响。

　　4. 避免以貌取人

　　以貌取人是面试考官比较容易犯的一个错误。虽然考官会经常提醒自己不要因为一个人的外貌而对其做出倾向性判断，但在面试中还是很难避免以貌取人。外貌往往影响考官对被测者的第一印象，并在晕轮效应下，影响考官对被测者其他方面的判断。

　　5. 发挥感官的综合效应和直觉效应

　　面试是一个集问答、观察、聆听与分析判断于一体的测评方法。因此，各种感觉有一种相互作用的综合效应。直觉效应在面试中具有明显的作用。上述特征是其他测评形式所没有的。对于有丰富经验的考官来说，可以充分发挥其直觉作用，对被测者的各项素质进行判断。由于直觉不一定是绝对可靠，因此直觉的结果应该尽量通过具体的观察去验证说明。通过发挥考官的直觉效应以及问答、聆听、观察、分析等多种感官的综合效应，对被测者做出全面评价。

三、面试实施阶段应注意的问题

　　（一）晕轮效应

　　晕轮效应是指在面试过程中，考官根据被测者某一方面的特征而对被测者其他一系列特征做出泛化的联想和推断。

在晕轮效应的影响下，面试考官对被测者某一测评要素的判断往往会影响对另外的测评要素的判断。例如，考官对被测者的某一测评要素的评价较高，就会导致考官对该被测者所有的其他测评要素也做出较高评价；反之，如果考官对被测者的某一测评要素的评价较差，则会导致他对该被测者其他测评要素也做出较差评价。

在实际面试中，相貌、衣着打扮、谈吐气质、学历学位、工作经验等特征，经常会影响考官对被测者的才能、品德等要素做出全面评判。例如，外表上端庄大方的被测者，容易给考官留下敢作敢为、诚恳正直的印象；语言表达能力强的人，往往给人产生办事能力强的印象。晕轮效应导致了考官以偏概全，以个别特征推断全部特征，以表面特征推断本质特征，从而得出不准确、不客观的结论。

(二) 第一印象效应

第一印象效应也称首因效应，是指在面试过程中，被测者给面试考官留下的第一印象会对考官后来如何评价被测者产生影响作用。也就是说考官最初接触到的被测者的信息所形成的第一印象，会对考官以后的评价行为产生影响。

从本质上看，第一印象效应是一种优先效应，当时间顺序不同的信息混杂在一起的时候，人们往往倾向于重视首先出现的信息，而轻视后面出现的信息。人们习惯于按照前面出现的信息解释后面出现的信息。当后面出现的信息与前面出现的信息相互矛盾时，人们也会倾向接受前面出现的信息，排斥后面出现的信息，以形成整体一致的认知印象。在时间有限的面试中，考官很少愿意花太多的时间去了解、证实或否定被测者留给他的第一印象。

第一印象一般形成于初次会面的前几分钟内。第一印象主要是性别、年龄、衣着、姿势、面部表情、被测者简短的自我介绍等外部特征，在大多数情况下，考官会不由自主地根据上述外部特征等来推断被测者的内在素养和其他个性特征。如果被测者衣着整洁、打扮适度、言谈举止得体，在考官的心中留下比较深刻且美好的第一印象，这种印象会影响考官后续对被测者的判断；反之，如果一见面被测者就衣着邋遢、精神疲倦、口齿表达不清，考官很容易对该被测者产生不良印象，该印象又会影响考官对被测者的后续判断。

第一印象效应有助于面试考官在较短时间内对被测者的总体素质做出初步判断，但是如果考官的社会经历不够丰富、社会阅历不够深厚、社会知识不够充实，则考官的视野很有可能被先入为主的第一印象所限制，并根据第一印象对被测者做出片面的、不客观的评价，影响面试结论的可靠性。

(三) 选择性知觉效应

选择性知觉效应，是指考官在面试中只以被测者的部分特征作为知觉内容，并以此为依据对被测者做出全面判断。

选择性知觉涉及人们对一系列刺激信息中如何关注最重要信息的问题。人们在遇到一系列信息的刺激时，往往会寻找、接受潜意识中已在寻找、准备接受的信息，而忽视、排斥没准备接受、没留意寻找的信息。寻找、接受哪些消息并不是随机选择的，而是与观察者自身的兴趣、背景、经验及态度有关。观察者会依据自身的兴趣、背景、经验及态度主动选择信息，并将这些信息作为解释他人或事件的基础。一般情况下，人们倾向于选择那些与自己原有观点相一致的信息，或者试图让新的信息去"符合"自己已有的观点。

在面试中，选择性知觉会导致考官仅仅根据自己的兴趣、经验及爱好等关注被测者某一方面的信息，而忽视被测者表现出的其他方面信息。从而使得面试考官只看到自己想看到的信息，而没有看到不想看的信息，进而导致信息失真，对被测者做出错误的判断。例如，如果一名面试考官认为女性员工总是把家庭的位置放在事业之上，则会在面试中不自觉地寻找支持这种观点的信息，而不论该名女性求职者是否真的有这种想法。由于面试考官只是根据自己想看到的信息对被测者做出判断，其结论也就可能与事实相去甚远。

（四）情绪效应

情绪效应，是指面试考官的情绪会影响对被测者的评价。尤其是在第一印象形成过程中，考官的情绪状态更具有十分重要的作用。

面试中考官的喜怒哀乐会从两个方面影响对被测者的评价。一是直接影响对被测者的评价。一般情况下，考官情绪积极时，会倾向于对被测者做出正面的评价；考官情绪低落时，容易对被测者做出负面的评价。二是考官情绪会影响考官与被测者双方关系的建立，进而间接影响考官对被测者的评价。面试中，考官与被测者双方可以产生"情绪传染"的心理效果，考官情绪不佳时，容易引起被测者不良态度的反应，而被测者不良态度的反应又会引起考官的反感情绪，进而影响考官对被测者的评价。

（五）疲劳效应

疲劳效应，是指经过长时间的面试，考官的体能消耗较大，导致注意力下降，工作兴趣降低，评定的客观性和一致性出现下降的现象。

面试的特点之一就是持续时间长，体能消耗大，在面试期间内，考官往往要连续作战，对接二连三的被测者进行评价。由于对人的评价是一件高度消耗脑力的智力活动，在面试初期，考官们还能保持较高的工作热情，精力及注意力也比较集中。但随着面试的进行，考官们难免出现身体疲倦、注意力分散、精神不集中等现象。在这种情况下，考官在倾听被测者的回答时可能会漏掉某些重要信息，对被测者的观察也可能不够细致，提问的问题也可能会偏离面试的主题，考官对被测者的评价很容易出现判断失误、评分随意等问题。

在疲劳效应的影响下，考官在面试初期与面试中后期的不同阶段会在面试的评定标准执行、信息收集与分析等方面产生较大差异，进而造成面试结论出现重大偏差的后果。

（六）对比效应

对比效应又称反差效应，是指在面试过程中，考官对被测者的评价并不是孤立进行的，而是受到最近接触到的被测者的影响。由于面试一般是连续进行的，考官下意识中会比较前后相连的被测者，影响评价的客观性。

对比效应的出现是由于人们在评价一个人时，常常会采用对照比较的方法，并由于选取的参照对象不同而做出不同的判断。当与理想状态的参照对象比较时，评价对象便有黯然失色之感；反之，当选择的参照对象水准较低时，会对评价对象产生良好的印象。

在面试中，对比效应可以导致面试考官的判断出现偏差。例如，当考官在连续遇到几个优秀的被测者后，碰到一个稍差一点的被测者就有可能对其做出较低的评价；反之，如果前几个被测者表现较差，考官就有可能给后来稍好一点的被测者做出偏高的评价。

再如，对于面试中首次出现的某种见解或回答，考官往往会做出观点新颖的评价；而后来的被测者再次出现类似回答，甚至稍有高明之处时，考官不仅不会产生新鲜之感，甚至会产生观点雷同、毫无新意的感觉。由于被测者的同样见解出现前后不同，考官对被测者的评价便有高低之分，在评价标准的执行上出现尺度偏差。

在对比效应影响下，考官的判断很容易偏离面试标准，面试标准的稳定性得不到保证。

（七）集体思维效应

集体思维效应又称从众行为效应，是指在小组面试的过程中，个别考官因受到群体压力的影响而在知觉、判断等方面做出与众人趋于一致的行为，从而使面试结论不能全面真实地反映全体面试小组成员的意见。

在日常的行为决策过程中，人们的从众行为是比较常见的，特别是在情况模糊不清、缺乏明确判断标准的时候，人们常常会跟从某个权威的观点或思路。或者个体即使有独立的观点，但由于在组织的等级制度中处于较低级别，个体往往会选择保持沉默，不公开发表自己的意见，转而支持或默认处于组织等级制度中较高级别人物的观点。

集体思维效应对面试的影响表现为：当某一面试官发现自己对被测者的评价

与其他考官对被测者的评价存在一定差距时，该考官往往会改变自己的观点而使自己的评价与大多数人保持一致，甚至置评价标准于不顾。

（八）相似效应

相似效应又称近我效应，是指考官对于被测者表现出的与自己相似的观点、思想、行为及经历等往往会给予更多的关注，对这样的被测者也易产生好感，即考官倾向于对与自己个性或兴趣相近的被测者给予较高的评价。在相似效应影响下，考官特有的习惯、偏好会给面试评价带来不同程度的误差。

在面试过程中，相似效应的例子有：在两位被测者其他素质差不多的情况下，某一被测者和面试考官拥有相同的业余爱好，如打篮球。或者与考官毕业于同一所母校，考官很可能给予被测者较高的评价。

第四节　面试结果的呈现

一、面试评价结果及其表现形式

面试评价，就是指考官运用面试评定表，根据面试过程中对被测者的观察与双向交流所收集到的信息，对被测者的各项素质进行判断的过程。在面试评价过程中，考官必须对被测者进行以下两方面的判断：第一，对被测者特定素质的判断，如被测者的个性、工作动机、能力、工作经验等；第二，做出是否录用被测者的建议。其中，第一种类型的判断几乎与面试实施同步进行，没有单独的评分时间和可以供考官仔细斟酌的思考过程，考官主要根据面谈记录，及时填写面试评定表，通过对每一项评定要素的维度上评分来对被测者进行判断。第二种类型的判断则可以在面试结束之后，由考官个人或面试小组集体讨论决定。

面试评价的结果主要以两种形式出现：一是面试考官测评结果报告；二是面试小组测评结果报告。前者是各个考官根据自己对各个被测者的判断，针对每一个被测者填写面试评定表，在每一项评价要素指标上打分并在最后填写对该位被测者的评语；后者是综合各位考官对各位被测者的打分及评价，首先对每一位被测者的面试分数进行处理，做出面试小组集体对每一位被测者的总体评价，然后在对所有被测者进行整体评价的基础上，做出最后的录用建议。

二、面试考官测评结果报告

本阶段的主要任务是由各位考官独立地对各位被测者做出评价，包括确定面试评定表原始分数及填写对被测者个体的评语。

（一）确定面试评定表原始分数

确定面试评定表原始分数是在面试评价标准和面试评定表的基础上进行的。

面试考官通过比较被测者在面试中的言行举止与面试评价标准的要求，对两者相一致的程度进行判断，在面试评定表上直接打分。

面试考官在确定面试分数时应注意以下几方面问题：

（1）在评分上处理好分析与综合的关系。面试评定表的评分是按不同要素分别进行的，属于分析的性质；对被测者的整体评价则是在各要素评价的基础上进行的，属于综合的性质。而分析是综合的基础，只有准确地对被测者的各项评价要素进行评判，才能在此基础上形成对被测者整体的综合评价。

（2）每个被测者面谈结束后考官应立即填写面试评定表，避免延后填写时会忘记或遗漏被测者的某些特征。在面试过程中，考官也可以即时对某些评价要素先用铅笔打分，但必须注意到，某些要素并不完全取决于某一道题的回答，某一道题也可以反映被测者多方面的要素特征。为了避免仅仅根据某一道题的回答就对被测者的某一项素质做出判断，考官可以在被测者回答完所有问题后，再按照面试评定表对各项要素打分，用签字笔打出最终分数，产生法定效力。这样不仅可以减轻考官的记忆负担，又可以准确记录对被测者的评价。

（二）填写对被测者个体的评语

面试评语，就是在面试结束后，面试考官对被测者做出的描述性的综合性书面评价。面试评语是对面试评定分数的重要补充，是面试结果的重要组成部分。在面试实践中，面试结果可以有多种形式，可以是只有分数而没有评语，也可以是只有评语而没有分数，还可以是既有分数又有评语，具体采用何种形式取决于面试目的的需要。

面试评语的意义在于在一定程度上能够弥补面试评定表的不足或缺陷。由于面试评定表的项目选择、评分标准等都有一定局限性，未必能全面反映特定岗位对人员素质的各项要求，有些素质的评定也难以准确量化，必须有定性分析来补充说明。面试评语作为定性分析具有以下优点：一是面试评语记录了面试中展现的、难以从分数中体现出来的信息，这些信息更加具体生动，也更加能够与面试目的联系起来；二是面试评语可以明确地反映出考官对被测者的直观印象，更能代表考官的倾向性意见。

定量的面试评分系统和定性的面试评语相结合，就能构成对被测者的比较完整的评价。

面试评语一般设在面试评定表的下方。关于面试评语该填写哪些具体内容，目前尚无统一的规定，一般根据面试目的及用人单位的要求灵活掌握。但填写面试评语时，通常需注意以下三点：

（1）应突出强调被测者的主要特点。被测者的主要特点可以与其不同要素方面的得分相一致，即通过评语对被测者某些要素得分进行文字描述和归纳；也可以在此记录被测者在评价要素之外的突出特点。被测者的突出特点可以是其优点强项，也可以是其明显的不足。

（2）注明还需进一步了解的关键评价要素。由于面试方法的局限性，面试不可能完全获得被测者的所有信息，考官如对被测者在某一方面的素质仍存有疑点，且又通过面试手段无法确切了解，可在评语中注明，留待其他测评方法相印证，或提请有关人员注意，在下阶段的测评中重点考核。

（3）评语应对被测者在面试中的表现做出明确的结论或建议。

三、面试小组测评结果报告

在各个面试考官分别对各个被测者进行评价后，面试小组需综合各位考官的意见，对各位被测者给出代表面试小组的最后评价结果，包括面试总分及面试小组评语。其中，面试总分应综合各位考官的分数，面试小组评语应代表各位考官的意见；最后，面试小组须在全面评价所有被测者的基础上，提出具体明确的评价建议。

本阶段的工作可以分为以下两个方面。

（一）评定表分数的处理

在各位考官分别按不同要素对同一位被测者打分后，如何确定被测者的面试总分，是一个测评理论和实际操作都必须面对的问题。

从理论上讲，汇总各位考官评分的统计方法，应该能够最有效地计算出一个代表性最强和误差最小的分数；从操作上讲，获得最后分数的统计方法应该简便易行、容易被考官和被测者接受。目前，面试总分的确定方法主要有两种方式：统计法和协议法。

1. 统计法

统计法是指采用统计手段对各位考官的原始评分进行处理，以获得面试总分的方法。统计法比较适合于面试评分采用百分制的情况。在实际操作中，又有两种不同的统计模式：

第一种统计法简称为"总分和去高低分法"。具体做法是，对 N 位考官在各位被测者 M 项要素上的原始评分分别进行求和，得到各位考官给该被测者的 N 个面试总分，在 N 个面试总分中去掉一个最高分和一个最低分，再求剩下的 $N-2$ 个面试评分和的平均数，即为该名被测者的面试总分。

第二种统计法简称为"要素和去高低分法"。具体做法是，N 个考官对每个被测者的各个要素都有一个原始评分，也即每个被测者的各个要素上都有 N 个原始评分，在各个要素评分中的 N 个分数中去掉一个最高分和一个最低分，然后计算剩下的 $N-2$ 个评分和的平均数，得到该要素的平均分，将 M 个要素的平均分相加，即得到该名被测者的面试总分。

2. 协议法

面试小组成员在面试结束后，彼此间公开展示各自的评分并陈述评分理由，讨论不同考官在评分上的分歧点，然后各位考官根据讨论结果再重新打分。若重新打分后仍然存在分歧，则进行下一轮的讨论和重新打分，再讨论和重新打分过程可以持续重复，直到达成一致为止。

协议法（又称二次评分法）主要适用于采用分级量表评分时面试总分的确定，如 5 分制、7 分制等。英国的公务员录考制度就采用协议法。采用协议法时，对考官的整体素质要求较高，考官必须具备公正客观的道德修养，面试小组须有良好的协商机制。否则，协议法很可能被人为操纵，成为弄虚作假的平台。

（二）面试小组的评价与建议

1. 面试小组对被测者个体的评价

面试小组对被测者个体的评价，亦即面试小组分别对各位被测者的综合评价。综合评价是面试小组在某位被测者的面试结束后，根据各位考官的评定意见，综合概括形成的评语。

综合评语主要反映各位考官对某一被测者的共同意见。综合评语可以对被测者比较突出的特征进行重点描述，也可以着重强调被测者的整体素质。综合评语一般由主考官负责填写。

2. 面试小组对被测者总体的评价与建议

在完成所有被测者的面试分数评定及面试评语后，面试小组就需要从总体上对本次面试的情况进行最后的总结，并做出最终的面试结论。具体而言，主要包括以下三方面工作：

（1）对所有被测者的整体状况进行归纳总结。分析被测者整体在各项评价要素上的得分特点，必要时使用饼状图、柱状图等比较直观的图形进行说明。同时按照总评分高低、各要素评分高低对所有被测者排序，掌握被测者在各项要素上的分布情况。

（2）根据面试目的及岗位需要的要求，面试小组按照面试成绩的高低，兼顾各位被测者的面试评语，做出具体的评价建议。

（3）对本次面试中在面试准备、面试实施等过程中出现的问题及不足之处进行总结，如面试要素的确定是否得当、面试问题的选择是否针对了被测者的实际情况等，并提出下一步的改进意见。

附录　某食品公司招聘部门经理副职案例

某食品公司引进新的生产线后，为了适应企业的发展，决定招聘一批部门经理副职，具体的招聘工作由人力资源部主办。发布招聘信息后，吸引了众多的求职者。为了在应聘者中挑选出最适合公司各部门需要的人才，人力资源部决定对应聘者进行人员测评，择优录取。公司的测评工作分为三个阶段，第一阶段是资格审查，主要根据应聘者的简历筛选候选人；第二阶段是对第一阶段筛选出的应聘者进行结构化面试，评估应聘者的学习能力、职业兴趣爱好、问题解决能力等，筛选出合格者进入下一轮测评；第三阶段主要对应聘者进行专业能力的测试，着重考察应聘者的专业素养是否适合各部门的需要，由人力资源部协调各业务部门联合进行测试。

第二阶段测评采用的是小组面试形式。考官小组每组五人，其中主考官一人。面试小组拟定了如表 8.4 所示的结构化面试提纲。

表 8.4　结构化面试提纲

应聘人员：	应聘部门：	应聘职位：

一、动机与稳定性（了解工作的稳定性）：

（1）当你可以自由选择时，会想进入哪个行业？选择该行业的原因是什么？对该行业未来发展的看法如何？（主要考察被测者是否认同本公司所属行业）

（2）为何到本公司应聘？（主要考察被测者的求职理由与本公司提供的就职条件是否一致）

（3）为何想换工作？为何想在本公司提供的职位工作？你理想的工作是什么？

（4）过去的工作经历中你最不喜欢的工作是什么？为什么？（主要考察本公司提供的职位的是否有类似情况）

（5）有无再深造计划？（包括入学进修、考取各种资格证书等）

（6）有无自己的职业生涯规划？

动　　机：[　] 认同本公司提供的职位　　[　] 随便找份工作　　[　] 暂且安身
稳定性：[　] 很好　　　　　　　　　　[　] 一般　　　　　　[　] 不好

二、教育（了解被测者在学校的表现及上进心、自我要求等）：

（1）在学校功课如何？成绩能否代表能力？为什么？

（2）最擅长的科目是什么？最不感兴趣的科目是什么？为什么？

（3）是否参加过社团组织？担任过何种职务？在课余时间主要从事什么活动？

（4）毕业后，平常看哪方面的书籍或杂志？

教　　育：[　] 非常适合　　[　] 一般　　[　] 不适合
上 进 心：[　] 非常上进　　[　] 一般　　[　] 不上进
自我要求：[　] 非常严格　　[　] 一般　　[　] 不严格

三、能力经验：（了解被测者的能力与经验是否能符合应聘职位的要求）

（1）简述过去的工作经历及你认为自己取得的最大成就？

（2）是否经历过危机？你是如何处理的？结果如何？

（3）你管理过多少人？是否发生过管理上的问题？你是如何处理的？

（4）为何认为你适合此职位？

（5）你有何专长？

（6）你参加过何种培训？是否有证明文件？

（7）对于应聘职位，你认为能为公司做出什么贡献？

续表

应聘人员：	应聘部门：	应聘职位：

能力经验：[ ] 很好　　　[ ] 一般　　　[ ] 不好
专　　长：[ ] 非常有用　[ ] 一般　　　[ ] 不适合
创　　意：[ ] 很好　　　[ ] 一般　　　[ ] 不好

四、个性（了解被测者的个性是否适合应聘职位）：
(1) 你最喜欢与最不喜欢的工作是什么？为什么？
(2) 根据你过去与主管或同事相处的经验，你认为理想的主管或同事是怎样的？你不满意的主管或同事又是怎样的？
(3) 你比较喜欢跟哪种类型的人相处？比较不喜欢跟哪种类型人相处？
(4) 你认为你有哪些优缺点？

个　　性：[ ] 可融入群体　[ ] 可适应　[ ] 不适应

五、其他：
(1) 在何种情况下你会自觉地加班？
(2) 突然给你调换工作你会如何处理？
(3) 你有否过什么特殊的疾病？
(4) 是否存在影响你正常工作的因素？

责 任 感：[ ] 很好　　[ ] 一般　　[ ] 不好
应付压力：[ ] 很好　　[ ] 一般　　[ ] 不好
健康状况：[ ] 很好　　[ ] 一般　　[ ] 不好
自 主 性：[ ] 很好　　[ ] 一般　　[ ] 不好

六、薪酬：
(1) 你希望的待遇是什么？
(2) 可接受的最低待遇是什么？如果本公司提供的薪酬低于你的要求，你是否接受？
(3) 三年后你希望担何种职务？待遇如何？

要求薪酬：[ ] 适合　　[ ] 偏低　　[ ] 偏高

◎其他事项说明：

面谈考官：	面谈时间：

　　从面试提纲中可以看出，面试主要考察应聘者在动机与稳定性、教育水平、能力经验、个性、薪酬要求等方面的情况，评定标准采用三级制划分方式。通过按照这份结构化面试提纲进行面试，就可以了解应聘者在上述方面的基本情况，为公司确定进入下一轮测评的应试名单提供依据。

　　在正式面试前，各面试小组的主考官召集本组考官进行讨论，统一评分标准，强调面试的注意事项。在面试过程中，各位考官对所有被测者在各个测评要素上的表现独立进行打分。面试结束后，面试小组对各位被测者在各个测评要素上的分项得分进行统计，如果不同考官在某一位被测者的某一项测评要素上的打分出现高度不一致，则面试小组需要对该项打分进行讨论，直到达成一致为止。最后，对各位被测者的总分进行统计，得出总分排序。面试小组根据被测者的总分排序及各分项得分排序提出录用或进一步测评的建议。

第九章 评 价 中 心

评价中心（assessment center，AC）是现代人员测评最近几十年来主要发展领域之一，在理论界和实业界引起了持续广泛的关注，众多研究机构对评价中心进行了大量的研究和实验。随着人员测评在组织管理中的地位日趋提高，评价中心也越来越在人才评价、个人职业生涯规划、人员培训等人力资源管理活动中得到更为广泛的应用。目前，评价中心已被应用于工商业、教育、政府、军队等各种各样的组织中。

第一节 评价中心概述

一、评价中心的概念

评价中心是一种包含多种测评方法和技术的综合评价系统，主要用于评价、考核和选拔管理人员。评价中心的核心手段是情景模拟测验，即首先通过工作分析，确定目标岗位的工作内容及职务素质要求，然后通过创设一种与被测者的实际工作环境相近的工作情景或管理系统，将被测者置于逼真的模拟工作情景中，让被测者完成该种情境下的典型管理工作或活动，如主持会议、公文处理、日常决策等，考官小组按照各种评价技术或方法的要求对被测者在各种情境下的行为表现做出观察和评价，对被测者的能力、性格等素质进行测量，以此作为人员决策的依据。

评价中心的概念包含以下几个核心要点。

1. 强调多种方法的综合应用

评价中心是通过多种评价技术考核被测者的，不是某一种测评方法的单独应用。单个的工作情景模拟、面试等不能称作评价中心。

2. 强调对多种能力的评估

评价中心是对被测者多种素质的综合评价。仅仅对被测者的某一方面素质的测评不属于评价中心的考核范畴。

3. 强调在工作分析的基础上进行测评

评价中心的测评不是无的放矢，而是必须具备明确的针对性。评价中心的实施必须以工作分析为前提，以工作分析获得目标岗位的工作内容及职务素质要求为出发点，设计模拟情景和测评方法。

4. 强调模拟工作情景与实际工作情景的高度相关性

评价中心一般包括一组与实际工作情景相关的模拟情景，通过对主要工作情景的模拟，来考核被测者在该情境下的行为表现。

5. 强调多名考官共同做出评价

为了避免单个考官个人的认知偏差对被测者的评价产生较大影响，评价中心对每一位被测者的评价结果都要经过多名考官的数次讨论共同得出。

二、评价中心的产生与发展

评价中心起源于德国心理学家 1929 年建立的一套用于挑选军官的多项评价程序，该程序的主要任务是挑选未来军官。在评价过程中，德国军事心理学家首先对备选军官的各项素质如个性、领导才能等给予明确的概念界定，然后将这些素质细化为具体的目标、信心、精神上的适应性、数学头脑、诚实等性格特质，再设计一系列方法对上述特质进行评价。具体的方法包括书面测验、面谈、指挥系列练习、任务练习、五官功能测验、感觉运动协调测验等。评价过程会持续 2～3 天，由两名军官、一名内科医生和三名心理学家主持进行。

德国军事心理学家创建的多项评价程序，最先采用了多种评价方法和多名评价员来评价复杂行为，多种评价方法和多名评价员也成为日后评价中心技术的重要原则。德国军事心理学家在测评中所强调的模拟真实情景及从整体个性而不是单方面能力对未来军官进行测评，也成为现代评价中心的核心思想。

第二次世界大战期间，英国军队为了提高选拔军官的准确率，在效仿德国评价活动的基础上成立了陆军评选委员会。该委员会制订了包括精神病学面谈、智力测验以及与德国模式相似的情景模拟测验等评选军官方案。先后有近 14 万人接受了评价，并取得成功。英国陆军评选委员会的评选军官方案及测评程序在德国的基础上有所创新，其选用的各种评价方法将被测者置于更接近现实的情景中，并更有针对性地对被测者的各个方面进行测评。

美国战略中央情报局（OSS）在 1943～1945 年也开展了评价中心的探索。主要针对不同工作岗位，包括秘密情报人员、破坏人员、宣传专家、办公室人员等，建立了一套评价候选人个性的程序。OSS 认为，对被测者工作绩效的预测，应该主要依据被测者在模拟工作环境中的练习表现来确定。因此，OSS 非常强调情景模拟测验，同时也重视面谈、履历分析、能力测验、健康调查和工作条件调查等传统方法。OSS 在第二次世界大战期间所从事的评价工作使评价中心技术逐步走向完善，为评价中心日后的广泛应用打下了基础。

第二次世界大战之后，评价中心技术从军用转向民用。1945 年，英国文职人员委员会应用评价中心技术选拔高级文职人员，率先将评价中心技术应用于非军事领域。随着许多军事心理学家和军官进入各类企业从事人员测评工作，评价中心技术渐渐广泛应用于工商界管理人才的素质测评、人员选拔和培训等活动。

道格拉斯·布雷于 20 世纪 50 年代在美国电报电话公司的研究，对于评价中心技术的发展起到了重要的推动作用。道格拉斯·布雷当时任职于电报电话公司负责管理发展研究项目。该项目是一项关于成功管理人员个人及其所在组织特点的研究，主要目的是了解具有何种特征的年轻员工能够得到晋升，其成长状况有何规律等。项目运用了小组活动、面谈、公文处理练习、无领导小组讨论、投射练习、自我描述、生活态度调查、关键性思维测验等方法，对公司的几百名员工进行了多次评价和长期评估，并取得了良好的评价效果。此后，美国许多著名的大公司如通用电气公司（GE）、国际商用机器公司（IBM）、福特汽车公司（Ford）、柯达公司（Kodak）等也纷纷效仿采用评价中心技术，并建立相应的评价机构来评价管理人才。

20 世纪 80 年代，随着外资企业进入我国，评价中心也被带到了国内。一些著名外资企业如诺基亚、西门子等使用总部的评价中心技术，或聘请国际咨询公司应用评价中心技术对在华企业的员工进行评价。国内的一些专家学者也开始接触、介绍评价中心，一些学者甚至尝试应用评价中心技术为政府和企业选拔人才。到了 90 年代，随着企业对人才选拔工作的日益重视，评价中心在企业中的应用也越来越广。进入 21 世纪后，评价中心技术已得到我国学术界和企业界的广泛认同，越来越多的企业已将评价中心技术作为其人力资源决策的重要手段。

三、评价中心的特点

与传统测试技术相比，评价中心具有以下几个特点。

1. 匹配性与可预测性

评价中心强调行为特征与工作情景的匹配性。评价中心技术设计的测评情景与工作情景具有高度相关性，通过设计多种逼真的模拟工作情景来观察被测者的在该种情境下的行为反应。由于测评情景与真实的工作情景比较接近，在复杂的任务和变化多样的情境下，被测者的表现不易伪装，测评的结果对于预测被测者的未来表现具有一定的可靠性。

2. 综合性

评价中心强调多种方法的有机结合与多位考官的共同评价。多种测评方法的有机结合可以充分发挥不同方法的优越之处，每一种方法都从独特的角度对被测者进行观察，能够较全面地对被测者各方面的特点进行评价。这是其他测评方法所难以达到的。多位考官的共同评价，可以克服个别考官的认知偏差或个人偏见，提高测评的客观性和公正性。测评考官通常包括人力资源专家、心理学家和高级管理者，其学识经验、价值观和管理理念等往往存在差异。因此，多位考官的共同评价可以汇集不同角度的观察结果，考官之间的相互讨论又可以增进彼此

对观察结果的理解，在此基础上达成的共识就比较能够真实全面地反映被测者的
实际情况。

3. 针对性

评价中心可根据岗位进行个性化设计。评价中心的实施是在目标岗位工作分
析的基础上进行的，是根据特定人员的岗位要求和素质要求来设计相应的模拟情
景，所测评的素质与实际工作中所需要的各方面素质密切相关，其测评内容具有
很强的针对性，能充分反映目标岗位任职者所需要的各项素质。

4. 动态性

评价中心的测评过程动态化，容易揭示被测者的全面特征。以心理测验为代
表的传统素质测评大多数是对被测者的静态测评，所测素质与变化多样的实际工
作需要有一定差距。评价中心将被测者置于一系列的群体互动中，并借助环境设
置与压力刺激来激发被测者的潜质，在动态过程中被测者各方面的素质能够得到
更真实、更全面地反映。考官通过持续观察被测者在模拟情景中的动态表现，就
可以得到被测者全面多样的整体信息。

5. 标准化

评价中心的测评内容具体，测评过程清晰。只要严格按照评价中心的标准化
测评程序施测，就能够得到较为确定的结果，能有效克服人员测评中的随意性。
因此，该测评技术具有较高的表面效度。

四、评价中心的测评原理

评价中心的测评原理，可以用人员测评中的 S-T-R 模式解释。S-T-R 模式的
基本原理是：在特定情景中，对被测者施加行为刺激（S：stimuli），通过观察其
行为表现（R：representation）来推断被测者的相关素质（T：trait）。S-T-R 模
式的潜在假设是，情景对人的行为产生影响，由于人的行为、态度、价值观、能
力等都是在特定情景中形成的，所以对人的行为、态度、价值观、能力等方面的
评价也就离不开特定情景。而特定的行为表现又反映着特定的素质特征，考官通
过观察被测者在特定情景下的行为表现，就能够评价被测者特定的素质。

被测者在参与评价中心的模拟情景测评过程中，即被置于根据目标岗位的工
作分析所设定的特定情景中，该情景与实际工作情景高度近似，由于特定的行为
能够反映特定的素质，通过观察被测者在评价中心中的行为表现，即可以根据其
行为推断其素质特征，进而预测被测者在目标岗位的工作绩效。

五、评价中心的主要技术和方法

评价中心是多种方法、多种技术的集合体。对评价中心技术的认识有两种观
点，即广义的评价中心和狭义的评价中心。广义的评价中心，包含了心理测验

（主要包括人格测验、职业兴趣与职业倾向测验、能力测验、价值观与动机测验等）、面试技术、投射测验（主要评估深层次的人格特质、职业动机、职业兴趣等）和情景模拟技术等。狭义的评价中心，主要是指以情景模拟技术为核心的系列测评技术。

在实践中常说的评价中心通常是指狭义的评价中心，即主要是指以情景模拟技术为核心的系列测评技术。本书中所涉及的评价中心概念是指狭义范畴的评价中心。其主要形式包括无领导小组讨论、文件筐、角色扮演、管理游戏、案例分析、面试、演讲等。在人员测评的实践活动中，无领导小组讨论、文件筐、角色扮演应用较多，本章对这三种测评技术分节专门进行介绍。管理游戏、案例分析、面试、演讲等由于使用频率相对较少，本章只做简略介绍。

六、评价中心的应用

（一）评价中心在招聘选拔中的应用

招聘选拔是人力资源管理中最常见的工作。能否将合适的人选安排到合适的岗位上，直接关系到组织能否高效健康运转。组织中管理人员的招聘选拔尤为关键，错误的招聘选拔往往会给组织在战略发展、经营管理及财务等方面带来巨大的损失。评价中心运用多种测评方法，能够较为准确地对岗位候选人的各项素质做出判断，并通过情景模拟将候选人在未来岗位上可能的行为表现清晰地展现出来，为决策者择优录取、甄别最佳人选提供可靠的依据。

（二）评价中心在培训中的应用

培训是人力资源管理中的普遍性工作，培训的首要环节就是确定培训需求。评价中心能够解决组织的培训需求分析问题。评价中心运用多种测评方法，在工作分析的基础上可以确定组织的岗位要求是什么，通过对各位任职者进行系统评估，可以发现岗位任职者的素质现状与岗位要求的差距，这个差距就是组织的培训需求。

在实际应用中，评价中心的一些技术方法本身也可以成为培训工具之一，如角色扮演技术。员工在参与角色扮演的过程中，一方面考官会指出练习者在行为表现方面需要提升的地方及方法，另一方面练习者本人也会深刻地体会到完成角色所赋予的任务所需要的行为习惯。通过亲身实践，练习者能够较快地理解角色并主动积极地快速提高自己的素质。

（三）评价中心在绩效考核中的应用

绩效考核是人力资源管理的重要工作，绩效考核的结果常用于组织的薪酬分配、人员晋升等人力资源决策活动。能否准确地对员工进行绩效考核不仅关系到员工的个人发展及工作积极性，也影响到组织目标的实现。评价中心技术可以在充分考虑工作情景因素的基础上，对员工的绩效从多角度进行准确有效的考核，员工对考核结果的认可程度较高。同时，考核结果还可以为未来的绩效改善计划提供明确的方向。

（四）评价中心在人力资源普查中的应用

人力资源普查是组织掌握内部员工的专业素质、发展潜能、职业倾向等各方面素质的重要活动，是组织充分利用、开发组织人力资源的先决条件。评价中心技术可以应用多种测评方法主要针对组织的中高级管理人员，进行全方位多角度的测评，从而为组织准确掌握详尽的人力资源状况提供依据。

第二节 评价中心的设计原则及操作程序

一、评价中心的设计原则

评价中心在实施过程中，必须坚持四要素原则，即必须保证在操作过程中具备四个要素：①工作分析与行为观察；②以情景模拟为主的多种方法；③多个评价者评价；④数据的系统收集与报告。

二、评价中心的典型操作程序

1. 明确测评目标

评价中心可以应用在招聘选拔、绩效考核、人员培训等多种领域，不同的测评目标所使用的具体的测评手段和方法有所不同。因此，在测评前必须确定测评目标，然后确定实现该目标是否适宜使用评价中心，使用评价中心时应该选用哪些具体的评价中心技术。一般来说，测评对象的目标岗位与现行岗位的管理工作成分差别越大，评价中心对其管理潜力做出的评价就越有意义。例如，当一个人将要从办公室文秘提拔为办公室主任时，其现行岗位与目标岗位在管理工作方面存在较大差异，使用评价中心对其执行未来岗位的胜任特征进行评价就比较有意义。

2. 确定测评维度

明确测评目标后，就需要在此基础上对目标岗位进行系统的工作分析，利用工作分析来确定岗位的任职资格。同时结合岗位的胜任特征模型确定评价中心的测评维度，也就是确定评价中心"测什么"的问题。对于每一个将要测定的维度，还需要给出清晰的定义，作为测评的依据。

3. 选择具体的测评方法，开发测评题目

由于不同的测评方法都有其优势及局限性，并适用于不同的测评领域。因

此，需要根据测评维度及其定义的要求，研究选择适当的评价中心技术，即确定使用哪些具体的测评方法，来充分揭示被测者将要测试的测评维度的素质特点。一般来说，一个测评维度可以使用两种以上的测评方法进行观察，例如，协调能力可以通过无领导小组讨论、角色扮演、半结构化面试三种方法测试。

选择具体的测评方法之后，就可以在此基础上开发测评题目。测评题目的内容、情景、所反映的任职资格与胜任特征等，应与目标维度高度相关。题目的难度适中，并与测评单位组织机构的特点相适应。

4. 设计测评方案与实施计划

测评方案与实施计划主要是给出评价中心在具体实施中的组织问题。即制定出明确的测评流程、考官与被测者的分组、测试的时间进度、场地安排等方案，保证评价中心的各个环节合理有效地进行。测评方案一般要遵照"成本低、时间短、用人少"的原则，并通过绘制"评价中心测试实施安排表"列出具体的安排。

5. 培训考官

评价中心的核心技术是情景模拟测试，由于情景模拟测试的评价具有很大的主观性，测试结果的优劣与考官的水平密切相关。因此，评价中心在实施前，必须对考官进行培训。即使考官具有丰富的经验和理论基础，也需要接受与本次测评相关的针对性培训。培训内容一般包括熟悉本次测评的素质维度和测评方法、评价的标准和尺度、观察记录及归类评价的技巧等。

通过培训，使考官具备系统收集数据的能力，包括测试过程中的行为观察、记录和归类。被测评者在测评过程中往往会表现出多种行为，考官必须从被测评者的诸多行为中辨别、筛选其典型行为并加以记录，按照系统的程序，记录观察到的行为。

6. 实施测评

按照测评方案与实施计划对被测者进行测评。

7. 统计测评结果，撰写测评报告

在评价中心的实施过程中，各个考官首先对被测者进行独立的观察、记录、归类和评估。评价结束后，考官小组对各个被测者的所有测评结果应进行逐一的讨论，直到各位考官对各个被测者的评价都能达成共识，同意将被测者归入同一个考核等级。考官在讨论中可以改变自己最初对被测者做出的评级。由于评价中心使用了多种测评技术，讨论的顺序是，越是重要的评价技术，其结果越是放在最后讨论。

在整合测评结果之后，考官小组需要在定性分析和定量分析的基础上撰写测评报告，对被测者的各个方面做出全面的评价。由于同一素质维度可能使用两种以上的测评方法，考官小组需要综合多种方法的结果做出最终评价。

8. 反馈测评结果

当评价中心应用于组织的内部选拔、绩效考核、培训开发时，其结果应反馈给被测者。反馈的目的，主要是向被测者说明其在评价中心中的表现，以及被测者与岗位要求的匹配程度，并指出被测者需要进一步改进或发展的方向以及具体的发展建议。

三、评价中心实施中应注意的问题

1. 评测目标须适宜使用评价中心测量

人的素质维度包括多个方面，有的适合评价中心测量，有的则不适合。例如，知识结构适宜使用纸笔测试，而诚实正直等品质则需要长时间观察才能得出准确结论，短时间的测试根本无法得出可靠的答案。尤其是被测者了解评价中心的测评原理及实践时，即使考官设计了复杂的测评程序，其结论仍然有可能出现比较大的偏差。

2. 测评维度不宜过多

评价中心的测评目标一般不止一个，范围从几个到二十几个之间。在测评过程中，考官需要对所有的目标测评维度进行观察。为了保证考官的关注目标不要太多而无法对目标维度进行深度观察和判断，测评维度不易过多。有专家建议评价中心的测评维度最多不要超过 14 个。

3. 测评方法和报告的内容形式要符合测评目的

评价中心可应用于不同的人力资源管理活动，如招聘、选拔、培训、考核等。由于使用的目的不同，选择的具体测评技术和方法也就应该有所区别，测评方法要与测评目的相符合。例如，评价中心用于选拔时，所选方法就要有比较高的区分度及预测功能，以保证能挑选出最适宜人员。评价中心用于培训开发时，所选方法则就要能够识别出被测者的现有素质与目标素质之间的差距。评价中心的目的不一样，报告的内容形式也不一样。例如，如果测评目的用于招聘，只要有明确的结论即可，分析过程可以相对简单；但如果测评目的是用于培训，则需要详细写出被测者的优劣势及分析依据，为下一步的开发发展计划提供参考。

4. 需要高层管理人员的支持参与

评价中心耗资巨大，评价周期相对较长，高层管理人员的支持是顺利实施评价中心的前提保障。在评价中心的测评过程中，为了确保最终的测评报告得到高层的认可，也为了保证测评的各个环节始终与测评目标相一致，评价中心技术从一开始就应该让组织的高级管理人员参与其中。在素质维度的确定、测评技术与方法的选择、测评的施测中都应该有高级管理人员的参与。由于有高级管理人员的参与，评价中心在实施过程中如果出现与测评目标不一致的地方，或者存在测评人员与高层管理者理解不一致的地方，都可以得到及时的沟通或纠正，也容易让高级管理人员更加具体地理解评价中心技术及其测评结论。

第三节　无领导小组讨论

一、无领导小组讨论简介

无领导小组讨论是评价中心技术中使用频率比较高的一种测评技术。其操作方式是将一组被测者（通常是 6～8 人）集中起来，在限定时间内（一般为一个小时）就某一问题展开讨论。参加讨论的被测者的地位是完全平等的，讨论小组不指定主持人或领导者，也不指定发言的顺序，考官只是在讨论之前向被测者介绍要讨论的问题、讨论话题的背景资料、要达到的目标以及讨论时间等，一旦讨论开始考官不参加也不干预讨论过程。讨论的话题可以与工作情景相关，也可以是一个假设情景下的问题。考官通过观察各个被测者在讨论中的行为表现，按照事先拟定的测评要素及测评标准对各个被测者进行评价。

无领导小组讨论的测评原理，是通过松散群体之间的自由讨论，激发被测者的特定行为，考官通过观察评价被测者的行为及人际互动来对被测者的素质特征进行推断评价。

无领导小组讨论的主要目的是考察被测者的语言表达能力、组织协调能力、领导能力、人际交往能力、沟通能力、应变能力等，也可以考察被测者的合作精神、自信心、进取心、责任感等。在无领导小组讨论中，被测者一般会表现出三种不同的能力或特征：一是在群体中与他人互动时所表现出的能力，如语言和非语言的沟通能力、合作意识、人际交往技巧等；二是被测者处理问题时的分析思维能力，如理解能力、分析综合能力、逻辑推理能力、想象力等；三是被测者的个性特征及行为风格，如自信心、灵活性、动机特征、情绪稳定性等。

无领导小组讨论广泛应用于招聘选拔、培训开发、人力资源规划、团队精神培养等领域。无领导小组讨论对于评价管理者的领导组织技能具有良好的效果。无领导小组讨论在一定程度上可以区分不同被测者的素质差异，鉴别被测者在某一方面的素质能力是否达到了某一规定标准，同时一定程度上也能预测被测者的能力倾向和发展潜力。

二、无领导小组讨论的优缺点

（一）无领导小组讨论的优点

1. 人际互动性强

无领导小组讨论最突出的特点，就是具有生动的人际互动性。被测者需要在与同组成员的互动过程中，展现自己各方面的才干及性格特点。在讨论中，被测者表达的观点马上会得到反馈，多种观点会即时得到碰撞或融合，被测者无论是自己的发言或者是对他人观点的反应，都是自己的素质或个性的折射。无领导小组讨论在考察与人际交往有关的素质方面效果明显。

2. 真实性强

在无领导小组讨论中，开始时被测者会感到讨论是一场测试，但随着讨论的进行，被测者渐渐会越来越投入，越来越进入一种真正的讨论状态。在这种情况下，被测者的态度会越来越认真，真实的观点也会逐渐表达出来。在小组讨论的情境压力下，讨论中的快速反应和随机反应，有利于诱发被测者真实的行为模式，被测者自我的掩饰会逐渐放开，往往在无意之中表现出自己各方面的素质特点。

3. 公平平等

无领导小组讨论不指定主持人、不指定发言顺序的做法，为被测者提供了一个公平平等的互动机会。被测者需要在相互制约的平等环境中展现自己各方面的能力。无领导小组讨论中的各位被测者，实际是在同一条起跑线上展开一场比赛，考官可以对小组内的各位被测者进行直观的横向比较，在冲突对比中发现各位被测者的特点。

4. 效率高

无领导小组讨论能够同时考察多名被测者的多重素质。从时间成本的角度来看，无领导小组讨论能够在一个小时内同时对 6～8 名被测者进行测试，节约了考官的大量时间。在测评中，无领导小组讨论又能同时考察被测者的多重能力和个性特质，在短时间内就能对被测者的多项素质做出评估。

(二) 无领导小组讨论的缺点

1. 测试题目的要求较高

题目的优劣直接关系到对被测者评价的全面性与准确性。基于工作分析及胜任特征的题目编制，时间投入及人力投入都比较高，工作分析、胜任特征及评分标准的确定、制定测试前的指导语等，都需要具备专业知识和丰富的经验。

2. 对考官的要求较高

评定标准不易掌握，绝对标准与相对标准容易混淆。无领导小组讨论可以对同组成员进行组内差异的评价，但却不能对不同小组的组间差异进行评价。考官在评价中使用的是相对标准，而不是绝对标准。同一个讨论题目，有的小组讨论热烈，气氛活跃；有的小组则死气沉沉，无法展开充分的讨论。被测者的表现过多地依赖于同一小组中的其他成员的表现，一个说服能力很强的人，遇到一组都是能言善辩的成员时，会显得表达能力一般；而如果此人被分在一个其他人说服能力较弱的小组时，则会显得说服能力很强。考官对被测者的评价很容易受小组整体表现的影响，造成不同无领导小组讨论之间缺乏横向比较性。

3. 被测者的经验及性格特点可能影响其表现

在无领导小组讨论中，由于被测者知道考官会根据自己的表现打分，被测者有存在做戏、表演或者伪装的可能性。在被测者了解测评意图及测评维度，且被测者具有一定的参与无领导小组讨论的经验的情况下，被测者可以有针对性地表现出迎合考官期望的行为。在评价决策能力、影响力等素质时，考官往往根据发言数量而非发言质量做出评价，这有利于外向型人而不利于内向型人，而在实际管理工作中，内向型人的决策能力、影响力等素质并不亚于外向型人。

4. 中西文化差异影响测评效果

评价中心技术是西方文化背景下的产物，更多地反映了西方人的性格特点。西方人大多外向"内控"，西方文化强调在竞争中主动展现自我。评价中心方法为他们提供了展现自我的平台。而中国文化强调谦虚、内敛，反对张扬。夸夸其谈、爱出风头的人往往"金玉其外，败絮其中"。而沉默寡言者，却深藏不露。在短短一小时的无领导小组讨论中，要从 7～8 人中识别"高人"的能力，并不是一件容易的事情。因此，在中国应用无领导小组讨论技术，应注意与其他测评技术结合起来综合考虑。

三、无领导小组讨论的类型

1. 有情景的和无情景的无领导小组讨论

有情景的无领导小组讨论，是指将被测者置于某种假设的特定情景中，要求被测者从该情景中的角色角度去理解和思考某个问题。情景信息通常包括组织的简单介绍、目前面临的问题以及需要完成的任务。

无情景的无领导小组讨论，没有特定情景限制，通常是要求被测者就一个开放性问题或两难问题进行讨论，一般会选择近期社会的热点问题进行讨论。被测者可以自由阐述自己的观点，并积极争取小组的其他成员接受自己的观点，利用自身的影响力说服不同意见者，或协调组中的不同意见。无情景的无领导小组讨论，一般要求在规定时间内达成一致性结论。

2. 不定角色的和确定角色的无领导小组讨论

如果测试题目没有分配特定职务给各位被测者，每位被测者仅仅是从自己的角度出发阐述观点，其角色与组内其他人没有任何差别，就属于不定角色的无领导小组讨论。

如果测试题目给每位被测者分配了不同的特定职务，各位被测者必须从各自角色的角度出发阐述观点或履行责任，完成该角色所规定的任务，且不同角色的任务或目标存在差异，则属于确定角色的无领导小组讨论。

3. 竞争型、合作型与竞争合作型无领导小组讨论

在竞争型无领导小组讨论中，每位被测者都是代表其本人利益或者其所属群

体的利益。不同小组成员或不同所属群体间存在利益冲突或矛盾，被测者往往需要就有限的资源或机会进行争夺。

在合作型无领导小组讨论中，所有的被测者被要求相互合作、相互配合完成某项任务，各位被测者的成绩都与该项任务的完成情况相关，同时也取决于各位被测者自己在完成该项任务中所做出的贡献。

在竞争合作型无领导小组讨论中，一般是将该组成员再分为几个小组，不同小组间存在竞争，而在小组内部则是合作型的。所有被测者之间既存在共同目标及合作空间，又存在相互竞争。

4. 与工作情景相关的和与工作情景无关的无领导小组讨论

与工作情景相关的无领导小组讨论，是指题目设定的情景与拟任工作或拟任岗位相关，一般要求被测者处理实际工作中可能遇到的关键事件。

与工作情景无关的无领导小组讨论，是指题目设定的情景与拟任工作无关，该情景往往是任何人都很难遇到的虚设情景。在这种虚设情境下，可以保证不同背景的被测者都在平等的条件下参与讨论，能较好地体现对每一位被测者的公平性。

四、无领导小组讨论的准备

（一）确定无领导小组讨论的评定要素

无领导小组讨论的评定要素必须在在工作分析和胜任特征分析的基础上进行。还要根据无领导小组讨论的特点，确定哪些要素适合采用无领导小组讨论测试，哪些要素应该采用其他的评价中心技术。

在实践过程中，无领导小组讨论选择的评定要素，通常要有清晰的操作定义。要素的内涵明确，不存在模糊之处，要素能与讨论中的特定行为相对应，便于分辨和评价。要素与要素之间不存在交叉或重复的内容，彼此能够保持独立性。例如，可以对合作意识和影响力做出如下操作性定义：

（1）合作意识。合作意识是指尊重他人，不以自我为中心，倾听他人意见，能吸取他人观点中的合理部分，照顾他人需要，善于调节争议，共同完成任务目标。

（2）影响力。影响力是指控制全局，影响讨论方向，提升讨论深度，有效发言次数多，语言感召力强，善于消除紧张气氛，说服他人能力强，善于促成统一意见的达成。

一般情况下，适合无领导小组讨论技术测试的常见要素有语言表达能力、倾听能力、组织协调能力、综合分析能力、合作意识、影响力等。

（二）编制无领导小组讨论的题目

1. 无领导小组讨论的命题原则

（1）针对性原则。测试题目必须建立在测评目的的基础上，针对测评要素进行编制。测试题目内容能够反映拟测要素的内涵，在讨论中能反映被测者的能力、品质等。

（2）熟悉性原则。测试题目应该是被测者熟悉的题材，并且题目的内容不会诱发被测者的防御心理，以保证被测者能够就此话题有感而发，充分表达自己的观点，展现各方面的素质。如果被测者对测试题目比较陌生，就会限制其在讨论中的发挥，导致其能力、品质无法充分展现。

（3）典型性原则。有情景无领导小组讨论的测试题目所设计的情景应该具有典型性，能高度模拟实际情景，代表拟任工作的典型特点。题目越具有典型性，越能在讨论中反映被测者是否具备完成实际工作的各项素质。对于来自实际工作中的素材，要经过适当的处理，使之具有典型性，避免完全真实或完全杜撰的情景。

（4）可鉴别性原则。测试题目应该具备识别不同被测者的特性，能将不同素质的被测者区分开来。如果被测者对题目的反应一致，讨论就无法展开，考官也就无法对被测者进行准确评价。这就要求题目的设计难度要适宜被测者，不能过于简单，必须有足够的讨论性。题目一般要一题多解，便于调动被测者的主观能动性，使得讨论中被测者能够仁者见仁、智者见智。

（5）平等性原则。首先是小组的划分要使被测者在知识、经验上平等，为被测者创造平等的机会表现自己。另外，对于确定角色的无领导小组讨论，被测者的角色分工要平等，不能造成被测者有等级差异的感觉。

2. 无领导小组讨论的题目形式

（1）开放式问题。开放式问题就是没有标准答案的问题，其答案范围很广泛，问题本身可以从多种角度去理解。如："你认为好领导应该具备哪些素质？"对于开放式问题，考官并不关注被测者所答答案的正确性和合理性，而是关注被测者在回答问题时所表现出的能力，如思路是否清晰、考虑问题是否全面、观点是否新颖、是否能向其他人推销自己的观点、是否能说服别人等。

（2）两难问题。两难问题就是问题本身具有两种互有利弊、相互对立的答案，被测者需要对两种答案进行甄选，选择其中的一种观点。如："好领导应该是任务导向型的？还是关系导向型的？"两难问题主要考察被测者的语言表达能力、分析能力、说服力等。编制两难问题要注意两种备选答案需具有程度相等的利弊，一种答案不能比另一种答案具有明显的选择优势，否则会出现一边倒的倾向，无法展开讨论。

（3）多项选择问题。多项选择问题就是让被测者根据题目描述的情景，在多个备选答案中选择其中几项答案，或者让被测者按照自己的理解对备选答案的重要性进行排序。

例如，2007年四川公开选拔副处级领导干部试题：

2007 年四川省委、省政府提出九条亲民惠民政策：①畅通群众反映问题渠道。②搞好社会主义新农村建设，加强农业基础设施建设。③加强教育改革，维护教育公平，解决读书难问题。④加强医疗卫生改革，解决看病难的问题。⑤加强扶贫济困工作。⑥发展特色农业、支柱经济产业。⑦鼓励支持非公有制经济发展。⑧加强社会治安综合治理。⑨进一步扩大就业。

讨论问题：请根据轻重缓急原则，确定这九项工作的排序，并说明你的观点和理由。

多项选择问题容易产生分歧点，便于形成多种不同观点，有利于讨论的展开。多项选择问题主要考察被测者抓住问题要害、分析问题实质的能力。

（4）操作性问题。操作性问题就是要求被测者根据给定的材料或道具，按照一定规则设计出考官指定的物体来。操作性问题主要考察被测者的主动性、合作意识以及在完成任务中所担当的角色。例如，给被测小组发放一些旧报纸，要求小组成员共同利用这些报纸做一个塔，塔要美观、富有创意，被测小组要给塔起名字，最后派一名代表向考官汇报做塔的过程和创意。

操作性问题主要考察被测者的操作行为以及在操作过程中所表现出的计划组织能力、协调能力、合作能力等，情境模拟的程度较高，但对言语方面的能力则考察较少。

（5）资源争夺问题。资源争夺问题适用于确定角色的无领导小组讨论。测试题目中设计了有限的资源，并赋予各位被测者不同的角色。被测者需要从自身的角色出发参与资源的分配，不同角色在获取资源方面存在矛盾，被测者需要在充分考虑角色与资源的关系的基础上，共同完成资源分配问题。

资源争夺问题属于有情景的无领导小组讨论。例如，某部门有一个出国培训名额，该部门有五名员工符合培训资格，个人情况各不相同（具体资料略），现在请小组成员分别站在五名员工的立场，为该员工争取出国培训机会。

资源争夺问题容易引起被测者的充分辩论，也方便考官对被测者进行评价。但对讨论题的要求较高，讨论题本身须具有角色地位的平等性和材料准备的充分性。资源争夺问题侧重考察被测者的计划能力、决策能力、协调能力、分析问题能力及反应的灵敏性等。

3. 无领导小组讨论题目的编制步骤

（1）收集、整理与筛选素材。在工作分析及胜任特征分析结果的基础上收集素材。主要通过查阅拟任岗位的工作记录、对现任任职者或曾经长期任职该岗位的人员进行访谈，收集能反映该岗位典型特点的工作案例，并进行分类整理，筛选出适合作为无领导小组讨论题目的素材。

（2）编制讨论题。对工作案例进行加工整理，编制正式的无领导小组讨论题目。主要工作包括剔除不宜公开讨论的内容和无关紧要的细节部分，同时根据测试目的，补充一些能全面反映岗位特点或拟测项目的内容。设计讨论题目时需充分考虑情景、被测者的角色定位、岗位的任务特点、题目情景与实际工作情景的相关性等因素。

（3）完善讨论题。讨论题编制完毕以后，为检验讨论题是否达到了设计目的，可以选择与拟测对象相似的一组人员进行试测。通过试测检验讨论题是否能测出拟测的相关素质、讨论题在操作上是否可行等，并根据试测结果对讨论题进行多轮修正完善，使其达到预期效果。

（4）设计评分表。无领导小组讨论评分表是考官观察、记录、评价被测者的一种表格。由于测评目的及应用领域不同，评分表的设计方法也不尽相同，但主要内容都是列出拟测维度及其操作定义、给出各维度的权重及评价标准等。测评时考官可以通过比较评分表中的维度定义与被测者的实际表现，对被测者做出评价。

（三）无领导小组讨论的评定标准设计

无领导小组讨论有多种形式的评定标准。根据被测者的行为表现符合各项测评维度的操作性定义的程度划分为不同的等级。可以采用 5 分制、10 分制等。例如，采用 5 分制时，不同分值的标准如下：

5 分：符合测评维度操作性定义的绝大部分。

4 分：符合测评维度操作性定义的大部分。

3 分：符合测评维度操作性定义的一部分。

2 分：符合测评维度操作性定义的小部分。

1 分：不符合测评维度操作性定义的绝大部分。

（四）无领导小组讨论的考官培训

无领导小组讨论的考官除了具备扎实的专业背景和善于观察等品质外，在正式测评前一般要进行系统的培训。培训的内容主要包括测评目的、拟测维度及其操作性定义、测评题目、评价标准、评分表的使用方法、测评对象的特点、测评的实施程序、行为观察要点、测评中的注意事项等。通过测试前的培训，尽可能使考官的评判标准统一起来，消除考官个人因素对测评造成的影响。

五、无领导小组讨论的实施

1. 选择地点

无领导小组讨论的地点选择，应该遵循方便被测者之间的讨论交流、方便考官对被测者的观察、减少考官对被测者的影响三个原则进行。讨论场地通常选择宽敞明亮、安静整洁的场所，被测者的座位一般围成圆桌，座位不分主次，使被测者处于平等的地位。考官的座位与被测者保持一定距离，具体位置以便于观察同时又不影响讨论为准。有条件的还可以设置专门供无领导小组讨论的测评场地，如单项玻璃式测评场地、声像采录式测评场地。在专用测评场所，考官和被测者被分别安排在测评观察室和测评讨论室，通过隔开考官和被测者来减少考官对被测者心理的影响。同时讨论室的声像设备也能将被测者的行为表现采录下来，为考官重复观看与聆听被测者的讨论提供便利，有利于提高测评的准确性。

2. 确定小组数量及各组人数

无领导小组讨论的每组人数通常在 6～8 人，如果一次参加无领导小组讨论的被测者人数较多，就需要对被测者进行分组。无领导小组讨论的分组不能采用随机原则划分，而是要按照每个小组的被测者应保持地位平等的原则来划分，尽可能地使被测者在经验、学历、年龄方面保持对等，不要出现显著差异，避免在讨论之前小组内就出现强势的"领导者"，从而抑制其他人的才能发挥。

3. 考官和被测者入场

考官和工作人员一般应提前十分钟入场，检查讨论场地的准备情况。被测者在工作人员确定其身份无误后，由工作人员引导到事先安排好的座位坐下。为便于考官在讨论过程中观察、评价被测者，被测者面前应该放置座签，标明其序号及姓名。

4. 发放讨论材料

工作人员向每位被测者发放讨论材料。讨论材料一般包括讨论题目、记录纸、讨论汇报表等。

5. 宣读指导语

主考官宣读指导语。指导语主要是规定讨论的规则和要求，一般包括讨论的时间要求、讨论的发言规则、被测者达成一致意见的规则、讨论结果的汇报安排、讨论过程中的纪律要求等。考官一般会强调讨论必须以背景材料为基础、围绕主题来展开，讨论可以自由发表意见，但最后必须达成一致意见等。在宣读完毕指导语后，考官必须提醒被测者是否还有不明白的问题，当所有被测者都明白无误、没有任何问题以后，考官可以宣布讨论开始。

6. 讨论阶段

正式讨论阶段一般分为两个部分：个人发言及集体讨论。

讨论开始之后，每位被测者首先根据自己的理解或分析轮流阐述自己的观点。个人发表意见的时间通常有最高限制，被测者发言超时时考官应进行适当的提醒。个人发言可以使讨论小组发现彼此观点的异同，明确下一步的讨论方向，同时也能够展现被测者个人的语言表达能力和影响力。

个人发言之后，进入集体讨论阶段。集体讨论是无领导小组讨论的核心阶段。在个人发言阶段，各位被测者已熟悉彼此的观点意见，在集体讨论阶段需要进一步凝结共识、深化讨论，最终达成一致性意见。集体讨论阶段是充分展现被测者的分析综合能力、理解能力、人际互动能力、沟通技巧、协调能力、领导能力等各项素质的关键阶段，是考官重点观察的阶段。

7. 汇报阶段

考官宣布讨论结束后，被测者停止讨论，并推荐一人作为代表向考官汇报小组讨论达成的一致性意见。在汇报阶段，考官重点观察被测者如何推举汇报代表，汇报代表是否具备某些领导风格，汇报结果只是简单的讨论记录还是清晰表达了讨论的思路观点，一致意见是认真讨论达成的还是迫于时间压力匆匆形成的等。

8. 观察和记录

考官的客观观察对准确评价被测者至关重要。在讨论中，考官需要从被测者的语言和行为两方面观察被测者。语言方面，主要从被测者的发言内容、语气语调等方面推断被测者的素质特点，从被测者不经意的语言习惯中推断被测者的沟通能力、合作意识、组织意识等。行为方面，可以从被测者是否主动发言、是否打断别人谈话、倾听时是否专注、发言时的手势等身体语言特征、是否记录肯定他人意见等方面，推断被测者的个性特点。

考官应尽可能地全面记录被测者的语言行为特征，抓住关键的细节，尤其是要记录与测评要素相关的语言行为。在记录过程中，考官应尽量避免加入个人的主观臆断，以记录事实为中心，不做推断性的判断。记录材料应字迹工整，易于辨认。

在被测者人数比较多的情况下，考官不可能对每位被测者都留下深刻印象，观察记录是测评结束后评价被测者的重要依据，所以全面翔实、客观完整的记录，是保证无领导小组讨论成功的重要环节。

六、无领导小组讨论的结果及其评价

无领导小组讨论结束后，考官接下来的工作就是对被测者的表现进行评价。评价包括两个方面：打分评价和评语评价。

1. 打分评价

打分评价，就是考官严格按照无领导小组讨论评分表里的测评维度的操作定义及评分标准对每位被测者打分。打分的方式通常有三种：

（1）一是每位考官对每一位被测者的每一项测评维度进行打分，这种方式的优点是便于评价分数的汇总和比较，但考官的工作量较大，同时准确地观察记录所有被测者比较困难。

（2）二是考官之间进行分工，每一位考官只对分配给他的被测者的每一项测评维度打分，这种方式的优点是考官可以集中精力评价少数几位被测者，注意力较集中，评价较准确；缺点是不同考官的评价对象不同，评价结果无法比较。

（3）三是每位考官只对每一位被测者的某几个特定测评维度打分，这种方式的优点是考官可以集中精力重点观察几个特定测评维度，对测评维度的把握较准确；缺点是考官不能全面评价被测者，不便于考官从不同测评要素之间存在的紧密联系的角度去全面评价被测者。

考官除了对每一位被测者打分外，必要时还需对各个讨论小组的总体表现打分，主要对各小组总体讨论的热烈程度、组员之间的合作程度、讨论的对抗程度等方面进行评价，小组的总体得分对每个组员的成绩都有影响。

2. 评语评价

评语评价是对打分评价的补充，是为了解决打分评价不能具体形象地说明被测者的素质特点的问题。评语评价一般包括两方面内容：一是对被测者的重点行为描述，主要是陈述事实；二是考官的评价，主要是反映考官基于被测者的行为表现对其做出的判断。

第四节　文件筐测验

一、文件筐测验的概念

文件筐测验又称公文处理测验，是评价中心技术中最常用、最核心的技术之一。文件筐测验属于情景模拟测验。在测评中让被测者担任指定的管理者或领导角色去处理一系列文件，包括信函、请示、汇报、备忘录、报表、账单、电话记录、命令、通知、政府的法令法规等。这些通常都放在办公桌的文件筐内，文件筐测验因此得名。文件筐测验考察的是被测者在典型的工作环境中掌握和分析各种资料，处理和评估各种信息，做出管理决策，进行指挥、协调、控制等各种管理活动的表现。文件筐测验作为一种综合性纸笔测验，可以评估被测者的计划、组织、预测、决策和沟通等多方面能力，特别适合中高级管理人员的能力测评。

文件筐测验一般要求被测者在规定时间内（一般在两个小时之内）完成公文处理。为了使被测者产生紧张感，通常还设置一些紧迫或困难的条件，如必须在某个重要会议之前完成；被测者接触文件时是初履新任；或者被测者是深夜在家处理文件，没有秘书，也不能向他人电话求援等。待处理文件的数量一般不少于10份，不多于30份，所有文件必须写出处理意见，并说明处理理由。文件材料一般会提供组织的结构图、部门情况介绍等背景信息，当被测者打开第一份文件的时候，测评就开始了。被测者必须在有限的时间、资源和信息下，迅速理顺各种错综复杂、相互纠缠的诸多问题，借助自己的经验、知识和合理的推理想象，果断给出解决问题的书面意见。考官主要从被测者处理文件的顺序、质量、时间、理由等角度进行评价。文件处理结束之后，考官如果有不清楚或不明白的地方，还会与被测者进行深入交流，以澄清模糊之处。

文件筐测验的内容，因测评目的和测评对象的不同而不同。例如，如果是选拔高层管理人员，文件内容可能涉及组织架构的调整、人事安排、财务支出与控制等；如果选拔科级管理人员，文件内容则侧重日常性事务处理、上级命令的理解及执行等。再如，如果测评对象是人力资源部经理，文件内容可能是员工绩效下降、人员流失增加、劳动争议、薪酬费用超支等问题；如果测评对象是技术总监，则文件内容可能是新产品开发进展、生产线质量故障处理等问题。

二、文件筐测验的优缺点

（一）文件筐测验的优点

1. 仿真性高

文件筐测验完全模拟现实中真实发生的工作情景，测评材料是现实工作中的样本，能够吸引被测者全身心地投入测试。从测评的文件内容看，文件筐能够基本覆盖管理人员实际工作中遇到的各种文件，将被测者置于与实际工作相似的情景中，能够比较全面真实地反映被测者的实际工作能力。

2. 测评题目的形式内容灵活性强

文件筐测评题目的形式内容具有高度灵活性，可以根据工作性质、岗位及测评对象的不同灵活设计题目，任何工作情景、业务知识、实际操作经验以及素质要素都可以置于文件筐之中。文件的形式可以多种多样，从书面报告、电子邮件到电话录音都可以选择。文件的种类也丰富多样，从内容看可以涉及生产、财务、人力资源管理、公共关系等。从文件的来源看可以来自组织的各个层级或部门，也可以来自组织外的政府、大专院校等。从测评的组织看，可以是个体测评，也可以是集体测评。

3. 操作方便

文件筐测验只要求被测者对各种文件进行处理，不涉及复杂的人际互动。测评的场地、人员准备相对简单。文件筐的测评结果只有被测者的书面作业，相对于无领导小组讨论而言，省掉了观察、记录等环节，评价起来相对简单，考官经过一定的培训即可胜任。

4. 可预测性强

文件筐所包含的文件取材于被测者可能遇到的实际工作情景，通过文件筐测验可以对被测者的综合素质和潜在能力进行全面考察，具有较好的内容效度，其测评结果能够较好地预测被测者未来的绩效。研究发现，文件筐能够较好地预测行为的一致性，对人员评价具有较好的稳定性。

5. 开放性强

在文件筐作业中，所有文件的处理都没有标准答案，被测者自由发挥的空间较大，可以从不同的角度对文件做出反应，被测者面临的是开放式问题，而不是封闭性问题。对开放式问题的处理方式，既可以表现被测者的经验学识，也可以反映其灵活应变的意识。

6. 用途广泛

文件筐测验可以考察被测者多方面的管理能力，如计划能力、分析判断能力、督导下属的能力、决策能力、授权能力、时间安排能力等。可以对被测者运作组织各个部门如市场、生产、财务、行政等方面的业务能力进行考察。由于文件筐测验采用书面形式作答，还可以测试被测者的写作能力。文件筐测验可以用作选拔、考核管理人员，也可用于培训。通过文件筐练习，可以有效地提高管理人员的管理技巧、解决组织内部各部门及人际冲突的技巧，文件筐的测评结果还可为组织设计和人力资源规划等提供依据。

（二）文件筐测验的缺点

1. 题目编制难度大成本高

文件筐测验的题目需要在工作分析和胜任特征分析的基础上编制。编制者通常包括管理专家、测评专家和行业专家三类人士。编制团队需要具备丰富的工作经验和人员测评知识，深入组织各部门从各种渠道收集大量的不同类型的文件，并对文件进行进一步的典型化加工处理。因此，编制过程耗时耗力，编制费用较大。

2. 评价标准缺乏客观性

文件筐测验的题目属于开放式问题，对文件的理解、处理没有统一的标准。不同组织由于企业文化、价值理念、规章制度等不同，对文件处理的要求及标准也不同。对于不同的被测者，由于其领导风格存在差异，处理的方式也有所不同。不同的考官在经验、学识、认识等方面也可能存在差异，对文件处理结果的评价也不尽相同。尤其是专业学者与实际工作者之间在认识上很可能会存在不同看法。由于上述因素的影响，文件筐测验很难有统一的评价尺度，考官往往需在测评前进行培训以统一认识。由于评价标准不易掌握，文件筐测验的大规模应用也因此受到了限制，一般情况下文件筐测验只用于高级管理人员的选拔。

3. 被测者的真实能力可能无法准确反映

文件筐测验采用了纸笔测验的形式，对被测者的评价主要依赖于其处理文件的书面作业。由于被测者处理文件的方式或习惯往往受到其原先所在的组织的文化和规章制度的影响，被测者的书面作业往往只是反映被测者所在组织的工作习惯和做事风格，无法全面真实地反映被测者本人的素质能力，被测者的一些素质维度可能无法准确真实地暴露出来。

4. 测试维度的内容具有局限性

文件筐测验的全过程基本由被测者独立完成，在测评中没有被测者与考官之间的互动，也没有被测者与外界的联系。文件筐测验能较好地测评计划、组织、决策、授权等能力，但不适合测量人际交往和人际协调等能力。考官无法对被测者在实际工作中的人际能力做出判断。有鉴于此，文件筐测验往往需要与其他评价中心技术结合使用，离开其他评价中心技术的配合，文件筐测验很难单独对被测者做出全面准确的评价。

三、文件筐测验的前期准备

（一）工作分析和胜任特征分析

工作分析和胜任特征分析是文件筐测验最核心的基础工作。工作分析和胜任特征分析开展得越全面规范及深入细致，后期公文筐测验的题目编制就越顺利，测评结果的信度、效度也就越高。除工作分析和胜任特征分析外，组织的行业特点、内外环境、企业文化等也是编制测评题目时要考虑的因素。

（二）确定文件筐的评价要素

根据工作分析和胜任特征分析的结果确定评价要素。通常情况下文件筐测验主要从管理能力和业务能力两方面考察被测者，管理能力主要考察被测者的人际能力、管理经验、管理风格等；业务能力主要考察被测者处理组织中经常遇到的各种事件的能力。常常使用文件筐技术测评的能力，主要包括计划能力、组织能力、控制能力、决策能力、沟通能力等。

（三）文件筐材料的编制步骤

1. 素材的收集

为了保证文件筐测验与实际工作情景高度模拟，文件筐里的素材必须从一线管理部门收集，不能凭空杜撰。收集素材的方法通常有关键事件法、工作日志法等。关键事件法就是请一批优秀的任职人员及其上级对岗位工作中的关键事件进行回忆，关键事件应该能体现岗位的特点、难点，具有一定的挑战性，同时最好由任职者提供至少一种解决办法。为了针对拟测要素收集素材，题目编制人员可以事先告诉他们拟将测评的要素及操作性定义，最后由题目编制人员有选择地记录事件。工作日志法就是通过查阅任职者阶段性工作的记录，来发现岗位的典型事件。

素材的收集需要注意文件的全面性。从内容看，涉及文件的素材应包括指示性文件、知会性文件、报请性文件、记录性文件、法规性文件等。从形式看，应包括书面报告、电话录音、电子邮件、各类函件等。从事件的具体类型看，应包括处理下属提出的各种问题、回复各种商业函件、分派任务、调解各种冲突矛盾、客户谈判、会议、讲座等。从事件的性质看，应包括决策型事件、批阅型事件、完善型事件等。

2. 素材的筛选、整理与加工

素材收集结束后，首先需要对其进行整理，剔除那些不能反映拟测要素或过于累赘、烦琐等不符合要求的文件，然后对剩余文件进行分门归类。具体做法是，先给每个文件编号，同时对拟测要素也进行编号，然后将素材文件与拟测要素对应起来，明确各项素材能够测评的要素。

素材筛选、整理完毕后，还需要对留下的素材进行加工。因为原始素材很难完全适合测评使用，需要对其内容、形式进行处理。有的素材包含事件不够完整，需要进行补充；有的素材包含多个事件，需要进行拆分；还有的素材过于冗长，需要进行简化；有的素材文字陈述不够简洁，需要进行重新表述。来源于实际工作中的原始素材一般会偏重于经验考察，为了充分考察被测者的潜力，素材加工时应充分考虑对经验之外的素质考察。

3. 题目的编制

素材加工结束后，接下来就是根据素材中的事件编制各种文件。文件的形式、内容、性质等应与拟测岗位实际工作可能遇到的文件相一致，文件筐里不同文件的比重要与实际工作相接近。

文件的编制应注意以下几点：

（1）要明确每个文件的拟测维度，文件的主题要突出。一般来说一个文件会涉及事件的多个方面，但编制文件时通常是使用一个文件重点考察被测者的某一方面能力，文件的设计应以拟测维度为核心，一个文件应以一个事件为轴心。如文件一考察被测者的分析判断能力，文件二考察协调能力，文件三考察决策能力和授权意识。

（2）文件要具有典型性。文件中的事件应该是实际工作岗位中最典型、最常见的事件。文件要反映实际工作中的典型任务，在文件编制时可以把实际工作中发生的多个事件进行典型化处理，使之成为一个典型事件。

（3）文件的难度要适宜。难度过大或过于简单都达不到区分被测者的目的。

（4）文件筐的整体材料能够测试被测者的所有拟测维度。文件筐中的文件结构要具有合理性和代表性，文件之间应该是相互联系、相互制约的。在安排文件筐里的文件测评顺序时，一般是先易后难，形成难度梯度。

（5）文件的编制要考虑测评目的。如果测评目的是为了选拔合适的人选填补岗位空缺，题目内容应与岗位相关；如果测评目的是为了选拔未来培养对象，题目的内容可以是通用性的。

4. 试测与收集答案

文件筐测验的题目收集完毕以后，还需对题目进行试测，即抽选一部分人参与文件筐测验，并根据试测结果收集文件的各种处理办法，在此基础上编制参考答案。试测通常选择现任的在职人员完成，他们熟悉岗位工作的特点，其素质特征与对被测者的素质要求相仿，处理结果具有较强的参照性。试测人数一般在20人以上，人数过少难以具备统计价值。试测的实施情景应与正式测试时的情景相似，但测试时间可放宽，以保证得到完整可靠的答案。试测结束后，对所得答案要进行汇总分类，并以表格的形式列出来。

为了检验文件筐的区分效度，还可以选择两批人参与文件筐的试测。一批是有管理经验的优秀任职者，一批是毫无管理经验的一般人员。如果两批人的测验结果无显著差异，或有管理经验的任职者的回答显著劣于毫无管理经验的一般人员，说明文件筐的编制存在问题，需要对文件进行分析、修改甚至删除。如果两批人的测验结果存在显著差异，且有管理经验的任职者的回答显著优于毫无管理经验的一般人员，则说明编制的文件筐可以接受，文件筐的区分效度较好。

（四）文件筐测验的评定标准设计

评定标准设计是文件筐测验结果判定的前提，也是文件筐编制的基础环节。评定标准设计的首要环节是制定参考标准，也即制定处理各个文件的较理想办法。这是评定标准设计的关键环节，因为只有有了合理的参考标准，才能以此为尺度比较、评价被测者的表现。评定标准设计的第二个环节是制定等级水平，常见的等级划分有三级划分法（好、中、差）、五级划分法（很好、较好、中等、较差、很差）。评定标准设计的第三步是确定测评规则，即制定某一等级水平与参考标准之间的对应关系。

评定标准的制定一般是在征求测评专家及现任管理者意见的基础上，结合文献研究归纳整理出的，不能凭空设计。评定标准的样例如下。

计划能力：

（1）好：能够有条不紊地处理各种公文和信息材料，并根据信息的性质和轻重缓急对信息进行准确的分类处理。在处理问题时，能及时提出切实可行的解决方案，主要表现在能系统地事先安排和分配工作，注意不同信息之间的关系，有效地利用人、财、物和信息资源。

（2）中：分析和处理问题时能够区分事件的轻重缓急，能够看到不同信息之间的关系，但解决问题的方法不是很有效，在资源分配与调用方面也不太合理。

（3）差：处理各种公文和信息材料时不分轻重缓急，没有觉察到各种事件之间的内在联系。解决问题时没有考虑到时间、成本和资源方面的各种限制，以至于提出的解决问题的方法不可行。

（五）文件筐测验的评分表设计

评定标准制定以后，接下来就是设计评分表。评分表有 5 点量表、7 点量表、9 点量表、10 点量表等多种形式。以 5 点量表为例，被测者在一项维度上最多得 5 分，最少得 0 分，不同的得分可以对应不同的等级，例如，好（4～5）、中（2～3）、差（0～1），这三个等级对应的具体表现在评定标准中已有描述，考官可以根据被测者的表现在等级内进行细分打分。

文件筐测验评分表的样例如表 9.1 所示。

表 9.1　文件筐测验评分表的样例

序　号		姓　名		性　别		年　龄		教育程度			应聘职位	
测评要素		观测要素								满分	得分	备注
问题解决	洞察问题	洞察问题的起因，把握相关问题的联系，分析归纳，形成正确判断，对问题的可能后果做出预测								5	A	
	解决问题	提出解决问题的有效措施并付诸实施，即使在信息不充分的情况下，也能及时做出决策								5	B	
	计划统筹	确定具有前瞻性的目标和实现目标的有效措施与行动步骤，制定可行的行动时间表								5	C	
日常管理	任用授权	给下属指派与其职责、专长相适应的任务，为下属提供完成任务所需的人、财、物等方面的支持，给予下属适当的授权								5	D	
	指导控制	给下属指明行动和努力的方向，适时地发起、促进或终止有关工作，维护组织机构的正常运转，监督、控制活动经费的开支及其他资源的使用								5	E	
	组织协调	协调不同任务和下属的行动，使之成为有机整体，按一定的原则要求，调节不同利益相关者的矛盾冲突								5	F	
	团结下属	理解下属苦衷，在力所能及的范围内解决下属的困难，尊重下属，倾听下属的意见，爱护下属，帮助下属适应新的工作，重视下属的个人发展								5	G	
个人效能		注重效率，能够合理有效地使用、分配、控制自己的时间								5	H	
考官评语		考官签字										

（六）考官的培训

文件筐测验在正式施测前，必须对考官进行培训。培训的内容主要包括：①向考官讲解拟任岗位及其具体的能力要求，使考官深入了解测评目的；②向考官讲解本次文件筐测验的拟测要素及其评价标准；③向考官讲解本次测评的答题方式及组织方式等。其中前两项是培训的重点，为了使考官切实掌握拟任岗位的能力要求及拟测要素的评价标准，考官们需要进行文件筐测验的评价练习，通常是让多位考官同时对几份文件筐测验的答卷进行独立评分，然后彼此交流评分结果。如果不同考官之间的评分结果差异较大，考官就得对评分理由、评分依据等进行讨论，直至达成一致的评分标准。

四、文件筐测验的实施

1. 场地安排及准备测试材料

相对于无领导小组讨论，文件筐测验的场地要求不高，但场地最好与实际工作情景相似，具备宽敞、明亮、安静等条件。测试材料主要包括各种测验材料、答题纸、橡皮、铅笔等物，测验材料和答题纸要事先编号。测验材料包括两部分内容，一种是背景材料，包括组织概况、行业背景、时间表等；另一种是被测者待处理的各种文件。为了增强模拟真实情景的效果，待处理的文件可以采用实际工作情景中使用的文件，而不必将待处理的文件以习题的形式列在一份试卷上。如待签请示、通知等文件就采用实际中使用的原文件形式。

2. 宣读指导语

指导语主要向被测者说明文件筐测验的任务及注意事项等，文字应通俗易懂，以确保被测者能够准确理解文件筐测验的各种要求，如答题时间、目的要求、测验中的纪律等。考官宣读、讲解指导语之后，被测者才可以阅读测验材料中的背景材料，了解自己在本次测评中的模拟身份、组织结构、岗位职能等，并尽快在背景材料的引导下进入角色。为了确认被测者是否完全理解指导语，有些文件筐测验还在此环节设计了指导语测验，只有当被测者通过指导语测验时才能开始正式测评。被测者在本阶段如有不清楚的地方，可以向考官提问。但在此阶段，为保证测评的公平性，被测者不得翻阅待处理的文件等测验材料。为了避免被测者提前翻阅，考官也可以等被测者没有问题后再发放测验用的文件。

3. 正式测评阶段

正式测评阶段一般是1~3小时，视测评目的和文件数量的多寡有所不同。考官宣布正式测评开始后，被测者可以阅读待处理的文件等测验材料，但不得向考官提问，也不能与外界联系，一般由被测者独立完成所有文件的处理工作，被测者的文件处理意见及理由都必须写在答题纸上。测评结束时被测者必须同时停笔。提前做完题目的被测者也不能离开考场，以备测验结束后考官可能的提问。

测评结束后，考官应立即粗略浏览被测者的答案，如果觉得被测者的答案存在模糊之处或无法辨明其处理意见、处理理由时，可以当面提问被测者，以澄清模糊之处。

五、文件筐测验的结果评估

由于文件筐测验题目的开放性特点，以及测验情景复杂多变、评价标准较难掌握，文件筐测验的结果评估因而也就成为文件筐测验的难点。文件筐测验的结果评估包括打分评价和评语评价两部分。

打分评价就是在测评结束后，考官按照文件筐评分表的要求，对被测者在每一个文件下的所测素质维度进行打分。考官可以先分别独立地对被测者打分，然后进行讨论，交流评分结果，完善参考答案。在统一评价标准后，再次分头打分，以考官的第二次打分作为被测者的成绩。为了保证不同考官的评价标准一致，最后还可以由一位有经验的考官对所有考官的打分进行复核，如发现不同考官的评价标准差异较大时，还需要再进行沟通调整，直到达成统一的评价标准。

评语评价的目的是为了弥补打分评价的不足，更生动地记录被测者在测验中的表现。评语评价没有严格的内容或形式要求。在评语评价中，考官可以对被测者的突出要素进行文字描述，也可以对被测者的整体素质进行分析归纳，还可以记录考官对被测者存在的不解之处，以及进一步考核的建议，包括考核的方法和下一步重点要考察的内容等。

第五节　角色扮演

一、角色扮演的概念

角色扮演是一种情景模拟活动，通常以测评被测者的人际关系处理能力、心理素质、潜在能力等为主要目的。在角色扮演中，通过设置一系列与拟任岗位实际情况相似的工作情景，要求被测者扮演某一角色并进入角色情景，处理该情境下的各种问题和矛盾，讨论各种相关的问题。考官通过观察和记录被测者在不同角色中所表现出来的行为对其进行评价。

角色扮演设计的情景以人际矛盾与人际冲突为主，被测者扮演的角色一般是工作中经常遇到的人，如同事、上级、下属、客户、其他职能部门经理等，需要完成的任务也经常是实际工作中可能遇到的具体问题。如要求被测者扮演一名销售员，向某一大型超市的采购部经理推销其产品；或者要求被测者扮演一名车间主任，向工人分配生产任务。

角色扮演的测评重点是被测者的人际能力、应变能力以及被测者的态度、动机等素质，而非被测者处理某一件事的具体做法。在测评中，考官还可以给被测者施加压力，如安排被测者的配角故意不合作、指责等做法，考察被测者在各种情景下的综合素质。

角色扮演不仅用于测评，还可以应用于培训、团队合作等人力资源活动。角色扮演用于职业适应性培训时，可以通过模拟实际工作情景让新员工、岗位轮换者、岗位新晋升人员等体验某种工作角色的感受，帮助他们认识自己及深入理解岗位的特点，快速转变角色并适应新的工作岗位。常常使用角色扮演技术进行培训的，有谈判技巧培训、推销员培训、领导行为培训、会议安排培训、冲突管理培训等。

二、角色扮演的优缺点

（一）角色扮演的优点

1. 参与性强

作为一种测评技术，角色扮演特别能够充分调动被测者的积极性。在角色扮演中，被测者的角色明确，任务清晰，为了证明自己能够高质量完成任务，再加上角色扮演只是一种模拟活动，被测者不必顾虑因决策失误可能造成的实际损失。因此，被测者可以按自己的意愿尽情表现，积极投入角色，充分展现自己的才华，为考官发现被测者的潜能创造条件。

2. 灵活性强

角色扮演的形式和内容可以根据测评目的的需要进行灵活调整，测评的主题和情景丰富多样。在测评过程中，考官也可以根据被测者的表现设置各种各样的"人为障碍"，以充分考察被测者在多种情境下的素质。角色扮演可以为被测者提供无限制的表现空间。

3. 模拟性高

角色扮演能够根据拟任工作岗位的特点设计情景及任务，被测者在角色扮演中遇到的问题是实际工作中经常出现的典型问题，并且处理该问题具有一定的难度，需要耐心冷静的沟通协商才可以解决。考官通过观察被测者处理问题的行为表现，可以判断其实际工作能力。由于模拟情景与实际工作情景相似，便于考官对被测者做出准确判断。

4. 便于增进参与者之间的默契及团队精神

在角色扮演中，不同的角色之间需要配合、沟通、协商、让步等，这种交流有利于增进参与者之间的感情，培养参与者的人际交往能力、相互认知能力等。也因为角色扮演的这个优点，角色扮演可以用于人际培训，培养同事间的团队精神及相互默契度。

（二）角色扮演的缺点

1. 情景设计难度较大

角色扮演在情景设计上可能出现两个问题：一是模拟情景与测评内容不一

致，导致被测者的表现无法反映拟测的素质维度；二是情景设计可能不够真实，出现表面化、简单化的倾向，在这种情况下被测者的表现无法反映其真实能力。用于培训时，由于设计情景人工化的痕迹太重，受训者不易进入角色，无法达到培训效果。

2. 被测者的行为不一定反映其真实状况

在角色扮演测评过程中，某些被测者可能由于自身特点而不习惯或不喜欢这种测评方式，进而表现出漫不经心的行为，或者无法进入角色状态；某些被测者在角色扮演中又会表现出模式化行为，其在测评中刻意的模仿行为或者模式化表现与其在实际工作情景中的真实状态相去甚远。出现上述情况时，测评的效果就会大打折扣，测评结果无法反映被测者的真实状况。

3. 对考官及角色的配合者要求较高

角色扮演需要配合者来扮演与被测者交流的人。由于不同角色扮演的设计不同，这个配合者可以是一位独立的第三方人员，也可以是一位考官，还可以是另一位被测者。面对不同的被测者，配合者与被测者交流的形式、内容都很难做到标准化，配合者本人与不同被测者的交流在表现方面会有较大波动。在这种情况下，考官要准确观察记录被测者的行为表现就需要很高的技能，尤其考官本人扮演配合者时，考官既要演好自己的角色，又要完成观察记录任务，没有很高的技能和丰富经验很难做到准确、客观测评。为了让配合者与不同被测者交流时表现出稳定的标准化行为，配合者也需要接受系统、专业的培训。

三、角色扮演的主要类型

根据测评任务的不同，角色扮演分为三大类：沟通类角色扮演、问题解决类角色扮演、应变类角色扮演。

1. 沟通类角色扮演

沟通类角色扮演又分为一对一沟通的角色扮演和一对多沟通的角色扮演。

（1）一对一沟通的角色扮演。这是最常见的角色扮演类型，通常要求被测者扮演一位领导者角色，同一位下属、同事或客户谈话，以解决某个特定的棘手问题。如扮演人力资源部经理约谈一位绩效比较差的员工，讨论辞退问题，或者是扮演客户服务部经理处理一位客户的投诉。

（2）一对多沟通的角色扮演。通常是要求被测者扮演一位领导者角色，同多位下属、多位同事或多位客户谈话，解决工作或沟通中遇到的消极情绪或不满等。例如，扮演部门经理，对调整下属的岗位责任做出说明；扮演人力资源部经理，向各位职能部门经理解释绩效考核办法的变动情况及原因等。

2. 问题解决类角色扮演

问题解决类角色扮演，通常是要求被测者扮演一位领导者解决某个利益冲突问题。常见的利益冲突问题有办公资源的分配、奖金福利的分配、工作的安排等。如扮演技术部经理与五位下属讨论，决定哪一位获得公司总部分配的一个为期十日的旅游度假指标。

3. 应变类角色扮演

应变类角色扮演，通常是要求被测者扮演一位领导者处理某一个突发事件。主要考察被测者能否面对危机镇静自若、迅速抓住问题的要害或关键点并灵活处理的能力。如扮演某食品企业的负责人处理公司产品由于质量问题而导致的大面积消费者中毒问题。

四、实施角色扮演的前期准备

1. 确定角色扮演的评定要素

应用角色扮演技术前首先要明确测评目的，并在此基础上确定评定要素。同无领导小组讨论和文件筐测验一样，确定评定要素的主要方法仍然是工作分析与胜任特征分析，但是角色扮演技术的工作分析重点在于找出拟测岗位中经常发生的、与人打交道的事件，在这些事件中应包含人际的观点或利益冲突，角色扮演技术主要考察被测者处理这些冲突的素质。在确定评定要素之后，还要考虑拟测要素是否适宜角色扮演技术施测。一般来讲，角色扮演技术主要用于测评与人打交道的能力以及能力背后的动机、态度等。常见的角色扮演法评定要素有沟通能力、协调能力、说服能力、判断决策能力、组织能力、团队合作能力等。

2. 设计角色扮演的情景

角色扮演的关键环节，就是要设计出能够反映被测者拟测素质的工作情景。设计情景时应遵循以下原则：

（1）情景明确。设计的情景要有组织的背景、部门分布、人员状况等具体的详细情况，要便于被测者迅速理解测评的情景。

（2）角色明确。须详细说明被测者要扮演的角色、其配合者要扮演的角色等，使被测者能快速理解其扮演的角色并迅速进入角色。

（3）任务明确。须具体说明被测者在角色扮演中的任务，包括应达到的目标及时间限制等。在角色扮演的实践中，大多数任务都是以说服他人为目的。

（4）可操作性强。设计的任务及角色可操作性强，容易被被测者理解和接受。任务及角色的说明通俗易懂，不会产生理解偏差。

3. 编制角色扮演的评定标准

针对角色扮演的各个拟测素质维度，制定相应的评定标准。评定标准一般在征求目标岗位的现任任职者以及测评专家的意见的基础上，并参照相关文献来制定。常见的评定标准有三级划分法、五级划分法等，每个等级对应相应的分数区间。角色扮演评定标准的编制应主要针对考察被测者的实际能力和综合素质，而不是其角色模仿的逼真程度。

4. 设计角色扮演的评分表

在评定标准的基础上，设计角色扮演的评分表。具体格式可以参照文件筐评分表（表 9.1）。

5. 考官及角色配合者的事前培训

角色扮演实施过程中，即使是同一个情景材料，不同被测者与角色配合者的交流过程可能会出现很大差异。为了保证考官能够严格按照评定标准进行评价，也为了让角色配合者在角色扮演中尽可能地做出标准化的反应，考官及角色配合者事先都要接受系统的培训。

考官的培训主要侧重于熟悉测评目的、岗位素质要求、测评要素及测评标准等。培训的核心是确保考官能够严格按评定标准打分，避免在测评中出现第一印象效应、晕轮效应、刻板印象等认知偏差。在把握评定标准时，考官常犯的一个错误是相对比较效应，即通过比较两个被测者对其做出评价，而不是按照评定标准对被测者评价，这些都是在培训中要强调的。

角色配合者的培训，主要侧重于熟悉测评情景、掌握其角色的任务及目的，角色配合者一般需要通过反复演练，达到面对不同的被测者能做出标准化的反应的目标。

五、角色扮演的实施

1. 角色扮演的位置安排

一对一沟通的角色扮演，一般为两人面对面相视而坐，根据需要也可以在中间放一张桌子，距离在半米至一米之间，两人的座位无主次之分，以创造平等沟通的氛围。被测者的座位须面对考官，以便于考官观察记录。

一对多沟通的角色扮演，一般也是相对而坐，一边是被测者，另一边是多个角色配合者，被测者面对多个角色配合者完成角色任务。

2. 宣读指导语

考官宣读指导语，强调角色扮演的规则、注意事项及纪律等，并就被测者提出的不明白之处做出解答。

3. 被测者阅读测评材料

考官向被测者发放测评材料，测评材料包括情景信息、角色说明、需完成的任务等。被测者熟悉测评材料的时间一般在 10～30 分钟，具体视情景信息与任务的复杂程度而定。

4. 被测者现场沟通

被测者在清楚理解自己的角色、任务及所处情景后，开始正式的现场沟通。沟通时间一般为 15～30 分钟。时间过短不易判断被测者的素质，时间过长会增加测评成本。在正式沟通阶段，考官不回答被测者提出的任何问题，被测者的语言行为完全由自己发挥掌控。

被测者在正式沟通中一般扮演领导者的角色，因而应主动发起会话，掌握沟通的话题、节奏、气氛等。角色配合者的任务，在于通过故意设置多重障碍，为被测者充分展现各方面的素质创造机会和条件。

角色扮演规定的沟通时间完毕时，无论被测者是否完成角色赋予的任务，考官应立即宣布测评结束。其原因是角色扮演技术主要观察被测者的行为，而非得到某个结果。另外，为了体现对所有被测者公平，沟通时间也必须限定在规定时间以内。

5. 角色转换

为了测评多项素质维度，同一个被测者在一次测评中可能要扮演一种角色完成多项任务。被测者完成一项任务后，需要转化角色，完成另一项任务。这中间需要一定的时间间隔，一般 5～10 分钟，以便让被测者从第一项任务的情景中走出来，身心状态调整好以后再完成第二项任务。如要求被测者扮演销售部经理，需要完成的两项任务分别是：一是面对客户对产品质量问题的投诉；二是向一位未完成销售任务的业务员解释为何降低其年终奖金。在两项角色扮演的任务中间，被测者需要休息 5～10 分钟，以便顺利实现角色转换。

六、角色扮演的结果评估

角色扮演的结果评估，包括打分评价和评语评价两部分。

打分评价，就是考官根据评定标准，按照角色扮演评分表对被测者进行打分。由于角色扮演的评定标准较难掌握，为了避免不同考官的标准出现较大差异，在实践中，可以先由各位考官宣读自己对某一位被测者各要素维度的打分及评分理由，其他考官有不同意见时可以提出讨论，直至达成统一的意见，最后形成的分数就是被测者的得分。

评语评价，是对打分评价的补充。被测者的某些素质特征可能在打分评价中无法充分体现，评语评价可以通过具体生动的描述记录来强调被测者的这些特征，并对其进行定性评价。

第六节　其他评价中心技术

一、管理游戏

（一）管理游戏的概念

管理游戏是一种以完成某项或某些实际工作任务为基础的标准化团队模拟活

动。管理游戏一般以多名被测者组成的小组形式进行，被测者置身于一个模拟的工作情景中，面临一些实际工作中常常遇到的管理问题，小组成员需相互合作，共同完成规定的任务，并在任务结束后就某一主题进行交流讨论。在管理游戏中，每位被测者都需要完成分配的特定任务，有的游戏还规定了小组成员的角色。考官通过观察被测者在游戏中的行为表现，对被测者的各项素质进行评价。被测者在管理游戏施测过程中，能够处于一种相对放松的状态，其行为表现比较真实，能够反映其实际的素质状况。

（二）管理游戏的应用范围

管理游戏一般用于评价被测者的团队领导能力、沟通能力、协调能力、应变能力、合作精神、创新意识、主动性等。管理游戏的主题，可以涉及组织的多种管理活动，如生产管理、营销管理、人力资源管理、财务管理等。根据管理游戏要解决的问题类型，管理游戏可以分为团队建设游戏、会议游戏、销售游戏、压力缓解游戏、创造力游戏、激励游戏等。在管理游戏中，考官可以根据测评目的的需要分配给被测者各种不同的任务和角色，观察被测者的各项素质维度。除了用于测评外，管理游戏还广泛用于组织的各项培训活动，通过员工参与管理游戏培养其决策能力、团队精神等。

（三）管理游戏的优缺点

1. 优点

管理游戏具有以下优点：首先，管理游戏具有较强的趣味性，能够调动被测者参与的积极性，便于消除被测者的紧张感和掩饰心理，激发被测者的潜在能力及创造性思维。其次，管理游戏的模拟内容较接近实际工作情况，逼真度较高，能使被测者置身于实实在在的冲突和压力下，展现其实际处理问题的能力。最后，管理游戏可以同时考察被测者的多种能力。管理游戏都设计了明确的任务，完成任务的过程能够反映被测者的多种能力素质。

2. 缺点

管理游戏也有以下缺点：第一，管理游戏的设计成本以及对测评场地、道具的要求都较高，需要花费大量的人力物力去组织与实施。如管理游戏中经典的小溪游戏，就需要在户外进行，并且要准备圆木、滑轮、木板、绳索等道具。第二，管理游戏的操作不便于观察，对考官的要求较高。被测者在游戏过程中常常处于运动状态，需要安排多位考官观察不同的被测者，考官有时还需要走动观察。管理游戏在实施中还可能由于被测者的失误或协调不当出现混乱场面，考官要在运动中准确观察被测者细小的行为表现并严格按照评价标准打分有一定难度。第三，管理游戏的测评时间较长，实施成本高。管理游戏一般需要一个小时，一些要求较高的游戏则需两个小时甚至更多时间。

（四）管理游戏案例

管理游戏有很多，在此仅介绍两种常见的游戏，即小溪练习和建筑练习。

1. 小溪练习

在小溪练习中，给被测者一个滑轮及铁棒、木板、绳索等工具，要求他们把一根粗大的圆木和一块较大的岩石运到小溪另一边。这样的任务单靠个人的力量是无法完成的，必须在所有人员的协作下才能完成。通过这项练习，考官可以有效地观察被测者的领导特征、组织协调能力、合作精神、社会关系特征等。

2. 建筑练习

建筑练习是一项个人练习，包括一名被测者和两个配合者。这项练习要求被测者使用木材建造一个很大的木头结构的建筑。在练习中，有两个"农场工人"甲和乙作为配合者，帮助被测者一起来完成建筑任务。这两个工人甲和乙是测评机构的工作人员，他们按照管理游戏预定的目的和计划做事。甲表现出被动和懒惰的特征，如果没有明确的指定命令，他就什么事也不干。乙则表现好斗的和鲁莽的特征，采用不现实的和不恰当的建造方法。甲和乙以各种方式干扰、批评被测者的想法和建造方案。该练习的目的是考察被测者的领导能力，更重要的是了解被测者的情绪稳定状况。来自实践的一些研究报告表明，几乎没有一个被测者能圆满地完成建筑任务，其中许多人变得痛苦和心烦意乱，有些人宁愿自己单独工作而不愿使用或理睬配合者，有些人则放弃了这个练习，还有一些人在这种情景下想尽办法努力工作，较好地完成了任务。

二、案例分析

案例分析通常是考官让被测者先看一些某个组织在实际管理中遇到的问题材料，要求被测者通过对问题事件、数据报表等原始材料进行分析，找出其管理中存在的问题并提出解决方案。被测者最后要提交书面报告或在小组讨论中发言。

案例分析的特点是操作简便，测评成本较低，能够考察的素质维度范围广，测评目的及组织实施容易把握。案例分析在考察被测者的战略思维、行业远见、问题解决、判断决策、综合分析、创新意识、口头或书面表达能力等方面效果较佳。案例的主题可以覆盖组织管理活动的所有方面。

案例分析可以考察被测者的一般性技能，如组织某个会议，也可以考察被测者的特殊性技能，如评估某项长期投资的收益。当案例分析以纸笔形式作答时，考官可以同时从案例分析的报告内容及形式两方面对被测者的相关素质进行评价。从报告的内容来评价时，首先对报告的内容要进行标准化处理，然后将被测者给出的问题分析或解决方案与拟测要素的观察要点进行比较，并做出打分评价。从报告的形式来评价时，主要看报告的规范程度、书面表达等方面有无瑕疵，并做出相应的评价。

案例分析的缺点是评分比较主观，客观、易把握的评分标准难以制定。不同考官由于经验、视角及管理风格的不同，可能对同一份案例分析的报告做出差异较大的评价。

三、演讲

演讲就是考官给被测者一个主题，要求被测者在规定的时间内阐述其观点及论据，考官通过观察被测者的行为表现，包括语言、神情、肢体动作等，对被测者的相关能力及素质维度进行评价。演讲的主题通常与拟测岗位有关，同时分配给被测者一个特定的角色，要求被测者在给定的模拟情境下以某种特定身份发表演讲，达到动员、激励、说服、解决问题、控制现场等目的。

演讲的时间通常在十分钟左右，演讲结束后一般要留五分钟左右的时间让在座的考官提问，由被测者现场做出回答。考官在提问中通常会质疑被测者的观点，被测者则须通过更深入的论述来捍卫其观点。考官通过观察被评价者的反应对其相关素质做出评价。

演讲可以用来测评语言表达能力、说服能力、沟通能力、应变能力、分析推理能力、逻辑思维能力等多项素质。

附录 评价中心主要技术样例

一、评价中心实施流程样例

某大型日化公司为了拓展新市场，决定成立三个新的区域市场部，分管三个新区域的市场开发。为了将最优秀的人才安排在新的领导岗位，公司领导层决定面向全社会公开招聘三个区域市场部经理。人力资源部会同公司领导层首先对市场部经理的岗位职责、工作任务等进行了分析讨论，明确了拟任市场部经理需要具备的各项素质。

公司的招聘工作分为三个阶段。第一阶段，人力资源部在收到应聘者的求职材料后，根据应聘者以前的工作经验、专业知识、学历学位等情况确定进入面试的候选人名单；第二阶段，人力资源部采用面试方式对应聘者的专业知识、综合分析能力、学习能力、价值观等素质进行测试，筛选出进入下一轮测评的候选人；第三阶段，人力资源部协同公司部分领导、公司外聘的人员测评专家，采用评价中心技术对应聘者的决策能力、组织领导能力、人际能力、个人影响力、沟通能力等各项素质进行测评。

第三阶段是招聘工作的核心阶段，该阶段的测评结果将最终决定哪些应聘者被公司录用。在本次测评中，采用了文件筐、无领导小组讨论、个人演说、角色扮演四种评价中心技术进行测评，各个技术的拟测要素和时间安排见图 9.1。

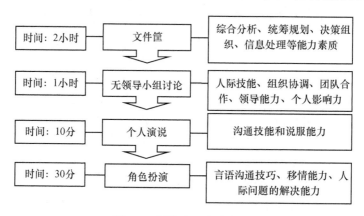

图 9.1　评价中心实施流程

二、无领导小组讨论材料样例

某公司在采用无领导小组讨论测评中层干部时，使用了下列的材料：

材料 1：一个成功的领导者应具备多项素质，例如，能通观全局、有决断力、处事公正、独立有主见、善于鼓励下属、言谈举止有风度、有亲和力、人际沟通能力强、精通业务知识、善于化解人际冲突、有明确的目标等，请你从上面所列的因素中分别选出一个你认为最重要和最不重要的因素。

首先，各位小组成员有五分钟时间考虑，然后每位小组成员都需要将自己的答案写在纸上亮出来；接下来，全体小组成员用 30 分钟时间就这一问题进行讨论，并在结束时拿出一个一致性的意见，即得出一个全体小组成员共同认为最重要和最不重要的因素；最后，派一位代表来阐述小组的观点，并说明做出这种选择的原因。

材料 2：某高科技软件公司专门为移动通信行业提供信息解决方案，公司所属行业竞争非常激烈，技术更新速度很快，竞争环境的不确定性很强。前任总经理由于未能达到董事会的业绩要求而离职，目前公司正在着手聘任新的总经理。为了保证新任总经理有能力胜任本职工作，公司的人事总监正在制定总经理职位的能力要求。

各位小组成员的任务，就是帮助人事总监整理出关于总经理职位的能力要求。首先，请各位小组成员每个人花五分钟时间进行思考；然后分别独立地列出五项作为该公司总经理的能力要求，并按重要性顺序写在答题纸上；接下来各位小组成员一起讨论，在 30 分钟内达成一致意见，也即列出五项重要性排序一致的总经理职位的能力要求；最后选派一位代表来阐述小组的观点，并说明理由。

三、文件筐材料样例①

以下材料是××零售集团公司文件筐测试的主要过程。测评的主要维度有时间管理能力、文字表达能力、计划能力、组织能力、领导能力、沟通协调能力和责任感等。

（一）××零售集团公司文件筐测试指导语

从现在开始，你就是××集团公司纺织品公司的经理，周四下午刚刚从广州出差回来。一到办公室，你就发现总公司周二发的任免文件，免除了你的上海公司经理的职务，任命你为集团公司主管业务的副总经理。

现在是周五（3 月 12 日）上午 9：00，你已到了新的办公室，桌上堆满了文件。请你尽快进入角色，完成一系列的任务，将文件分出轻重缓急，对主要文件拿出处理意见，写出自己的工作计划。

（二）背景

你的正职吴总经理是一位专业造诣颇深、严谨负责的领导。但他最近身体状况不太好，从前天起在医院接受身体检查，假如情况比较好，估计下周一能够回来上班。而接任你的分公司经理一职的李某某由于出差，要下周三才能回来上任。所以现在，你既是副总经理，又要负责上海分公司的治理工作，同时还要主持总经理的工作。（下列文件中提到的×经理就是你。）

目前，公司里能够配合你工作的人员有：①总经理秘书小王，为人精明能干；②总经理办公室张主任，办事认真，细致，有耐心；③您在纺织品公司时的秘书小赵。

（三）文件的回复格式

请按以下示例回复各个文件。
回复方式：（请在相应选项前的"□"里画"√"）
□信件/便函
□Email
□电话
□面谈

---

① 主要资料来源：HR 家园社区 http：//www.shhrclub.com/

　□不予处理

　□其他处理方式，请注明_____

回复内容：（请做出准确、详细的回答）

略：

（四）待处理文件

1. 文件———请示

关于召集座谈会的请示。

×经理：

几家我公司用户来信，称赞我公司产品质量高，信誉好，但也提出产品所存在的一些问题。销售部提议技术、生产、销售部门与服务中心与用户进行一次座谈，探讨公司产品的未来发展，同时帮助用户解决一些实际问题。

妥否，请批示。

刘　备
2004-3-8

2. 文件二——请示

吴总经理：

3月5日，我公司一名下岗两星期的女工因为郁闷而卧床不起。其家属在未了解事实真相的情况下，于3月7日打伤了李经理，使得他不能上班，目前正在家休息。我们该如何处理这件事，请指示。

眼镜公司　黎明
2004-3-9

3. 文件三——一周简报

在上一周内，我们收集到的信息主要有以下两条：

（1）深圳市技术监督局预备从12月1日起全面整顿眼镜行业市场。

（2）国务院11月5日召开会议，部署严厉打击走私活动。这一决定将会对进口商品造成影响。

具体情况打电话6801找小汪联系。

信息中心
2004-3-8

4. 文件四——电话记录

（1）3月10日下午2：00，刘副经理来电话，汇报她参加上午的企业经理联谊会的情况。她在与果脯厂厂长聊天时得知，该果脯厂要搞一个羊羹加工厂且工艺流程、生产机械都十分先进，市场也看好。经过她劝说，该厂同意合办一个股份公司，我公司可投资 50～100 万元，回报率可达 40%。但对方催得很急，要求在三天内回复。请您批示。

（2）3 月 11 日下午 4：25，市计生委周主任来电话，要您重新考虑对王秀花问题的处理，看能否减轻对她的处罚，以避免她上访造成的麻烦。

（3）3 月 11 日上午 9：00，外联部张部长来电话，提醒您别忘了 3 月 12 日中午 11：00 的厂商联谊会的午餐会。

5. 文件五——职工来信

吴总经理：

您好！

我是鸿远公司的一名会计，出于对本公司长远利益以及我自身利益的考虑，我不能不向您指出我公司在去年年度奖金分配工作中的存在的重大问题。这些问题已经造成了职工的强烈不满，引起了多方面的人际纠纷和矛盾，使得公司的正常运行严重受阻，各项工作无法继续顺利开展。

我们公司是由两家公司合并组成的。由于合并后两家单位一直没有磨合到位，大多数领导并不了解两家单位上半年的情况。在去年的年终奖励兑现进程中，领导们没有制定具体的分配标准，也没有征求唯一了解全部情况的一位副职的意见，甚至连会计做出的分配细目表都没有进行通报讨论，只是简单地通过了六条分配原则，就草率地进行了操作。因此在分配中出现了较为严重的失误，致使同一单位、同一职务、同一工种的分配金额相差多达五倍，破格多拿奖金的事很平常。

为保障公司的正常工作秩序和职工的正当权益，恳请总经理对此事予以充分重视，并及时解决。

　　　　　　　　　　　　　　　　　　　　　　　×××

　　　　　　　　　　　　　　　　　　　　2004 年 3 月 10 日

6. 文件六——请示

据我们调查，装配车间工伤死者孙守志情况比较复杂，他是本单位退休干部孙某某六个子女中唯一的一个男孩，又是孙副经理的亲戚，但无用工手续。不知此事该如何处理，请指示。

　　　　　　　　　　　　　　　　　　　　　　　　　劳资科

　　　　　　　　　　　　　　　　　　　　2004 年 3 月 11 日

7. 文件七——匿名信

×副总：

最近一段时间内，公司里部分管理人员和员工出现了争奖金、出工不出力、暗地里搞兼职、炒股票等行为。这严重影响了公司的日常工作和风气，再这样下去，后果将不堪设想。请您对此给予重视，采取一定的措施制止这股歪风邪气。

一位老职工

2004 年 3 月 10 日

8. 文件八——通告

纺织品公司王秀花，去年九月违反了国家计划生育政策，生了第二胎。依照有关规定，本公司对她进行如下处理：①扣除全年的奖金；②产后休息期间不发工资，另外再扣除一年的工资；③公司不负责出具孩子上户口所需要的证明。此决定自公布之日起生效。

公司计划生育办公室

2004 年 3 月 5 日

四、角色扮演材料样例[①]

以下是某企业采用角色扮演技术实施人员测评的样例。

（一）背景

上海龙舞冰箱厂是一家专门生产和销售"龙舞"系列品牌冰箱的中美合资公司。公司成立于 1993 年 5 月。目前拥有员工 500 多人，设有生产部、技术部、销售部、采购部、人力资源部、财务部等职能部门。张谨是技术部的部门经理，直接向总经理汇报工作，下辖四个股，分别为生产工艺股、质量控制股、生产计划股和设备管理股。每股有员工十名，各股设股长一名，他们都直接向张谨汇报工作。

技术部的主要工作职责是负责制定生产计划、设备的管理与维修、质量控制、生产工艺与过程控制，协调生产，随时解决生产过程中遇到的各类技术问题。

由于各种原因，上海龙舞冰箱厂面临的竞争压力正在逐渐增大，因为同类产品越来越多，产品销售价格一再下降，利润空间越来越小。要想保持原有的市场地位，公司就不得不进行相应改革以提高效益。

为了提高生产效率，公司的管理团队经讨论制定了一项优化生产过程的计划，由生产工艺股负责具体推行工作。生产工艺股的股长是吴华。这一优化过程需要生产工艺股与生产部密切合作，共同进行，因此生产部主管的配合对这一项目的成功与否有极其重要的意义。在上周生产工作会议上，吴华与生产部的钱经

---

① 资料来源：HR 俱乐部网站 http://hr.cqjob.com。

理因意见不同发生过激烈的冲突。当时，钱经理提出要改进一套生产设备，但吴华认为由于工厂条件所限，改进设备不可行。钱经理级别比吴华高，听后很不高兴，发脾气了，双方各执己见，吵了起来。最后，在其他与会人员的劝说下，他们停止了争吵，不欢而散。这件事可能会影响吴华与钱经理的合作，甚至吴华会反对这一计划，不愿实施该项目。

（二）被测者的角色及任务说明

在测评中，被测者扮演张谨，吴华由另一名角色配合者扮演。

扮演张谨的被测者的任务是向吴华布置优化生产过程的工作任务，并说服他主动改善与钱经理的关系，以使优化项目顺利进行。

周一上午，张谨经理把吴华股长（即角色配合者）叫到办公室，目的是为了通知吴华股长有关优化生产过程项目的具体内容，同时张谨经理还希望吴华股长能够改善与生产部钱经理的关系，以全心投入到这一优化生产过程的项目中。由于 30 分钟后张谨经理必须出发去机场到外地参加一项重要会议，谈话时间必须控制在半小时以内。

（三）角色配合者的背景资料

在角色扮演中，角色配合者需扮演好自己的角色，创造机会使被测者能充分展现各方面的素质。在本次角色扮演测评活动中，角色配合者饰演吴华股长的角色，被测者将以直接上司的身份与角色配合者进行一次历时约 30 分钟的谈话。吴华的背景材料如下：

吴华在上海龙舞冰箱厂工作已有三年，从最初的蓝领生产工人做起，一年前被提升为技术部生产工艺股的股长。总的说来，吴华喜欢自己的岗位，有能力，工作也很努力，只是偶尔做事比较马虎，上季度就出现过两次发错报告的小问题，由于这些差错，上季度张谨经理对吴华的考核评价是 2 级（考核分 5 级，1 级最差，5 级最优）。对此吴华有所不满，认为这两次犯的都是小错误，也没有导致什么损失。

吴华非常清楚地感知到企业面临的竞争压力，而且认为该优化生产过程项目的确能起到提高生产效率的作用，但要想实施这个新项目，人手方面有不小的困难，上个月有两名员工刚刚辞职，影响了整个团队的士气。最近新招聘进来的一名员工还在进行入职培训，暂时派不上用场。现在正进行的工作已非常繁忙，时间不够用。另外，要想推行这个生产优化项目，设备方面也有问题，现有的设备不够先进，推行该项目时会出现较多的技术难题。

在上周的生产工作会议上，吴华与生产部主管钱经理发生了上面提到的冲突。对于这件事，吴华一直认为自己理由充分，没有做错，是钱经理无理取闹。

吴华认为钱经理是一个自负的人，固执己见，不愿听取他人意见。吴华觉得这样的人很难合作，从心底不愿意和钱经理打交道。

（四）角色扮演的主要测评要素

在本次角色扮演的测评中，主要测评要素包括行为风格、人际交往技巧、问题解决能力、协调能力、缓和气氛化解矛盾的技巧、达成目标能力、行为策略的正确性、情绪控制能力等。

第十章　计算机化测评

随着计算机的普及和人员测评理论与技术的发展，计算机在人员测评中的作用越来越凸显，逐步形成了以计算机为平台的人员测评体系，即计算机化测评（computerized testing and assessment）或基于计算机的测评（computer-based testing and assessment）。计算机化测评，简单地说，就是在计算机上或者与计算机网络相连接的仪器设备上进行的人员测评。计算机化测评作为一种重要的测评方式，逐步获得了专业领域的认同。美国人力资源认证协会（the Human Resource Certification Institute，HRCI）已于 2004 年 5 月起在人力资源专业人员证书（professional in human resource，PHR）和人力资源高级专业人员证书（senior professional in human resource，SPHR）的测试中，以计算化测评取代了纸笔测试。为了深化对计算机化测评的认知，把握计算机化测评的基本技术，本章重点介绍几种常用的计算机化测评的实现形式及其实施过程中需要注意的问题。

第一节　计算机化纸笔测试

一、计算机化纸笔测试的由来

纸笔测试简称笔试，是一种重要的人员测评方式。它要求被测者根据纸上呈现的项目内容，把对应的答案写在纸上，以便对被测者的素质进行评估。在纸笔测试中，测试的内容可以是文字的也可以是非文字的。此种测试通常用于群体测评，也可以个别施测。常见的项目类型有填空题、选择题、是非题、问答题或以论文形式表现的测验题。标准的纸笔测试系统还包括客观的计分系统、解释系统、良好的常模以及令人信服的信度和效度证据。

纸笔测试在实施过程中，一般不需要其他工具和手段，操作起来比较简单，施测者可以在很短的时间内学会施测过程中所需的基本技能。对于被测者来讲，纸笔测试因其具有统一的形式、流程、评分系统和解释系统，故能保证测评的公平性。纸笔测试的便利性和客观公平性使其成为人员测评中应用最为广泛的一种方式。但纸笔测试比较烦琐，表现形式也比较单调。纸笔测试要求所有被测者做完全部必做题目，施测完毕后，还需进行阅卷或评分，整个过程不仅耗时，而且缺乏效率。为了保持纸笔测试的优势，克服其缺点，纸笔测试便成为最早被计算机化的一种测评方式，以计算机作为作答工具的纸笔测试被称为计算机化纸笔测试（computerized fixed-item testing）。

计算机在人员测评中的应用，最初只是将纸笔测试的测试内容在计算机上予以呈现，主要还是利用计算机的识别、统计、存储与提取等方面的功能。计算机的识别系统可以对被测者的作答做出评判；统计系统可以根据不同的设定，进行分数统计与比较；存储与提取系统可以储存当下的测试结果，提取已有的存储信息。这样一来，纸笔测试的全过程，从测评内容的呈现到测评结果的反馈，都在计算机上实现了。

二、计算机化纸笔测试的优点

计算机化纸笔测试将计算机的一部分功能附加在纸笔测试之上，使纸笔测试更具优势。具体来讲，计算机化纸笔测试的优点主要表现在如下几个方面。

1. 测评结果的即时反馈与储存

计算机化纸笔测试的最大好处就是能即时取得测评结果，测评结果不仅能够报告具体的计分情况，还可以按照设定的条件进行分类统计和比较。所有的测评结果均可以储存，以便需要时提取。

2. 测评过程的标准化

计算机化纸笔测试依靠的是计算机，易于控制，测评过程中测评考官对被测者的主观影响几乎可以忽略不计，因此，测评过程可以完全标准化。这样就基本上消除了由测评考官侧面带来偏差的可能性。对于缺乏专业测评人员的组织或单位来讲，只要做一些简单的培训就可以开展此类测评了。

3. 提高效率，降低成本

计算机化纸笔测试是由被测者在计算机上完成的，实现了测评的无纸化，节约了大量的印刷成本，省去了手工计分和统计的时间，提高了效率和准确度。

4. 为残疾人提供了参加测试的可能

计算机领域针对残疾人的技术开发，使得残疾人也能无障碍地使用计算机。只要能使用计算机，也就可以参加计算化测评了。

三、计算机化纸笔测试的分类

计算机化纸笔测试从是否设定测试时间的角度，可以分为速度测试和难度测试。速度测试在规定时间内进行，时间一到，测试立即停止，而难度测试没有限制，被测者可以自己来掌控。一般说来，难度测试的题目比速度测试难，更能反映出人的一些潜在的特质，而当速度成为工作的关键因素时，速度测试的作用更为突出。也可以从测评的内容角度将计算机化纸笔测试分为能力测试和个性测试。能力测试测评的是一个人的能力水平，比如领导能力、组织能力、计算能力等；个性测试测评的是人员的个性品质，比如气质特点、成就动机、职业性向等。计算机化纸笔测试还可以有其他的分类方法，只要符合分类原则、反映测评内容、体现测评目标就可以了，关键是要有效。

四、计算机化纸笔测试的施测情况与应注意的问题

在信息化的今天，计算机化纸笔测试逐步成为主流的测评方式。在国外，计算机化纸笔测试已经成为人员测评的首选方法，美国有40％以上的企事业在人员招聘时采用这种测评方法；在国内，这种测评方法的运用也正日趋广泛。

纸笔测试计算化已走过了大约30年的历程，人员测评工作者在此过程中就这一新的测评方式的效度与信度问题展开了广泛而深入的探讨。纸笔测试作为一种成熟的测评方式，其效度与信度证据的积累比较充分。计算机化纸笔测试是在传统纸笔测试的基础上发展而来的，只要能保证它与传统纸笔测试的对等性，也就确保了它的效度与信度。如何实现计算化纸笔测试与传统的纸笔测试的对等，构成了纸笔测试计算化的核心问题。

计算化纸笔测试弱化了测评考官对测评过程的影响，于是，实现计算化纸笔测试与传统的纸笔测试对等的关键便体现在被测者与计算机这两个测评的构成要素之上。

1. 被测者因素

在早期的计算机化纸笔测试中，研究发现，人种、种族、性别等方面的人口学变量会对测评结果产生影响。随着计算机的普及，人口学变量对计算机化纸笔测试的影响越来越小，甚至可以忽略不计。为了慎重起见，在进行计算机化纸笔测试时，最好收集一些人口学、组织学方面的变量，以便做一些事后比较。如果出现显著差异，可以在统计分析上予以补救，或者增加一些其他测试，尽可能地消除这方面的影响。

计算机化纸笔测试与传统的纸笔测试相比，更容易产生马太效应，水平高的测评结果会更好，水平低的测评结果会更差。有鉴于此，在人员测评中，对那些水平要求不是太高的岗位最好不要选用计算机化纸笔测试，传统的纸笔测试会更加适合。

人员测评中，被测者对计算机化纸笔测试的熟悉程度不会对测评结果产生显著的影响。即使从来没有参加过计算机化纸笔测试，只要熟悉计算机操作，正式施测前稍做一些适应性练习就可以了。对于那些患有计算机焦虑症的被测者，不宜使用计算机化纸笔测试。

2. 计算机因素

在计算机化纸笔测试中，要实现与传统纸笔测试的对等，必须考虑计算机以及纸笔测试的内容在计算机上的呈现方式对测评结果的影响。

就计算机配置而言，需要注意的主要是显示屏的大小与分辨率。实验发现，

一般情况下，17 寸显示屏，1024×768 分辨率比较合适。在条件许可时，最好在测评前，根据测评内容，选一些被测者对不同的配置做一些比较，以选出最适合的配置。

就测评的内容呈现而言，主要考虑字体、字形、行宽、字间距、行间距、分栏、字符与背景颜色等方面的问题。对于不同的测评内容和测评对象，其要求也不尽相同，只要对这些问题给予足够的重视，相关的问题就比较容易解决。

计算机化纸笔测试与传统纸笔测试的另一个不同，表现在翻页方式上。传统纸笔测试可以借助翻页实现相关测评内容的对照，以提高阅读的准确性。计算机纸笔测试虽然可以翻页，但很难通过翻页来实现相关测评内容的直接对照。这一问题对测评结果的影响可以通过计算机的"加亮"功能来弱化。

总之，在开展计算机化纸笔测试时，除了增加一些计算机辅助功能外，应尽量保持传统纸笔测试的特点，以实现两种测试的对等。

五、计算机化纸笔测试的运作方式

计算机化纸笔测试在人员测评中的运用，通常有三种可供选择的运作模式。其一是测评单位组织开发适合于本单位的测评软件，由本单位的专业人员进行施测；其二是购买通用的人员测评软件，施测期间临时聘请专业人员进行指导；其三是将测评项目外包，委托专业测评机构进行施测。

第一种运作模式的针对性很强，能够充分满足人员测评的个性化诉求，但开发成本较高，比较适合人员细分且经常组织测试的单位；第二种运作模式只适用于通用型的测试，如果使用的频次较多，可选择这种模式；第三种模式对于测评使用频次较低的单位较为合适。在实际运用，测评单位可以根据自己的实际需要，选择其中的一种模式或几种模式的组合。

第二节 在 线 测 评

在线测评（online testing and assessment）就是通过互联网进行的人员测评，测评的形式为文本或者音像。它与传统人员测评的最大的不同就是测评考官不在现场。随着互联网技术的迅速发展，在线测评越来越成为人员测评的一种重要方式，在人员招聘中尤其如此。

一、在线测评的分类

在线测评按照是否与测评考官即时互动的标准可以分为即时互动型网上测评与非即时互动型网上测评。即时互动型网上测评，要求被测者与测评考官同时在线，双方以文本或者音像的形式即时互动，比如在线面试；非即时互动型网上测评，不要求被测者与测评考官同时在线，被测者在网上取得测评资格后便可以实施测评，测评结果可能是即时反馈也可能是延迟反馈，比如网上性格测试。

在线测评按照呈现方式的不同可以分为文本式网上测评与音像式网上测评。前者通过文字或图形的输入来施测，后者通过声音或摄像来施测。

从实际应用的角度而言，截止到目前，在线测评主要应用于人员招聘环节。据美国《财富》杂志统计，世界 500 强企业中，有 88% 的企业使用网络招聘员工。

常用的在线测评包括个体基本信息在线分析、在线测验和在线面试三种。

个体基本信息主要指反映过去经历与业绩的履历表和反映与工作要求相关的当下情况的申请表。个体基本信息的呈现方式有两种，一种是被测者按照自己的意愿提供的申请表和履历表，另一种是由测评单位根据测评目标的要求提供标准模版。对前者的评估有两种方式，当数量不大时，通常由测评考官进行评估；当数量较大时，通过特定的软件根据设定的参数进行筛选。后者属于自动测评，由多项选择题构成，计分系统自动生成分数。随着计算机应用技术的提升和测评技术的发展，后一种方式的应用越来越广泛。

个体基本信息在线分析所面临的最大问题是信息的真实性。目前，主要是通过个体承诺与他人（自然人或法人）担保或权威机构认证的方式来预防虚假信息。个体基本信息在线分析在人员测评中只具初选功能，如果后续的测评中发现其信息是虚假的，则被列入黑名单，予以严肃处理。正因为如此，个体承诺等措施才会有作用。

在线测验，就是在互联网上完成计算机化纸笔测试。研究发现，非智力类测验，比如个性、态度、兴趣等方面的测试，测评考官在场与不在场，对测评结果的影响没有显著差异。由此可见，在网上进行非智力类测评时，只要被测者在线就可以施测了，至于测评考官是否在线，对测评结果不会产生影响。智力类测验由于涉及记忆、计算、逻辑推理等方面能力的运用，通常是由考官现场组织测试，测试形式为计算机化纸笔测试或传统的纸笔测试。如果在线进行的话，需要设定测试时间，并要求被测者开启摄像头，以便于远程监考。

在线面试，是一种新的人员测评方式。在目前的网络技术水平下，只需将电脑、摄像头、耳机和麦克风接入互联网，就可以实现即时的视频与语音或文字的交流。在线面试一问一答，类似视频聊天，通过摄像头能够看到对方的头像和表情，交流方式可以是文本，也可以通过耳机和麦克风直接进行对话。在线面试因其简单、高效、便捷和节约的特点，而为越来越多的测评单位和被测人员所青睐。但在在线面试中，面试考官与被测者的交流，经过电子技术的转换后，图像和声音会有不同程度的失真，再加上网速等方面的影响，在线视频面试目前只是一种辅助的测评方式，需要与其他的测评方式配合使用。

二、在线测评的运用

在线测评是传统测评方法与现代互联网技术相结合的产物，其运用的重点是在发挥互联网优势的同时，尽量保持经过实践检验的传统测评的效力。

从本质上讲，互联网是一种突破了时间与空间的限制的信息交流的媒介，它能够提供远程即时互动。这一特点使得测评考官与被测者不在同一个现场，减少了被测者的压力。被测者压力的减小会产生两个方面的效应。一方面，在测评考官不在场的情况下，被测评者表现得更自然，测评结果更加真实可靠；另一方面，测评考官的不在场为测评者提供了作弊的可能，尤其是智力类测试，它与关涉到自我的测试之间的区别就在于，外来的帮助可能会改变智力类测试的结果，而关涉到自我的测试一般不会受外来情况的影响。

在实施在线测评时，对于成熟的测评工具，如果在使用中被证明测评考官在场与否，不影响其测评结果，则完全可以进行在线测评。比如性格、兴趣等非智力类测试；如果需要通过测评考官在场，才能测出真实结果，那么就要运用网络的视频功能，实施远程监督或者委托被测者所在地的权威机构或人员进行现场监督。

在线测评的另一个可改变的要素是评分者。为了避免少数几个评分者可能出现的评分误差，在线测评可以借助视频技术来增加评分者人数。2008年广东公选珠三角五个地级市副市长的面试测评中，就采用了增加远程评分者的测评方式。面试的主场设在省委党校，公选职位涉及的珠海、佛山、东莞、中山、江门五市各设一个分会场。380多名评分者分别在六个考场同时对30名被测者进行测评，评分者中包括来自这五个市的市长。采用这种方式，一方面是让职位所在市的干部群众提前介入对人选的选择，改变过去只有到考察阶段才真正介入的做法，使用人单位对人选享有更充分的知情权、选择权、监督权，另一方面还可以节约面试成本。

在线测评作为一种新的人员测评方式，具有使用方便、信息传播快捷、信息存取简单、反馈迅速、成本低廉等优势。虽然也存在诸如信息的真实性、安全性以及适用的人群较窄等方面的问题，但随着互联网的普及和测评技术的提高，在线测评将会越来越多地应用于人员测评之中。

第三节　计算机情景模拟测评

情景模拟测评就是模拟某些典型的实际工作情景，让被测者在模拟的情景中扮演某一角色，从事一些与此角色相匹配的活动，通过评估被测者在此种情景下的行为反应，来推断其心理活动或心理素质与工作潜能的一种综合测评方法。

实际工作情景是测试一位员工能否有效解决问题及将理论与实际融合的最直

接也是最有效的方法。但是，在实际工作情景中开展测评成本太高、难度太大，有些情景，比如火灾、地震等还比较危险，很少单位愿意主动配合，即使有单位愿意合作，也不太可能常态化。所幸的是，计算机情景模拟测评能够突破传统人员测评的局限，部分地实现了实际工作情景测评的功能。

一、计算机情景模拟测评的产生与发展

严格地讲，计算机情景模拟测评不能算是一种特定的测评方法，它是多种人员测评方法在计算机平台上的综合。这种综合不但融合了现代信息技术，而且改变了被测者的被动地位，使其成为人员测评的主动参与者，使人员测评的假设由"刺激-反应式"转化为"产生式"，突破了传统人员测评的局限。

计算机情景模拟测评最早用于美国军方，主要是美国空军飞行员的选拔。其原因有二：其一是经济上的考虑。培养一个飞行员的成本太高，如果选拔不出具有潜力的人员，将会造成巨大的浪费。其二是技术上的支撑。美国空军早在第二次世界大战期间就开发了仿真测评，通过一边看移动画面一边操作相对应的装置的方式测量候选人的心理动作协调性（psychomotor coordination），所用的主要是电子设备和机械装备。战后，计算机技术突飞猛进，进入了推广与运用的阶段。美国空军在 1969 年就尝试将飞行员选拔中的仿真测评计算化。之后，美国军方不断扩大其应用领域，使计算机情景模拟测评成为操作与指挥等方面能力测评的重要方式之一。随着计算机与互联网的普及，商业界将计算机情景模拟测评导入到人力资源管理与开发之中，取得了良好的效果，呈现出迅猛的发展势头。

计算机情景模拟测评的产生与发展适应了信息技术发展的要求，实现了对传统测评的有效突破。信息化浪潮改变了人们的信息处理方式，无纸化办公的流行和数字化工具的使用，全面冲击了人们的传统观念。计算机情景模拟测评回应了信息时代的呼唤，丰富了人员测评的内涵，为人员测评增加了新的形式。比如，最新的计算机情景模拟测评，不仅可以测量被测者在虚拟仿真情景中操作的精准性，同时还可以扫描被测者的大脑活动情况，能够更加准确地辨析被测者的素质与能力。

传统测评中的情景模拟法，比如无领导小组讨论、文件筐等，虽然具备良好的效度，但要耗费大量的人力、物力和时间，而且还因为评分者的主观性而降低其信度。因此，其适用的范围相当有限，只是在高级人才的测评中才得以使用。计算机情景模拟测评，借助计算机系统的强大的数据处理能力和多媒体对特定情景的仿真模拟，能够在虚拟空间实现情景模拟法的功能，使情景模拟测评变成一种方便经济的测评方式。

二、计算机情景模拟测评的特点

计算机情景模拟测评可以简单地理解为情景模拟测评的计算机化。毫无疑

问，它要比纸笔测试的计算机化复杂得多。其测评项目需要借助多媒体（multimedia）来呈现，所谓"多媒体"就是多种传递信息的不同工具的组合。这些工具主要包括文本（text）、图形（graphics）、声音（sound）、影像（image）、动画（animation）和影片（video）等。也只有借助多媒体，才能仿真现实的工作情景。被测者在电脑或者电脑化的仪器上处理虚拟情景中可能出现的各种问题，计算机内置软件会对被测者的表现结果进行评估，以测定被测者的心理素质和潜在工作能力。计算机情景模拟测评应用计算机与多媒体技术，将被测者可能从事的工作中的某些重要情景虚拟化，让被测者扮演特定的角色参与其中，"主动参与"是计算机情景模拟测评的重要表征，由此而展现出与传统测评不同的特点，具体表现在如下几个方面。

1. 生动有趣

计算机情景模拟测评将视觉、听觉与互动性融为一体，使测评变得更加丰富和生动。视觉方面，计算机情景模拟测评可呈现彩色图片、立体图形、实境录像等；听觉方面，可实现真人配音、现场录音、配乐等；互动方面，被测者可直接扮演情景中的角色、完成规定操作、解决实际问题、处理人际关系、做出必要决策等。从表象上看，计算机情景模拟测评具有电子游戏的某些特征，能够激起被测者的兴趣，唤起被测者的自觉参与意识，降低因参加测评而可能引起的焦虑，正常地发挥自身的水平。

2. 客观公正

计算机情景模拟测评的评判，主要是由计算机的内置程序来完成的，评判的标准来自操作原理或者常模。基本上排除了人为评分所带来的主观差异，有效提高了测评的评分者信度，使得测评更加公平、公正。

3. 简单易行

计算机情景模拟测评借助多媒体仿真模拟装置和信息技术，将复杂的测评要素、项目经过科学提炼、归纳，使之简单化、科学化，更容易操作和评价。同时，计算机化测评中呈现的虚拟情景比实际工作情景更加明确、更容易控制。总的来说，计算机情景模拟测评，实现了测评内容的综合化与测评过程简洁性的统一。

4. 经济实用

计算机情景模拟测评运用计算机的计算、储存、统计等功能和互联网的远程传输优势，可以节省大量的人力、物力和时间，有效地降低了情景模拟测评的成本，使情景模拟测评变得更加经济实惠。此外，在计算机和互联网相当普及的今天，人们越来越习惯于运用计算机和互联网来处理日常事务，计算机情景模拟测评也因此而变得更容易为被测者所接受和使用。

5. 安全可靠

计算机情景模拟测评从施测到结果的输出都由计算机来完成，通过加密技术，可以有效地控制测评信息的泄漏，保障被测者的权益。对测评结果的解释也由专业人士来进行，可以保证测评结果得以合理合法地使用。

三、计算机情景模拟测评的组织与实施

与其他种类的测评一样，计算机情景模拟测评同样包括三个主要阶段，即准备阶段、施测阶段与结果解释阶段。

1. 准备阶段

准备阶段从软件与硬件两个方面着手。软件方面，要么直接使用已有的软件，要么对已有的软件进行改写。无论是哪一种，都必须针对被测者可能担任的职位，测试的项目要与该职位的实际情况相似，与测试项目相对应的场景应是与被测者的拟测要素相关的、模拟的、逼真的工作环境；硬件方面，检查计算机及配件的运行情况，保证万无一失。

目前，使用较为广泛的管理能力计算机情景模拟测评软件当属管理才能评鉴（managerial assessment of proficiency，MAP），它是一套经过验证的比较客观而有效的实用管理能力测评工具。MAP 不仅能够从个体层面上帮助管理者了解自身管理能力的现况，作为进一步提高的基准参考指标，而且还能为组织人力资源的优势、劣势提供精准的分析，以便组织明了管理人员的配置情况与培训需求。MAP 的测评内容涉及行政、沟通、督导和认知四个方面共 12 项管理能力，其中，行政方面的能力包括时间管理与排序、目标与标准设定、计划与工作安排；沟通方面的能力包括倾听并对信息进行组织、发出明确的信息、获取准确的信息；督导方面的能力包括训导与授权、对下属的绩效进行评估、行为规范与协商机制的建立与运作；认知方面的能力包括对问题的确认与解决、决策与风险衡量、思考与分析。在国外，越来越多的软件开发商提供相关的计算机情景模拟测评软件。在选择与使用国外软件的时候，要充分考虑其效度、信度与经济性，必要时需要结合国内的实际进行一些改编。在国内，类似的软件有贺云华等开发的《现代企业家系统仿真测评系统》[①]，这套软件仅以文本形式呈现情景，还有很大的改进空间。

2. 施测阶段

施测阶段分四步来完成。首先，是身份确认和发放登录密码。其次，是适应性训练。通过示范操作，让被测者做一些简单的训练题，以便熟悉用法，进入角色。再次，是被测者正式进入测评。正式测评期间，除测评考官与被测者以外，禁止一切无关人员入内。正式测评时允许被测者就操作方面的问题提问，测评考官不能回答任何与测评内容有关的问题，被测者之间不能有任何形式的沟通。最

---

① 贺云华. 选拔和训练企业家的一种科学手段. 经济管理，1989，8：58～63.

后，是测评分数的呈现。测评结束时，计算机会即时提供测评分数，此分数除被测者外，其他人无从知晓。

3. 结果解释阶段

对测评结果的解释由测评专家负责。出于对被测者的尊重，一般采取一对一的方式来进行，测评结果的使用亦需征得被测者的同意。

就 MAP 而言，其施测与结果的解释原则上需要两天时间。第一天，观看十个具有代表性的管理情景视频录像，并就 200 道复选题的 800 个选项（每道题目有四个选项）作答，选出被测者认为最适合或最恰当的答案，中间穿插"个人沟通风格"及"沟通回应风格"的自我评估。所有的管理情景都是在管理实践中曾出现过的、具代表性的且彼此不连贯的情景。例如投资风险决策问题、针对产品质量的组织沟通问题、面临裁员时的组织内部冲突问题、面临媒体负面报道时的危机公关问题等。被测者观看录像和回答问题时间都有严格的规定，以保证被测者的作答是自发的第一反应，这样更能反映出被测者的真实情况。作答完成后，提交答案，计算机按照设定的程序与常模进行比较，以百分比方式列出被测者12 项管理能力的强弱分布，并输出"个人管理才能报告"。第二天，由专业测评师讲解"个人管理才能报告"的含义及能力培养方向，回答被测者在测试过程中所产生的疑虑和遇到的问题；深入分析个人风格与价值观和能力的关系，协助被测者找出管理能力发展的重点和方向；引导被测者掌握优秀管理者应具备的 12 项关键管理能力及其核心要素，更加科学地拟定个人管理能力发展计划。

第四节　计算机自适应测验

计算机自适应测验（computerized adaptive testing，CAT）是近年来发展起来的一种新的人员测评形式。计算机自适应测验不同于一般的计算机化测评，它不仅能够通过计算机呈现题目、输入答案、自动评分、输出结果，而且还能根据被测者对试题的作答情况，自动选取下一条最适宜被测者作答的试题，进而实现对被测者素质的精准测评。因此，计算机自适应测验也被称为个别化测验（individualized testing）。简单地说，计算机自适应测验就是因人而异的测验，是为每位被测者量身定做的测验。在计算机日益普及的今天，计算机自适应测验已经成为人员测评、教育测验、技能训练等领域的新宠。

一、计算机自适应测验的产生与发展

计算机自适应测验实现了计算机科技与现代测评理论的有机结合。它一改以同一个不变的测评工具测量所有被测者的传统，采取针对不同被测者选取最合适的工具的方式来对被测者的素质进行测评。这种测评手段背后所体现的适应被测者的测评思想，最早应溯源于比奈（Binet）的智力测验量表。

在比奈智力测量中，试题的难度与被测者的年龄相对应，按照被测者年龄的不同编制不同级别的试题。在施测时，首先向被测者呈现与其年龄相当的试题，如果被测者应答正确，接下来就呈现比被测者年龄高一级的试题；如果被测者应答不正确，则呈现比被测者年龄低一级的试题。也就是根据被测者先前的反应，来决定以后测试题目的选择与分层，不同的被测者可能接受长度不同的测试。由于采用的是人工操作，比奈智力量表中试题的分层相对比较简单和固定，每次呈现的新试题，其难度总是十分接近，测量工作难以取得理想的效果。

1951 年布尔（Bull）提出了适应性测验（tailoring test）的概念。当时的适应性测验是指针对被测者先前的经验选取适合被测者能力水平的题目进行施测，作答完毕立即评分，并以这一题目的作答情况选取下一道试题，直至测验结束为止。没有计算机的配合，这种测验是很难得以有效实现的。

计算机自适应测验的概念最早是由劳德（Lord）于 1971 年首先提出的。他将项目反应理论与计算机技术结合起来，不仅以键盘与鼠标打破了两千多年沿袭下来的以纸和笔作为作答工具的测验形式，而且还使测验思想也发生了巨大的变革，即通过给每一位被测者创设一个个性化的测验来达到更为准确的测量被测者素质水平的目的。

作为一种实用技术，计算机自适应测验最早是由美国军方开发的。位于圣地亚哥的海军个人研究及发展中心主导研发了美国军方计算机化职业性向测验系统（computer adaptive test-armed services vocational aptitude battery，CAT-ASV-AB）。该系统只用 90 分钟就能完成以往纸笔测验版本需要花费三个小时才能完成的测评。由于该系统每年要对近 50 万人施测，因而大大提高了测评的效率。此外，美国军方研究实验室在 1984 年还开发了一套计算机自适应检视测验（computerized adaptive screening test，CAST）。它是美国第一个全国性的计算机自适应检视测验系统，透过 15 分钟的检视测验，该系统可以对被测者通过CAT-ASVAB 测验的几率提供快速而精准的估计。

除了军方之外，美国护理委员会（National Council of State Board of Nursing，NCSBN）为审核美国及外籍护士是否可以取得美国护士执照，于 1994 年开始研发计算机自适应测验系统，经过六年的努力，于 2000 年完成并开始实施计算机自适应测验。跨国性大型考试，如 TOEFL、GRE 及 GMAT 等纷纷导入计算机自适应测验。近几年，美国、日本、韩国等国家在中小学教育中也引入计算机自适应测验。计算机界的巨擘微软公司（Microsoft）已将其公司的微软认证专家（MCP）、微软认证系统工程师（MCSE）以及微软认证软件开发工程师（MCSD）等认证测验改变为计算机自适应测验。

二、计算机自适应测验的优缺点

（一）优点

计算机自适应测验作为一种现代测评手段，采用恰当的理论、结合适当的设计，借助计算机技术提升了测评的效率和精度。计算机自适应测验的优点主要表现以下五个方面。

1. 能够更加精准地对人员的素质进行测评

计算机自适应测验建立在项目反应理论的基础上，项目反应理论本质上属于潜在特质模型。它主要研究被测者在试题上的反应与被测者的某种潜在特质之间的关系。这里的潜在特质是指人们所具有的相对稳定的、支配其对相应测试做出反应，并使反应表现出一致性的内在特征，也就是通常所说的素质。项目反应理论构建的是一种量化模型，它将反应试题各方面特性的参数与被测者潜在特质参数纳入同一个数学模型之中，其典型特点是参数不变性，即项目参数不会因样本的变化而改变。因此，无论被测者的素质水平是否处于代表性样本之中，其测评的结果都不会受到其他样本的影响。这就为测评的精准性提供了理论上的保障。除此之外，计算机自适应测验由于减少了人工评分等不属于被测者素质的因素的干扰，因而能够减少由此产生的测量误差，进而可以提高测评的信度与效度。

2. 测评效率更高

第一，计算机自适应测验根据对测评项目的反应来选择题目，避免了对一些无效问题的作答，减少了答题的数量；第二，计算机自适应测验在实施过程的同时进行测验的评分，两个过程合二为一，减少了测验的时间。实践表明，在同样的测量精度下，使用计算机自适应测验比相应的纸笔测验节省约1/2左右的时间。

3. 更具灵活性

由于计算机自适应测验采用了科学的算法，实现了因人而异的测评，所以，不必规定统一的测验时间，被测者可以选择自己最理想的时间参加测评。

4. 测评过程更加愉悦

在计算机自适应测验的施测过程中，题目的呈现依赖于被测者对上一题目的作答情况，这就使得作答更具挑战性。同时，还可以结合多媒体技术，创设一些生动、形象的情景，使测验呈现方式能满足多种测验目标，更能激发被测者的参与动机，降低或消除测评焦虑。

5. 测评结果的使用更加安全和有效

计算机自适应测验属于个别化测验，参与的人员基本上是专业人士，测验结果更容易保密，对测评结果的解释与使用也会更加科学。计算机自适应测验的实施方式与记分方式，使得测评的分数可以比较容易地转化为能够相互比较与解释的量尺，可以同时应用于常模参照测验和标准参照测验。

（二）缺点

计算机自适应测验缺点，主要来自计算机与测验理论两个方面。计算机自适应测验的作答工具是计算机，它使得传统测评中的一些惯用方法无法施展，比如下划线、删除不合适的答案、悔改重答等。测评结果还有可能受到对计算机熟悉程度的影响。

计算机自适应测验依赖的理论是项目反应理论，而这个理论本身有一定的难度，对专业人士的要求较高，题库建设不是一件容易的事，题库安全也不太容易得到保障。以 GRE 计算机自适应测验为例，在 2002 年 10 月，曾因为有计算机网站经过不法途径取得试题与解答，因而中国内地、中国香港、中国台湾以及韩国的 GRE 测验仍以纸笔测验进行施测。因此，如何降低因为考生背题而使题库失去功能的情形发生，是需要进一步思考的议题。

三、计算机自适应测验的基本原理

1. 理论构想

计算机自适应测验是在项目反应理论基础上发展起来的一种测验，它是一种在项目水平上进行分析的测验。这种测验的假设前提是：要测量一个人的能力，最理想的项目就是难度适中的项目，即答对或答错的概率都在 0.5 左右。在测验一开始，计算机一般呈现出一个中等难度的项目，如果被测者的作答正确，计算机就会对其能力给出高于此水平的估计，接着呈现出一个难度高一点的项目；如果被测者的作答不正确，计算机就会对其能力给出低于此水平的估计，接着呈现出一个难度低一点的项目；然后，计算机根据被测者对第二个项目的作答情况对其能力再作估计。在第二次估计基础上，从题库中选择最接近其能力估计值的项目，之后，根据被测者的反应，再对其能力进行估计。如此下去，随着被测者作答项目数量的增加，计算机对其能力的估计越来越高精确，最后其估计值将收敛于一点，该点就是该被测者能力较精确的估计值。具体情况如图 10.1 所示。

从图 10.1 可以看出，在此次计算机自适应测验中，初始项目是难度为 40 的项目，在被测者答对之后，呈现的是难度为 60 的项目；在被测者再次答对之后，呈现的是难度为 80 的项目，此项目被测者做出的答案是不正确的；接下来，呈现出的难度为 70 的项目；如此下去，直到收敛于某一点，计算机便终止呈现项目，输出最终的能力评估结果。计算机软件的执行框图如图 10.2 所示。

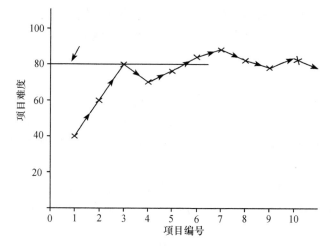

图 10.1　计算机自适应测验项目反应与选择情况示意图

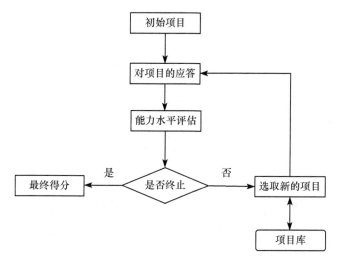

图 10.2　计算机自适应测验的程序框图

　　从图 10.2 可以看出，计算机自适应测验的关键在于项目库（又称题库）建设、选题策略和是否终止的条件设置。

　　2. 题库建设

　　题库是计算机自适应测验系统中最重要的组成部分，它由一定数量精选而来的测验项目所组成，自适应测验所用到的项目均来自这个题库。计算机自适应测验的效果，在很大程度上取决于试题库的质量。试题库的质量越高，计算机自适应测验的效果就越好。

　　题库建设要以一定的理论来支撑，计算机自适应测验题库的理论依据是项目反应理论。它有三个基本要求：一是题库中的项目应覆盖所有的拟测能力水平，以便能适用于不同能力的被测者。项目的研制最好使用双向细目表，以保证项目的代表性和全面性。二是项目的数量要充分满足计算机自适应测验的需要。一般说来，题库的项目数至少应达到实测项目的 12 倍。比如，实测项目为 30 条，题库至少要有 360 个项目。三是每一个项目都要有明确的项目参数。项目的参数个数根据所选的项目反应模型而定，项目参数值的确定一般有两个途径：①经过测试后进行统计分析；②由专家进行评估后，再采用统计方法确定参数。题库中的所有项目都经过验证，可以用来测量特定的素质特征。借助项目反应理论和技术，所有项目都被标定在一个共同的测量尺度上，从而有效地保证从同一题库中生成的所有测验在统一的尺度上测量相同的素质特征。此外，题库建设是一个动态的过程，一些出现次数过多、不合时宜的项目需要及时删除，同时增添一些具有较高区分度并能体现时代特色的新项目。

与发达国家相比，我国在题库建设方面相对比较迟缓。但令人欣慰的是，我国的教育考试国家题库建设已于 2006 年开始启动。由教育部考试中心负责的国家教育统一考试的所有项目和科目全部列入题库工作范畴，其中包括高考、研考、自考和成人高考等七个项目。依据规划目标，国家题库将于 2013 年完成。

3. 选题策略

按照一定的策略选择测验项目，并根据被测者的作答情况不断地调整测验项目，以便获取一个对被测者素质特征的精准估计。项目反应理论为计算机自适应测验提出了一个描述项目、挑选项目，以及比较项目相对效果的方法。依据项目信息函数（item information function，IIF）估计出的项目信息量是选题的重要参考指数。计算机自适应测验中，根据被测者的能力估值（由计算机根据设定的方法自动给出）对题库中的项目进行检索时，所有未使用过的项目的信息函数值都会被计算出来，其中具有最大信息量的项目将被选出，作为下一个测验项目。

4. 测验终止

计算机自适应测验针对上一步的能力估计值从题库中挑选难度适宜、信息量最大的项目进行施测，并不断地做出新的能力估计，逐步向被测者的能力真值逼近，直到满足测量精度要求才终止测验。测验终止时，评分也同时被算出。计算机自适应测验根据不同的测试目的，设定不同的终止条件。常用的终止条件有三种：一是固定测验长度，即当测验项目达到一定的数量之后，测验就自动终止。这种方法的优点是易于实现，且可对每个测验项目的使用率作较精确的统计；缺点是对不同被试的特质参数的估计精度不同，而且要确定一个合适的长度一般来说并不容易。二是当能力参数估计的标准差小于某一预先确定的值时，测验自动终止。这种方法一般能克服固定长度法的缺点，但终止条件定的过严往往会使测验过长，降低测量效率。三是比较被测者能力参数最后两次的估计值，当这两个值之差小于某一预先给定的数值时，测验自动终止。

四、计算机自适应测验的组织与实施

计算机自适应测验的组织与实施，同计算机情景模拟测评相差不多，只是侧重点有所不同。

准备阶段，主要检查计算机及配件的运行情况和软件的相关指标。软件方面重点审视反映题库建设、选题策略和终止条件等方面的资料，一定要符合测评目标，适合被测群体。

实施大体分为两个阶段：一是被测者素质水平的预测阶段。具体做法可以是从题库中随机调取中等难度的项目施测，或者由被测者根据自己对其素质水平的估计，自行选择一个项目作为初始项目。如果被测者曾经参加过计算机自适应测验，可根据以前的测验记录决定此次测验的初始项目。二是被测者素质水平的真值估计阶段。被测者跟随计算机设定的程序参加测验，直到测验终止并取得测验得分。

对测评结果的解释应由专业人士来进行，这样才能保证结果解释的科学性与合理性以及测评结果的有效使用。

应 用 篇

第十一章　职业人格测量

第一节　人格及其测量方法

一、什么是人格

"人格"一词已经成为所有人的口头禅。但是究竟什么是"人格",不仅老百姓说不清楚,即便是心理学家也众说纷纭。在一些心理学的著作中,有人叫"人格",有人说"个性",还有人称"性格"。这种状况表明人格概念的复杂性。

"人格"一词来源于拉丁文"persona",是"面具"的意思。后来,瑞士临床心理学家荣格(C. G. Jung)将其视为自我的外延。美国人格心理学家阿尔波特认为,人格是个体内部心理物理系统的动力组织,它决定一个人行为和思想的独特性。我国心理学家陈仲庚对人格做了如下定义:人格是个体内在的行为上的倾向性,它表现一个人在不断变化中的全体和综合,是具有动力一致性和连续性的持久的自我,是人在社会化过程中形成的给予人特色的身心组织。他认为这个定义强调了人格的四个方面:全面整体的人、持久统一的自我、有特色的个人和社会化的客体。

阿尔波特曾列举了50个定义。这些定义都让人感到深奥而不易理解。定义应该简要明了、通俗易懂,并能揭露其内涵。为此,我们做如下定义:人格是个体有别于他人的,表现为稳定行为倾向的心理特质模式。这个定义首先点出了人格是一种心理特质模式,这种心理特质模式是各种不同心理特质的组合,它构成了区别于他人的内在"自我";同时,这种心理特质模式又表现为外在的稳定的倾向性行为方式。这也许是特质论的定义,但容易让人理解。由于人格差异,才使每个个体区别开来,从而形成千差万别的真实的个人。

现在,心理学界常把人格与性格作为同一词来对待。在美国一般都使用人格(personality)这个术语,几乎不用性格(character)这个词。在中国,以前普遍使用"性格",从20世纪90年代以来,逐渐使用"人格"这个术语。如果严格来区分的话,"性格"是以生来就具有的素质为基础的,不易改变的倾向性的意味更浓一些。而"人格"则侧重于知觉到的行为和态度,以及它们与环境因素的动态关系中的变化过程,它们具有进一步细分为分析单位或类型的特性。也有人把性格作为人格的意志侧面的倾向性来考虑。然而,实际上,谁也无法把人格与性格的区别讲清楚。所以，现在心理学界通常把人格与性格作为同一语加以使用。

至于谈到人格与个性的区别，尚能说清楚一些。个性就是个体性，是对共性而言的，它表示一个人区别于其他人的独特性、差异性。人格是个人的社会化，是对人的总体的本质的描述，它可以解释和说明这个人的行为。

二、人格测量的方法

（一）人格测量方法的类型

人格测量可以分为三种类型，即投射法、问卷法和作业测验法。

1. 投射法

给出一种暧昧的刺激，让被试以比较自由的形式对其进行反应，用以测量人格的方法，叫投射法（projective method）。这种方法属于非结构化测验。罗夏测验、统觉测验（TAT）、文章完成法、自由联想测验等都属于投射法。自由联想测验是让被试尽量快地对刺激语做出联想语的反应。1910 年形成的肯特-罗沙诺夫自由联想测验（kont-rosanoff free association test）由 100 个刺激语构成，基于 1000 名正常人的反应做成了联想表。

2. 问卷法

问卷法（questionnaire method）也叫人格目录或人格调查表（personality inventory）。问卷法常见的形式是对于许多问卷项目做"是"、"否"的二分法回答，或加上"说不好"的三分法回答，或采用李克特多等级评定尺度进行回答。虽然问卷法也采用让他人进行评定的形式，不过人格测验的问卷一般是让被测试者对自己进行判定而给出报告。所以，也叫"自我报告法"或"自陈式问卷法"。由于这种形式的测验问卷的项目意思明确，所以属于结构化测验。

3. 作业测验法

作业测验（performance test），又叫操作测验，也称情境测验（situation test）或客观的人格测验（objective personality test）、非文字测验（nonverbal test），属于心理测验的一种形式。作业测验与纸笔测验不同，它是用非语文的材料，如形板、方块设计、迷津等具体操作测量个体某些方面的心理特质和人格特征。作业测验对幼儿和语言障碍者及文盲特别适用，也可用于跨文化研究。在用于人格测验中，被试在一定的情境中按照指示进行操作，表面上与能力测验那样的客观测验是一样的，但是，测验的目的并不是测定作业能力。由于这种测验的目的不易被觉察，所以属于伪装测验（disguised test）。

（二）问卷法人格测验分类

根据问卷编制原理，可将问卷法分为以下三种。

1. 基于某种效标，根据经验而研制的测验

根据专家评定或医生诊断等外部的效标，将那些具有效度的项目汇集起来，就可以编制成人格测验。例如，1918 年美国陆军为了早期发现有神经症倾向者，由伍德沃斯（R. S. Woodworth）开发的个人资料表，就是可以进行团体施测的问卷法。后来，马修斯（E. Mathews）又将这个测验修订为适用于 12～13 岁以上青少年的伍德沃斯-马修斯个人调查表。20 世纪 30 年代开发的许多人格测验，如索帕（L. P. Thorpe）等研制的加利福尼亚人格测验，以及明尼苏达多项人格测验（MMPI）等也都属于这类测验。

2. 基于人格理论而研制的测验

例如，最早基于荣格的人格理论而编制的 MBTI（myers-briggs type indicator）性向测验。玛亚斯和波瑞格斯（J. B. Myers，K. F. Briggs）根据荣格理论，设定了外向—内向、感觉—直观、思维—感情、判断—知觉四个维度，而研制的 MBTI 在许多领域得到了广泛的应用。此外，阿尔波特于 1931 年进行的有关价值的研究、爱德华人格目录（edwards personal preference schedule，EPPS）、基于艾森克的人格理论编制的马兹莱人格调查表（maudsley personality inventory，MPI）等都属于此类人格测验。

3. 根据因素分析而研制的测验

20 世纪 30 年代后期，由于因素分析方法的开发，一些多维测验量表都根据因素分析的结果而研制。例如，吉尔福德（J. P. Guilford）对内外向量表进行了因素分析，得到了社会性内向（S）、思考性内向（T）、抑郁（D）、循环性倾向（C）、迟钝（R）五个因素，研制了 STDCR 人格调查表。卡特尔在其人格因素分析研究基础上，研制了 16PF 人格问卷。

（三）问卷法人格测验的优点与缺点

投射法主要是单个人进行测试，对主试者及结果解释都有高度熟练的技巧和丰富的临床经验的要求。而问卷法和客观测验可以集体施测，结果的解释也不要求那么熟练。但是，为了要使被测者能真实地进行反应，对主试者的人品和技术也必须给予考虑。即使在他评的情况下，也会出现一些被试不配合的偏差倾向。同时，问卷法也可能存在评定用语的多义性或判定区分的不明确等问题。另外，由于存在社会赞许性的问题，自陈式问卷往往有向好的方面做出回答的偏向，也有多做肯定回答的倾向。

为了避免这些缺点，可用一些实际人物作为榜样（标本），与其进行比较而做出评价，这叫"人物比较法"。为了消除这些偏向造成的影响，就要求在研制问卷时，必须在项目上多下工夫：①将测验目的明确的项目与暧昧的项目

混杂在一起，对两者分别记分进行比较；②将社会赞许性程度类似的项目配对呈现，让被试强制性地进行选择（如 EPPS）；③测验项目和指导语应该设计得让被试者很难猜测该问卷的测查目的；④加上测谎量表，以测定其回答的真实程度。

但是，仅仅这样做还是远远不够的。在问卷法中，对结果的解释是非常重要的，这就要求测验者掌握扎实的心理测验技能和积累丰富的经验。

第二节　A 型人格测量

一、A 型人格及其测量

1. A 型行为模式

A 型行为（type A behavior）亦称 A 型人格（type A personality），系指一种具有冠心病倾向的行为模式或行为综合征。美国心脏病学家弗雷曼（M. Friedman）和罗森曼（R. Rosenman）将人们日常生活中的行为方式划分为两类：A 型行为与 B 型行为。A 型行为的特征是精力充沛、工作投入、对成就的努力并求成心切、强烈的竞争性和进攻性、性急、时间的紧迫感、责任感强、有野心、好冒险，是一种创业型人物。B 型行为的人则相反。

许多研究都表明，A 型行为者在高血压与心脏病的患病率上都远高于 B 型行为者。多国的研究结果表明，A 型行为方式是产生冠心病的明确的危险因素，是一种冠状动脉性倾向的行为模式（coronary-prone behavior pattern，CPBP），或者说是一种明显的行为上的综合征。它显示出容易引起冠状动脉性心脏病（coronary hart diseas，CHD）的行为特征。与 A 型相反倾向的行为模式，称之为 B 型行为。

詹金斯活动性调查（Jenkins activity survey，JAS）是为了评价 A 型行为模式与冠心病的关系而制成的，也是评价 A 型行为的有效工具。在 JAS 中，有 A 型行为的三个构成要素。它们分别作为独立的量表，加上作为 A 型行为指标的A-B 量表，一共四个量表，用以测定 A 型行为的倾向。它们就是：S，即速度和性急因素；J，即对工作献身的因素；H，即精力充沛和竞争的因素。

2. A 型行为模式与心脏病的关系

以往认为，诱发心脏病的危险因子与高血压、血清胆固醇（cholesterol）值、吸烟等有关。但是，这些要素甚至不能预测冠状动脉性障碍患者的半数。对此，冠状动脉性疾病的诱发因子受到了广泛的关注。

行为与情绪影响心血管组织的说法，早在 350 多年前英国的医生哈维（William Harvey）就提出了。1897 年，奥斯勒（William Osler）曾写道："我认为，与其说过食、过饮是动脉退化变质的原因，不如说是习惯于像机器运转到其能力的最大限度那样的生活所造成的压力成为动脉退化的原因。"

心脏病学家弗里德曼（M. Friedman）和罗森曼（R. Rosenman）对心脏病发展中的行为和中枢神经系统的作用，做了临床流行病学的研究。具有冠状动脉性障碍倾向的行为模式的人被称之为 A 型人，与此相反的行为模式的人被称之为 B 型人。A 型人时常被工作所束缚。这种行为模式，既不是人格特性，也不是向周围挑战的标准反应，而是使他们偏向于挑衅性状况的性格倾向性反应。

在发病的研究中，对较年轻的人进行了短期的追踪，A 型者显示出较大的危险率。A 型人的冠状动脉性心脏病发病率约为 B 型人的 2 倍（Jenkins　1976）。根据 JAS 的单独预测性研究，A 型得分在上位 1/3 的人，与在下位 1/3 的人，即最 B 型的人比起来，新的冠心病的发病率为 1.7 倍（Jenkins et al.　1971）。A 型行为与心脏病有关联的这种结果，在美国、荷兰、比利时、以色列、瑞典、澳大利亚、波兰、原苏联等都能见到（Jenkins et al.　1971，1976），结果不受研究组、国民性、言语、文化影响，表明 A 型行为样式是产生冠状动脉性心脏病的明确的危险因素。

二、JAS 的实施法

1. JAS 的构成

JAS（詹金斯活动性调查表）是为了测定与冠心病有紧密关联的 A 型行为模式而做成的测验量表。它采用自陈问卷法。每一项目有若干个选择，被检者从中选择一个与自己相符的项目打上"○"。

1964 年作成 JAS 实验版，自初版发布以来，已经修订过了四次。美国心理学会 1979 年发行的 C 型版是 JAS 的第五版，也是在科学界首次发行的版本。C 型版中四个量表由 52 个项目构成，每个量表由其中若干项目的不同组合构成。所以，四个量表的一些项目有重复。这四个量表是：

（1）A 型量表（type A）。该量表由 21 个项目构成，用以评定冠状动脉性倾向的行为模式。

（2）S 量表（速度与性急量表，speed and impatience scale—factor S）。该量表由 21 个项目构成。S 量表主要表现了 A 型行为的特征，特别与时间的紧迫感有关。量表得分高者，有爱催逼他人、性急、爱着急的倾向。

（3）J 量表（工作献身量表，job involvement scale—factor J）。该量表由 24 个项目组成。它体现了 A 型行为的职业背景，特别是反映一个人对工作的献身程度。这个量表的高得分者，对工作是挑战性的，埋头于工作，感到精神上的重压。另外，这些人在工作时间之外，也干工作，不分上班下班，一个接一个地赶紧完成工作，比起提工资来他们更希望升职。

（4）H量表（精力充沛与竞争性量表，hard-driving and competitive scale—factor H）。该量表由20个项目构成。这个量表表示与A型行为相关的性格特性和价值观。H量表得分高者，认为自己是精力充沛的，诚实、责任感强，是竞争性的，比别人更努力。这个特性被认为是非常竞争性的，同时表现着精力过于旺盛的倾向。

2. 测验的施行

测验的施行过程中应注意以下几个方面：

（1）JAS可以个别施行，也可以团体方式施行。

（2）JAS测验对象是受过八年以上教育，现在有工作或最近曾有工作的成年人。

（3）测验无时间限制。一般的人在15～25分钟内就能完成。

（4）必须强调指出，在进行JAS测验时，不论何时，都不要与别人商量或请别人出主意。回答者只能接受关于测验方法的说明。如果别人的意见被导入测验，就会影响测验结果。

（5）请被测验者如实回答，并对其保密。

（6）没有必要对特别受过心理学教育的人施行。

（7）如果有人问，对感到不好回答的项目可以不回答吗？实验者应作如下回答："你愿意的话，有空白项目（不回答）也没关系。不过请你尽量努力回答"。

（8）测验者不应该议论各反应项目，或说明自己的感觉和意见。如果被测者询问词句的意思的话，尽可能按字典上的定义给予回答。

（9）被测验者直接将其回答记录在印刷好的小册子上。最好用铅笔记录反应。若要改变回答时，允许用橡皮。

（10）JAS测验完成后，测验者要检查一下姓名、年龄、性别、职业和职务、学历等项目是否都填了。

3. 取分法

（1）按照问卷，让被测验者在"JAS活动性调查回答用纸"上，将符合自己情况的选择打上"○"。

（2）各量表的项目构成及其取分标准，分别列于表11.1～表11.4。将被测验者对各个量表的每个项目的回答记分。

表11.1是A型量表取分标准。如果在这个量表中有六个或六个以上项目是"空白"，则此量表就不计分（下同）。

表 11.1　A 型量表取分标准 *

项目号	空白**	项目反应选择			
		1	2	3	4
3	7	11	10	1	12
5	8	17	2		
6	9	23	14	2	2
7	−10	−26	−10	−3	
9	37	54	20	3	
10	9	18	8	1	
11	9	2	2	15	
16	31	58	43	9	3
17	−4	−11	−8	−1	−1
18	40	81	67	9	4
19	12	2	7	26	
21	81	4	2	3	14
25	16	31	20	7	2
28	6	11	4	1	1
30	12	2	8	21	
32	−9	−1	−5	−15	
35	6	13	2	17	
37	6	2	10	16	
40	15	2	12	25	
43	8	14	2	2	2
46	10	20	10	4	1

* 表示 A 型量表是 21 项记录的总和。
** 表示一个项目若是无反应或有一个以上的选择，其取分为"空白"栏中的权数。

表 11.2 速度和性急量表取分标准。

表 11.2　速度和性急量表取分标准 *

项目号	空白**	项目反应选择			
		1	2	3	4
1	16	3	16	40	
2	−8	−8	−3	−19	7
6	21	56	25	4	
7	17	39	14	3	
8	6	10	5	1	
9	24	43	8	3	
10	20	40	15	12	
12	−5	−11	−5	−1	
13	10	1	11	17	
14	13	2	11	28	20
17	−11	−28	−20	−6	−3
18	14	28	21	2	5
22	8	19	14	4	1

续表

项目号	空白**	项目反应选择			
		1	2	3	4
23	11	21	12	5	2
25	12	32	15	2	7
26	12	32	20	4	2
30	9	2	5	16	
32	13	2	9	20	
35	6	14	2	14	
39	5	2	13		
44	−9	−18	−9	−4	−2

＊表示速度和性急量表是 21 项记录的总和。

＊＊同表 11.1。

表 11.3 是工作献身量表取分标准。

表 11.3　工作献身量表取分标准＊

项目号	空白**	项目反应选择							
		1	2	3	4	5	6	7	8
3	17	24	26	2	9				
4	7	−8	11	7	3	1			
10	17	17	20	3					
11	5	9	9	1					
17	−9	−14	−13	−7	−1				
21	11	5	2	13	14				
24	15	17	17	11	1				
25	19	5	24	24	29				
30	5	1	4	8					
31	7	15	1	6					
32	14	1	9	20					
33	−4	−1	−5	−8					
34	16	2	27						
36	11	2	6	19					
37	12	2	19	26					
38	10	2	2	18	19				
41	9	1	7	12					
44	−32	−42	−35	−25					
47	9	18	4	2					
48	12	14	3	1					
49	15	18	3	2					
50	17	2	11	20	26	282			
51	21	2	2	2	9	11	15	30	32
52	20	3	31	20					

＊表示工作献身量表是 24 项记录的总和。

＊＊同表 11.1。

表 11.4 精力旺盛和竞争性量表取分标准*

项目号	空白**	项目反应选择							
		1	2	3	4	5	6	7	8
2	1	0	1	3					
3	6	8	9	1	6				
7	10	10	5	16					
15	3	7	3	2	8				
16	9	28	9	2	2				
17	3	10	5	1	4				
18	−1	−2	−1	0	0				
19	−2	−1	−1	−5					
20	8	15	6	1	4				
22	−7	−18	−11	−4	−4				
24	5	10	4	1	2				
26	7	16	9	2	9				
27	6	9	3	18					
29	3	1	5	1					
31	12	12	4	16					
42	12	25	7	3	1				
43	11	19	4	3	1				
45	10	18	8	3	1				
46	3	8	3	1	1				
51	10	38	38	38	17	17	10	10	10

*表示精力旺盛和竞争性量表是 20 项记录的总和。

**同表 11.1。

（3）将各量表的各个项目的记分加起来，得到该量表的原始得分。

（4）各量表的原始分数转换为标准得分的转换表分别列于表 11.5～表 11.8。按照上述各表，将各量表的原始得分，转换成各自的标准得分。

表 11.5 A 型量表的原始分数与标准分数的转换（举例）

原始分数	30	31	33	35	36	38	39	41	42
标准分数	−25.0	−24.8	−24.6	−24.4	−24.2	−24.0	−23.8	−23.6	−23.4

表 11.6 速度和性急量表的原始分数与标准分数的转换（举例）

原始分数	23	25	26	27	29	30	31	33	34
标准分数	−23.0	−22.8	−22.6	−22.4	−22.2	−22.0	−21.8	−21.6	−21.4

表 11.7　工作献身量表的原始分数与标准分数的转换（举例）

原始分数	31	33	34	35	36	37	38	39	40
标准分数	−33.0	−32.8	−32.6	−32.4	−32.2	−32.0	−31.8	−31.6	−31.4

表 11.8　精力旺盛和竞争性量表的原始分数与标准分数的转换（举例）

原始分数	30	40	41	42	43	44	45	46	47
标准分数	−28.0	−27.4	−27.2	−27.4	−26.4	−26.2	−25.8	−25.6	−25.4

（5）根据表 11.9，将各个量表的标准得分转换成百分位（percentile）。

表 11.9　标准分数和百分位的换算（举例）

百分位	项目反应选择			
	A 因素	S 因素	J 因素	H 因素
99	20.0～25.0	23.2～32.0	19.4～24.0	23.4～40.8
97	17.6～19.9	19.8～23.1	17.4～19.3	20.0～23.3
95	14.8～17.5	16.0～19.7	14.4～17.3	16.4～19.9
90	10.4～12.1	12.2～15.9	12.0～14.3	12.4～16.3
…	…	…	…	…
…	…	…	…	…
10	−14.2～−12.5	−14.0～−11.7	−15.0～−12.7	−12.8～−11.3
5	−16.4～−14.3	−16.2～−14.1	−17.8～−15.1	−15.2～−12.9
3	−17.8～−16.5	−17.8～−16.3	−20.2～−17.9	−16.8～−15.3
1	−25.0～−17.9	−23.0～−17.9	−33.0～−20.3	−28.0～−16.9

（6）空白的无回答或不适当的反应，在各量表中均有取分标准，应特别注意，不要忘记。

（7）在各个量表中，若有六个或六个以上空白或无效反应的话，则那个量表就不能计算分数，算作无效。

（8）若采用计算机计分的话，必须注意填上年龄、性别、职业。

三、测验基础和解释

1. 构成标准的数据

1979 年 C 型版 JAS 计分算法与 1969 年版相同。这里所发表的是以 WCGS（western collaborative group study）的 1969 年版 JAS 分数为基础的标准数据，样本是 2588 名男性公司雇用人员，测验当时为 48～65 岁。

就 JAS 所有版本而言，WCGS 总体的平均分数为 0，标准差为 10。各量表正的分数表示 A 型方向，特性由因素名称表现出来。负的分数表示 B 型行为，表示 A 型行为的因素特征相对欠缺。0 分相当于 WCGS 总体的平均数，它并不是表示没有 A 型特征。接近 0 的分数，表示难于分类为 A 型或 B 型。

2. 测验的解释

实验者是 JAS 结果的解释者。四个量表各有三个得分。

第一个分数是原始得分，它是回答者的各个项目得分和空白项目得分之总和。

第二个分数是标准得分。这是总体的平均分数为 0、SD 为 10 的一次变换。一般人标准得分大概在 −30 和 +30 之间。正的得分表示 A 型行为，负的得分表示 B 型行为。

第三个分数是百分位分数。百分位得分表示与回答者有关的群组中得分在他以下者的大体的百分数。最 A 型的人大约位于 99%，最 B 型的人大约位于 1%，中间的大约位于 50%。

在 JAS 的测验手册中，给出了各种职业水平的平均 A 型分数。这些数据，使得不同职业的被试者的 A 型得分，可以进行直接比较。

一个人的四个 JAS 量表得分的微小差别，不应该过分地给予解释。标准得分之差在 5 或 5 以上时，其差异是大的，才具有解释意义。

在对 JAS 结果进行解释时，医生应从与冠状动脉性心脏病的其他危险因素的关连上去评价得分。将 A 型的高得分与其他危险因素合起来考虑，则患冠状动脉性心脏病的危险往往比较高。相反，B 型得分高，则患冠状动脉性心脏病的危险往往较低。JAS 得分，绝不能单独作为预言患者引起心脏病发作的根据。

四、JAS 活动性调查在组织管理中的应用

JAS 不仅仅用于临床，而且作为行为的测定，还被广泛地应用于心理学、社会学、精神医学以及各种组织的调查等领域。

长期以来，在我国，人们对知识分子，特别是对科技人员的工作缺乏一种正确的认识，认为他们的工作轻松舒服、养尊处优。然而，在现实生活中，知识分子却长年累月地从事着超时的工作。尤其是中年知识分子，他们肩上的担子很重，健康状况较差，以致不少风华正茂的优秀中年知识分子过早地离开了人世。

鉴于以上情况，凌文辁和方俐洛（1988）试图用 JAS 活动性调查表来探讨科技人员与工人在 A 型行为模式上是否存在职业背景上的差异，目的在于改变人们对科技工作者和知识分子的不正确看法；提醒社会尊重知识，保护人才，提高知识分子的社会地位和经济地位。本研究不是出于对临床应用的兴趣，而是尝试将这种方法用于组织管理领域。

研究结果表明，我国工程技术人员与工人在 A-B 量表、S 量表、H 量表的平均得分上均无显著差异，但在 J 量表上却显示出非常显著的差异（202.38 对

169.78，$P<0.001$）。

J量表反映着 A 型行为的职业背景，特别表现出对工作的献身程度。该量表得分高者，喜欢挑战性的工作，感到精神上的压力很大。此外，这些人工作不限于上班八小时，而是超时地工作。与物质报酬相比，他们更着重名誉和晋升。

与其他调查结果一样，本研究结果再一次地表明：我国的知识分子，特别是科技人员，十分热爱本职工作，对工作具有挑战欲望。我国知识分子的工资待遇并不高，但是他们却不分昼夜地埋头于研究工作，具有高度的历史使命感和社会责任感。

第三节　MBTI 与 CVPS 职业人格类型测验

一、MBTI 简介

MBTI 是 "Myers-Briggs type indicator" 的缩写。它是美国人凯塞琳·C. 布瑞格斯和伊莎贝尔·布瑞格斯·麦尔母女俩（Katharine Briggs & Isabel Briggs Myers）基于瑞士心理大师荣格（Carl Jung）的心理类型理论的个性分类而开发的一种人格类型指标。经 Myers-Briggs 家族半世纪的精研改良，使其真正能用于非临床人群。全球每年约有 250 万人使用这套测验，其中超过 80 万人为管理阶层，已经成为心理辅导界及商界最广泛使用的测评个性差异的工具之一。

MBTI 指标是一种强迫选项的自我报告性格问卷。它用于测量并描述人们在信息获取、决策制定、生活取向等方面的偏好。这些偏好可归为四个维度、八个方向：外倾—内倾，感觉—直觉，理性—感性，决断—观察维度。偏好的八个方向的不同组合就构成了性格的 16 种大类型，每种类型对应一套行为特征和价值观。标准表 C 有 126 个问题。两个研究表格——F 表（166 个问题）和 J 表（290 个问题）还包括一些个性化的表格。MBTI 用于成年人范围。1988 年出版了用于 2~8 年级的 C 表，包含 96 个问题。

MBTI 只观察正常行为，许多组织和政府都广泛采用 MBTI 作为选聘，领导（管理）训练，职业规划，团队协作、建设和参与管理的工具，并取得了较好的效果。

二、荣格心理类型理论

目前主要有六种范式来解释个性，即心理分析派、社会-文化派、特质论、学习论、社会-生理论、存在-人文主义论。特质论以卡特尔的 16PF、艾森克问卷和大五（Big Five）模型为代表；社会-文化派以斯普兰格依据人类文化生活的形式建立的六种类型模式及霍兰德依据个性特征与工作的关系所划分的六种个性类型为代表等。

在当前研究个性的范式中，荣格心理类型理论是心理分析派的主要代表。它是瑞士心理学家卡尔·G. 荣格（Carl Gustav Jung，1875—1961 年）提出的用来解释人的个性的理论。荣格是继弗洛伊德之后，对近代心理学影响深远的又一大宗师。荣格心理学博大精深，对人类的行为观察入微。荣格发现不同性情倾向的人，在使用心理功能，收集数据、学习，决策和生活态度上截然不同，因而建立心理类型理论。

荣格的心理类型理论简单说来即是：当人的大脑激活时（处于清醒状态时），总会做两件事：认知和判断。前者是获取信息的过程，后者指将信息组织和排序用于做出决定的过程。尽管每个人都需要应用这些功能，但荣格相信每个人都与生俱来偏好使用某些功能。

1. 外倾和内倾

荣格用两种相反类型的意识态度，即外倾（extraversion）和内倾（introversion）来描述个体与环境结合的方式、能量流动方向和如何使四种基本心理功能发生作用。外倾和内倾被看做是对生活取向的互为补充的两个部分。外倾定义为：个体的活动倾向于受外部世界的人、地方、事件和集体规范影响。内倾描述的是：倾向于内心世界主观的想法、感觉、幻想、概念、理念、梦境和心理体验等。荣格也认为，人生来就偏好于外倾或内倾，这种偏好塑造了他与世界结合的方式。当某种态度与基本心理功能结合，如外倾态度支配意识，则相反的内倾态度会被抑制，会表现出无意识的特征。

有时因为内倾者容易表现为羞怯，外倾者容易表现为喜好社交，人们容易将内倾/外倾和羞怯的、好交际的等概念混淆。但荣格坚持外倾是自我（ego）更多地面向人格面（persona）和外部事实（outer reality），内倾则是自我更多面向集体无意识（collective unconscious）和原型（archetypes）。从该角度来说，内倾者似乎比外倾者成熟。

在其他几种理论中，如著名的艾森克理论等，也可找到内倾/外倾维度的影子。

2. 四种心理功能

荣格心理类型理论的本质是提出了四种人所具备的基本心理功能，即感觉（sensation）、直觉（intuition）、理性（thinking）、感性（feeling）。这些功能都包括个体利用认知和做出判断的方式来对自己本身和环境的定位。荣格将心理功能定义为："在不同情境下主要部分保持稳定的特殊的一种精神活动。"

荣格认为，人必须拥有一种认知刺激物的功能（如通过感觉或直觉认知）和对认知做出适当的反应（如通过理性或感性方式做出决策或判断），才能保证个体活动正常。

感觉是着重于用人身上的五种感官中的一种或多种来观察情境中的具体部分的一种偏好。感觉型的人擅长观察和倾听，并能概括性地了解世界，荣格称其为非理性功能（irrational function）。也就是说，感觉涉及的感知多于对信息的判断。

直觉则将注意力侧重于与具体情境相关的抽象概念等。它是一种以通常的意识过程来工作的感知。与感觉类似，它是非理性的或是知觉的，但它与感觉相比，主要注意大量信息背后的复杂综合关系，而不仅是简单的听到或看到的信息。

理性指通过逻辑关系导出客观的发现，即理性地、逻辑地评估信息。荣格称其为理性功能，因为它更多涉及决策制定或判断，并不仅是简单的信息摄取。

而感性描述的是用主观评价来对信息进行评估，但将个人的情感反应加权考虑。感觉和直觉属于认知范畴，而感性和理性则属于判断范畴。

荣格认为，实际上不可能同时均衡发展这四种心理功能，总是会存在一对偏好功能超过其他功能。不管是内倾或外倾态度，每个人都有自己喜好、舒服和擅长的处理方式处理周围的事务。

人生发展模型的核心是四种功能（S，N，T 和 F）中的一种处于领导或优势地位，称其为优势功能，我们对其最偏好，发展得也最好。优势功能将给人生的发展定位提供主旋律，而第二位的功能将作为辅助功能来平衡优势功能，我们可以意识到它的存在，并用它来支持优势功能。

虽然大部分的人仅发展一到两种功能，但目标应是全面发展四种功能。心理类型分类工具创立的一个想法，就是通过识别人们的优劣等功能，而将注意力放在发展劣等功能上。荣格认为，青年时期应是专攻和发展与偏好功能相关的技能。而年老时，则是成为多面手的时期，即发展和欣赏那些不是很偏好的劣势功能。

三、MBTI 的应用

MBTI 被广泛应用于许多领域，许多组织采用 MBTI 作为选聘、领导（管理）者的培训、职业规划、团队协作、建设和参与管理的工具，并起到了较好的效果。

1. 了解自己

通过 MBTI 能帮助人们更好地了解自己；更好地了解其他人；提高沟通技巧；提高理解和减少冲突的能力；提高时间管理；掌握自己的管理风格和它的长处和缺点；知道你在团队中的贡献；识别带来满意感的任务和工作。

2. 团队建设

MBTI 可用来帮助建立战斗力强、有效率的动态工作团队。如提高生产力的同时改善团队沟通；提供解决冲突的指导；促进团队多样性和对差异的欣赏；识别薄弱点并帮助成员预料到它；指导成员如何评价和利用其他人的长处。

3. 组织发展

应用 MBTI 可以知道个人对组织的贡献，并帮助促进组织对人和价值观的多样性的欣赏。它包括：推进各层次员工的沟通；提供可靠的决策制定技术；减少冲突并建立一个更有效率的组织；提高工作满意感和士气来提升创新力。

4. 个人职业发展

MBTI 帮助使用者设定目标，收集信息，并帮助使用者充满自信地决策。帮助使用者更好地理解自己，以做出有效的职业决策；提供工作满意感；建立职业自信心；激励使用者朝向成功；帮助个人指出在他们选择的职业生涯中的特殊贡献，以增强其信心。

5. 教育

MBTI 可用来帮助匹配教学风格和学习风格。

6. 婚姻问题

Douglass 等曾研究了 MBTI 在解决婚姻中出现的问题的效度。在研究中并没有支持同偏好类型的人容易结合的断言，也不支持同偏好类型的夫妻在婚姻中出现较少婚姻危机等。研究者认为应将 MBTI 看成是对某些夫妻有用的工具，而不应将其当成可解决婚姻不和谐问题的万能药。

四、中国人职业个性测量量表的建构

（一）研究目的

本研究的目的就是通过对荣格心理类型理论在中国企业人群中的适用性研究，借鉴 MBTI 的结构框架，研制一个适用于中国企业人群的职业个性测量工具（chinese vocational personality scale，CVPS）。为我国企业进行人员选拔、团队建设和团队配备、增进相互沟通等人力资源开发与管理实践提供可操作的基础性工具，为企业员工心理档案的建立奠定基础。

（二）研究步骤与结果

1. 问卷

MBTI-G 表（1994 年版本）汉语翻译版（由美国华裔学者 Rosina Chia 教授提供）共包括 94 条题目，每条题目提供两个相反方向的回答选择项，个别题目（共五条题目）提供三个回答选择项，其中包括 45 条词对选择题目。对照英文原版，在英文专业毕业研究生的帮助下，作者对上述翻译稿中一些不符合中国内地用语的部分进行了修改。

在第一次预试后，对个别题目进行了调整，将陈述句部分（103 条题目）设计成单极李克特式四点量表，词对部分（45 条题目）设计成双极李克特式四点量表。问卷的修订与建构进行了第二次、第三次和第四次预试。最终用于预试的量表为 80 条题目。表征外倾/内倾（E/I）维度的有 17 条题；表征感觉/直觉（S/N）维度的有 21 条题；表征理性/感性（T/F）维度的有 21 条题；表征决断/观察（J/P）维度的有 21 条题。问卷仍采用双极李克特式六点量表形式，即每条题由同一概念的表达两个相反方向意思的陈述句组成，由被试者在两端情境中选择最靠近自己实际情况的选择项。

2. 被试

在四轮预试中，有效被试共 2003 人（第一次 78 人，第二次 346 人，第三次 795 人，第四次 782 人）。全部被试者均为各类企业工作人员。

下面是对第四轮的实验结果的分析。

3. 结果

采用 SPSS 统计软件进行条目区分度分析和探索性因素分析。

1）外倾/内倾子量表修订

外倾/内倾（E/I）子量表修订包括以下三个方面：

（1）条目鉴别度分析。将题目得分总和按照高低排序；从最高分向下排列占样本 27% 的被试定为高分组，从最低分向上排列占样本 27% 的被试定为低分组；将两个组的题目得分进行独立样本 t 检验，分析题目的鉴别度。结果显示，该量表中所有 17 条题目在高分组与低分组得分差异检验的 t 值均显著（Sig. 的值小于 0.05），说明这些题目都具有鉴别度。

（2）因素分析。经主成分法抽取因素，并用正交极大法旋转，特征根大于 1 的因素共有三个，总方差解释量为 53.79%。

（3）信度检验。同质信度系数，即内部一致性系数（Cronbach's α 系数）= 0.76，古德曼分半信度系数 = 0.74。

2）感觉/直觉子量表修订

感觉/直觉（S/N）子量表修订包括以下三个方面：

（1）条目鉴别度分析。同上，将高分组和低分组的题目得分进行独立样本 t 检验。结果显示该量表中第八题和第十题的 t 值均未达到显著水平（Sig. 的值大于 0.05），说明这两条题目不具有鉴别度，将这两条题删除。

（2）因素分析。经主成分法抽取因素，并用正交极大法旋转，特征根大于 1 的因素共有四个，总方差解释量为 56.2%。

（3）信度检验。同质信度系数，即内部一致性系数 = 0.63，古德曼分半信度系数＝0.72。

3）理性/感性子量表修订

理性/感性（T/F）子量表修订包括以下三个方面：

（1）条目鉴别度分析。高分组和低分组的独立样本 t 检验显示，该量表中所有 21 条题目的 t 值均达到显著水平，说明这些题目均具有鉴别度。

（2）因素分析。经主成分法抽取因素，并用正交极大法旋转，特征根大于 1 的因素共有五个，总方差解释量为 62.0%。

（3）信度检验。同质信度系数，即内部一致性系数＝0.71，古德曼分半信度系数＝0.69。

4）决断/观察子量表修订

决断/观察（J/P）子量表修订包括以下三个方面：

（1）条目鉴别度分析。高分组与低分组得分的独立样本 t 检验结果显示，该量表中第五题的 t 值未达到显著水平，说明该条题目不具有鉴别度，将此条题删除。

（2）因素分析。经主成分法抽取因素，并用正交极大法旋转，特征根大于 1 的因素共有三个，总方差解释量为 57.9%。

（3）信度检验。同质信度系数，即内部一致性系数＝0.57，古德曼分半信度系数＝0.41。

4. 讨论

从以上的统计分析结果可看出，CVPS 的外倾/内倾（E/I）、感觉/直觉（S/N），理性/感性（T/F）子量表的结构较为清晰，题目的载荷值也较为理想。

决断/观察（J/P）子量表的内部一致性 α 系数和折半系数均较低，而且从几次预试的因素分析过程来看，该量表的条目结构较散，很难聚集。样本变化，因素结构就跟着变化，题目比较散，结构不稳定。对此研究者认为，在中国企业文化背景下"凡事应有计划性"的理念，可能会影响到企业人群对 J/P 量表的反应，答题时可能会受社会赞许性或职业赞许性的影响。去除 J/P 维度后，CVPS 的内部一致性信度（α 系数）为 0.81，达到心理测量学的要求。

J/P 维度是美国学者 Myers 增加的，而在荣格的心理类型模型中是没有的。美国学者 Myers 为了将人的个性分类得更细微，而在 MBTI 中加入的测量人在工作和生活中有没有计划性的 J/P 维度。我们的研究结果显示，该维度可能不适于中国企业人群。也就是说在中国企业的管理实践中，可以按荣格的心理类型模型对企业人群的职业个性进行分类。

（三）CVPS 量表的构成与计分方法

根据预试结果，本研究对预试中各量表的条目进行了整理，提出 35 条题目作为 CVPS 的量表的主干。其中 E/I 量表由 11 条题目构成，S/N 和 T/F 量表各由 12 条题目构成，仍采用双极李克特式 6 点量表的方式来建构。考虑到被试者可能对选择项采用数字（1，2，3，4，5，6）的方式产生防备心理，故选择项仍采用字母的方式，见表 11.10。请被试者在 6 个选择项中选择 1 个最符合您情况的选项：

表 11.10　李克特六点量表示例

情景 1	完全符合	基本符合	有点符合	有点符合	基本符合	完全符合	情景 2
您最喜欢阅读军事或政治的纪实文章	A	B	C	D	E	F	您最喜欢阅读富有情感与幻想的作品

各分量表的计算方法如下：

将 E/I、S/N、T/F 量表的题目分开计算。

选择 "A" 计为 "+3" 分，选择 "B" 计为 "+2" 分，选择 "C" 计为 "+1" 分，选择 "D" 计为 "-1" 分，选择 "E" 计为 "-2" 分，选择 "F" 计为 "-3" 分。

将 E/I、S/N、T/F 各量表的题目得分按正向分（+）和负向分（-）分别累加，计算方法模型见图 11.1。

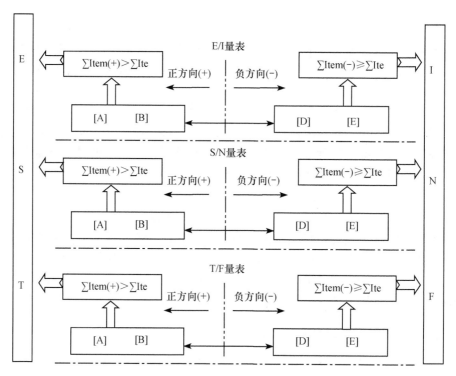

图 11.1　CVPS 的分类计算模型

正向总分大于负向总分，则类型分类为正方向表示的类型；负向总分大于或者等于正向总分，则类型分类为负方向表示的类型。

如某人应用 CVPS 进行个性测试，E/I 量表结果，$\sum \mathrm{Item}(+) < \sum \mathrm{Item}(-)$；S/N 量表结果，$\sum \mathrm{Item}(+) = \sum \mathrm{Item}(-)$；T/F 量表结果，$\sum \mathrm{Item}(+) > \sum \mathrm{Item}(-)$；则将该人的个性分类为 INT 类型，即内倾-直觉-理性类型。

（四）结论

本研究通过设计问卷调查的方式，在预试研究的基础上，修订 MBTI，而形成了中国企业员工职业个性测量量表 CVPS。

研究结果表明，荣格心理类型模型理论也适用于对中国企业人群的职业个性分类，可从外倾/内倾、感觉/直觉、理性/感性三个维度方面对中国企业员工职业个性进行分类。

由于测验的编制是一项难度非常高且十分耗时、耗材和费力的工作，限于条件的限制，CVPS 量表的修订还需要不断完善。本研究虽说开创了荣格心理类型在中国企业人群的研究，但在今后的研究中还有许多问题需要探讨。

第十二章　情商与逆商测量

第一节　情绪智力及其测量

一、情绪智力和情绪胜任特征

（一）情商与成功

随着知识经济时代的来临，人们似乎越来越相信未来世界的主宰将是"知本家"。然而，拥有知识的人就一定能成为业界的成功者吗？学者们曾将 IQ（即智商）分数与人们在职业生涯中的成就进行相关分析，结果发现：IQ 最高仅能解释成功的 25％。更严密的分析表明，这个数字不会高于 10％，甚至可能会低至 4％。这就意味着工作中的成功有 75％～96％是 IQ 不能解释的。换句话说，未来世界的主宰仅仅拥有高 IQ 是远远不够的。那么，对于个体或组织的成功而言，究竟什么才是至关重要的呢？

达尼艾尔·戈尔曼（Daniel Golmen）对全世界 121 家公司与组织的 181 个职位的胜任特征模型进行分析后发现：67％的胜任特征被认为是与情绪智力（emotional intelligence，EI）相关的。克劳迪·佛·阿劳兹（Claudio Fernandez Araoz）在将拉美地区 227 位取得极大成功的主管与 23 位失败的主管进行对比后发现：失败者的 IQ 与所拥有的专业知识技能几乎都是很高的，他们的致命弱点在于 EI：即自大、过分依靠脑力、不能适应地区偶发的经济波动、蔑视合作或团队协作。在德国和日本也曾进行类似的比较分析，结果发现了相同的模式：尽管失败者的智商与专业知识技能较优，但 EI 的不足使他们只有捶胸顿足的份。

于是，EI 的价值与重要性骤升。但大多数人对"究竟什么是情绪智力"、"拥有高情绪智力的人具有哪些特征"、"如何有效地提高情绪智力"等问题却不尽明了，各种误解自然也就甚嚣尘上。显然，只有理顺思路、澄清误解，才不会使个体和组织误入歧途。

（二）情绪智力与情商

1995 年 10 月，拥有哈佛大学心理学博士学位的美国学者达尼艾尔·戈尔曼出版了一本书《情绪智力》。该书出版后不久，美国《时代》周刊在特辑中对其内容做介绍时，为了与 IQ 相对比，而使用了情商（emotion quotient，EQ）这个词。EQ 是情绪商数的简称，系指对情绪智力的测量指数。此后，EQ 代替了 EI 而流行起来。在这里我们仍使用达尼艾尔・戈尔曼的原文缩写 EI。

EI 意指识别自己和他人情绪的能力、激励的能力以及在人际交往中调控情绪的能力，可以用 EI=智力×感情来表示。它包括五个方面的智力：①自我意识智力；②自我调节智力；③激励智力；④共情智力；⑤社交技能智力。

拥有高 EI 并不仅仅意味着"只做个好人"，在关键的战略时刻，个体有时还得扮演"黑脸"的角色。拥有高 EI 并不意味着个体就可以放纵自己的情绪，相反要对情绪进行管理，使之能适宜、有效地表达，使人们能朝着共同的目标一起顺畅地工作。

在 EI 上并不存在性别差异。女性在 EI 上并不比男性更聪明，反之亦然。研究发现：女性一般能更清醒地意识到自己的情绪，更富有同情心，更擅长人际交往；男性则更自信，更乐观，更能适应环境以及能更好地应付各种应激。客观地说，无论是男性，还是女性，在 EI 上均有其长处，也有其不足。一些人虽富有同情心，但却缺乏处理自己苦恼的能力；而另一些人虽能敏锐地意识到自己情绪的细微变化，但对别人的情绪反应却"呆若木鸡"。

EI 的水平并非由遗传所决定的，也不是在儿童早期阶段就已发展定型的。EI 的水平在人的一生中能通过不断地学习而得以不断地提高，它能从经验中不断地汲取营养。对人的 EI 水平进行的一项追踪研究显示，随着个体越来越善于调控自己的情绪和冲动，更善于激励自己以及共情能力的增强和社交技巧的不断丰富，人们在 EI 上的表现也不断地得到提高。用一个通俗的字眼来形容这种变化就是"成熟"。

（三）情绪胜任特征

情绪胜任特征（emotional competence，EC），亦称情绪胜任能力，它是在 EI 的基础上习得的。具体地说，五个方面的 EI 包括 25 种胜任特征。这 25 种胜任特征又具有如下特征：

（1）它们是相对独立的。即每种胜任特征对工作绩效均有独特的贡献。

（2）它们是互相依赖的。即彼此间具有某种程度的关联。

（3）它们是有层次的。例如，自我意识的增强对于自我调节和共情的发展而言是至关重要的，而自我调节与自我意识的发展与增强则有助于激励。

（4）它们是必要的，而不是充分的。拥有某种智力并不能确保个体一定会发展或显示出与之相关联的那些胜任特征，如合作或领导。因为，诸如组织气氛或个人对工作的兴趣等因素会对胜任特征的显现与否施加其影响力。

（5）这些胜任特征是有类属的。尽管它们适用于所有的工作，但不同的工作会有不同的要求。

EC 与 EI 之间的关系可用图 12.1 加以描述。

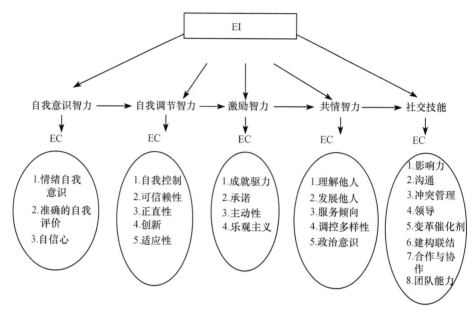

图 12.1　EI 与 EC 之间的关系

总而言之，EI 决定了个体学习与自我意识、自我调节、激励、共情以及与人际技巧有关的实际技能的潜力。而 EC 则显示了个体将这种潜力转化为与实际工作有关的各种能力的程度。例如，善于取悦客户是基于共情智力的一种EC；而可信赖性则是基于自我调节或调控冲动和情绪的一种 EC。这两种胜任特征均可使人们在工作中有卓越表现。但 EI 高的个体并不意味着就一定能习得对工作而言至关重要的 EC，EI 高仅仅意味着个体在习得那些 EC 时具有更好的潜质而已。

二、情绪智力的评估

随着世界经济的全球一体化和商业竞争的日趋激烈，组织形态由传统的金字塔形层级组织逐步转变为扁平化的网络组织；劳资双方的关系从最初的全面对抗，经全面接触而逐步转变成精诚协作；工作也不再固定，单一的工作技能让位于毕生学习；这就对人和组织提出了许多全新的挑战。当今世界，拥有高学历和骄人头衔的人物比比皆是，如何从这些人中挑选出真正的精英分子为组织效命，如何任用这些人将成为组织生存、发展与繁荣的关键。既然 IQ 不是成功与否的必然保证，而 EQ 却在成功中起着重要作用。那么，如何鉴别那些拥有高 EI 的人呢？

虽然学者们对 EQ 的测量做了不少尝试，但至今并没有一个像 IQ 那样得到人们公认的普遍应用的 EQ 测验量表。这也许是由于 EI 内容复杂所致。根据一些学者的研究，EI 可以归纳为自我意识、自我控制能力、激励能力、共情能力、社交技能五种能力。这五种能力又可分解成 25 种 EC，每种 EC 又可用若干具体行为进行表征。这样，就构成了一个 EI 评估的体系。虽然这个体系尚未进行科学的检验，但可为今后的 EI 测验的研制提供一些有益的启示。

（一）自我意识

所谓自我意识，是指自己能了解自己内部的状态、偏好、自己所拥有的资源等。一个人是否具有较强的自我意识可以从三个方面加以衡量：一是对情绪的自我意识；二是自我评价的准确性；三是自信心水平。

（1）对情绪的自我意识。那些能充分意识到自己情绪的个体表征是：①了解自己的情绪与发生的原因；②能认识到自己的情绪与所思、所做和所说之间的联系；③知道自己的情绪是如何影响自己的工作业绩和工作效率的；④能意识到自己的价值观和目标。

（2）自我评价的准确性。自我评价是否准确可以从以下四个方面加以考察：①能否意识到自己的长处和短处；②能否从经验中汲取教训，吃一堑，长一智，不重复同样的错误；③对于别人的反馈、新异的观点是采取封闭的还是开放的态度；④是愿意不断地学习以充实和提高自己，还是以"老子天下第一"自居。

（3）自信心水平。个体的自信心水平，可以从以下三个方面得以充分体现：①能否自信地表现自己；②是否敢于坚持正确的东西，是否敢于发表不受欢迎的观点；③在面对各种不确定性因素和面临重重压力的情况下，是否敢于做出决策并勇于承担相应的责任。

自信之所以重要，是因为一个充满自信的人，他的面目表情、言谈举止都饱含着一种积极的情绪内涵，他在举手投足之间洋溢着吸引人的魅力，全身上下更是透露出一股积极向上的力量。同时，充满自信的人，情绪表现也相当稳定，这样的人在逆境中，也能保持高昂的状态，在顺境中则更能一往无前。自信心并非生而有之，它是可以训练和练习的。

美国心理治疗专家戴维·鲍尔斯在《实用宽心术》一书中提出了自信心的训练方法：

一是对内心的自我否定进行抨击。任何不自信的表现都源于内心对自我的负面评价，诸如"我是个傻瓜"、"我不善于与人相处"、"大家都不喜欢我"等。正是这些自责、自我否定扼杀了一个人的自信。要克服这些错误的评价，首先是训练自己意识到并记录下内心自我否定的评价；其次是弄清这些错误评价的思想根源；第三则是练习对这些错误评价进行批驳，并建立一个更为现实的自我评价系统。这三步总结起来即为"是什么"、"为什么"和"怎么办"。

二是循序渐进地反馈，逐步摆脱自我否定情绪，建立自信。

三是尝试着去主动地做。正视问题才能解决问题。只有当自己采取切实的行动消除内心的自我否定和解决问题时，才能使自己保持自信，并从自信中真正得到实惠。

作为高 EI 的特征之一，自我意识强的个体表征可概括为表 12.1。

表 12.1　强自我意识的个体表征

衡量指标	具体表征
情绪自我意识	（1）了解自己的情绪与发生原因 （2）认识到自己的情绪与所思、所做和所说之间的联系 （3）知道自己的情绪是如何影响自己的绩效的 （4）对自己的价值观和目标有先导意识
准确的自我评价	（1）意识到自己的长处和短处 （2）能吃一堑，长一智 （3）对公正的反馈、新异观点采取开放的态度 （4）是愿意持续不断地学习，还是对自我发展采取封闭的态度
自信心	（1）自信地表现自己 （2）敢于发表不受欢迎的观点，敢于坚持认为是正确的东西 （3）敢于决策，即便是面对各种不确定性和压力

（二）自我控制能力

所谓自我控制，是指能管理好自己的冲动与情绪，以理性和合乎情理的方式与人交往，不发表过激的言辞，不进行冲动的行为。一个人的自我控制能力究竟是强还是弱，可以从五个方面加以度量：

（1）自制力。一个具有较强自制力的人，他应当能：①管理好自己的冲动与忧伤情绪，不会由于情绪的失控而导致无法挽回的局面和恶果；②即便是在面对刁难时依然能保持镇静、沉着和积极的心态，不轻易为他人所左右；③在压力情境中，仍能保持清醒的头脑和高度集中的注意力，不会手忙脚乱，顾此失彼。

（2）可信赖程度。一个人是否可信，可以从以下五个方面加以衡量：①能否依社会认可的伦理道德行事，不怕他人的非难和异议；②能否凭借自己的可靠与真诚来建立他人对自己的信任；③是否敢于承认自己的错误；④是否敢同他人的不道德行为做斗争；⑤是否能坚持正确的原则立场，即便这种立场不受欢迎。

（3）正直性。一个人是否正直，可以从三个方面进行有效的鉴别：①能否信守诺言；②是否承担自己行为的后果；③工作是井井有条、认真细致地完成，还是敷衍了事等。

（4）适应能力。要想鉴别个体适应能力的强弱，可以从以下三个方面着手：①是否能区分事情的轻重缓急，并顺利地满足各方面的需要；②是否能根据情境的变化来不断调整自己的反应和策略；③看事物的方式是僵化的、机械的还是富于弹性的。

（5）是否敢于创新。个体是否敢创新，则可以从四个方面加以考察：①能否通过各种渠道收集各种信息；②对问题是否敢于采取新颖的解决办法；③是否能提出解决问题的新观念和新思路；④思考问题时是因循守旧，还是标新立异，敢于求变，不怕冒险。

作为高 EI 的特征之二，自我控制能力强的个体表征可概括为表 12.2。

表 12.2　强自我控制能力的个体表征

衡量指标	具体表征
自制力	（1）管理好自己的冲动与忧伤情绪，避免情绪失控 （2）即便是在面对刁难时依然能保持镇静、积极和沉着，不为他人所左右 （3）在压力情境中，仍能保持清醒的头脑和高度集中的注意力，不手忙脚乱
可信赖性	（1）依伦理道德行事，不怕非难 （2）凭借自己的可靠与真诚来建立他人的信任 （3）承认自己的失误和过错 （4）敢同他人的不道德行为做斗争 （5）坚持原则，采取坚定的立场，即便这种立场不受欢迎
正直性	（1）信守诺言，履行承诺 （2）对自己的行为结果负责 （3）做事认真，不敷衍了事
适应性	（1）能区分事情的轻重缓急并能满足各种需要 （2）能根据情境的变化来不断调整自己的反应和策略 （3）看事物的方式富于弹性，而不机械、僵化
创新	（1）通过各种渠道收集各种信息，探寻新的观念 （2）对问题敢于采取新颖的解决办法 （3）能提出解决问题的新观念，新思路 （4）思考问题时敢于求变、标新立异，不怕冒险

（三）激励能力

所谓激励，是指引导或促进目标实现的一种动机倾向。一个具有较强的激励能力的个体必然表现出具有较强的成就动机、敢于承诺、积极主动、乐观向上等特点。

（1）成就动机。个体成就动机的强弱，可以从四个方面加以鉴别：①是否注重追求结果，不达目的不罢休；②能否为自己设立挑战性目标，并承担相应的风险；③是否不断地寻求改进工作的方法；④是否通过不断地学习来谋求自己工作业绩的改进。

（2）敢于承诺。敢于承诺的个体必然表现出四个特点：①愿意为实现集体和组织目标做出奉献和牺牲；②能够从集体和组织的使命中发现自己所追寻的目标的意义；③能根据集体的价值观做出决策；④积极地寻找促进集体和组织目标实现和完成使命的各种机遇。

（3）积极主动。一个人是否积极主动，也可以从四个方面加以考察：①是否注意平时的积累和准备，以把握住随时可能到来的机遇；②是否常追逐那些别人要求或期望以外的目标；③为了完成工作，是否可以抛弃过去的繁文缛节和范式；④别人是否被他的孜孜进取所打动。

（4）乐观向上。从以下三点衡量一个人是否乐观：①要看的是他遇到困难时，是选择坚持不懈地奋斗下去，还是就此打住或放弃；②要看一个人做事究竟是渴求成功，还是害怕失败；③要看个体是如何看待实现目标过程中所遇到的障碍：是将之视为可加以控制和改变的特定情境造成的，还是将之归咎于个人的主观缺失。

很显然，前者更加乐观，而后者则多少有些怨天尤人的味道。美国宾夕法尼亚大学的心理学家马丁·塞利格曼（Martin Seligman）通过研究发现：乐观的保险推销员在第一年卖出的保险比持悲观态度的同伴要高出29个百分点，而到了第二年则要高出130个百分点。因此，他认为持乐观向上的态度更有助于个人的成功。

作为高EI的特征之三，具有较强激励能力的个体表征可概括为表12.3。

表 12.3　强激励能力的个体表征

衡量指标	具体表征
成就动机	（1）结果导向，不达目的不罢休 （2）设立挑战性目标，并承担相应的风险 （3）不断寻求改进工作的方法 （4）通过学习来改进自己的工作绩效
承诺	（1）愿意为实现集体和组织目标做出奉献和牺牲 （2）能够从集体和组织的使命中发现自己所追寻的目标的意义 （3）能根据集体的价值观做出决策 （4）积极地寻找各种机遇，以促进集体和组织目标实现和完成使命

续表

衡量指标	具体表征
主动性	(1) 注意平时的积累，随时准备把握可能到来的机遇 (2) 追逐那些别人要求或期望以外的目标 (3) 为了完成工作可以抛弃繁文缛节与改变陈规旧则 (4) 用非同寻常的进取心来鼓动他人
乐观主义	(1) 遇到困难时，能坚持不懈地奋斗下去，而不是退缩放弃 (2) 做任何事情总是渴望成功，而不是恐惧失败 (3) 将障碍看做是由于可控的情境造成的，而不是主观的人为缺失造成的

（四）共情能力

所谓共情（empathy），是指不仅能意识到他人的情绪、需要与关注的焦点所在，而且还能与他人产生情感上的协调和共鸣。这后一条正是共情与同情的最大区别。共情能力亦称设身处地的能力。具体来说，一个具有较强共情能力的人必然表现出以下五个特点：

（1）能充分地理解他人。一个能充分理解他人的人，应该能做到：①留意各种情绪线索并注意倾听；②敏感而不迟钝；③能及时施以援手。

恩格斯特罗姆（T. W. Engstrom）和拉松（R. C. Larson）就如何学会关心他人的感受提出了三条原则：一是细心地观察周围的人，尝试找出多条能够帮助他人的途径。二是相信他人。虽然许多人确确实实知道应该去了解他人的内心感受，但却始终无法真正做到这一点。其原因就在于他们在自己的心中筑起了一道怀疑与不信任的高墙，从而人为地阻断了自己与他人的交流。三是开诚布公地沟通。

（2）能开发他人所长。要想开发和培育一个人，则必须做到：①承认他人的优点与成就并予以奖励；②及时提供客观、适宜的反馈；③设置具有一定难度的任务，并及时提供所需的各种辅导。

（3）具有服务倾向。一个人是否具有服务倾向，可以从四个方面加以考察：①他是以别人为中心，从别人需要出发考虑问题、解决问题，还是以自我为中心，从自己的角度考虑问题、解决问题；②他是否不断地寻找提高别人（包括客户）的满意度和忠诚度的方法；③他是否乐于提供他人所需要的适宜的帮助；④他能否把握别人的心理，扮演好可信赖的顾问角色等。

事实上，每个人都或多或少地有自我中心倾向，往往都习惯于从自身的立场来考虑事物，但这样的习惯危害极大。这就好像一个人在驾车时，如果他的眼睛只盯住正前方的车窗，却不留意两边后视镜所显现的影像的话，就必然会引起车祸一样。因此，培养个体服务倾向的首要的一条，是学会转移立场和注意的焦点。

　　（4）能巧妙地运用多样性。至于多样性的利用问题，是在全球经济一体化、市场经济日益自由化以及科学技术日新月异的条件下，对个体的 EI 提出的一个全新挑战。它具体指的是：①能否尊重有着不同背景的人，并与之友好相处；②能否理解各种各样的世界观，对于群体间的差异有敏锐的意识；③是否将多样性看做是能动地发挥个体潜力和积极性的机遇，并积极创造一个能让各式人物都竭尽所能的"熔炉"；④对于各种偏见和狭隘的观点是否持挑战态度。特别对于知识工作者来说，以上各种特点尤为重要。

　　（5）有较强的"政治嗅觉"。一个人是否具有灵敏的政治嗅觉，也是个体共情能力强弱的一个很好的标志。一个有着灵敏政治嗅觉的人，可以做到：①洞察组织内部的各种权力关系，这样就不至于轻易踩到"地雷"；②能探查到重要的社会网络关系，这样办起事来就驾轻就熟，游刃有余；③能借助哪些力量可以改变他人的观念和习惯；④能准确地理解组织内外的种种状况。

　　作为高 EI 的特征之四，具有较强共情能力的个体表征可概括为表 12.4。

表 12.4　强共情能力的个体表征

衡量指标	具体表征
理解他人	（1）留意各种情绪线索并注意倾听 （2）敏感，善解人意 （3）在理解他人的情绪和需要的基础上帮助他人渡过难关
开发他人	（1）承认他人的优点与成就并予以奖励 （2）对他人即时提供有用的反馈并确定别人的需要 （3）设置具有一定难度的挑战性任务，并及时提供所需的各种辅导
服务倾向	（1）能以他人为中心考虑和解决问题，而不是自我中心 （2）寻找能提高别人的满意度和忠诚度的方法 （3）乐于提供他人所需要的适宜的帮助 （4）能把握别人的心理，扮演可信赖的顾问角色
利用多样性	（1）尊重有着不同背景的人，并与之友好相处 （2）能理解各种各样的世界观，并对群体间的差异有敏锐的意识 （3）将多样性视为机遇，创造一种能使各式人物共同奋斗的环境 （4）能挑战偏见与狭隘
政治意识	（1）能洞察组织内部的各种权力关系 （2）能探查到重要的社会网络关系，办起事来游刃有余 （3）了解哪些力量可以改变他人的观念和习惯 （4）准确地理解组织内外的各种状况

（五）社交技能

　　所谓社交技能，是指一个人在与他人或群体交往时，能因人、因时、因地而异地灵活采取种种人际交往技巧。它包括：

（1）影响力技巧。一个具有影响力的人，必然表现出四个特点：①善于捕获人心；②善于根据受众的需要灵活调整自己的说辞；③能灵活运用多种策略来赢得他人的认可与赞成；④能把别人认为是不可能的事件转变成顺理成章的事。

"想让他人做你想要他做的事，最好的办法是让他认为这件事是他自己想做的。"由此可见，影响力的关键在于能否打动别人的心。

（2）沟通技巧。一个善于与人沟通的人，必然能做到：①能有效地发送、接收和登录各种情绪线索所传达的信息；②能坦率地与各种棘手的问题打交道；③注意倾听，寻求相互理解，欢迎信息的充分共享；④开诚布公地与人沟通，对于坏消息和好消息都能坦然接受。

（3）冲突管理技巧。一个人是否具有冲突管理技巧，可以从以下四个方面加以考察：①能否运用外交手腕和技巧来对付各种麻烦人物和紧张环境；②能否发现潜在的冲突，并采取公开化的办法来解决；③能否鼓励争论与坦诚地讨论；④能否巧妙地运用双赢策略。

冲突管理技巧之所以重要，是因为组织、团队的工作气氛，对组织、团队的工作绩效有着深刻的影响。据国外一些统计资料介绍，管理人员一般要花费至少40％的时间去解决冲突，因此减少冲突的发生对于提高组织、团队的效益是一条捷径。值得人们注意的是，冲突既有破坏性，也有建设性。对于前者，需要预防和避免；对于后者，则需善加运用。因为它能提高决策的质量、刺激创造性、鼓舞人们的进取心、激发高昂的精神状态，从而更有效地激发每个员工的潜能，达到组织和团队目标。因此，冲突管理的首要一点是要学会辨别哪些冲突是破坏性的，哪些冲突是建设性的。一般而言，引起人们产生愤恨、怀疑、敌对、不安等不良情绪，给团体和组织带来损失的冲突是破坏性的。它往往是员工由于目标不一致而产生的，尤其是在利益分配、晋升、培训机会等方面容易产生。而给人带来安慰、鼓励、使人处于一种相对激昂的情绪状态，有助于团体和组织目标实现的冲突就是建设性的冲突。它往往是由于双方目标一致，但方法和认识有所不同造成的。

（4）领导技巧。一个具有领导技巧的人，应该能做到：①明确地表达共同愿望和使命并唤起群体成员的热情；②无论自身位置高低，如果需要，敢于挺身而出担当领导角色；③在"笼"住人的同时，指引他人如何建功立业；④能以身作则，率先垂范。

（5）促进变革的技巧。一个人是否具有促进变革的技巧，可以从以下四个方面得到验证：①能否认识到变革的需要并积极消除各种影响变革的障碍；②为了确定是否需要进行变革，而敢于挑战现状；③能否引领他人投身于变革中；④能否以他人期望的变革为样板。

（6）建构关系网的技巧。一个人培育工具性关系的能力，就要做到：①培育和维系大量的非正式关系网络；②寻求互利互惠的双边和多边关系；③将他人纳入自己建立的关系圈中；④与同事建立私人友谊并维系之。

（7）协作与合作的技巧。一个人协作与合作能力的高低，可以从以下四个方面得到说明：①能否在完成任务的同时，注意关系的维系；②能否与他人共享信息、资源与计划；③能否积极营造友好、合作的气氛；④是否善于发现和培育合作的机遇。

耶鲁大学的心理学家斯腾伯格（Robert Sternberg）曾提出集体智商的概念。他认为集体智商决定团体绩效的优劣，而影响集体智商的并非是成员的平均智力，而是他们的 EQ，即成员之间是否能营造一种和谐的气氛以使个人的潜能得到充分发挥。

（8）团队技巧。一个人团队建设能力的高低，则可从以下四个方面加以验证：①能否着力塑造团队的品质，如尊重、合作和互助；②能否充分调动全体成员的积极性，让全体成员都积极参与到组织和团队目标的实现过程中；③能否建立起成员对群体的认同感，培养他们的士气和培养组织承诺；④能否维护团体及其名誉，与团体共享荣辱。

作为高 EI 的特征之五，具有较强社交技能的个体表征，可概括为表 12.5。

表 12.5　社交技能强的个体表征

衡量指标	具体表征
影响力技巧	（1）精于捕获人心 （2）善于根据受众的需要灵活地调整自己的说辞 （3）能灵活使用各种策略来赢得他人的认同与支持 （4）能把别人认为是不可能的事件转变成为顺理成章的事
沟通技巧	（1）能有效地发放、接收和登记各种情绪线索所传达的信息 （2）能坦率地与各种棘手的问题打交道 （3）注意倾听，寻求相互理解，欢迎信息的充分共享 （4）开诚布公地与人沟通，对于好消息和坏消息都能坦然接受
冲突管理技巧	（1）能运用外交手腕和技巧来对付各种麻烦人物和紧张情境 （2）能发现潜在的冲突，将之公开化并帮助瓦解之 （3）能鼓励争论与坦诚地讨论 （4）能巧妙运用双赢策略
领导技巧	（1）明确表达共同愿望和使命并唤起群体成员的热情 （2）无论自身位置高低，如果需要，敢于挺身而出担当领导角色 （3）能在"笼"住人的同时，指引他人如何建功立业 （4）能以身作则，率先垂范
促进变革的技巧	（1）能认识到变革的需要并剔除各种障碍 （2）能为了确认变革的需要而挑战现状 （3）能领导变革并吸引他人投身其中 （4）能以他人期望的变革为样板

续表

衡量指标	具体表征
建构关系网技巧	(1) 能培育和维系大量的非正式关系网络 (2) 能寻求互利互惠的双边和多边关系 (3) 能将他人纳入自己建立的关系圈中 (4) 能与同事建立私人友谊并维系之
协作与合作技巧	(1) 能在完成任务的同时注意关系的维系 (2) 能与他人协作，共享信息、资源与计划 (3) 能采取措施增进友好、合作的气氛 (4) 善于发现和培育合作的机遇
团队技巧	(1) 能塑造团队的品质，如尊重、合作和互助 (2) 充分调动全体成员的积极性，让全员积极参与到组织目标实现中来 (3) 能建立成员对团体的认同感，培养士气和培养组织承诺 (4) 维护团体及其名誉，共享荣辱

第二节　逆商测量

一、面对逆境

对抗挫折，已成为全球最热的议题。2000 年，积极心理学被首度提出，它颠覆了学界长期研究负面病征的传统，明确指出"正面思考"对人们幸福所扮演的关键角色。在短短的六年内，相关期刊论文超过 20 000 篇，心理学"第四次改革运动"正式揭幕，并在全球的学界、教育界以及企业界掀起一股热潮。台湾大学心理系郑伯埙教授指出："积极心理学成为 21 世纪的显学，原因在于现代人越来越不快乐，外在环境越来越差。"事实上，人生不如意之事十之八九：学生成绩不佳，考试落榜，求偶失败，就业无门，生活窘迫，重病缠身，事业无成，生意亏损，官场失意，离婚丧子等，无不让人生受挫。在这变革的年代，竞争加剧，贫富差距扩大所造成的社会不安全感的冲击下，无不感受到莫大的压力。可以说，我们生活在一个充满竞争、逆境的时代中。

但我们也会发现，有些人可以在逆境中乐观面对、不屈不挠、越挫越勇，能够转换心境重新出发，最终获得成功而登上事业的顶峰；而有些人却总是感到沮丧、迷失，他们处处抱怨、逃避挑战，进而往往半途而废、一蹶不振，终究一事无成。这两类人的差异就在于他们选择了不同的应对逆境的方式。1997 年，美国学者、白宫商业顾问斯托兹（Paul Stoltz）首次提出了"逆境商数"（简称"逆商"，adversity quotient，AQ）的概念，它代表着一个人应对逆境的态度、方法和能力。高逆商的人能够以正面积极的态度应对逆境，快速地从挫折中恢复，化困境为转机，克服逆境，获得成就。而这样的能力无疑是成就事业者的一个很重要的特质。

二、逆境商数

(一) 逆商与成功

智力 (intelligence)，系指个体顺利从事某种活动所必需的各种认知能力的综合。100 多年前法国心理学家比内 (Binet) 和医生西蒙 (Simon) 设计了一种纸笔测验用于考察巴黎小学生的 IQ。后来在第一次世界大战期间美国军方把这个测验用于招募新兵，随后它就在学校及企业界获得了广泛应用。IQ 被认为是个体生来就具有的基本素质，它作为学业、生活以及工作成功的一种预测源的作用，长期以来没有受到过挑战。然而，一个经常发生的现象是，很多天生就很聪明的人 (即所谓高 IQ 者)，到头来却一事无成；而一些天赋平平者却能克服环境的限制，超越期待而取得成功。

哈佛大学心理学家格尔曼 (Goleman) 于 1995 年在其畅销书《情绪智力》中深入说明了为什么有些高 IQ 者会失败，而资质平平者却能成功。他认为，除了 IQ 之外，人们还有 EQ，即察觉自己和他人的感受、进行自我激励、有效地管理自己以及与他人关系中的情绪的能力。格尔曼还引用大量实例证明 EQ 比 IQ 更重要。然而与 IQ 类似，有些人虽拥有较高的情绪管理能力，却也并没有能完全发挥潜能达致人生或事业的巅峰。此时 IQ 和 EQ 虽然在个人成功中扮演了重要角色，却并不是他们成功的决定性因素。问题的关键在于：为什么有些人能够坚持下去，而同样聪颖且情绪稳定的人却半途而废，甚至完全放弃退出？答案就在于 AQ。

斯托兹在 1997 年以数十个顶尖学者所做的划时代研究以及全球 500 余个调查结果为基础，提出了 AQ 这个新名词。AQ 除了包含了科学理论，更强调实际应用的价值。斯托兹提出的观念和工具，经过多年来全球各地上万人运用，且经历 19 年的研究和十年的应用，印证了工作生涯和个人生活两方面的成功，大部分取决于 AQ。

AQ 一般者，遇到挫折和逆境时，就会放弃。这种人约占总人口的 70%。

AQ 较高者，经过一般努力后，也就知难而退。这部分人约占 25%。

AQ 很高者，面临挫折和逆境时，能冷静、乐观面对，忍耐各种艰难困苦，不屈不挠地努力奋斗，不达目的决不罢休。这种人只占 5%。

研究发现，IQ 对一个人的成功，只起到 10%～20% 的作用，而 EQ 和 AQ 则起到了 80% 的作用。近年来，有人提出了 "德商" (moral quotient，MQ) 的概念。所谓 "MQ"，是衡量一个人道德品质和行为的指标。我们认为，IQ、EQ、AQ、MQ 对一个人的成功起着不同的作用。IQ 为一个人的成功提供可能性的素质；EQ 可以让人获得一时一事的成功；加上 AQ 可能会让人获得一系列的成功；而加上 MQ 则更能让人获得永久的成功。缺少 MQ 的人，最终会导致失败。而拥有好的 MQ，就能造就好的人生，同时会更好地奉献社会。

（二）逆境对人的影响

Webster 字典将逆境解释为一种不幸或苦恼的状态，包括生活的艰难困苦、生病或财产上的不幸打击以及灾难性的事件等。人生无法避免遭遇逆境，生活中的挫折不计其数，从出生到死亡的人生全部旅程中，有太多的未知数。外部环境条件的变迁、生活中的不如意事件以及各种极具破坏性的疾患等，都可能会在我们尚未准备好的时候发生。个人的、家庭的、财务的、职业的等各方面的事件，都可能形成我们生活中的逆境事件，造成我们生活中的困扰或压力源。

那么，逆境事件会对人们的生活适应造成什么样的影响呢？一些学者将此类影响分成六个层面：

（1）情绪影响。它包括震惊、恐惧、悲伤、生气、罪恶、羞耻、无力、无助、无望、麻木、空虚以及丧失快乐及爱的能力。

（2）认知影响。它包括困惑、犹豫、无法集中注意、记忆力丧失和自责等。

（3）身体影响。它包括疲倦、失眠、身体疼痛、身体紧张、心悸、恶心、食欲改变等。

（4）人际影响。它包括信任和亲密感缺失、失控、被拒绝感、被放弃感、退缩、工作问题、学校问题等。

（5）行为影响。它包括攻击行为、自我放纵（如酗酒、使用禁药、嚼槟榔、暴饮暴食、犯罪）、退缩以及自我防卫（包括压抑、投射、合理化、否认、隔离作用、抵消作用、升华、过度补偿、幻想）。

（6）家庭影响。它经济困难、家庭不和、婚变、子女受害、亲朋疏远等。

心理学家 Cacioppo 的研究发现，脑部在遭逢挫折等负面事件时，反应会比正面事件更强烈。如何应对逆境，深深地影响整个身体的功能，进而影响人们的思想、知觉与行为。所以，在这个身临种种逆境的时代，如何面对逆境以及如何在逆境中自处的经验，对 21 世纪的人们而言无疑是越来越重要。

（三）什么是逆商

AQ 是对个体在面对逆境或挫折时的应对和处理能力的评价指数。这一概念包含有三种要素。

首先，AQ 是了解成功的新观念和知识架构，以划时代研究为理论基础，从而使人们重新定义成功。这些划时代研究领域包括习得性无助、乐观性格、自我控制力、归因理论等。斯托兹（Stoitz　1997）以这些理论为基础，成功地发展出 AQ 这个新概念。

其次，AQ 是测量个体如何回应逆境的标准。如果未加衡量，这些潜意识的模式可能终生跟随你。如今，斯托兹发展出逆境反应量表可衡量每个人面对逆境的能力，首次可以估量统计、了解并改变这种模式。全球各地来自不同行业、年龄、种族、文化，共 7500 余人填写过此逆境反应量表，经过分析，显示逆境反应量表是有效的工具，能测量出人们如何应对挫折，并能预示未来能否成功。

最后，AQ 是以科学为基础的工具，用来改进面对逆境的方法，因此也能改进个人和事业生涯的整体效率。通过解读自己的 AQ 分数，可以了解自己未能发挥潜力的原因与阻碍，再进一步改进并提升 AQ，帮助自己迈向成功。

这三种要素——新知识、新方法和实用工具——加起来，就是了解和改进日常及终生登峰造极可能性的完整组合。AQ 除了可以运用于个人外，还可以运用在家庭和组织机构中，能够成功地预测并改进个人和群体的逆境应对能力。斯托兹在他的研究以及与其他企业合作的经验中发现，AQ 能够成功预测一个人的工作表现、生产力、工作动机、学习力、创造力、精力、耐力、授权、对变化的反应等，还可以预测一个人的快乐、活力、情感的健全、弹性、进步和态度等。

三、逆商的理论基础

斯托兹结合许多知名学者的理论并根据他自己所作的研究为基础，发展出提高人类成就和效能的实用新观点。AQ 的理念主要来源于认知及人格心理学，也涉及神经免疫学等不同科学领域的突破。

AQ 理论涉及了解人类人格、动机、效能和表现的基本概念。这些理论源于全球数百所大学和研究机构所做的 600 余项研究，也是组成 AQ 主要概念的重要理论。

(一) 习得性无助理论

美国心理学会认为，习得性无助 (learned helplessness) 理论是 20 世纪划时代的理论。它说明了为什么许多人面对生活中的挑战时放弃或终止，而不继续努力，因此这个理论也是逆商理念中最重要的理论基础。习得性无助是由 Seligman 等 (1975) 根据动物实验研究结果所提出的理论。简单地说，很多实验表明，经过训练，狗可以越过屏障或从事其他的行为来逃避实验者加于它们的电击。但是，如果狗以前受到不可预期（不知道什么时候到来）且不可控制的电击（如电击的中断与否不依赖于狗的行为），当狗后来有机会逃离电击时，它们却变得无力逃脱。而且，狗还表现出其他方面的缺陷，如感到沮丧和压抑、主动性降低等。狗之所以表现出这种状况，是由于在实验的早期学到了一种无助感。也就是说，它们认识到自己无论做什么都不能使电击终止。在每次实验中，电击终止都是在实验者掌控之下，而狗会认识到自己没有能力改变这种外界的控制，从而学到了一种无助感。此类实验很快就应用到人类身上，最有名的例子是纳粹集中营的幸存者 V. Frankl 的经验。这位知名的心理学者在《追寻人类的意义》（*Man's Search for Meaning*）书中，描述许多因犯习得性无助的情形。在因犯入营时，就告诉他们终身都别想再见天日，对此说深信不疑的人不久就死亡；而未遭处决者且深信一切都会过去的人，都活了下来。

所以，习得性无助是一种个体知觉到反应与结果之间没有关联，也就是事件本身无法控制时的绝望感。个体面对环境中的挑战，不论采取何种方法，结果都是失败，由于无法控制情境，于是个体不再尝试，经过多次的经验，个体就会放弃一切，而陷入绝望的困境。斯托兹指出，当你能够对这样的绝望免疫时，也就是遇到挫折时能够相信经由努力便可以发生改变的人，则能够继续向前，不被沮丧打倒。

(二) 习得性无助归因理论

塞利格曼等于 1978 年还进一步将习得性无助与归因理论相结合，提出了习得性无助归因理论。所谓归因，是指在有关成就的情境中，个人对于自己或他人何以成功或何以失败的解释，也就是人们对事件结果给予的因果分析。塞利格曼认为，消极行为事件或结果本身并不一定产生无助感，只有当这种事件或结果被个体知觉为自己难以控制或改变的时候，人才会产生无助感。

心理学家阿伯拉姆松（Abramson 1978）根据动物和儿童实验，发展了习得性无助归因理论。他指出，仅有不可控制的消极事件，或对这种事件产生的原因的不可控制性的知觉，还不足以使人类产生无助感。产生无助感的决定因素是他对该种结果的归因。如果一个人将不可控制的消极事件归因于内部的、稳定的、普遍的因素，那么一种弥散的无助或抑郁状态就会出现。由此可看出，在解释习得性无助感的原因时，阿伯拉姆松既看到了主体的内部控制因素，又看到了稳定性因素和普遍性因素的作用。

根据上面提到的三个向度，个体面对负面事件时的归因方式将决定其面对挫折、困境的感受与反应。如果个体将负面事件解释为是由自己引起的、此事件持续很久而且会广泛地影响到其他事件时，个体是以悲观的看法看待逆境，称之为悲观解释风格（pessimism explanatory style）。与之相对，如果个体将负面事件发生的原因解释为是外在环境或他人所引起而非自己造成、此事件只会暂时存在、且该事件是单独发生而不会波及生活其他方面时，则是以乐观的态度看待逆境，称之为乐观解释风格（optimism explanatory style）。拥有乐观态度的人在遭遇挫折时，将比悲观的人更能克服困难、达成目标。塞利格曼等的研究发现，乐观的业务员其业绩较悲观者高 88%。乐观的房地产经纪人较悲观者高 250%~

320%。因此，斯托兹认为，人的成功与否端视他如何解释和应对生命中的事件。所以，关于负面事件的归因方式将影响个体应对逆境的能力，也是衡量 AQ 的主要因素。

（三）内外控人格特质理论

内外控人格特质理论，源自于罗特（Rotter）等的社会学习理论（social learning theory）。该理论认为，人类的行为会因奖励而产生，因惩罚而渐渐不再发生。这意味着奖励与惩罚对行为的发生与否会产生决定性的影响。但后来罗特认为，以此来说明人类复杂的行为类型似乎过于简单，因为人类学习的重要因素不仅是奖励与惩罚的强度与次数，更重要的是学习者是否相信其所得到的奖励或惩罚是由于他的行为所导致的。据此罗特于 1966 年首先提出内外控观念（locus of control）。内外控取向受个人对某行为将会导致某种特别强化之期望所影响。每个人对行为导致强化的期望不同，有些人将事件的原因和控制归于自己的力量，这些人被称为"内控者"（internal locus of control 或 internals）；而有一些人则认为事件的原因和控制是归于外部的环境，如命运和运气，这些人被称为"外控者"（external locus of control 或 externals）。内控者相信，成功来自于努力工作，而失败是个人的责任；外控者则不相信成功或失败和个人努力有关。

至于内控者和外控者在态度和行为方面的差异，属于内控倾向的个人比较关心成就感，而且在遭遇挫折时是倾向于采取积极、具建设性的方式来应变突如其来的事件；与之相对，属于外控倾向的个人，则比较容易感到焦虑，并且在面对挫折时较倾向于非建设性的行为，多关心失败后的恐惧而少关心成功后的成就。可见，内控者属于较被欢迎与鼓励的一群。不过，在群体中，多数人是介于两者之间，极端内控或极端外控者只是一种相对的分法。

总的来讲，Stoitz（1997）运用多种认知及人格心理学的理论与实验来说明成功应对逆境的要素，并举例证明要拥有工作生涯和个人生活两方面的成功所需具备的特质与能力。这些特质和能力是组成高 AQ 的重要因素。

四、逆商的测量

斯托兹根据认知及人格心理学、神经免疫学、神经心理学的相关理论及实证研究结果，专门研究开发出逆境反应量表用于测量个体 AQ 的高低。该量表包括 20 种负面情境，每种情况设有两个问题，共有 40 个项目。另外，量表还加入了十种正面的情境，题项分别为第 3、5、10、13、17、20、23、25、27 及 30 题。这十个题主要用于侦测受试者的反应，算分时并不予计分。每一个问题以 Likert 五点量表勾选，1 分表示对于情境无法掌控，分数越往上表示越可以掌控，5 分是完全可以掌控的状态。个体在做逆境反应量表时，会因个人特质不同而有不同之反应。通过对不同反应差异的分析，可以了解到个人在遇到逆境时的忍受状况。

逆境反应量表将个人在遇到逆境时的反应分为控制力（control）、起因和责任归属（origin & ownership）、影响范围（reach）以及持续性（endurance）四个维度（Stoitz　1997）。

（一）控制力

控制力维度主要测查个体觉得自己对挫折有多大的控制能力。控制是重要的起点，可以证明 Seligman 的习得性无助理论，并直接影响授权及其他要素。知觉自己的控制能力非常重要，没有控制能力，希望就化为乌有，行动也完全停顿；而有了控制能力，人生就可能发生改变，目标或愿景也可能得以实现。然而，纵然是拥有良好学历的人，在工作上遇到了挫折，也有可能一蹶不振而自暴自弃。通过量表的测试，可以了解受试者面对逆境挫折时的反应能力。控制力分数愈高，就愈有可能觉得自己能掌握大部分逆境，也就愈可能坚持下去，找出解决方法，渡过逆境，同时保持灵活的反应。反之，控制力得分越低，就越有可能觉得自己难以掌控一切，对防止破坏更是无能为力。低控制力让个体很难改变自己，在面对逆境时不知所措。在更严重的情况下，甚至造成宿命论。

（二）起因和责任归属

起因和责任归属维度用于测量"挫折的起因是什么人或什么事"以及"我对挫折应负多大责任"。在企业中，经常会发生一旦面临紧急状况时，同僚之间互相责难、勾心斗角、互不信任的情况。借助这一维度的评价，可以了解受试者在遇到类似状况发生时，对于责任归属、改进状况的程度。起因分数低的人经常会不必要地把逆境与挫折归咎于自己，自认是造成逆境的唯一原因。不必要的自责会破坏士气、动机和自尊，也使个体丧失在错误中学习和成长的能力；而起因分数愈高的人，愈可能解析造成逆境与挫折的其他外在因素，也更能明白地看出自己的角色，通过检讨评估自我行为而能在下次遇到同样状况时有更快、更好、更有效率的反应。责任归属分数高的人能够看清自己的角色，因而发挥更好的效果，明辨哪些责任真正属于自己，并勇于承担责任。愿意担负责任使个体能采取行动并乐于接纳挫折带来的结果，不论其原因究竟为何。

量表中这一部分分数愈高者，就越有可能把成功视为自己努力的结果，把逆境当成外在因素所造成，也懂得看清自己的责任，避免不必要的自责。

（三）影响范围

影响范围这一维度提出如下问题："挫折对我的其他生活领域会有多大影

响?"个体在该维度的得分越高,就越有可能将挫折视为特定事件,而越限制逆境范围,就越觉得自己有能力处理,不致惊慌失措。限制挫折的范围能够让个体更容易处理生命中的困难、挫折和挑战。而个体在该维度的得分越低,越会觉得逆境遍布生活的其他领域。领导的斥责被看做可能变成事业生涯全毁;财务损失变成破产的征兆;没有来的电话意味着友谊破裂。让挫折侵蚀到生活中的各个领域可能会大幅增加自己的负担,得付出更多努力才能补救。挫折造成的扭曲观点,可能会使个体无法采取必要的行动。

(四) 持续性

持续性维度在于了解受试者对于挫折或痛苦会持续多久的反应。包含两个问题:挫折会持续多久和挫折的原因会持续多久。个体在持续性维度上的得分越高,就越有可能将成功视为持久的结果,也会视挫折为暂时现象,不久就会消失,而且不太可能再现,从而增加个体的精力、乐观以及采取行动的可能。个体有健全自然的心态,觉得黑暗之后就是曙光。不论黑暗有多长,逆境总会过去的想法,会支持个体不屈不挠,迎接最大的挑战,最终冲破难关。持续性维度得分越低的个体,越可能视逆境为持久发生,也视正面的事件为一时的幸运,这代表个体比较容易有无助或丧失希望的反应。长久下来,很可能会对生活中的某些层面产生愤世嫉俗的态度,而不大可能对认为是永久的逆境采取积极行动。

第十三章 态度测量

第一节 态度及相关概念

一、态度的定义与构成

态度，系指个体基于过去经验对其周围的人、事、物持有的比较持久、稳定而一致的心理准备状态或行为倾向。它是一种带有评价性和感情倾向性的主观感受，是人对某种对象的认知、感情和行为意向。

一般认为，态度由认知因素、情感因素和行为意向组成。态度的认知成分，是指个体如何对态度对象的知觉、认识和价值判断。主要由对态度对象的知识或信息构成，反映个体对态度对象的相信与不相信。态度的情感成分，是指个体对态度对象的评价，反映对态度对象的肯定或否定、喜欢与不喜欢。态度的行为意向成分，指的是个体对态度对象的行为倾向，反映个体对态度对象的行为意图及准备状态。这种行为倾向并不等同于外显行为。因此，可由外显行为推知个体的态度。通常三部分彼此协调统一，对个体内在心理活动和外显行为具有激发、调整和协调作用。

二、态度的形成与转变

关于态度的形成机制，Hovland 等提出了学习理论。该理论假设，人的态度和其他行为习惯一样，都是后天习得的。他们认为，态度学习有三种机制：一是联想，把特定的态度与某种事物联系在一起；二是强化，奖励和惩罚有助于形成对某些事物的态度；三是模仿，通过模仿榜样人物的态度而形成自己的态度。

Kelman 认为，态度的形成有三个过程：一是服从。它是由于担心受到惩罚或想要得到预期的回报，而采取与他人要求一致的行为。二是认同。使自己的态度与榜样人物的态度一致。三是内化。当态度与个人价值体系一致时，个体容易形成同样的态度。

态度是可以修正和转变的。态度的改变受多重因素影响。

价值观通常影响一个人的态度，进而影响个人的行为。当员工的价值观与他人或组织的价值观一致时，员工的态度和行为就会变得积极起来，表现出对他人的友善和对组织的支持。反之，则表现出消极的态度和行为。

社会心理学家费斯廷格提出了认知失调论。认知失调是指，由于做了一项与态度不一致的行为而引发的不舒服的感觉。该理论认为，人们总想根据他们的态度行事，经常采取一些折中的行为去消除这些不和谐，以达到平衡。

人的态度主要是在个人成长的过程中，在与他人的交往中，在社会环境的影响下逐渐形成的。既可通过他人或大众媒体等间接经验形成，也可由个体的直接经验形成。态度形成后，又对外界事物、人、组织等做出反应，并在反应过程中不断修正和改变态度。人的态度是在行为中形成，而又对行为产生影响。Hovland 认为，可以通过说服来改变他人的态度，并提出了一个"说服模型"。Murphy 认为，信息沟通有助于态度的改变。此外，经验教训、角色扮演、群体规范、组织气氛、组织文化等都可能成为态度转变的一些影响因素。

三、工作态度与组织态度

（一）定义

一般的组织行为学中，只有"工作态度"的概念，没有"组织态度"的概念。凌文辁根据近年来组织行为学和人力资源管理学科的新进展认为，一些新的概念是无法用"工作态度"所能涵盖的。它们不属于个体与工作的关系，而是个体与组织的关系，因此提出"组织态度"的概念来涵盖它们。

与工作相联系的态度即"工作态度"，系指员工所持有的对工作本身和工作环境方面的积极与消极的评价。Hodgetts 和 Altman（1979）也指出，工作态度就是个人所产生的对工作的持久性感情或评价。它除了主观情感因素外，还包括客观认知和行为要素等。

"组织态度"是凌文辁提出的新概念，故尚无公认的定义。我们认为，组织态度是个人与组织相互关系的态度。它是指员工所持有的对组织及组织环境方面的积极和消极的评价。组织态度也是个人所产生的对组织的持久性感情和评价。同样，它除了主观情感因素外，还包括客观认知和行为要素等。

（二）构成

在组织行为学中，最受人关注的员工工作态度有工作满意度、工作投入和工作倦怠等。以往学者将组织承诺纳入工作态度的组成部分。但在本书中，将组织承诺、组织谏言和组织沉默均归入"组织态度"概念之中。因为这种态度的对象不是针对工作本身，而是针对组织内的环境条件、政策、制度、领导、管理等对象的态度。本章仅就工作态度中的工作满意度和工作投入，及组织态度中的组织承诺和组织沉默进行专门介绍。

四、态度的测量方法

测量态度的方法主要有以下几种。

（一）行为观察法

以观察人们的行为作为对某个特定目标对象的态度指标。

在态度测量中，最客观的方法就是观察被试者的行为。在观察情景中必定包括具体的态度目标。不过使用此法须谨慎，因为态度并非与行为是一对一的简单对应。用行为作指标时，还应注意确定态度与行为一致的条件。如态度的强度（态度越强烈和明确，就越可能与行为一致）、态度的具体性（态度越具体，与行为的相关越高）。可能同时有几种态度与某种行为有关，但起决定作用的可能只是其中一种。行为观察法的缺点在于较被动，要想取得对某项具体态度目标的代表性样本是费时费力的。

（二）投射技术

所谓投射，是指个人把自己的思想、态度、愿望、情绪、性格等个性特征，下意识地反映于外界事物或他人的一种心理过程（凌文轮，方俐洛，2003）。最早提出投射技术的是 L.Flank，他运用投射技术来分析推断人格结构，主要是通过向受试者提供一些刺激情境，让受试者在不受限制的情况下自由对该情境做出反应。刺激情境只是一种触媒，它会引发受试者基于自身经验的真实反应。根据这种原理编制的测验就成为了投射测验。投射测验要揭示个人最深处的思想或情感，以及个人在某些方面最特别的特质，换句话说，就是要揭示人的本质。同时，投射测验还要发掘个体知觉世界的特征模式，以及个体的行为模式。最常用的投射技术就是罗夏墨迹测验和图形统觉测验。

（三）问卷量表法

在态度测量中，最常用的、也是比较客观有效的方法是问卷量表法。问卷和量表用于对受试群体或受试个人进行意见、态度、兴趣、能力倾向、智力以及人格等因素的调查，并通过对问卷（量表）的调查数据分析，获得受试的态度、观点以及倾向的相关信息。经过科学设计的、信度效度达到心理测量学要求，并且操作方便的问卷（量表），能够有效地帮助调查者获得被试的相关数据信息。需要注意的是，心理学、教育学和社会学中的许多研究内容是无法直接进行测量的，只能借助问卷（量表）来进行间接测量，问卷（量表）只是被当做一种间接的测量工具。最常用的是李克特量表，即让被试者对每个项目做出等级评定，再将其相加，得出总分数作为指标。

（四）访谈法

由调查者确定一个访谈主题，进行一对一的对话，同时记录（或录音）对话的内容，再对访谈记录进行整理或进行编码处理，以得出被访者或被试群体对某事物对象的态度，即为访谈法。事先拟定好提纲的访谈，称之为"结构化访谈"；事先只确定谈话主题，双方就此主题自由交谈，称之为"无结构访谈"。访谈法通常与问卷调查法结合起来使用，作为问卷调查法的辅助手段。一般抽取问卷调查样本的 5% 左右的对象进行访谈。访谈所获得的内容，可以用于解释问卷调查所获得的数据信息。

第二节　工作满意度与工作投入

一、工作满意

（一）工作满意的定义与构成

"工作满意"（job satisfaction），系指员工对他所从事的工作和工作情境的主观感受和情感性反应。洛克（E. A. Locke）认为，人们对工作的满意或不满意，主要取决于一个人的需要与他实际所得之间的比较。两者差距越少，工作满意度越高，反之越小。亚当斯（J. S. Adans）的"公平理论"则认为，满足来自于公平感。通过与他人的比较，认为公平则产生满足感；否则，认为不公平，导致不满足感。但对工作的满意感不仅仅取决于上述两种因素，更主要的是与工作本身有关。不少学者探讨了工作满意感的构成成分。

国外不少研究者对于工作满意度的构成进行了研究，主要有以下几种：

（1）Friedlander 指出，工作满意度包括社会及技术环境因素（上司、人际关系、工作条件等）、自我实现因素（个人能力得到发挥）、被人承认的因素（工作挑战性、责任、工资、晋升等）。

（2）Vroom 指出，工作满意度包括管理、晋升、工作内容、上司、待遇、工作条件、工作伙伴七个方面。

（3）Smith 等提出，工作满意度可以由工作本身、升迁、薪水、管理者及工作伙伴五个方面构成。每个方面由九个或 18 个项目组成，从而构成了工作描述指标量表（job descriptive index，JDI），JDI 是测量工作满意度最常用的测验之一。

（4）Locke 认为，工作满意度包括工作本身（工作多样性、内在兴趣、学习机会和对工作的控制等）、工资（工资的数量、工资的公平程度）、提升（提升的机会、标准和公平性）、认可（领导的称赞、对所做的工作的信任）、工作条件（工作时间、设备及工作场所的质量等）、福利（退休金、保险和假期）、自我（自己的价值观、技能及工作场所的质量等）、上级（领导风格、管理技能）、个人对同事（同事之间的竞争、友谊和互助）、组织外成员（与顾客的关系等）这十个方面。

（5）Robbins 认为，工作满意度主要包括具有心理挑战性的工作、公平的报酬、支持性的工作环境、融洽的同事关系、人格与工作的合理匹配。

（6）Buckingham 和 Cofiman 在调查了美国的 12.5 万经理人员后认为，工作满意度包括四个方面：员工的获取、员工的奉献、员工的归属和组织与员工的共同成长。他们还编制了 Q12 量表作为工作满意度测量的工具，得到了企业界广泛的接受。

（二）工作满意度的影响因素

1. 社会环境

人存在于社会中，人的意识、心理都要受到社会环境的影响。如社会制度、道德规范、国家法律、风俗习惯、经济形势、宗教、种族环境等，都会对人的态度和世界观的形成起着极大的作用。因而，社会环境中的各种因素，也不可避免地影响到人的工作满意度。在一个物质财富极大丰富的国家或地区中，员工们看重的可能不仅仅是工作所带来的收入，而还有其他方面如精神或对社会的贡献等方面的满足感。但是，对于那些温饱问题还没有解决的国家地区，过分的强调精神鼓励而不满足人们的物质需求也是不可行的。

2. 人格

人格是个人心理特征的统一。这些特征决定了人的外显行为和内隐行为，并使它们与别人的行为有稳定的差异。所以，人格决定了个体差异，并对相同的事物或工作具有不同的看法或反应。即使是同样的工作，对不同的人来说，他们从工作中所获得的满足程度也往往不同。有的人可能比较看重优厚的待遇，有的人则认为有晋升的机会是最重要的，还有的人觉得舒适的工作环境、和谐的人际关系是最为重要的。这与人的性格、能力、需要、兴趣、理想、价值观等有一定的关系。员工的性格类型若能和工作搭配，其才能与特长正好符合工作需求，工作也能愉快胜任，因此也较能从工作中得到满意。所以，对不同的人或不同的群体而言，工作满意度各方面的重要性是不同的。

3. 工作本身

（1）工作内容。工作内容的重要性、多样性、挑战性、自主性、交际性等各个方面都会影响到员工的满意度。工作的重要性，是指员工认为该工作是否有意义有价值。工作任务的多样性，会对员工满意度产生影响，因而减少工作不满的一个重要方法是工作丰富化，尤其是针对那些因工作范围狭窄、重复性较大而显得单调乏味或令人讨厌的工作，增强其从事工作的复杂性和意义性，有益于提高其工作满意度。例如，工作轮换不仅可以增加员工所从事工作的复杂性，而且为员工提供有价值的交叉培训，使他们可以了解更多不同的工作。

此外，工作的内容是否有挑战性、自主性、交际范围等，也在不同程度上影响着员工的满意度。工作的挑战性和自主性，有利于给员工足够的空间，尽可能地发挥员工的积极性和创造力，减少消极不满情绪，提高工作绩效。工作的交际性，有利于满足一些员工的交际愿望。例如，某些人喜欢某项工作是因为觉得该工作可以与许多不同层次的人打交道，有机会结识更多的人，可以充分发挥或提高他的交际能力，还可能对以后的发展有益处。

（2）工作回报。工作回报包括物质回报（薪酬、福利等）、精神回报与评价的公正性。首先，作为谋生的一个重要手段，我们不得不承认，对于目前我国的大多数人来说，工作是他们最主要的收入来源和经济保障。同时，收入的高低还是一个人在组织内部及整个社会上地位的一种象征。事实上，一个公司的员工在被其他公司挖走的时候，常常是因为其他公司承诺支付更高水平的薪酬。因此，这种物质上的回报是非常重要的。其次，精神上的回报也非常重要。工作是人自我价值实现的一种方式，根据马斯洛的需要层次理论，人们在得到物质满足的基础上，渴望得到尊重和自我实现，即更深层的精神需要。因此，组织能否对员工的能力和业绩给予精神上的肯定与鼓励也非常重要。作为管理者，如能对他的下属给予适当的鼓励和肯定，对下属的工作成绩表示赞赏，这常常会增加员工的工作积极性。第三，这种物质、精神回报是否公平，是否能对员工的能力业绩给予公正的评价，也会影响到员工的满意度。

（3）工作条件。工作条件也是员工在就业时考虑的一个重要因素。工作场所是否安全、工作环境是否舒适、工作负荷和心理压力大不大、工作是否稳定、是否有培训受教育机会，以及是否能提供适当的工作消费，都影响员工的满意度。员工重视的工作环境包括个人的舒适感及执行工作的便利性。大多数员工偏好工作地点能离家近一些，工作设备要现代化，有足够的辅助工具等。

（4）人际关系环境。人际关系环境包括组织中的上下级、同级的关系以及政治、宗教、种族环境等。这种上下级、同事的关系会直接影响到员工的工作。员工会因为上级的欣赏与鼓励、同事的关心或帮助而感到心理上的愉悦，增强工作中的满意度。因而，许多组织都试图培养出一种能让员工共同分享的价值观或文化，或者培育工作之中或之外的团队（如足球俱乐部、乒乓球俱乐部等），或者定期组织员工联欢活动等。此外，政治、宗教和种族环境等也非常重要，不同的政治、宗教、种族团体有时可能有不同的世界观，因而在某些方面会有分歧，影响到员工之间的关系和工作满意度。

二、工作满意度测量

（一）测量的分类

1. 单维与多维

对于工作满意度的测量，学者们开发出许多量表，有单维的，也有多维的。

若专门调查员工的工作满意度，则多用多维量表，以了解员工对组织内各方面的态度。若作为其他研究的相关变量使用，则多用短型的单维量表。

2. 内源性与外源性工作满意度

内源性工作满意度（intrinsic），是指人们对工作任务本身特性的感受。如对工作本身价值的认可，对工作挑战性、胜任感、成就感和个人成长发展的满意程度。这种满足会产生内滋性奖励，有利于提高工作绩效。

外源性工作满意度（extrinsic），是指人们对各种外部工作情境的感受。包括对公司政策和行政措施、督导方式、人际关系、工作条件、报酬、地位、安全感的满意程度。它相当于赫兹伯格的保健因素。

3. 认知性与情感性工作满意度

根据测量内容的不同，工作满意度可划分为认知性满意度（cognitive satisfaction）和情感性满意度（affective satisfaction）。

认知性工作满意度测量，主要是针对各种工作特性、工作条件、环境、机会或工作成果的评价。大多数工作满意度量表都属此类测量。如工作描述指数（JDI），明尼苏达工作满意度调查表（MSQ）等。

情感性工作满意度测量，主要是对工作总体的、积极的、情感性的评价。其测量的是工作能否唤起良好的心情和积极的情绪感受，而不针对工作本身。例如，让被试者评价他在工作时的心情或感受如何。

（二）工作满意度测量工具

国内外工作满意度常用量表主要有以下几种。

1. 工作描述指数

工作描述指数是由 Smith 等设计的，最早见于他们 1969 年发表的著作《工作与退休中的满意度测量》。工作描述指数是目前为止最有名的工作满意度调查表。主要包括五个部分：工作本身、晋升、报酬、管理者及同事关系。每一部分由九个或 18 个项目组成，每一个项目都有具体分值。被试者被要求对问卷的每一项描述是否符合工作的实际情况进行判断。答案为"是"记 1 分，"否"记 −1 分，"不能决定"记 0 分。将员工所选择描述其工作的各个项目的分值加起来，就可以得到员工对工作各个方面的满意度。

2. 明尼苏达工作满意度调查表

明尼苏达工作满意度调查表（minnesota satisfaction questionaire，MSQ）是 1957 年明尼苏达大学工业关系中心的研究者 Weiss、Dawis、England 和 Lofquist 等编制而成，是较为权威的测试工作满意度的量表。MSQ 量表分为长式量表（21 个分量表）和短式量表（三个分量表）。MSQ 短式量表包括内在满意度、外在满意度和一般满意度三个分量表。其主要维度有能力使用、成就、活动、提升、权威、公司政策和实施、报酬、同事、创造性、独立性、道德价值、赏识、责任、稳定性、社会服务、社会地位、监督-人际关系、监督-技术、变化性和工作条件。长式量表包括 120 个题目，可测量工作人员对 20 个工作方面的满意度及一般满意度。MSQ 的特点在于对工作满意度的整体性与各构面皆予以完整的测量，但缺点在于对这么多道题目，被测者是否有耐心作答，在误差方面值得商榷。因此，国内的学者在采用此套衡量工具时多采用其短式量表。

国内，卢嘉等（2001）研制了我国员工的工作满意度量表。它的测量结果与 MSQ 的相关达到显著水平。

3. 波特需求满意度调查表

波特需求满意度量表（porter need satisfaction questionaire，NSQ），是根据满足的差别理论发展而来，典型地适用于管理人员。需求满意度调查的提问集中在管理工作的具体问题和异议上。NSQ 每一项有两个问题：一个是"应该是多少"；另一个是"现在是多少"。抽样中的每项得分，是员工对"应该是"所选择的数值减去员工对"现在是"所选择的数值的差，如果离差越大，说明员工对工作中的这一方面越不满意。

4. 工作满意度量表

工作满意度量表（job satisfaction survey，JSS），由 P. E. Spector（1997）编制，包括九个维度，36 个指标，用于评定员工对工作的态度。每个维度包括四项指标，每一维度的分数为四项指标之和，而总体工作满意度则为所有指标得分之和。对每项指标的评价从"非常不同意"到"非常同意"分为六等。JSS 的九个维度分别是报酬、晋升、督导、额外受益、绩效奖金、工作条件、同事关系、工作特点和交流。此量表可适用于各类组织。

5. 人力资源指数量表

人力资源指数量表，是由美国佛罗里达大西洋大学商学院教授舒斯特（F. E. Schuster）于 1977 年设计，并在美国许多企业做了大量的调查研究。人力资源指数调查方法的效用在许多企业得到了证明，可以用于评估员工的态度、满意度和对组织所做出的贡献，准确地找出症结以及需要集中考虑的问题，并为开辟双向沟通和组织发展奠定有益的基础。

三、工作投入

（一）定义与构成

工作投入（job involvement），亦称工作卷入，是与工作倦怠相对的概念。可定义为对工作本身价值的认同、热爱和积极投入的程度。该定义包括三个关键因素。

（1）对工作意义的心理认同，同时认识到工作绩效可以使其自我尊严需求获得满足。

（2）工作不仅重要，而且能引起你的兴趣和热爱，甚至达到迷恋程度，从而能使人产生"内滋激励"。

（3）积极主动地参与和投入。仅仅停留在认识到该工作的重要意义和喜爱还不行，必须在行为上表现出专注、关心、努力和卷入。达到以上三点，即可称为"工作投入"。因此，我们认为，工作投入的构成应是以认知、感情和行为三者为基础的复杂概念。

（二）工作投入的影响因素

1. 个人特质因素

性别因素：许多研究都证明，男性以工作来体现其成功，而女性则以家庭为依靠，因此，男性的工作投入程度比女性高。不过也有研究显示，从事专业性工作的女性在工作投入方面与男性并无显著差异。

婚姻状况：一般认为，已婚的人因要负担家庭责任，其工作投入程度可能比单身员工低。

受教育程度：大部分研究的结论是，受教育程度与工作投入呈正相关。

2. 工作环境因素

工作的变化性、自主性、完整性和反馈性等工作特性，与工作投入呈正相关。

四、工作投入测量

（一）工作投入的维度模型

一般学者都认为，工作投入的构成是认知、情感和行为三者为基础的复杂概念。但是，由于不同的学者可能从不同的角度去定义工作投入，所以，也有一些学者对工作投入的结构维度有不同的划分。

Kahn 将工作投入分为生理（physical）、认知（cognitive）和情绪（emotional）三个维度。生理投入，是个体在执行角色任务时能保持生理上的高度卷入；认知投入，指个体能够保持认知上的高度活跃及唤醒状态，并能清晰地意识到自己在特定工作情境中的角色和使命；情绪投入，指个体保持自己与其他人（如同事和上级）的联系以及对他人情绪情感的敏感性。

在工作投入的结构方面，Schaufeli 等认为，它包括活力（vigor）、奉献（dedication）和专注（absorption）三个维度。活力，是指个体具有充沛的精力和良好的心理韧性，自愿为自己的工作付出努力而不易疲倦，并且在困难面前能够坚持不懈；奉献，是指个体具有强烈的意义感、自豪感以及饱满的工作热情，能够全身心地投入到工作中，并勇于接受工作中的挑战；专注，表现为个体全神贯注于自己的工作，并能以此为乐，感觉时间过得很快而不愿从工作中脱离出来。

此外，Britt 等认为，工作投入包括责任感、承诺和绩效影响三个维度。他们相应地将工作投入定义为，个体对自己的工作绩效的强烈责任感和承诺意愿，并感到工作绩效的优劣与自身关系重大。

（二）工作投入的测量工具

关于工作投入的测量工具，国内研究不多，尚无普遍被公认使用的量表。这里仅介绍几个国外常用的工作投入量表。

1. Lodahl-Kejner 量表

Lodahl-Kejner 量表（1965 年）是最早使用的双因素量表。该量表由 20 个项目组成，包含两个维度：①个体对目前工作的心理认同程度；②工作表现影响个体的自尊程度。在实际运用中，研究者大多使用其简式修订版量表。简式量表先按专家效度筛选出 40 题，再由 197 名护士接受预试，通过因素分析提取五个因素，然后再筛选出 20 题形成正式问卷。使用该问卷以 253 名护士和工程师作为正式施测对象，并针对实测结果再次进行因素分析。结果所得出的四个因素分别为"高度投入"、"对工作漠不关心"、"工作责任感"和"工作厌倦感"。该量表的信度在 0.72~0.89。Goodman 等（1969）的实证研究证明，该量表具有良好的聚敛和区别效度。

现在，有许多研究者使用这个量表，但它存在着许多问题。Siegel 指出了三个缺陷：①样本局限在很狭窄的职业范围内（仅有护士和工程师）。②对概念的结构缺乏讨论，如他们使用的是两因素结构，而因素分析后，护士样本出现三因素结构，工程师样本出现四因素结构。但研究者却从未解释多因素结构与他们最初的二分结构之间的差别。③他们在因素分析时使用了正交转轴法，这就意味着因素之间是相互独立的。但他们从未就这一点进行说明。另外 Reeve 和 Smith（2001）指出，该量表的概念与操作性定义之间的一致性相当差，他们同时证明了使用多因素量表会得出矛盾的结果，从而说明这个量表中的某些测项是不相关的或者相关性不显著。

此量表还有六个项目和四个项目的缩写版。

2. Saleh-Hosek 量表

Saleh 和 Hosek（1976）提出了一个四因素量表，分别是：①工作是生活兴趣的中心；②个人积极参与工作的程度；③工作绩效对个人自尊的影响程度；④工作绩效与自我绩效的一致性。

这个量表受到了 Kanungo（1982）的批评。Kanungo 认为，这个量表的项目不仅反映了个体的心理状态，还反映了这种心理状态的前因环境及后果绩效。它除了测量个人心理认同工作的核心意义外，还测量了很多无关的内容。因此，学者们在实证研究中很少使用该量表。

3. Kanungo 工作投入量表

Kanungo（1982）认为，工作投入是员工对现今的投入程度，是员工需求被满足的前提下的结果。当个人认识到其需求被满足的程度越高时，工作投入就越高；反之，若个人认知到需求满足程度低时，其工作投入也就低。Kanungo 对前两个多因素量表进行了批判，尤其指出 Lodahl 和 Kejner 量表所体现的概念意义不明确，提出了自己的单因素工作投入量表。

Kanungo 认为，工作投入量表的要素应该包括：①认知和情感状态；②一般工作投入和特定工作投入；③内在激励和工作投入。

他主张，个人心理对工作的认同度，应通过个人需求以及个人对工作满足需求程度的认知来衡量。同时，他也认为，现有量表无法衡量以这种方式所定义的工作投入。Kanungo 的量表在一定程度上克服了 Lodahl 和 Kejner 量表的概念混淆问题，他根据心理认同的信仰和认知状态概念构建了工作投入量表。这个量表共有十个项目，内部一致性信度为 0.87，重测信度为 0.85，有较理想的辐合效度、区分效度及同时效度。尽管从概念的角度来看，Kanungo 的量表仍不可避免地存在缺陷，但该量表的理论框架最为明确、清楚地指出了相关理论的核心意义是个人的认知状态，而没有涉及核心意义以外的概念，同时又区分了工作投入的前因和后果变量。因此，Kanungo 所构建的工作投入量表也是目前研究中最广泛使用的量表之一。

在国外，Lodahl 和 Kejner 量表和 Kanungo 量表是研究者普遍采用的测量工具。而国内目前还没有开发出被普遍认可的工作投入问卷，对于工作投入的测量主要也是借鉴这两个量表。但 Kanungo 认为，当人们发现某种活动能满足其主要的心理需要时，他就会更多地投入其中。而主要的心理需要是由文化决定的，所以不同文化下的工作投入会有所不同。

第三节 组织承诺

一、组织承诺的定义与构成

（一）组织承诺的定义

组织承诺（organizational commitment）是当代组织行为学中的一个重要概念，由美国社会学家 Becker（1960）首先提出。由于理论依据和出发点不同，对于组织承诺的定义大致可分为两大观点。

1. 交换性观点

"交换性"观点。这种观点源于社会交换理论与公平理论，以报偿—成本的功利性来定义组织承诺。认为组织成员常会就自己对组织的贡献，与自己从组织所获得的报酬的关系进行比较。如果成员经过计算评估，认为这种交换过程对自己有利，那么个人对组织的承诺就会提高；反之，则对组织的承诺就会降低。例如，Becker 的定义就属于这种观点。Becker 将随着工作年限的增加而增多的退休金，与随工作年限增加而可获得的组织管理权，合称为附属利益。员工不愿意损失这些利益，因而愿意留在组织中。因此，他把组织承诺看做是员工随着对组织投入的增加而不得不留在该组织的一种心理现象。由于组织承诺在大量的研究中被认为能预测个体的缺勤和离职行为，因此受到了越来越多的关注。Kantor 认为，组织承诺是个人对组织奉献心力及对组织尽忠的意愿。而持续工作的承诺，是因个人考虑到其对组织的投资与牺牲，使他觉得离开组织的代价过高，而难以离开组织。Hrebiniak 和 Alluto 认为，组织承诺基本上是个人与组织交易的结构性现象。随着时间增加，个人可能为了薪资、地位、职位上的自主性或同事的友谊，而不愿离开组织。

2. "心理性"观点

这种观点受到需求满足理论和双因素理论的启发，强调从激励和自我实现来探讨组织承诺。认为组织承诺是成员对组织有积极、高度、正面的倾向，包括对组织目标与价值的认同，对工作活动高度的投入以及对组织的忠诚。

Porter 等 (1974) 认为，组织承诺是个人对某一特定组织的认同及投入的程度，是个人对企业的一种态度或肯定性的心理倾向。其包含三个倾向：①强烈信仰与接受组织的目标与价值；②愿意为组织利益而努力；③明确地希望继续成为组织中的一分子。

Buchanan (1974) 认为，组织承诺更多地表现为员工对组织的一种情感依赖。它包括：①员工希望尽其所能地代表组织；②强烈地想留在组织中；③对组织归属感及忠诚的程度；④对组织主要目标及价值的接受性；⑤对组织的正面评价。

Koch 和 Steers (1978) 认为，组织承诺是个人在工作上的一种态度性反应。其特征与 Porter 等提出的三个倾向相同。

Wiener (1982) 认为，组织承诺是一种内化的规范力，使行为配合组织目标及利益，它是出于个人对组织的一种责任感。高度组织承诺所导致的行为具有下列特征：①可反映出个人对组织的牺牲；②可显示出行为具有持续性，较不受环境所影响；③可显示出个人对组织的关注及对组织投入大量的心力与时间。

（二）组织承诺的构成

1. 西方的三维结构

1982 年加拿大学者 Meyer 和 Allen，将 Becker 提出的承诺命名为"继续承诺"，将 Buchanan、Porter 提出的承诺命名为"感情承诺"。他们二者结合，提出组织承诺的二维模型。1990 年 Allen 和 Meyer 把社会学家 Wiener 重视规范的思想吸收进组织承诺的二维结构，形成了三维结构：即感情承诺、继续承诺和规范承诺。现代西方组织行为学普遍接受的是组织承诺的三维结构。

感情承诺（affective commitment），是指成员在感情上认同组织、投入组织和依恋组织、被卷入组织以及参与组织社会交往的程度。它是个体对一个组织的情感，是一种肯定性的心理倾向。员工之所以留在组织内，是由于情感而非物质利益的考虑。它包括价值目标认同、员工自豪感，以及为了组织的利益自愿对组织做出牺牲和贡献等。

继续承诺（continuance commitment），是员工为了不失去已有的位置和多年投入所换来的福利待遇，而不得不留在该组织的一种承诺。组织尽力满足员工的需要，同时也希望员工忠于组织，努力工作。这种相互利用的关系，造成员工"Side-Bets"的累积。这种"Side-Bets"指一切有价值的东西，比如退休金、精力、已掌握的特定于该组织的技术和技巧、在组织中形成的人际关系和所具有的资历地位等，个人会把这些利益当做交换性组织承诺的积极要素，并且不愿意损失这些利益，因而愿意留在组织中。如果员工离职，所有这一切都将丧失。综上所述，继续承诺是建立在经济基础原则上的，具有浓厚交易色彩的承诺。

规范承诺（normative commitment），是员工受长期形成的社会责任感和社会规范的约束，成员为了尽自己责任而留在组织内的承诺。它是员工受社会一般行为规范的约束，对组织产生责任感、义务感，从而感到必须为组织工作的一种承诺。它以人们普遍接受的组织与成员之间相互的责任和义务为基础。个体在社会化的过程中，不断被灌输和强调这样一种观念或规范：忠诚于组织是会得到赞赏和鼓励的一种恰当行为，以至于在个体内心中产生顺从这种规范的倾向。同时，从组织那里接受利益或好处也会使员工内心中产生一种要回报的义务感。

2. 中国的五维结构

国内学者从 20 世纪 90 年代开始涉入组织承诺领域的研究，对组织承诺的研究起步较晚，但是近年来也有比较深入的研究产生。1996 年凌文辁、张治灿、方俐洛等在 Allen 和 Meyer（1990）提出的三因素模型的基础上，对国内企业员工的组织承诺进行了系统性的研究。提出了组织承诺的五维结构模型，即感情承诺、理想承诺、规范承诺、经济承诺和机会承诺。该五维结构模型中的感情承诺和规范承诺的含义与 Allen 和 Meyer 的模型一致。经济承诺和机会承诺的意义也体现在三维模型中的继续承诺因子中。而理想承诺却是西方模型中未涉及到的。

二、国外组织承诺测量

（一）Porter 的组织承诺量表

Porter 等（1979）的组织承诺量表，是根据组织承诺规范性的观点所发展出来，目的在于测量受试者对其所属组织的承诺程度。共有 15 个题目，其中六个题目是反向题，用来测量成员对组织的忠诚、达成组织目标的意愿及对组织价值的接受程度。题目涵盖了态度及行为的意向，而且强调员工对组织道德上的投入。Porter 等 1979 年测量九个不同组织的受试者，就此问卷进行信度及效度的分析，发现此问卷再测信度的全距在 0.53~0.75，每一项目与总分的相关关系其全距为 0.36~0.72，Cronbach's a 值系数达到了 0.88 以上。在效度方面，Porter 指出，此问卷具有相当程度的辨别效度（discriminant validity）和聚合效度（convergent validity）。归纳一般国内研究，大部分采用 Porter 等（1974）的组织承诺量表（OCQ），在做正式调查前虽多次修正与预试，但因素分析后只得出一个因素，并未测到消极承诺，后续研究者若使用本量表时，应再加以修正改进。

（二）Meyer、Allen 的三维组织承诺量表

Allen 和 Meyer（1990）在总结了修正 Becker（1960）的继续承诺、Buchanan（1974）和 Porter 等（1976）的感情承诺及 Wiener（1982）的规范承诺的基础上，进行了一次综合性研究，提出了组织承诺的三因素理论：感情承诺、继续承诺和规范承诺。同时，Meyer 和 Allen（1991）开发了三维组织承诺量表。量表共含 24 个项目，每个维度八个条目。此量表在今天的组织承诺研究中，得到了广泛的使用。

三、中国职工组织承诺问卷

由于国情、文化、国民性和各种制度上的差异，组织行为和人员测评的工具，原则上要进行"本土化"的研制和开发。这样的测量工具才有针对性。将国外的量表直接搬过来使用，即使信度和效度检验达到了心理测量学的要求，也可能会丢失本国国民所特有的内容维度。正是在这一思想指导下，凌文辁等人于1996 年首先在国内开展了组织承诺的本土化研究。

（一）研究过程

所谓"本土化"研究，就是采用访谈、开放式问卷调查，广泛收集中国各类

企业员工关于"为什么要留在该企业的各种原因"条目，经过科学方法的整理和筛选，形成初始问卷进行预试。通过对 226 份有效样本的预试数据的探索性因素分析，获得初步的五因素模型。通过 5000 人的样本，七轮修订—测试—结果解析—再修订，形成了正式调查问卷，共 25 个项目，用于正式调查。正式调查样本 2200 人，获 1563 份有效问卷。对数据进行了探索性因素分析，得到结构清晰的五因素模型。总方差解释量达到 66.1%，信度为 0.87，结果比较理想。又采用结构方程技术中的验证性因素分析对组织承诺五因素模型进行验证。结果表明，五因素是最佳模型。

（二）中国职工组织承诺的结构

通过上述研究，获得中国职工组织承诺五因素模型。这些因素的命名和具体内容如下：

感情承诺：对单位认同，感情深厚；愿意为单位的生存与发展做出奉献，甚至不计较报酬；在任何诱惑下都不会离职跳槽。

理想承诺：重视个人的成长，追求理想的实现。因此，非常关注个人的专长在该单位能否得到发挥，单位能否提供各项工作条件、学习提高和晋升的机会，以利实现理想。

规范承诺：对企业的态度和行为表现均依社会规范、职业道德为准则；对组织有责任感，对工作、对单位尽自己应尽的责任和义务。

经济承诺：因担心离开现单位会蒙受经济损失，所以才留在该单位。

机会承诺：待在这个单位的根本原因是找不到别的满意单位；或因自己技术水平低，没有另找工作的机会。

从以上结果来看，我国职工组织承诺是多维的；既有交换性和工具性的成分，也有心理性的成分。中国职工组织承诺的五因素模型，包括了西方学者的三因素模型的内容（感情承诺、规范承诺和继续承诺），这反映出不同文化圈组织承诺的共性成分。但中国模型又比西方三因素模型多了"理想承诺"和"机会承诺"两个因素。这究竟是国情、文化差异使然，还是西方学者的研究不够系统全面而造成的，尚待进一步探讨。

但根据需要理论和双因素理论，我们认为，发挥最佳的专业才能，实现理想的自我实现需要是人类所共有的。因此，"理想承诺"维度也应该是各种文化背景下职工所共有的维度。另外，"机会承诺"的现象在西方国家的企业和其他组织中，也是常见的。在西方学者的研究中，也曾经提到过"机会承诺"这一概念。因此，我们五因素的组织承诺模型也同样适用于西方国家。若是这样，则五因素模型应该是我国学者对国际组织承诺理论的补充和发展。因为五因素模型更能清晰地测量出五种基本的组织承诺类型的员工，这样更有利于企业对人力资源的管理。

第四节　组织沉默

一、组织沉默的定义

组织沉默和组织承诺一样，都属员工对其所在组织所持的态度，故可归入"组织态度"概念范畴。

有人将"组织沉默"（organizational silence）与"员工沉默"（employee silence）区分开来，认为组织沉默是集体现象，属组织层面的问题，相当于组织气氛，而员工沉默是个体层面的现象。我们认为，难以将两种沉默割裂开来。因为离开了员工这个沉默主体，何来"组织沉默"？就像"组织承诺"概念讨论的是"员工对组织的承诺"一样，组织沉默的全称应是"员工对组织的沉默"或"组织中的员工沉默"。组织沉默，系指因种种原因，员工担心自己的观点和意见会带来负面的后果，而对组织中潜在的问题保持沉默的一种态度和行为。

"沉默"是"谏言"的对立面。后者是正面的积极现象，前者是负面的消极现象。尽管在理论上，员工应对组织谏言，因为这对组织发展有益，但是人们还是信奉"沉默是金"、"言多必失"、"祸从口出"。所以，员工想保住职位和获得提升，最好的方法就是对组织和领导工作中的问题保持沉默。然而，员工沉默的普遍存在，可能导致管理者决策的严重扭曲和失误，会给组织健康发展和组织创新带来危害，同时，也严重危害员工的身心健康。因此，员工沉默问题也逐渐受到学界的重视。

二、组织沉默的构成

（一）国外的研究

早在 20 世纪 50 年代，管理学界就有人关注到了组织中员工沉默问题，但并未受到重视。直到 2000 年 Morrison 与 Milliken 所写的研究报告《组织沉默——多元化世界里变革与发展的障碍》，才正式揭开了组织沉默研究的序幕。研究涉及组织沉默的含义、类型、特征、原因、影响因素和形成机制等。本节仅介绍与测量有关的组织沉默的构成。

研究者一般都是从原因的视角去探讨组织沉默的构成。Morrison 和 Milliken（2000）指出，有两类沉默，一类是员工担心不利的后果，另一类是认为其观点意见不重要。Pinder 和 Harlos（2001）指出，有两类基本形式的沉默：①默许性沉默（acquiescent silence）——消极被动保留自己的观点；②无作为沉默（quiescent silence）——害怕说出自己的意见会导致对自己不利的结果。Dyne 等

(2003) 认为，有三种类型动机的沉默：①基于顺从的自由行为的默许；②基于害怕的自我保护行为的无作为；③基于利他与合作的主动及他人导向行为的亲社会动机。

（二）国内的研究

我国在 2004～2006 年偶见几篇有关员工组织沉默的介绍性的文章。直到 2007 年和 2008 年赵冰和沈选伟的硕士论文，采用实证研究方法探讨了组织沉默问题。他们得出了与 Dyne 等（2003）一致的三个维度：默许性沉默，防御性沉默和亲社会性沉默。

2008 年，郑晓涛、石金涛等在《心理学报》发表了"中国背景下员工沉默的测量以及信任对其的影响"研究论文，得出默许性沉默、漠视性沉默和人际恐惧沉默三种沉默。默许性沉默，是员工因为预期自己的能力不足以影响现状，从而被动地、消极地保留自己的观点；漠视性沉默，是指员工由于对组织的依恋或者认同不够而消极放弃提出自己的观点；人际恐惧沉默，则是员工为了自身的心理安全而采取的更为主动的有意识的自我保护，避免人际隔阂和他人攻击，尽量不得罪人，以维持良好的人际关系。

梁颖（2009）的研究，按沉默的动机的不同，可分为防御性沉默、退缩性沉默、回避性沉默和亲社会性沉默四个维度。

许锦雄（2009）对台湾地区员工的组织沉默的原因进行了实证研究，得出了"担心防御性沉默"、"威权恐惧性沉默"和"无为平庸性沉默"的三维度结构。担心防御性沉默的主要内容包括：害怕成为代罪羔羊；害怕被人身攻击；怕秋后算账，有话不说；害怕失去工作；担心说错话被罚，而选择逃避。威权恐惧性沉默主要包括主管严格，过于强势，一人独裁；主管说话不算话；没有安全且可自由发表意见的环境；提出意见，但组织从未改善；主管太凶，常责骂人。无为平庸性沉默主要内容包括：没有热忱；使命感不够，只重视与己有关的事情；经营管理是主管的事，小员工顾好自己就好；平庸心态，安于现状，不想有好的表现。

另外，他们还从员工组织沉默行为表现的视角进行了探讨，得出"主动报复"和"消极被动"两个维度。主动报复主要内容包括：故意做出很多不良产品；对规劝采取不理会态度；阻止工作的推行；浪费企业资源；不服从组织命令；集结一些不满的人集体离职；开会时看报纸书刊；不遵守公司规定；找主管或同仁麻烦。消极被动的主要内容包括：态度冷漠，不热情；墨守成规，不想创新变动；凡事请主管或他人决定；对组织没有向心力，无所谓；自扫门前雪；与主管保持距离；故意装沉默；不愿意再接不是自己业务范围的工作；没有活力热情，工作无精打采；不积极与人交往；工作效率下降。

综上所述，不论是西方的研究，还是中国的研究结果，除了"亲社会性沉默"外，其他维度尽管名称不同，但其中的内容都大同小异，并互相交叉。看不出中西方在组织沉默的构成上有本质性的差异。

三、组织沉默的测量

本章第一节就态度的测量方法做了全面介绍。具体到组织沉默的测量，多采用问卷（量表）法，并辅之访谈法。也有的研究采用情境测验法和现场观察法。常用的测量方法是自评、他评和互评。

Dyne 等（2003）采用他评方法。让被试者对其同事的行为从默许性、防御性和亲社会性三方面进行评价。问卷共 15 个项目，每个维度五条题。采用李克特七点量表评价，1 表示非常不赞成，7 表示非常赞成。

赵冰（2007）根据 Dyne 对组织沉默结构的划分，编写有 20 个项目（其中五个项目用于测谎）的组织沉默问卷。每个项目按 5 点计分制计分。

许锦雄（2009）通过访谈法和开放式问卷调查"员工产生组织沉默现象的原因"，整理后共收集到 432 个条目。采用"项目分析"方法，对这些条目进行筛选后，编制了员工组织沉默原因（102 个条目）预试问卷。再通过探索性因素分析和验证性因素分析，建构了员工组织沉默问卷。测量三个方面的沉默，共 14 个项目，采用六等级计分方法。

第十四章　职业心理测量

第一节　通用职业能力测量

在现代工业社会中，根据人的能力倾向（即潜在能力），对各种人员进行选拔、安置、评价及培训是极为重要的。一些工业发达国家，早在半个多世纪前，就开始了系统的研究并编制了成套职业能力倾向测验，用于各类人员的选拔。随着我国市场经济的发展，必然会带来人事制度的改革。合理地开发与利用人力资源已提上日程。为了适应这一发展形势的需要，应研制适用于我国的职业能力倾向测验。这种测验可直接应用于升学指导、就业指导和人力资源管理与开发。

一、能力倾向的概念

（一）能力倾向的定义

能力倾向（aptitude），也称"性向"，系指个体得益于进一步训练的潜在能力。关于能力倾向的定义，众说不一。例如，沃伦认为，所谓能力倾向，即构成某种知识、技能和一定行为模式的各种个人特质的状态和组合。

此后，许多学者对它做了定义。特别是根据职业发展理论使职业指导有所发展的休波定义为："能力倾向是一些对于不同职业中的成功，在不同程度上有所贡献的心理因素。它们是各自比较稳定的、单一的独立因素。"这种能力倾向概念的特征，可以归纳如下：

稳定性。能力倾向，在某种程度上受遗传因素的影响。在幼儿期和儿童期，经验对能力倾向的发展起着一定的作用。但是，能力倾向在青年期和成人期具有比较稳定的倾向。

可能性。能力倾向不是现实的能力，而是潜在的可能性。

独立性。能力倾向是单一的、独立的某种潜在能力。但一种能力倾向的测定，并不是没有其他因素的影响。例如，在测评抽象推理能力的场合，被检查者有时只使用抽象的东西来解决问题，也有时使用言语来进行。后者，抽象推理的得分，由于受到言语因素的影响，所以就不能测定完全独立的抽象推理因素。

多样性。随着测验的构成方法及分析方法的改善，以及实验更加精密和大规模地进行，能力倾向或心理因素的种类就具有多样性。而且，在科学研究中，因素上具有纯粹性和单一性的测验，对所有职业中适合性的实际预测未必是适当的。与之相反，将因素混合进行测验，往往是适当的。这意味着，以一对一的对应关系来把握职业与能力倾向的关系是困难的。可以说，能力倾向确实具有多样的特点。

从这个定义中可以把能力倾向的本质概括为两个方面。

第一，预见性或潜在的可能性。即现在的心身状态及诸特性，能作为预见将来的兆候。否则，能力倾向测验就无价值。

第二，稳定性或恒常性。作为能力倾向的心身状态及诸特性必须长期稳定。否则，就无法预测将来。因此，保持稳定的恒常性是能力倾向的重要特性。目前，比较被承认的恒常性的内容，在能力方面，是智力等；在人格方面，是气质和兴趣。这些东西对于学业和职业及其活动中所必要的知识和技能的学习来说，起着基础和骨架的作用。因此，心理学中关于能力倾向这一概念，就是把它作为一种能预见将来所习得知识和技能的可能性。

现代心理学认为，个体差异是先天的素质和后天的学习两者动力的复合。因此，能力倾向测验（aptiude test）和成就测验（achievement test）的区别，只是在于它的用途和目的不同，而不在于本质的差别。前者是用于预测，后者是用于业绩评价。

能力倾向的含义，有时被狭义地使用，有时被广义地使用。广义地说，包括身体条件、智力、性格、兴趣等是否适合于某个方向的作业领域。狭义地说，是为了有效地进行某种特定活动所必要的特殊能力。这种狭义的概念叫做特殊能力倾向（special ability）。

（二）能力倾向测验及能力结构理论

广义的能力倾向测验，包括体格及生理机能检查、运动机能和感官机能测定，以及智力测验、特殊能力测验、性格测验、兴趣测验等。因此，特殊能力测验是广义的能力倾向测验的一种。此外，与测定智力的一般因素的智力测验相反，特殊能力测验可以说是测定智力的特殊因素的一种测验。

特殊能力测验有各种各样的种类。例如，音乐、美术、运动、体操、计算、外语、学习、汽车驾驶、飞机驾驶等。

这种测验的方法分两大类。一类是用问卷进行的纸笔法，另一种是让被检查者实际做各种作业的作业测验法。前者的实施或计分方法，可以按照一般智力测验的实施和计分方法的各注意事项进行。

人类能力结构的理论多数建立在对能力测验数据的因素分析基础上。这种理论大致可归为三类：二因素论、多因素论和层次理论。

二因素论是由英国心理学家斯皮尔曼提出的。这也是第一个建立在对测验得分的统计分析之上的智力因素理论。他认为，在每项任务上的业绩都取决于一个一般因素和一个或多个特殊因素。这些特殊因素对每种任务来说都是独特的。

多因素论，包括瑟斯通（Thurstone）的主要心理能力理论和吉尔福德（Guilford）的智力结构模型。瑟斯通认为，智力由为数不多的群因素组成。他设计了因素分析的"质心法"，并使用斜交旋转得到因素负荷。通过这种方法发现了七种主要心理能力：语义、数学、空间、知觉速度、字词流畅性、记忆、推理。通过对七种主要心理能力的进一步分析，在瑟斯通研究的基础上，吉尔福德提出了智力结构模型，试图把各种因素整合成一个系统图式。他认为，对认知任务的作业可以从心理操作的种类、操作内容的类别和所导致的产品三方面来分析。其中，操作维度包括五个水平，内容包括四个水平，产品维度有六个水平。按这个模型，智力结构的因素可能有 120 种。

布特等心理学家提出了因素组织的层次模型。他们提出了一个树状模型：在最高水平上是一个一般认知因素；次一级水平上有两大因素——语文-教育因素和实践因素，这两大因素又分别由若干小组因素构成；最低水平上则是与某些测验相对应的特殊因素。这就是能力结构的层次理论。

（三）能力倾向测验的用途

能力倾向测验是为了判定能力倾向的有无和程度，是测量潜在的成就或预测未来的业绩水平。因此，被标准化了的能力倾向测验，具有两种机能。一是判断个人具有什么样的能力，即所谓诊断机能。二是测定在所从事的活动中，成功和适应的可能性，即所谓预测机能。

早在第一次世界大战以前，心理学家就开始认识到有必要用一些特殊性向（能力倾向）测验来补充笼统的智力测验。建立这些特殊性向测验，主要是为用于职业咨询以及工业和军事部门的人员选拔与分类。在心理测验领域中，性向测验，特别是多重性向成套测验的出现相对较晚。但第二次世界大战结束以来，出现大量的性向测验，主要用于教育和职业两大领域。

职业领域的性向测验又可分为特殊性向测验和一般性向测验。前者用于人事选拔，后者主要用于职业指导和咨询。与职业活动有关的能力倾向（性向），最重要的有三个方面：

（1）什么样的职业适合于某个人（职业选择和指导）。

（2）为了就任这个工作，什么样的人最合适（人员的录用和选择配置问题）。

（3）为了使这个人适合某种职业，对什么地方进行改善为好（合适职业的开发和职务再设计）。

根据这三个方面，能力倾向测验可以广泛地应用于许多领域：

（1）在进行职务分析时，可以选用符合条件、具有某种能力的人。

（2）可以配置与被录用者个性相符合的职务。

（3）根据对在职人员进行测验，能诊断整个单位（部门）人员的态变、性格，从而可以运用于教育训练、能力开发和组织开发。

（4）由于知道被测者的性格和能力特征，可以作为个人指导，发展方向指导，咨询指导等资料使用。

（四）能力倾向测验的分类和内容

现在所使用的能力倾向测验，可以大致区分为：职业能力倾向测验，辨别能力倾向测验，升学能力倾向测验，音乐、艺术能力倾向测验，准备性测验，专门职务、管理监督能力测验等。在日常生活中，一般为人们所了解的是职业能力倾向测验。

职业能力倾向测验可包括以下诸方面的内容：

（1）身体运动的机能测验。例如，握力、背肌力、听力、视力等身体机能测验，及投圈、击球等复合运动机能测验。

（2）作业动作机能的测验。例如，简单反应测验、敲打速度测验等速度测验，金属丝作业、双手协调等精巧测验。

（3）智力能力测验。从一般智力测验到记忆力测验、注意力测验、形态盘测验等个别智力检查。

（4）性格兴趣测验。性向测验，职业兴趣测验，Kraepelin 测验。

另外，许多学者对职业能力倾向测验所测定的基础特性，使用因素分析法抽出了各种各样能力倾向因素。根据日本学者的分类，能力倾向测验的内容可以归纳如下：

（1）基本的智力能力。言语、数学符号、其他抽象符号所表现的意义和概念之操作能力，使用这些抽象物进行逻辑推理的能力，记忆力等。

（2）视知觉。正确地判断及识别放在平面上或空间的物体，或判断识别图形大小、形态、位置、远近、相互关系等能力。

（3）心理运动能力。①主要是视觉和运动动作的协调；②单纯动作的反复速度；③用手和腕进行的精巧动作的速度和正确度。

二、一般能力倾向成套测验

一般能力倾向成套测验（general aptitude test battery，GATB）最初是美国劳工部花了十多年时间研究制定的。它是对许多职业群同时检查各自的不适合者的一种成套测验。自 1935 年开始，美国劳工部就业服务局组织了性向测验研究。通过该项研究计划，发现了当时使用的各种性向测验的基本因素，而且找到了适合测量这些因素的测验，并于 1947 年发表了 GATB。经过不断修订和改良，现在的 GATB 由 12 项分测验构成，设计测量九种性向。将被试在各种性向上的标准分与各种职业能力模式的分数相比较，后者是对 800 多种职务的人群的 GATB 分数分析而得到的。

　　自 GATB 发表以后，其他国家有很多专业人员对它进行了研究和使用。到 20 世纪 80 年代，GATB 已被译成十余种语言，并在近 20 个国家中进行了验证和标准化等一系列工作。日本于 1949~1951 年对 GATB 进行了修订和标准化，并于 1952 年发表了《一般职业性向测验》。经数次修订，现在的测验由 15 项分测验构成，用以测定与美国 GATB 相同的九种性向。GATB 因对各国很有影响而出名。

　　为了建构适合中国国情和文化特点，既有科学性又有实践性，且易于操作的一般能力倾向测验，方俐洛、凌文辁在国外研究的基础上，于 1989~1993 年完成了《一般能力倾向测验中国版》的研制。下面对这个测验做一简要的介绍。

（一）中国版能力倾向测验的构成

　　日本版 GATB 与美国的相比，具有分测验多而费时少的特点，前者约 50 分钟完成，而后者费时在两小时以上。因此，中国版一般能力倾向测验的研制选定日本劳动省 1983 年版一般能力倾向测验为框架，借鉴其非文字性的图形和器械测验，对具有文化因素的五项文字测验进行了重新编制，使之适用于中国的被试对象。以此成为预试版，以便筛选出有效的分测验来建构中国版一般能力倾向测验。经过数轮预试，获得了信度、效度均为理想的成套中国版 GATB。根据因素分析的结果，该套测验的 15 项分测验结构清晰，各项指标均达到了心理测量学要求。在此基础上，研究者在全国 13 个城市随机抽取初三至高三学生为测试样本，建立了 GATB 中国版常模。

　　这套测验由 15 个测验构成：11 种纸笔测验和四种器具测验。各分测验的名称和测试时间限制列入表 14.1。

表 14.1　一般能力倾向测验中国版的构成

	测验名称	时间限制	测验内容
T1	打点速度测验	40″	在○内迅速打点
T2	画记号测验	40″	尽量快速并正确地在□内画"＋＋"记号
T3	形状匹配测验	1′30″	按右框的顺序找出与左框的形状、大小完全一样的图形

续表

测验名称	时间限制	测验内容
T4　名称比较测验*	3′00″	比较成对的两组文字或数字之异同
T5　工具匹配测验	1′30″	从右边的四个图形中找出与左边的图形完全相同的图形
T6　平面图判断测验	1′30″	在右边的五个图形中找出哪个是左边的图形变换成的
T7　计算测验*	2′00″	简单的加减乘除运算
T8　语义测验*	1′30″	从四个词中找出具有相同或相反意义的两个词
T9　立体图判断测验	1′30″	左边的平面图折叠或弯曲形成右边的哪个图形
T10　句子填充测验*	1′30″	从给出的单词中选出最恰当的词填入空白处，构成通顺的句子
T11　算术推理测验*	3′00″	解答算术应用题
T12　插入测验	15″	将测验盘上部的插棒用双手拔起并插入下部对应的孔中
T13　翻转测验	30″	将插棒从孔中拔出，反转后再插入原孔
T14　组合测验	60″	右手从上部拿插棒，左手取垫圈，将两者组合后插入下部孔中
T15　分解测验	45″	程序与 T14 相反

* 重新编制的测验。

（二）一般能力倾向测验的功能

一般能力倾向测验可以检出以下九种能力。

1. G——智力

智力（intelligence）是指，一般的学习能力。对说明、指导语和诸原理的理解能力，推理判断的能力，迅速适应新环境的能力。

2. V——言语能力

言语能力（vorbal aptitude）是指，理解言语的意义及与它关联的概念，并有效地掌握它的能力。对言语相互关系及文章和句子意义的理解能力。表达信息和自己想法的能力。

3. N——数理能力

数理能力（numerical aptitude）是指，在正确快速进行计算的同时，能进行推理，解决应用问题的能力。

4. Q——书写的知觉

书写的知觉（clerical perception）是指，对词、印刷物、票类之细微部分正确知觉的能力。直观地比较辨别词和数字，发现错误或校正的能力。

5. S——空间判断能力

空间判断能力（spatial aptitude）是指，对立体图形以及平面图形与立体图形之关系的理解能力。

6. P——形状知觉

形状知觉（form perception）是指，对实物或图解之细微部分正确知觉的能力。根据视觉能够比较辨别的能力。对图形的形状和阴影的细微差异、长宽的细小差异，进行辨别的能力。

7. K——运动协调

运动协调（motor coordination）是指，正确而迅速地使眼和手或指协调，并迅速完成作业的能力。正确而迅速地做出反应动作的能力。使手能跟随着眼所看到的东西迅速运动，进行正确控制的能力。

8. F——手指的灵巧度

手指的灵巧度（finger dexterity）是指，快速而正确地活动手指，用手指能很好地操作细小东西的能力。

9. M——手腕灵巧度

手腕灵巧度（manual dexterity）是指，随心所欲地、灵巧地活动手及腕的能力。拿取、放置、调换、翻转物体时手的精巧运动和腕的自由运动能力。

（三）测验项目与能力的关系

我们根据因素分析结果，抽出三种能力，分别命名为：认知（语文-数理）能力、知觉能力和心理运动能力（含运动协调因素和手灵活性因素）。并以此可将能力倾向区分为三个群：认知机能群、知觉机能群和运动机能群。求出各群的性向能力平均得分，就能大致把握被试者的性向能力特征及其水平。

利用这三种机能群就可把测验结果组成下面的三种职业类型模型。

（1）认知型——第一群的性向能力优异的人，包括以下能力及测验：

第一，V——言语能力（T8 语义测验，T10 句子填充测验）；

第二，N——数理能力（T7 计算测验，T11 算术推理测验）；

第三，Q——书写知觉（T4 名称比较）。

（2）知觉型——第二群的性向能力优异的人，包括以下能力及测验：

第一，S——空间能力（T6 平面图判断测验，T9 立体图判断测验）；

第二，P——形状能力（T3 形状匹配测验，T5 工具匹配测验）。

（3）运动机能型——第三群的性向能力优异的人，包括以下能力及测验：

第一，K——运动协调（T1 打点速度测验，T2 画记号测验）；

第二，F——手指灵活性（T14 组合测验，T15 分解测验）；

第三，M——手灵活性（T12 插入测验，T13 翻转测验）。

在两个群中都优异的人可归入：认知·知觉型，知觉·运动型，认知·运动型中的一类。三群都优异的人则是万能型。以上任何一类都不符合的人则称为不定型。

按日本版的测验项目，九种能力由 15 种测验构成，各种能力由 1～3 种测验测定。

(1) 言语能力 (V)：语义测验；

(2) 书写知觉 (Q)：名词比较测验；

(3) 数理能力 (N)：计算测验，算术应用测验；

(4) 空间判断能力 (S)：平面图判断测验，立体图测验；

(5) 形状知觉 (P)：工具匹配测验，形状匹配测验；

(6) 手指灵巧度 (F)：组装测验，分解测验；

(7) 手腕灵巧度 (M)：插入测验，调换测验；

(8) 智力 (G)：立体图测验，算术应用测验，语义测验；

(9) 运动协调 (K)：画纵线测验，打点速度测验，打记号测验。

从以上测验项目与能力的关系之比较可以看到，中国版 GATB 所测试的能力与日本版基本一致。

(四) 测验结果的应用

这种职业能力倾向测验，是从个人在完成各种职业上所必要的能力中，举出各种职业对各个人所要求的最有特征性的 2～3 种能力，构成职业能力倾向类型。因此，运用这个测验结果时，与其说是"最适合的职业"，不如说是"在什么样的职业领域最能发挥自己的个性"。具体而言，GATB 的测验结果有以下一些用途。

1. 测验的机能和职业指导

在职业指导过程中，测验的机能可以区分为两大类。其一是向指导者提供信息的机能，其二对被检查者具有刺激的机能。

(1) 对指导者具有提供信息的机能。这个测验的结果为指导者提供了被检查者的有关职业能力倾向的客观信息。对于进行职业指导者来说，没有起码的有关职业能力倾向的基础性知识，是不能完成这种任务的。因为帮助正确地理解个人的特质，使被检查者充分发挥自己的能力，这是职业指导者的职责。

由于测验结果是判定有能力倾向的职业群，它表示在各种作业领域中，被检查者适于什么样的领域。所以，关于被检查者的这个信息，有助于指导者对被检查者的理解，从而成为指导和帮助的确实依据。

(2) 对被检查者的刺激机能。经过指导者的解释，以适当的方法将测验结果告知被检查者，被检查者就能比较客观地理解自己。测验的这种机能，叫做刺激机能。

测验结果往往表示出被检查者以前完全不知道的，或者没有给予充分注意的自己的某些方面。被测者知道有探究这一方面的可能性，从而产生了客观地理解自己的动机。

被检查者对测验意义、测验结果的解释方法的理解，有助于促进他正确选择职业的态度，并决定自己前进的道路。

对于那些对自己的能力、素质感到不安的被检查者，可以解除不安，使其增强自信。

2.特殊事例的解释

合适职业的判定结果，有时会出现这种情况，即有的被检查者被判定为在多种职业能力倾向类型，或在能力倾向职业群中都具有能力倾向。相反，也有的被检查者对这些职业都没有能力倾向。对这些人如何判定适合的职业呢？

（1）对多种职业能力倾向类型或能力倾向职业群都合格者：从最高的得分作为能力倾向判定基准的类型或职业群所包含的职业领域中，顺序地考虑本人所适合的职业。

（2）对所有的职业能力倾向类型或能力倾向职业群都不合格者：第一，将被认为大致合格的类型或职业群作为准合格考虑，从这些职业领域中，考虑本人适合的职业。第二，在即使按上述方法仍不能判定的情况下，考虑本测验以外的职业领域。因为本测验所测定的能力只限于九种，所以本测验的结果不能说包括所有的职业领域。

根据本测验所判定的15种职业类型如表14.2所示。

表 14.2　GATB 的职业能力倾向类型分类

职业能力倾向类型	职　业
1.G—V—N	人文系统的专业职业
2.G—V—Q	特别需要言语能力的事务职业
3.G—N—S	自然科学系统的专门职业
4.G—N—Q	需要数学能力的一般事务职业
5.G—Q—K	机械事务的职业
6.G—Q—M	机械装置的操纵、运转及警备、保安职业
7.G—Q	需要一般性判断和注意力的职业
8.G—S—P	美术作业及电气职业
9.N—S—M	设计、制图作业及电气职业
10.Q—P—F	制版、描图的职业
11.Q—P	检查分类职业
12.S—P—F	造型、手指作业的职业
13.S—P—M	造型、手臂作业的职业
14.P—M	手臂作业的职业
15.K—F—M	看视作业、身体性作业的职业

第二节　职业兴趣测量

一、霍兰德的职业兴趣理论

目前，国外职业兴趣研究中影响较大的是霍兰德（J. L. Holland）的职业兴趣理论。1959 年，霍兰德在长期职业指导和咨询实践的基础上，首次提出了自己的职业兴趣理论。他认为，"职业兴趣就是人格的体现"。因此，霍兰德的职业兴趣理论基本上是一种职业人格理论。霍兰德的理论特征是，从事同一职业工作的人们存在着共同的人格，并能划分为不同的类型。他从整个人格的角度来考察职业选择问题，因此他超越了心理学和非心理学的理论框架，并包含了各种职业选择和职业适应理论。

霍兰德为体现其职业兴趣理论的特点，先后编制了职业偏好量表（vocational preference inventory，VPI）和自我导向搜寻表（self-directed search，SDS）两种职业兴趣量表，作为职业兴趣的测查工具。两种测查工具均修订过多次，其中 VPI 以职业条目作为量表的项目，SDS 则在 VPI 的基础上又补充了活动、潜能和自我评估等分量表项目。这两种量表均是具备霍兰德的 RIASEC 理论构想的量表，可以对职业兴趣的个体差异做出有效评估。该理论被认为是最有影响的职业发展理论和职业分类体系之一。霍兰德的职业兴趣理论认为，大多数人可以划分为以下六种人格类型：现实型（R）、研究型（I）、艺术型（A）、社会型（S）、企业型（E）和常规型（C）。由此，人们也将其简称为 RIASEC 理论。

二、霍兰德式中国职业兴趣量表的建构

心理测量学的一个基本的原则是：由于民族、文化、国情和社会环境的差异，国外再好的心理测验量表（包括问卷）都不能原封不动地直接拿过来在中国使用，必须以中国人作被测样本，进行信度和效度检验。根据检验结果，进行必要的修正，直至达到了心理测量学的要求后，才能正式使用，其测试结果方被认为是可信而有效的。

为了研制适合中国人的职业兴趣量表，凌文辁、方俐洛、白利刚于 1994～1995 年参照霍兰德的理论框架，着手研制"霍兰德式中国职业兴趣量表"。

（一）研究目的

首先，开展职业兴趣的研究是我国目前的现实需要。随着我国改革开放的逐步深入，计划经济向市场经济的过渡，人们越来越重视个体差异和个体发展的研究。升学和就业选择，人员的合理流动和配置等一系列问题都离不开对职业兴趣

的研究。

第二，职业兴趣不同于"智力"和"能力"等因素，它的特点之一是易受国情和文化的影响。由于职业兴趣同人们的日常生活、工作和学习关系密切，因此职业兴趣量表的编制必须结合本国国情、文化和职业分类体系的特点。

第三，进行职业兴趣的研究需要有一定的理论依据。这样才能对测查结果做出有理论依据的推断和解释。霍兰德的职业兴趣理论获得了许多国家（如欧美、澳大利亚、南非和日本）实证研究的支持，并为许多著名的职业兴趣量表采纳作为理论框架。这说明霍兰德的职业兴趣理论具有一定的普遍性。

第四，进行职业兴趣的研究需要有效的职业兴趣测查工具——职业兴趣量表。考虑到年龄和教育水平的影响，我们的研究在建构职业兴趣量表时借鉴国外建构职业兴趣量表的传统做法，即以年龄和教育水平较为一致的大学生为被试者。量表主要用于大中学生的升学和就业选择咨询。

基于以上考虑，本研究决定以霍兰德的职业兴趣理论为依据，结合我国国情和职业分类体系的特点，建构适合我国国情的霍兰德式的中国职业兴趣量表。该量表应具备霍兰德的 RIASEC 理论构想，同时适合我国国情和职业分类体系的特点。

（二）量表的建构

1. 量表建构的预试

为了检验本项研究能否以霍兰德的理论框架作为编制我国职业兴趣量表的依据，同时也为量表的正式建构作项目搜集，本研究在正式开始研究之前进行了预试研究。其过程如下：

首先，确定量表的项目。原霍兰德的自我导向搜寻表的总项目数为 228 条，主要是由职业条目和描述日常活动的项目组成，因此受国情和职业分类体系的影响较大。鉴于此，研究者按照霍兰德职业兴趣理论模式的定义和我国实际的职业分类体系补充了 100 多条备选项目。然后请多名有关专家对量表的项目逐一进行分析，剔除了霍兰德原量表中四条不符合我国国情的项目（例如，参加宗教服务活动等），并酌情补充相应的项目。最后确定的原始量表项目为 365 项目。量表项目按照活动（activity）、潜能（competence）、职业（vocation）和自我评判（self-estimation）四个分量表的形式组成。

其次，研究者采用因素分析的方法，考察原始量表的因素结构。选取某大学不同科系的学生共 43 名施测，对项目进行因素分析。从碎石图及公因素的直观意义来看，以抽取六个公因子为好。这六个公因子基本能体现出霍兰德六种职业兴趣类型的特点。从各项目在六个公因子上的载荷和共同度来看，有一部分原霍兰德量表项目的区分度较低，说明原量表的某些项目可能不适合中国的国情。由于补充了备选项目，从总体上看，这个原始量表有良好的改进前景。

2. 量表的正式建构

研究者选取了北京地区六所大学八个科系的学生为施测对象，学生以二、三年级为主，采用以科系为单位整班集体施测的方法进行。共回收 431 份问卷，经检验筛选，其中 408 份为有效问卷。采用因素分析的方法对原始量表的因素结构进行分析检验，保留区分度高的项目，剔除区分度低的项目。筛选后的量表共保留 138 个项目。因为所保留的项目均为载荷值和共同度较大的，故项目很稳定。正是因为这个原因，这些项目在预试和正式建构的两次结果中的分布位置也非常接近，前后表现出较好的一致性。其中霍兰德原量表的项目为 78 个，研究者新增的项目为 60 个。各个量表均包含六个因素，分别为现实型（R）、研究型（I）、艺术型（A）、社会型（S）、企业型（E）和常规型（C）。量表的因素结构具备霍兰德六种职业兴趣的理论构想，量表的建构符合研究者的设想。经检验，该测验各量表的信度系数在 0.72～0.89，结构效度和效标关联效度均为理想，因此，该量表达到了心理测量学的要求。

（三）量表研制结果

（1）原始量表的项目参考了霍兰德自我导向搜寻表的项目，同时以霍兰德的职业兴趣理论为指导，结合我国国情和职业分类体系补充了 100 多条新项目。最后确定的原始量表项目为 365 项。研究者首先进行了小样本预试，预试的结果显示原始量表基本能够体现出霍兰德六种职业兴趣类型的特点，量表有较好的改进前景。在此基础上，研究者进行了正式测试，采用因素分析的方法对原始量表的项目进行筛选，剔除区分度不好的项目。最后保留的项目为 138 条，其中原霍兰德量表的项目为 78 条，研究者新增的项目为 60 条，占总条目的 43.5%。

（2）新建构的量表具备霍兰德的 RIASEC 理论构想，同时适合我国国情和职业分类体系的特点，故称之为霍兰德式的中国职业兴趣量表，简称 H-C 职业兴趣量表。

（3）检验结果显示，新建构量表的因素结构清晰，具备霍兰德六种职业兴趣类型的理论构想，量表的信度和效度检验结果良好。这为量表的进一步标准化奠定了基础。

（4）安德森曾建议，在发展理论的过程中，通过探索性分析去建立模型，再用验证性因素分析去检验模型。本研究采用多特质-多方法矩阵对 H-C 职业兴趣量表的理论模式进行了交叉实证检验。

（四）职业兴趣与大学科系选择

一种职业兴趣量表仅能评定出个体的职业兴趣类型，其实际意义是不大的。

只有将个体的职业兴趣类型与相应的环境类型匹配起来，才能体现它的应用价值。因此，要对中学生提供必要的升学指导，就必须在确定其兴趣类型的同时，还要确定其将来所处的职业环境类型。

普莱迪格（Prediger）采用霍兰德的环境类型划分方法，以职业为环境开发出一套"工作世界图"（World-of-Work Map）。该图在帮助各类人员根据自己的兴趣选择职业方面取得了很好的效果。受其研究构思的启发，研究者以大学科系作为"环境"，试图建构大学科系的职业兴趣类型图。目的是将个体的职业兴趣类型与大学科系直接联系起来，以便对高中学生选择大学科系或专业作具体的指导。

以作者研制的"霍兰德式中国职业兴趣量表"作为测量工具，以各个科系作为评定者，经多维标度法展开模式进行检验，结果表明，以"人物-事物"和"观念-资料"两个双极维度的构念，在平面图上来表征大学科系职业兴趣类型图的构想，在理论上获得了支持。接着采用普莱迪格公式来构建我国大学科系职业兴趣类型图，结果表明，各科系落点位置与各象限的职业兴趣类型颇能符合。另外，聚类分析的结果也表明，各个科系组群的划分也与其职业兴趣类型基本相符。

这样，根据各个兴趣测验的结果，可以将各大学科系标在六边形职业兴趣图的坐标上，从而根据一个人职业兴趣类型，即可在"大学科系职业兴趣类型图"上找到适合他所学的大学科系。根据类型图，职业兴趣类型的测验就可用于我国中学生升学指导。

三、职业价值观

（一）择业与价值观

选择职业是人生的一大课题，更是青年的一大抉择。价值观在职业选择上的体现，就是"职业价值观"，也可称之为择业观。价值观对人的一生有着重要的影响，它是人们对待职业的一种信念和态度，或是人们在职业生活中表现出来的一种价值取向。早期研究者休坡于1957年提出了15项职业价值观的内容。欧康诺等人于1961年将其缩减为独立性和多样化、工作条件和同事、社会和艺术、安全和福利、名望及创造性等六个向度。1982年拉塞堡（Larcebeau）则抽取了名望、利他、满意、个人发展四个因素。这些都是对职业价值观的内部因素结构进行的探讨。

人们在选择职业时，个人的择业标准以及对具体职业的评价集中地反映了他们的职业价值观。在这方面，我国学者也做了不少探讨。20世纪80年代初，金一鸣对上海中学生的调查发现："发挥个人特长"和"有社会贡献"是择业的首要标准。冯伯麟对北京892名中学生的调查发现："能充分发挥自己的全部能力"、"与自己兴趣一致的工作"、"能从事得到乐趣的工作"、"与自己的性格相适应"和"能实现自我价值"五项标准排在前面。台湾的何国全曾对大陆青年选择职业时最重视的决定因素进行了调查，其顺序是："发挥个人特长"、"经济收入"、"社会地位"和"轻松自由"。另外，1994年北京电视台对大学生与三资企业双向选择洽谈会的采访调查表明：部分大学生择业的首要标准是："发挥所学特长"，其次是"优厚的收入、福利待遇"、"良好的工作环境"以及"晋升发展的机会"。

从这些不同时期的择业价值观的调查中，我们可以明显地看到，随着时代社会的变迁和市场经济的发展，我国青年和学生的择业标准也在不断改变：它从过去单纯着重"实现自我价值"到现在的自我发展与物质利益并重，从而反映了他们在职业价值观方面的变化。

（二）我国青年学生的职业价值观研究

凌文辁、方俐洛用他们所研制的"霍兰德式中国职业兴趣量表"，探讨了我国青年学生的职业价值观的内部结构，以考察20世纪90年代中期我国青年学生职业价值观的变化情况；同时，探讨了不同职业兴趣类型的人，在职业价值观上有何异同，以及它们对择业标准会有什么影响。研究是在六所大学八类科系共408名大学生（男205名、女203名）中进行调查。

1. 职业价值观的三因素

在对408名大学生进行"霍兰德式中国职业兴趣量表"测验的同时，施测"职业价值观问卷"。对测试数据进行了多元统计分析。根据主成分分析方法，22条职业价值观项目被分成三个主成分因素。

第一主成分包括：容易成名成家，工作单位知名度高，有较高的社会地位，工作单位级别高，有较高的经济地位，晋升机会多，有出国机会，工作单位规模大，工作单位在大城市等内容。这些项目基本上都与声望地位有关，可以称之为"声望地位"因素。

第二主成分包括：有可靠的劳保、医疗保险和退休金，职业稳定，福利好，能解决住房和两地分居，职业环境优雅，收入高等内容。这些项目内容都与工资收入、福利待遇及生活水准等物质利益保障有关，故称之为"保健"因素。

第三主成分包括：符合自己的兴趣爱好，所学专业能派上用场，能充分发挥自己的才能，机会均等、公平竞争，上下班交通便利快捷，自主性大、不受约束，能提供进一步受教育的机会等。这些项目的内容基本上都与个人才干的发挥和发展有关，故称之为"发展"因素。

2. 对职业价值观项目重要性的排序

每个被试根据自己的情况，让其判断在选择职业时是如何考虑各个项目之重要性的。从排序结果可以看到，无论是全体被试还是男女被试，他们认为最重要的前五个项目不仅项目内容一致，而且重要性的排序也完全一致。由此可知，大学生在选择职业时，首先考虑的择业标准是：能充分发挥自己的才能，符合自己的兴趣爱好，机会均等公平竞争，收入高，能提供进一步受教育的机会。在这五项中，除收入高是"保健"因素外，其余四项均为自我"发展"因素。

同时，我们还可看到，无论是全体还是男女被试，他们认为最不重要的五个项目，在内容上也都一样，只是在排序上略有差异。由此可知，我国大学生在择业时最不看重的是：工作单位规模大，易成名成家，单位级别高，有出国机会，单位知名度高。这些项目都属"声望地位"因素。

由上述结果可见，如今的大学生在择业时，已不再看重虚名，而更注重是否有利于个人的发展，同时也看重经济收入的高低。

3. 六种职业兴趣类型者的职业价值观项目排序

根据"Holland 式中国职业兴趣量表"的测验结果，将全体被试分成六类，再将这六类型的人对职业价值观项目的重要性排序结果进行整理，选出最重要的五个项目和最不重要的五个项目进行比较。结果表明，六种职业兴趣类型的人在最重要的职业价值观项目的一致之处是：都看重"能充分发挥自己的才能"、"符合自己的兴趣爱好"、"机会均等，公平竞争"三项发展因素。另外，除了"研究型"之外，其余五项类型的人都把"收入高"作为最重要的择业条件之一。同时，我们还可看到，他们都不看重工作单位规模大，易成名成家，工作单位级别高，工作单位知名度高。这些均属"声望地位"因素。

六种类型者的职业价值观的不同点是：实务型和常规型的人在最重要的项目中都看重"保健"因素"有住房"；艺术型的人看重"保健"因素"福利好"；社会型的人看重"发展"因素"提供再教育机会"；企业型的人最看重"声望地位"因素"有较高的经济地位"；而研究型的人看重的都是"发展"因素"所学专业能派上用场"，"能提供进一步受教育的机会"。

（三）我国青年学生择业的价值观变化

将凌文辁、方俐洛 1995 年的研究结果与 20 世纪 80 年代初期（金一鸣）和中期（冯伯麟）的研究结果相比较，就可发现，80 年代选择职业最重要的标准几乎都是为了满足"自我实现需要"的"发展"因素。而凌文辁等人的研究结果表明，90 年代的大学生在看重自我发展的同时，也将"保健"因素列为择业的最重要条件。这一变化反映了我国社会体制改革所带来的人们观念上的变化。由于"铁饭碗"被打破，职业的稳定性发生了动摇，用人制度、工资制度、住房制度、医疗保险和退休制度的改革，迫使人们选择职业时在重视自身发展的同时，不得不考虑"保健"因素。尤其是在单位经济效益不佳、就业状况不稳的情况下，青年人在择业观上出现的变化也是自然的。

我国青年学生择业价值观的另一突出变化，就是以前人们对工作单位的选择往往看重工作单位级别、地位、知名度、规模大小以及是否容易成名成家等，而现在这些都被列入"最不重要"的位置。从某种意义上看，这也许并不是坏事。因为它有利于人才流动，有利于各行各业的发展。

究其原因，还得运用需要理论来分析。过去，在工资待遇都差不多的情况下，人们不可能满足更高的物质需求，于是只有追求"声望、地位"，以满足他们的"尊重需要"。而今，这些有"声望、地位"的单位大多都"捉襟见肘"，难以满足人们日益增长的"物质需要"。在"金钱不是万能的，但没有钱是万万不能的"社会环境下，没有经济地位，也就没有社会地位。所以，那种"大"却"穷"的单位已不再是青年学生所向往的工作单位。这也反映了 20 世纪 90 年代的青年学生已不再追求"虚名"，而更加讲究"实利"。

（四）不同职业兴趣类型者的职业价值观的差异

以上的讨论是就全体被试样本而言。若就不同职业兴趣类型的人而言，研究的结果表明，他们在职业价值观上既有共同点，又有差异之处。其共同点基本上反映了"全体"被试样本的倾向，而差别之处在某种程度上正反映了"类型"的特征。结果表明，实务型和常规型的人在职业价值观上是一致的，没有什么区别。艺术型与前两种类型基本一致，而社会型较重视某些"发展因素"，企业型却更重视一些"声望、地位"因素。最突出的不同是研究型。研究型职业兴趣类型者的最重要的五个项目全部都是与个人发展有关的项目，没有一项是"保健"因素项目。这一结果与我国从事研究工作的科学家的实际情况非常相符。它从另一个方面反映了我们所研制的"职业兴趣量表"的效度是理想的。

四、职业价值观与需要理论

人类行为的动机是需要。人们选择职业的目的归根到底是为了满足人生的需求。因此，职业价值观是人们对各种人生需要之重视程度的反映。作者认为，从人类需要理论去看待职业价值观，才能解释我国的青年学生择业标准的变化和不同职业兴趣类型的人在职业价值观上的差异。

凌文辁、方俐洛的研究通过对价值观项目的主成分分析将职业价值观分成三个因素，并发现这三个因素大致与人们的四类需要相对应。即"声望地位"因素与尊重需要相对应，"保健"因素与生理需要和安全需要相对应，而"发展"因素与自我实现需要相对应。由此可以看出，职业价值观的因素结构大体与人类的基本需要类型相一致，从而证明了"职业价值观是人们对各种人生需要之重视程度的反映"这一假设。

从我国青年学生职业价值观的变迁，引出了一个值得讨论的理论问题。我们可以这样假设：在人们的"保健"因素有了基本保障，而且物质待遇差别不大的情况下（如改革开放以前我国的情况），人们的行为目标往往容易指向高级的精神需要。但如果"保健"因素得不到稳定的保障，而且又存在着获取更多物质利益之可能性的情况下，人们的行为就会向满足低层次的物质需求方面回归。因此，人类的行为并不完全像马斯洛的"需要层次论"所描述的那样，从低级需要向高级需要循序上升。而且，同一时期也不一定就只有一个主要的需要支配着人的行为。人们的行为（包括观念）往往受到其本人的内部因素（需要、个人特点）与外部环境因素（条件与可能）相互作用的制约。单从"需要层次"理论有时难以理解复杂多变的行为现象。所以，将权变观点引入人的需要理论，方能较好地解释人们的行为机制。这是我们对马斯洛"需要层次论"的一点修正和补充。

第三节　胜任特征及其测量

一、胜任特征的概念与内涵

（一）competence 和 competency 概念

胜任力一词是从法语 competence（合适、聪明伶俐）、拉丁语 competentia（有学问的）等借用过来。1483 年开始有"合法拥有资格的"含义，到 1647 年开始有"有能力的、适合等"的含义，1790 年开始出现"能力"含义。

American Heritage Dictionary of the English Language（Morris　1981）字典中注：competence 也就是 competency，包含两方面的含义：一是有能力的或者胜任的一种状态或品质、技能、能力；二是法律上有资格的、适任的、可被采纳的品质或条件，合法的权威、合格或权限。由此我们可以看出，胜任特征一词从开始就与法律连在一起。

后来，在临床心理学领域，开始采用这个术语来定义心智力与意识、关心自己或他人的能力，或在"日常生活"多种活动中尽职责的能力等方面的法定标准。随后，"胜任特征"这个术语又被职业咨询专业用来定义与特定职业相连的知识、技能和能力。而且，胜任特征研究还在教育领域有着深远的历史渊源，教育心理学研究开始强调更广泛的传统"知识"范围（如数学、英语）。还有，早期的工业心理学家也用"胜任特征"来描述在特定职业领域获得成功的个体。

由上可知，胜任特征的定义主要来源于五个领域的研究：法律、临床心理学、职业咨询、教育领域以及早期工业心理学。

在上述所有领域的研究中，"胜任特征"这个术语都是被用来定义某任务或活动的"成功"绩效，或"足以满足某种活动要求的知识、技能和能力"。

McClelland 于 1973 年首次提出"胜任力（competence）"的概念，以他为代表的前期研究者基本沿用他的用法。后来，渐渐有研究者使用"胜任特征（competency）"，与"胜任力"交替使用，但二者基本上是通用的，并未见有绝对的区别。而且，现在这两个术语的使用有合并的趋势。此外，《现代英汉词典》中提到"competence"＝"competency"。Boyatizs 认为，"在英文中这两个词是通用的，胜任力/胜任特征研究这么多年，一直以来都有人试图将他们区分开来，但我认为从字面上来区分是没有很大的意义的，重要的是你要知道自己研究的是什么，根据自己的研究目的确定研究内涵和定义就可以了。"

然而，另有人认为"胜任力"与"胜任特征"是有区别的。Berman 认为，胜任力指"胜任的条件或状态"，它描述的是为了做好工作，人们必须能够做的事情，是工作对员工的要求，具体包括两个基本方面：必须做的事情及其标准。而胜任特征则指与优秀绩效有因果关系的行为维度或行为特征，是人们履行工作职责时的行为表现。具体包括：知道需要做什么（如批判性推理、战略能力、企业经营知识）；将工作完成（如成就驱动、自信、控制、适应、关注效果）；让他人与你一起工作（如激励、人际技能、关注产出、说服、影响）等。McConnell 认为，胜任力是指个体履行工作职责和取得绩效的能力，而胜任特征则集中关注个体在一个特定情境下的实际表现和绩效。

在本书中，我们同意 Boyatizs 的看法，认为"胜任特征"与"胜任力"二者可以交替使用，只要研究者明确自己的目的即可。在本书中主要使用"胜任特征"。

（二）胜任特征的本质与内涵

从这些胜任特征的不同概念中，可以总结出一些研究者们共识之点。

（1）胜任特征的本质，在于表称那些所有导致在工作岗位上取得出色业绩的特征。

（2）胜任特征的特点，在于能将绩效优秀者和绩效平平者区分开来。

那么，胜任特征具体包括哪些内容呢？综合文献，发现研究者大多采用 Spencer 提出的概念：与有效的或出色的工作绩效相关的个人潜在的组成部分。它包括五个层面：知识、技能、自我概念、特质和动机。

胜任特征概念具备以下几个特征：①标准性或规范性：胜任特征是与具体特定的工作绩效相连的，只有那些显露的或潜在的与有效的工作绩效相关的或者能够区分工作绩效的特征，才属于本文研究所要探讨的胜任特征；②潜在性：它属于个体意识结构中相当深层次而且持久的部分，也可能属于无意识中的一部分；③预测性：能够引起或者预测行为或绩效；④层次性：可能存在着动机、特质、行为、自我概念、社会角色等多层次。

二、胜任特征的结构

(一) 胜任特征的构成

Spencer 将胜任特征划分为五个方面，分别为：动机、特质、自我概念、知识和技能。如表 14.3 所示。

表 14.3　胜任特征结构

维　度	定　义
动机	一个人思考什么或想要什么，最终导致行为的发生，可借由驱动、指引与选择来达成特定行动与目标。例如，一个有成就动机的人，会为自己设定具有挑战性的目标，赋予自己责任感去达成目标，并不断运用反馈机制使自己做得更好
特质	一个人生理上的特质，以及对一些情境与信息的一致性反应。如一名战斗机驾驶员反应灵敏、心理承受力强
自我概念	一个人对事件持有的态度或价值观以及自我形象，如自信
知识	一个人所具备的关于某方面特别领域的信息，而这些知识是使某人能做某事而不是想做某事，如外科医生对于人类神经与肌肉方面的知识。大部分研究显示，知识并不能区分绩效优秀者和绩效平平者
技能	一个人完成生理或心智工作的能力，包括隐藏的或可观察到的，如心理咨询师可以疏导、解决来访者的心理障碍，这是可观察到的，但一名心理咨询师还需要演绎或归纳能力、倾听能力等隐藏的能力

胜任特征的概念中包含外显行为和内隐动机，所以胜任特征模型中有一部分是内隐成分。Spencer 针对此内涵形象地描述出了一个直观的冰山图，如图 14.1 所示。

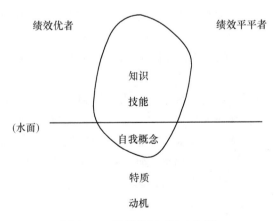

图 14.1　胜任特征"冰山"图

通过上面的"冰山"图，我们可以更加直观地理解和把握这个概念。冰山的水上部分是可见的胜任特征，属表层特征，称为显性特征。如知识、技能等，也称为基准性胜任特征（threshold competency）。冰山的水下部分是深层次的潜在特征，称为隐性特征。例如，个性、自我形象、动机等，这是处于人格中相当深层次的一部分，也称为鉴别性胜任特征（differentiating competency）。隐性和潜在特征部分不易被感知，但却能够在广泛的环境和工作任务中预测人的行为，决定着人们的行为与表现，在人的工作绩效发挥上起着关键性作用。

（二）胜任特征与人员选拔与培训

表层（水面之上）的知识和技能相对易于改进和发展，培训是最经济有效的方式。而核心（水面之下）的自我概念、动机和特质处于冰山的底层，难于评估和改进，所以最具有选拔的经济价值。因此，组织应当选拔人格特质比较理想的胜任者，然后通过教育培训或者指导，使他们具备特定岗位所需的知识和技能。尤其在复杂的职业中，胜任特征在预测优秀绩效就更显得重要。

对于特殊职业，研究胜任特征十分必要。随着国民教育水平的普及与提高，以及网络信息媒体的发达，知识已不再是人员选拔中最主要的问题，反而是动机、心理与人格品质等深层次的潜在特征，才是真正能区分绩效优秀与绩效平平的要素。因此，对于特殊职业的人员选拔来说，胜任特征研究是投资效益最高的方法。

三、国外关于胜任特征的研究

（一）胜任特征的研究流派

Norris 认为，关于胜任力和胜任特征的研究可分为三个学派：行为主义学派、认知胜任特征学派和通用性胜任特征研究流派。

（1）行为主义流派：主要以北美 20 世纪 60 年代末 70 年代初发起的基于胜任特征的教育与培训运动（competencies-based education and training movement，CBET）、80 年代英国国家职业资格体系 NVQs 及新西兰国家资格证书体系 NQF 为代表。

（2）认知胜任特征学派：主要集中于语言学和高等教育的研究领域。

（3）通用性胜任特征研究流派：主要致力于管理教育领域、职业咨询与治疗领域的研究。随着研究的不断发展，胜任特征研究范围逐渐扩展，大致可分为宏观与微观、静态与动态层面，从而形成通用性胜任特征流派，关注识别那些导致职业人员成为胜任者或者优秀者的特征。

（二）胜任特征的研究层次

1. 宏观与微观研究

宏观层面的胜任特征研究，主要包括国家胜任特征（national competencies）和组织胜任特征（organizational competencies）研究。国家胜任特征，是指一个国家之所以对其他国家保持竞争优势所具有的核心的特征，包括资源、领导、文化等所有导致保持优势的潜在的核心的国家特征。组织胜任特征，是指一个组织之所以能在某行业中保持长期的收益，总能保持对行业内竞争对手的优势所具有的潜在的核心的特征。这类研究是在组织水平上进行的，把组织看成个体胜任特征的整合。这些宏观战略层面的相关研究理论，包括基于资源的理论（resource-based theory）、动态能力发展理论、学习理论（学习型组织）等。这种研究集中探讨国家和组织竞争优势的创造、维持和发展。

微观层面的胜任特征研究，主要包括职业胜任特征（occupational competencies）和个体元胜任特征（individual meta-competencies）研究。职业胜任特征，是指导致一个人在一个工作岗位或者一个职业上取得出色工作绩效的潜在的特征。元胜任力的概念，是由波士顿大学组织行为专家 Tim Hall 教授提出的，主要是指个体所拥有的用来获取其他胜任能力的能力。他提出，与职业发展息息相关的两个关键元胜任力是识别能力（自我概念、自我评估、自我反馈、自我知觉等）和适应能力（灵活、探索、开放、自我调整等），两者缺一不可。凌文辁认为，4Q（IQ、EQ、AQ、MQ）应该是关键的元胜任特征，各自起着不同的作用。

2. 静态与动态研究

静态研究主要是指研究如何建立胜任特征模型（competency modeling）和胜任特征体系（competency framework）。

动态研究主要研究胜任能力的发展阶段与胜任能力的开发。对于个人来说，元胜任特征起着重要的作用，由此而出现了 continuing competency，competency development 等概念。

（三）代表性的研究成果

1. 麦克利兰的外交新闻官的胜任特征模型

McClelland 领导的项目小组，在 20 世纪 70 年代为美国政府建立的 FSIO（国外服务新闻官员）胜任力模型中，有三种核心胜任特征：①跨文化的人际敏感性；②人的积极期望；③快速进入当地的政治网络。虽然经不断修改和开发，直到今天美国政府仍然将这三种胜任特征作为选拔 FSIO 的主要依据。

2. 伯雅兹的管理人员胜任特征通用模型

Boyatzis 对 12 个工业行业的公共事业和私营企业 41 个管理职位的 2000 名管理人员的胜任特征进行了全面分析，得出了管理人员胜任特征的通用模型；并且分析了不同部门、不同行业、不同管理水平的胜任特征模型的差异；提出管理者胜任特征模型包括六大类特征群（目标和行动管理、领导、人力资源管理、指导下属、关注他人、知识）以及 19 个子胜任特征。

3. 普拉赫勒德的团队核心胜任力模型

Prahalad 超越了个体绩效的领域而进入了组织绩效领域的研究，是组织胜任力的启蒙者。他提出了团队核心胜任力概念。这种胜任力使组织在环境中有竞争力。Prahalad 和 Hame 认为，组织核心胜任力有三个可辨别的成分：①提供进入变化市场的潜能；②对终端产品的有意义的贡献；③对竞争者来说很难模仿的竞争优势。

4. 斯潘塞的行业通用胜任特征模型

有学者对行业的胜任特征通用模型进行了探讨。前 Mcber & company 咨询公司总裁 Spencer 与他的同事们在 Boyatzis 等人的研究基础上，曾于 1989 年对全球 200 个以上的工作进行了观察研究，整理出 21 个胜任特征模式和 360 项行为指标，并据此编制了胜任特征词典。建立了包括技术人员、销售人员、社区服务人员、经理人员和企业家五大类的通用行业的胜任特征模型。

5. MCQ 和 LCI 胜任特征问卷

胜任特征研究和应用发展到后来开始细化，从开始致力于建立通用型胜任特征模型到建立某个方面细分的胜任特征模型。Hay Group 公司基于 30 多年的胜任特征研究，近年来开始分别关注管理人员的管理、领导等胜任特征因素，并开发了相关评价问卷和量表。如 MCQ 管理胜任特征问卷（managerial competency questionnaire）——基于七大可鉴别优秀的经理人员和绩效平平的经理人员的管理胜任特征因素（包括：成就定向、发展他人、指导、影响力和影响、人际理解、组织洞察力、团队领导）；LCI 领导胜任特征问卷（leadership competency inventory）——基于成为优秀的领导者所需要的四个胜任特征因素（包括：信息搜寻、概念思维、战略定向、客户服务定向）。

6. 管理技能测评系统

1997 年，美国国际人事决策中心（personnel decisions international，PDI）在总结以往 20 多年研究成果的基础上，开发出新的管理技能测评系统。该系统共考察了八类典型的管理技能，分别是思维技能、行政管理技能、领导技能、人际技能、沟通技能、管理动机、自我管理技能和组织知识。为了提供信息反馈，该系统还附有对综合技能和总体绩效的考察。

7. 英国的研究

Dulewicz、Herbert 对大不列颠和爱尔兰的总经理的职业生涯进行了七年的跟踪实证性研究。由经理的老板们根据经理们的表现对 40 个胜任特征行为表现条目进行重要性评价，采用 5 点记分（1 为绩效突出，远远超过要求；5 为没达到可接受标准）。与此同时，也让经理们自己对 40 个胜任特征行为表现进行自评，也采用 5 点记分。通过因素分析得出了 12 大类胜任特征因素（战略眼光、分析与判断、计划与组织、管理员工、说服、坚持性与果断、人际敏感性、口头沟通、毅力和适应能力、精力与主动性、成就动机和商业意识）。

8. 澳大利亚的研究

Carless、Allwood 对澳大利亚大多数管理咨询机构的管理咨询活动进行研究，发现它们在运用评价中心技术评定管理人员的工作胜任力时，基本的评定内容为：决策能力、人际技能、计划能力和组织能力。

四、国内关于胜任特征的研究

胜任特征被引进国内后，首先在企业界的管理开发中引起广泛的关注。许多企业都在考虑引入胜任力模型的管理方法，并有不少企业已在实际管理中进行了应用。有关的学者也对该领域进行了深入的研究，取得了不少研究成果。但与国外研究相比较，国内研究还是初期阶段。

1990 年，香港的三个私营商业企业（the Hong Kong and Shanghai Banking Corporation，the Royal Hong Kong Jockey Club and Jardine Pacific Limited）率先运用胜任特征方法提高他们的管理绩效。

20 世纪 90 年代，香港管理开发中心（the Management Development Center of Hong Kong，MDC）运用胜任特征方法来开发本地经理人员的胜任特征模型。邀请公共事业（public utilities）、公有或私有部门的高级经理来评价通过文献综述和专家头脑风暴法获得的 30 个中层管理胜任特征条目。通过对大约 2000 多名中层管理人员的进一步调查研究，MDC 初步尝试得出了一套胜任特征群，最后确定了 11 个管理胜任特征群（领导、沟通、团队建设、团队成员精神、结果取向、个人驱动、计划、效率、商业意识、决策、客户意识），每个胜任特征群都有具体的胜任特征陈述。

Vickie Siu 对香港的酒店中层管理者胜任特征进行了实证研究。采用问卷法，让高层管理人员对中层管理人员的胜任特征行为表现进行重要性评价（5 点法），得出 11 个胜任特征因素：领导、沟通、团队建设、团队成员精神、结果定向、个人驱动、计划、效率、商业意识、决策和客户意识。

时勘等对企业高层管理者的胜任特征进行了研究，提出高层管理的胜任特征模型应该包括：影响力、组织承诺、信息寻求、成就欲、团队领导、人际洞察力、主动性、客户服务意识、自信和发展他人共十项胜任特征。

王重鸣对管理胜任特征进行了研究，得到了包括知识、技能、能力、价值观、个性、动机等特征。在其研究结果中，管理胜任特征由管理素质和管理技能两个维度构成，但在具体的要素上，不同层次的管理者具有不同的结构要素。正职的价值倾向、诚信正直、责任意识、权力取向等构成了管理素质维度；而协调监控能力、战略决策能力、激励指挥能力和开拓创新能力则构成了管理技能维度。对于副职来说，管理素质维度由价值倾向、责任意识、权力取向三个要素构成，管理技能维度由经营监控能力、战略决策能力、激励指挥能力三个要素构成。

凌文辁、宋婵蓉在为广州市国有工业企业首次面向全社会招聘中高级管理人才的选拔中，对近千名中层以上管理者样本，采用访谈法、小组讨论、开放式问卷调查、多元统计解析等方法，探讨了企业中高层管理者胜任特征模型，获得了十大胜任特征。

仲理峰构建了我国家族企业高层管理者胜任特征模型。他将研究的结果与国外的实证研究结果做了比较，发现我国家族企业高层管理者更多地表现出威权导向、仁慈关怀、捕捉机遇、指挥、自我控制和自主学习等特征。这一结果说明，我国家族企业高层管理者采用的是一种"家长式"领导方式，其管理行为中既有对员工威严（威权导向）的特征，也有关爱（仁慈关怀）员工的成分，是恩威并施。

凌文辁、朱晓辉采用实证研究方法，以 436 名飞行员为样本，探讨了军事飞行员的胜任特征，获得了良好品德、自我调节、勇敢服从、认知能力四因素胜任特征。

曹茂兴等建立了企业研发人员的胜任特征模型。得出了成就动机、概念性思维和分析性思维、团队协作精神、创新能力、专业知识和技术、学习能力六个因子。其中创新能力和学习能力是该研究较其他研究突出的特征。

凌文辁、侯奕斌关于科级公务员胜任特征及相关因素研究，探讨了科级公务员胜任特征的因素结构。通过探索性因素分析和验证性因素分析，获得了由工作能力、职业品德、人格特质和工作作风四因素构成的科级公务员胜任特征模型。

凌文辁、许诺采用实证研究方法，进行了中国空中交通管制员胜任特征结构模型研究。

凌文辁、彭玮婧对法官的胜任特征进行了实证研究。获得了职业道德、工作作风、办案能力、和谐意识四因素的法官胜任特征模型。

五、胜任特征测评技术与方法

Lyons、Jirasinghe 认为，若胜任特征的产生过程不科学、效果不好，并被不恰当地运用，那么它就可能成为一个可怕的工具；而当产生过程是科学的、效果良好而且被正确运用，那么它会是我们目前所能得到的最好的预测、诊断工具和职位成功招聘工具。因此，我们应选择科学的研究方法进行胜任特征评测。

目前，建立胜任特征模型的方法主要有以下两类。

（一）质性研究方法

质性研究方法多种多样，包括访谈法（行为事件访谈法、工作分析访谈法）、专家小组讨论法、全方位评价法、专家系统数据库、观察法等。具体选择什么样的方法应该根据研究的问题、研究目的、研究的情境、研究的对象等各种因素而定。研究方法本身只是一个手段，它们应该为一定的目的服务。从操作层面上看，质性研究的方法部分可以由如下几个大的方面组成：进入现场的方式、收集资料的方法、整理和分析资料的方法、建构理论的方式、研究结果的成文方式等。

观察法是现场研究的主要方法之一，包括客观观察法和自我观察法两种。客观观察法是研究者在被试从事正常的实践活动时，通过观察他们的外部表现来了解他们心理活动情况的方法。自我观察法是指被试自己体察自己的内心活动，并且把它们报告出来。此种方法能较客观的反映被观察者的情况，但费时费力。

访谈法（面对面访谈与电话访谈）是目前研究胜任特征使用最广泛的方法之一。访谈者可以根据具体的访谈情况在访谈过程中灵活掌握信息、探察和跟进提问。其中，行为事件访谈法（BEI）是应用最流行的方法。下面以 McClelland 的研究小组为例，对 BEI 作一简要介绍。

首先，寻找具体发现胜任特征的方法。他们采用开放式的行为回顾式探察技术。其具体步骤如下：针对一个职位，找出两组相对样本，一组为绩效优秀者，一组为绩效平平者。然后，对其进行访谈，请被访者举出 2～3 个具体的行为例子和"关键事件"，让被访谈者找出和描述他们在工作中最成功和最不成功的三件事。然后，详细地报告当时发生了什么，来说明导致他们成功或失败的关键因素。具体包括：这个情境是怎样引起的？牵涉到哪些人？被访谈者当时是怎么想的，感觉如何？在当时的情境中想完成什么，实际上又做了些什么？结果如何？最后，由专业人员对访谈资料进行系统分析和根据胜任特征编码词典进行精密的编码。通过统计分析，找出优秀组和普通组之间存在区别的特征要素。

（二）量的研究方法

包括问卷调查法等。问卷调查法是一种相对便利而快速的收集大量数据的方法。通过综合文献、访谈、开放性问卷收集项目，编制调查问卷；对足够大的样本进行调查，再回收问卷进行数据分析和解释，通过统计形成胜任特征的模型的建构。这种方法适用面广、应用广泛，但需要专业的测量与统计知识。

上述方法各有其优点，也各有其缺点。研究者可根据研究目的、所具备的研究条件、研究结果的用途、并针对不同组织的组织文化、行业、具体职位和目前具备的条件（人力、物力、财力及时间等），来选择相应的建立胜任特征模型的方法，或同时运用几种方法，或不同时期用不同的方法等。

第十五章　健康测评

对于任何组织来说，人力资源都是一种可持续开发的资源，是影响全局的因素，是最重要的资本。这种资本发挥效用的基本前提就是"健康"。21世纪的今天，一切都变快了。在这个几乎无所不"快"的环境中生存，人们的身心经受着巨大的考验，不断增大的压力越来越明显地影响着人们的健康。

近年来，管理者越来越清醒地认识到，员工的整体健康状况在组织的生存与发展中起着至关重要的作用。为了增强组织的竞争力，实现人力资源的有效开发，对员工的健康状况应当给予足够的重视，并实施健康管理。健康管理就是对个人及群体的健康危险因素进行全面管理的过程，其宗旨是调动个人及群体的积极性，有效地利用有限的资源来达到最佳的健康效果，其基础性工作便是对员工的健康状况进行测评。

第一节　健康的定义与标准

健康是人类生存与发展的基本要素，它既属于个人也属于社会。一般人所理解的健康就是没有病，能吃能睡能干活。随着科学技术的进步和时代的变迁，对健康的理解也发生了根本性的变化，全面、科学地审视健康的内涵显得十分必要。

一、世界卫生组织关于健康的定义

1948年世界卫生组织在其宪章中的导言部分指出："健康是身体上、精神上和社会适应方面的完美状态，而不仅仅是没有疾病和不虚弱。"1978年，世界卫生组织在国际初级卫生保健大会上所发表的《阿拉木图宣言》中重申：健康不仅是没有疾病或不虚弱，而且是身体的、精神的健康和社会适应良好的总称。该宣言还进一步明确指出：健康是基本人权，达到尽可能的健康水平，是世界范围内一项重要的社会性目标。1989年世界卫生组织又一次深化了健康的概念，认为健康应当包括躯体健康（physical health）、心理健康（psychological health）、良好的社会适应性（good social adaptation）和道德健康（ethical health）。这样一来，健康的界定在理念上就从单一的生物医学模式演变为"生物—心理—社会"的复合性模式。新的健康概念将心理健康和社会性健康纳入其中，是传统生物医学模式下的健康概念的有力补充和发展。它既考虑到人的自然属性，又考虑到人的社会属性，从而摆脱了人们对健康的片面认识。根据新的健康概念，一个人只有在躯体、心理、社会适应性和道德四方面都达到完好状态，才能算是一个完全健康的人。

生理健康，是指人体的组织结构完整和生理功能正常。人体的生理功能指的是以人体内部的组织结构为基础，以维持人体生命活动为目的，协调一致的复杂而高级的运动形式。生理健康是其他健康层次的基础，是自然人的健康。

心理健康，是指个体心理在本身及环境条件许可范围内所能达到的最佳状态，但不是十全十美的绝对状态。判断心理是否健康有三个基本标准：第一，心理与环境的同一性，即心理对外部客观世界的反映，无论在形式或内容上均应同客观环境的现实相一致；第二，心理与行为的统一性，即一个人的认知、体验、情感、意志等心理活动和行为是一个完整和协调一致的统一体；第三，人格的稳定性，即一个人在长期的生活经历过程中形成的独特的个性心理特征具有相对的稳定性。

良好的社会适应性，是指一个人的心理活动和行为，能适应当时复杂的环境变化，为他人所理解，为众人所接受。社会适应的主要表现是一个人在社会生活中的角色适应，包括职业角色，家庭角色及学习、娱乐中的角色转换与人际关系等方面的适应。良好的社会适应性不仅要具有较强的社会交往能力，工作能力和广博的文化科学知识，还要能胜任个人在社会生活中的各种角色，并能创造性地取得成就，为社会做出贡献。缺乏角色意识，发生角色错位等行为是社会适应性不良的表现。

道德健康，主要指的是不以损害他人利益来满足自己的需要，能够辨别真伪、善恶、荣辱、美丑等是非观念，能够按照社会认可的行为准则来约束、支配自己的行为，能为他人的幸福做贡献。道德健康的最高标准是"无私利人"；基本标准是"为己利他"；不健康的表现是"损人利己"和"纯粹害人"。

二、健康的标准和要求

（一）身体健康的标准

自世界卫生组织提出健康的新定义一来，人们对健康的理解更加全面和深入。近年来，世界卫生组织又将健康的概念具体化为一些更加精细的标准，这些标准如下：①精力充沛，能从容不迫地应付日常生活和工作的压力而不感到过分紧张；②处事乐观，态度积极，乐于承担责任，不挑剔；③善于休息，睡眠良好；④应变能力强，能适应各种环境的变化；⑤对一般性感冒和传染病有一定的抵抗力；⑥体重得当，身材匀称，站立时头、肩、臀的比例协调；⑦眼睛明亮，反应敏锐，眼睑不发炎；⑧牙齿清洁，无缺损，无痛感，齿龈颜色正常，不出血；⑨头发有光泽，无头屑；⑩肌肉、皮肤富有弹性，走路轻松有力。

（二）心理健康标准

著名心理学家马斯洛（Maslow）和密特尔曼（Mittelman）提出的心理健康标准为：①有充分的自我安全感；②能很好地了解自己，并能恰当评估自己的能力；③生活目标切合实际；④与周围环境保持良好的接触；⑤能保持自身人格的完整与和谐；⑥善于从经验中学习；⑦能保持恰当和良好的人际关系；⑧能适度的宣泄情绪和控制情绪；⑨在符合团体要求的前提下，能够积极地发挥个性；⑩在不违背社会规范的前提下，能够适度地满足个人的要求。

（三）不同人群的健康要求

健康标准对不同年龄、不同性别的人则有不同的要求。根据世界卫生组织对不同年龄阶段的划分，44岁以前的人被列为青年；45～59岁的人被列为中年；60～74岁的人为较老年（渐近老年）；75～89岁的人为老年；90岁以上为长寿者。对主要年龄阶段和不同性别群体的健康要求不同。

1. 青年人健康要点

（1）吃得正确：在青春期保持饮食平衡和有规律，有助于自己现在健美，将来健康。

（2）喝得正确：干净的水和果汁是有利于健康的，不要饮酒，喝醉是不明智的。

（3）不吸烟：如果想健美并有吸引力，请别吸烟。

（4）适当放松：运动、音乐、艺术、阅读与其他人交谈，努力成为兴趣广泛的人。

（5）积极自信：要积极自信和富有创造性，要珍惜青春。

（6）知道节制：遇事能三思而后行，大多数的事故是可以避免的。

（7）负责的性行为：了解自己的性行为并对此负责。

（8）运动：运动可以使自己更加健美和感觉良好；参加运动的每一个人都可以赢得健康。

（9）散步：散步是一种轻缓的运动，能够增强舒适感。

（10）不吸毒：吸毒是一条死胡同，要坚决自信地对吸毒说"不"。

2. 老年人健康要点

（1）吃得合理：少吃多餐。吃营养均衡的低脂肪食物。

（2）喝得适当：多喝水，少喝啤酒、果酒和白酒。

（3）不吸烟：戒烟不分迟早。吸烟可增加患心脏病或癌症的机会，并缩短寿命。

（4）散步：散步是保持机敏灵活和健康的最好办法。新鲜空气比补药更好。

（5）寻求乐趣：与家庭、朋友和邻居保持联系。记住要活到老、学到老、教到老。

（6）积极自信：爽朗乐观，平易近人，使他人容易接近。

（7）事事当心：自己的生命和别人的生命有赖于头脑清醒，视力清晰。

（8）性生活：性生活没有年龄限制。

（9）适度运动：不很剧烈的运动有益于健康，而且运动可以接触其他人。游泳和适应性锻炼特别值得推荐。

3. 男性健康的要点

（1）吃得正确：知道吃什么和什么时候不吃。

（2）喝得正确：每天至少喝两升液体（大部分为水）。酒精和驾驶不能相容。

（3）不吸烟：吸烟和咀嚼烟草是不卫生的和令人讨厌的，这会对本人和周围的人造成严重的危害。

（4）散步：尽可能多散步和经常散步。

（5）找时间娱乐：找时间享受家庭生活的乐趣，培养兴趣，学习新技能。

（6）自信：头脑开放和举止大方比相反的行为更有作用。微笑可以沟通感情。

（7）事事小心：无论你是在开车、工作还是在家里都要做到安全第一，避免疲劳和保持警觉。

（8）性生活：每人只能有一个性伴侣。

（9）运动：运动对生理和心理健康都有好处。

（10）药物：不要非法使用或滥用药物。

4. 女性健康的要点

（1）吃得正确：怀孕和哺乳期间，营养特别重要。要保证补充足够的维生素和矿物质。

（2）喝得正确：一天至少喝两升液体（主要是水）。怀孕期间严禁饮酒，酒对本人和胎儿特别有害。

（3）不吸烟：为了自己（特别是如果正在服用口服避孕药）、家庭和未出世的孩子的健康，不要吸烟。

（4）散步：要尽可能经常散步，尤其在绝经期以后，散步可以强壮骨骼。

（5）丰富闲暇时间：在每天的经常性活动以外，培养多种兴趣。

（6）建设性抚慰：在为亲友等分担忧患和意外时，要富有建设性。微笑有助于沟通感情。

（四）健康的生活方式

美国加州大学公共健康系莱斯特·布莱斯诺博士对约 7000 名 11～75 岁的不

同阶层、不同生活方式的男女居民进行了历时九年的研究，结果证实，人们的日常生活方式对身体健康的影响远远超过所有药物的影响。据此，莱斯特博士和他的合作者研究出一套简明的、有助于健康的生活方式，具体内容如下：①每日保持7～8小时睡眠；②有规律的早餐；③少吃多餐（每日可吃4～6餐）；④不吸烟；⑤不饮酒或饮少量低度酒；⑥控制体重（不低于标准体重10%，不高于20%）；⑦有规律的锻炼（运动量适合本人的身体情况）。

此外，每年至少检查一次身体。布莱斯诺博士指出，它适用于各种年龄的人，特别适用于身体功能处于下降阶段的人。若能遵循上述七种习惯去生活，将会终身受益。一般来说，年龄超过55岁的人如果能按上述的6～7种习惯去生活，将比仅仅遵循三种或更少的习惯生活的人长寿7～10年。

总之，健康是人类宝贵的社会财富，是人类生存发展的基本要素，也是每一个组织必须予以重视的要素。

第二节　健康的测量与评估

对于健康状况的测量与评估通常包括两个部分，其一是医学测量与评定，除了一些简单的测量（如身高、体重、腰围等）外，需要专职医务工作者来完成；其二是问卷测评法，一般采用自陈式问卷法。让被测者如实回答问卷中的各个题目，按照问卷设定的计分原则进行评定。管理者借助这种简单易行的方法可以了解到员工的一般健康状况，以便制订恰当的员工健康促进方案，进而保证组织人力资源的可持续开发。

一、简单生理指数

在简单的生理指数测量方面，日本政府于2008年4月以立法的形式对腰围做出了明确的规定，即地方政府和企业每年为雇员进行体检时，必须严格检查年龄在40～75岁员工的腰围：男性腰围不得超过33.5英寸（85厘米），女性腰围不得超过35.4英寸（90厘米）。这一数字与国际糖尿病联合会2005年出台的鉴别是否存在健康隐患的腰围上限相同。日本政府对腰围超标者制定了相应的惩罚措施。对个人而言，腰围超标者必须检查血糖、血压、血脂，若其中一项不合格，将被列入代谢综合征（metabolic syndrome）危险人群，两项不合格则为代谢综合征患者。这些人需在三个月内自行减肥；若减肥失败，必须接受饮食控制教育；再过六个月仍然超重，则要接受再教育或自动离职。对企业而言，政府对推动雇员减肥不力的私人企业将处以罚款。厚生劳动省认为，这一新规定将有效控制中风、糖尿病等疾病的蔓延，从而降低国家为公共医疗保险支付的费用。

政府新规定出台后，松下公司不仅为在职员工测量腰围，还为员工家属以及退休员工进行测量。日本电气公司（NEC）已表示，若无法完成上述目标，NEC 将承担 1900 万美元的罚款。为此，公司决定将"代谢综合征"扼杀在摇篮中，即为 30 岁以上的员工进行腰围测量，并出资对员工家属进行健康教育。

此前，美国阿拉巴马州曾于 2008 年率先通过了征收肥胖税的提案。

二、人员健康的问卷测评法

人员健康的问卷测评法属于自测性质的健康评定，它是个体对其自身健康状况的主观评价。这种方法最早是由苏切曼（Suchman）等在 1958 年提出的，他们认为自测健康是一种灵敏的、可信的健康测定方法。自从这种方法提出之后，很多研究者对自测健康的概念和方法进行了充实和完善。例如，维因伯格（Weinberger）等认为，自测健康基于个体对自己的生理、心理等方面的感知，能够把主客观的各种健康信息融合在一起，形成对自身总体健康状况的认识。因此，自测健康是一种获得全面健康状况的有用的方法。海茨（Hays）等认为，个体能够广泛地综合自己生理、认知和外界环境等方面的信息，并形成对自身全面健康状况的认识。大量的研究表明，自测健康不仅具有较高的可靠性和相对的稳定性，而且与医学诊断的客观健康具有高度的一致性。正因为如此，自测健康作为一种有效的健康测量方法被广泛使用。本章第三节将重点介绍一个国外广泛使用的总体健康问卷与一个国内较有影响的自测生理健康评量表。另外，90 项症状清单（symptom checklist-90，SCL-90），又名症状自评量表（self-reporting inventory），有时也叫做霍普金斯（Hopkins）症状清单（HSCL），在国内也有一定的影响力。但考虑到 SCL-90 量表一般作为精神科、咨询门诊的一个筛选量表来使用，其主要功能在于评定一个人是否有某种心理症状及其严重性程度，也能作为普通人群的心理健康测试工具，故予以简介。

三、问卷法健康测评的组织与实施

任何测评都是由测评考官、测评工具和被测者组成的动态系统，人员健康测评也不例外。对于被测者来讲，首先应具备理解问卷的能力，如果被测者听完测评考官关于健康问卷内容和填写要求的说明之后，仍然不能独立地作答，就不能将此被测者作为测评对象对其进行测评。测评考官应熟悉人员健康测评的流程和要求，所选的测评场景应相对封闭，不受外界干扰，尤其应避免对被测者情绪上的影响。问卷测评可以由被测者自行填写，或通过电话访谈、面对面访谈等形式来完成。如果被测者在作答时遇到不太清楚的地方，测评考官应就条目的字面意思予以解释，不能给出提示性的诱导。问卷法健康测评特别强调评定的时间区间，即刚刚过去的四个周或一个月之内。回收问卷时，要仔细检查各个条目是否均已填写，如未填写完整，尽可能让被测者予以补充或说明不予作答的理由。

四、健康测评结果的报告与应用

健康测评结果的报告可分为个体报告与群体报告两种。

(一) 个体健康测评报告

个体健康测评报告通常包括三个部分：个人健康信息、自评健康结果和健康改善建议。个人健康信息包括个人一般情况（性别、年龄等）、目前健康状况和疾病家族史、生活方式（膳食、体力活动、吸烟、饮酒等）、生理指标测量（身高、体重、血压等）等项目；自评健康结果包括：总分、各维度的分数以及对分数的简单解释；健康改善建议是在前两步的基础上，提出被测者应采取的行动。如果存在比较严重的问题，建议进行专业的医学诊疗；如果没有明显的问题，提供健康生活方式与控制危险因子等方面的指引。对于各种疾病患者可以通过健康测量，将所测得的健康信息作为医院病案内容的组成部分，以便在治疗过程中，对患者的健康状况进行跟踪研究。

(二) 群体健康测评报告

群体健康测评报告主要是提供不同群组的统计结果与相关建议。例如，香港基督教女青年会 2009 年关于"香港两性面对金融海啸之精神健康状况"（GHQ-28）的报告为：数据显示一成多（109 人）的受访者属于 43 分以上，表示受访者会"时常"或"大多数时候"出现不同的身体或精神问题的征兆，例如，持续有精神压力、情绪十分低落、身体不适等，即表示受访者正在面对不同程度上的精神健康问题。可幸的是，仍有逾四成半（431 人）受访者觉得自己属于非常健康，他们表示"从来没有"感到有身体或精神问题征兆。另外，逾四成人士的身心健康属于尚可接受（395 人）的类别。详见表 15.1。

表 15.1　受访者总体健康状况 （N＝935）

健康状况	分数区间/分	人数（百分比）/%
非常健康	0～21	431（46.1）
尚可	22～42	395（42.3）
恶劣	43～63	103（11）
非常恶劣	64～84	6（0.6）

另外，总体健康问卷亦可分为四个不同范畴的健康状况，包括：身心不适、焦虑和失眠、社会功能障碍与严重沮丧等。数据显示，约四成受访者会"时常"或"大多时候"出现焦虑和失眠范畴的健康问题（425 人）及社会功能障碍（452 人）的征兆。幸好，只有一成半（16 人）受访者会"时常"或"大多时候"

出现严重沮丧的情绪。详见表 15.2。

表 15.2　受访者健康状况在不同维度上的反映（单位：人次）

维　度	从来没有	偶　尔	时　常	大多时候	基　数
躯体症状	69（6.8）	568（56.1）	337（33.3）	38（3.8）	1012
焦虑与失眠	106（10.6）	468（46.9）	352（35.2）	73（7.3）	999
社会功能障碍	57（5.6）	504（49.8）	392（38.7）	60（5.9）	1013
严重沮丧	215（21.0）	645（63.0）	141（13.7）	20（2）	1024

　　针对调查结果，研究者提出了六点建议，即"了解自己，与身心对话；调校想法，忌思想灾难化；同舟共济，勿紧闭心窗；寻求专业帮助，防作茧自缚；温馨短信，免意志消磨；转危为机，建立投资新角度"。

第三节　健康测量问卷简介

一、总体健康问卷

　　总体健康问卷（general health questionnaire，GHQ）是英国医生古德伯格（Goldberg）于 1972 年研制的。它是一个主要用于普通医疗病人和社区人群筛查和评定非精神病性精神疾患的自陈式问卷。原问卷包括 60 个项目，后来又在此基础上开发出了包含 30、28 及 12 个项目的三个缩减版。GHQ 因其准确性高、简单易懂、操作方便，自问世以来，已被翻译成数十种文字，广为使用。关于 GHQ 的研究一直在进行，发表的论文数以千计，经过多方的信度、效度检验，GHQ 被认为是一种适用于多种语言，不受性别、年龄及教育程度等因素影响的有效测量工具。从已有的文献资料来看，包括 28 和 12 个项目的两个缩减版使用频率更高一些。

　　（一）GHQ-28 版问卷简介

　　GHQ-28 版，可分为四个维度：躯体症状（somatic symptoms）、焦虑（anxiety）、社会功能障碍（social dysfunction）和沮丧（depression）。

　　躯体症状，是指由长期心理问题而引发的生理症状，主要发生在以自主神经所支配的器官为主，例如，皮肤系统、肌肉骨骼系统、呼吸系统、心脏血管系统、血液的淋巴系统、消化系统、泌尿生殖系统、内分泌系统及特殊感觉系统，表现为呼吸不畅、头痛、发冷或发热、胃溃疡、高血压及多种皮肤病等。

　　焦虑，是一种不合实际、不真实的害怕，常常会无缘无故地感到恐惧与惊慌，容易导致逃避或退缩行为的产生。其表征为容易发怒，不容易入睡，疲乏等。

　　社会功能障碍表现为觉得自己不能扮演有用的角色，工作没有效率，没有处理事情的能力，缺乏主见，犹豫不决等。

　　沮丧，是一种令人不悦的情绪，表现为闷闷不乐、忧愁、自怜、苦恼、悲伤、绝望、失望，无精打采、没有食欲、无自信，严重的会产生自虐或自杀的念头。

　　GHQ-28 共有 28 个题目，要求被测者针对过去一个月的健康情况作答，每题皆有四个选项，其计分方式为：选 A，计 0 分；选 B，计 1 分；选 C，计 2 分；选 D，计 3 分 GHQ-28 的满分为 84 分，分数越高表明被测者的健康状况越差，其评判标准如表 15.3 所示。

表 15.3　总体健康问卷的评判标准

健康状况	分数区间/分	健康状况	分数区间/分
非常健康	0～21	恶劣	43～63
尚可	22～42	非常恶劣	64～84

（二）GHQ-28 的具体内容

　　请您根据近来几周（目前和最近而不是过去）的情况，针对下列所有的问题，选择最能反映您的状况的答案。

　　A1：感到很健康、很舒适？
　　　A：比平时好　　　　　　B：与平时一样
　　　C：比平时差　　　　　　D：比平时差很多

　　A2：感到需要好好滋补一下？
　　　A：丝毫没有　　　　　　B：与平时差不多
　　　C：比平时明显一些　　　D：比平时明显很多

　　A3：感到筋疲力尽、心情不佳？
　　　A：丝毫没有　　　　　　B：与平时差不多
　　　C：比平时明显一些　　　D：比平时明显很多

　　A4：感到生病了？
　　　A：丝毫没有　　　　　　B：与平时差不多
　　　C：比平时明显一些　　　D：比平时明显很多

　　A5：感到头痛？
　　　A：丝毫没有　　　　　　B：与平时差不多
　　　C：比平时明显一些　　　D：比平时明显很

　　A6：感到头部有绷紧感或压迫感？
　　　A：丝毫没有　　　　　　B：与平时差不多
　　　C：比平时明显一些　　　D：比平时明显很多

A7：感到一阵冷或一阵热？
　　A：丝毫没有　　　　　　B：与平时差不多
　　C：比平时明显一些　　　D：比平时明显很多
B1：因为担忧而睡眠太少？
　　A：丝毫没有　　　　　　B：与平时差不多
　　C：比平时少些　　　　　D：比平时少很多
B2：在入睡后很难睡得安稳？
　　A：丝毫没有　　　　　　B：与平时差不多
　　C：比平时差一些　　　　D：比平时差很多
B3：总是感到精神紧张？
　　A：丝毫没有　　　　　　B：与平时差不多
　　C：比平时明显一些　　　D：比平时明显很多
B4：变得急躁和脾气坏？
　　A：丝毫没有　　　　　　B：与平时差不多
　　C：比平时明显一些　　　D：比平时明显很多
B5：出现无缘无故的惊吓或恐慌？
　　A：丝毫没有　　　　　　B：与平时差不多
　　C：比平时明显一些　　　D：比平时明显很多
B6：觉得所有事情都落在您头上？
　　A：丝毫没有　　　　　　B：与平时差不多
　　C：比平时明显一些　　　D：比平时明显很多
B7：一直感到精神紧张和容易激动？
　　A：丝毫没有　　　　　　B：与平时差不多
　　C：比平时明显一些　　　D：比平时明显很多
C1：尽量使自己工作保持忙碌和无空闲？
　　A：比平时忙　　　　　　B：与平时一样
　　C：比平时清闲一些　　　D：比平时清闲很多
C2：做事的速度？
　　A：比平时快　　　　　　B：与平时一样
　　C：比平时慢一些　　　　D：比平时慢很多
C3：总的来说，觉得事情都做得好？
　　A：比平时好　　　　　　B：与平时一样
　　C：比平时差　　　　　　D：比平时差很多
C4：满意自己的做事方式？

　　　　A：比较满意　　　　　　　　B：与平时一样

　　　　C：不太满意　　　　　　　　D：很不满意

C5：感到自己在很多事情上都能发挥作用？

　　　　A：比平时好一些　　　　　　B：与平时一样

　　　　C：比平时差一些　　　　　　D：比平时差很多

C6：感到在很多事情上有主见，能够自己做出决定？

　　　　A：比平时好一些　　　　　　B：与平时一样

　　　　C：比平时差一些　　　　　　D：比平时差很多

C7：能够开开心心地投入日常活动？

　　　　A：比平时好一些　　　　　　B：与平时一样

　　　　C：比平时差一些　　　　　　D：比平时差很多

D1：认为自己是一个没有用的人？

　　　　A：毫不　　　　　　　　　　B：与平时差不多

　　　　C：比平时明显一些　　　　　D：比平时明显很多

D2：对生活感到完全没有希望？

　　　　A：丝毫没有　　　　　　　　B：与平时差不多

　　　　C：比平时明显一些　　　　　D：比平时明显很多

D3：感到生活下去没意思？

　　　　A：丝毫没有　　　　　　　　B：与平时差不多

　　　　C：比平时明显一些　　　　　D：比平时明显很多

D4：想到过结束自己的生命？

　　　　A：完全没有　　　　　　　　B：很少有

　　　　C：时常有　　　　　　　　　D：常常有

D5：发觉自己有时因为精神太紧张而不能做任何事情？

　　　　A：丝毫没有　　　　　　　　B：与平时差不多

　　　　C：比平时明显一些　　　　　D：比平时明显很多

D6：发觉自己想以死解脱，一了百了？

　　　　A：丝毫没有　　　　　　　　B：与平时差不多

　　　　C：比平时明显一些　　　　　D：比平时明显很多

D7：发觉自杀的念头挥之不去？

　　　　A：完全没有　　　　　　　　B：很少有

　　　　C：时常有　　　　　　　　　D：常常有

（三）GHQ-12 版问卷

GHQ-12 版问卷，是被广泛应用于调查人群健康现状的常用工具之一。该问卷包含 12 个问题，是通过 4 分计分法对相关症状的存在与否（从来没有，计 0 分；偶尔，计 1 分；时常，计 2 分；大多时候，计 3 分）进行测量，对反向问题（问题 1，3，4，7，8，12）进行调整，每个问题的得分分布都是（0，0，1，1），即从来没有，计 1 分；偶尔，计 1 分；时常，计 0 分；大多时候，计 0 分。最后将 12 个问题分值合并，计算一个总分，如果分数大于 3，则视为该个体 GHQ 阳性，认为有心理疾病的症状存在，否则无症状，国内外多项研究已经表明，GHQ-12 具有良好的信度和效度。GHQ-12 的具体内容如下：

请您根据近来几周（目前和最近而不是过去）的情况，针对下列所有的问题，选择最能反映您的状况的答案。

1. 能够集中精力做事
　　A：从来没有　　　B：偶尔　　　C：时常　　　D：大多时候

2. 因焦虑而失眠
　　A：从来没有　　　B：偶尔　　　C：时常　　　D：大多时候

3. 在某些事情中起了重要作用
　　A：从来没有　　　B：偶尔　　　C：时常　　　D：大多时候

4. 对自己的事情能做出决定
　　A：从来没有　　　B：偶尔　　　C：时常　　　D：大多时候

5. 感到精神紧张
　　A：从来没有　　　B：偶尔　　　C：时常　　　D：大多时候

6. 觉得生活中有不能克服的困难
　　A：从来没有　　　B：偶尔　　　C：时常　　　D：大多时候

7. 喜欢日常的活动
　　A：从来没有　　　B：偶尔　　　C：时常　　　D：大多时候

8. 不回避困难
　　A：从来没有　　　B：偶尔　　　C：时常　　　D：大多时候

9. 觉得不开心或者沮丧
　　A：从来没有　　　B：偶尔　　　C：时常　　　D：大多时候

10. 对自己失去信心
　　A：从来没有　　　B：偶尔　　　C：时常　　　D：大多时候

11. 觉得自己是一个没用的人
　　A：从来没有　　　B：偶尔　　　C：时常　　　D：大多时候

12. 总的来说，感到比较愉快
　　A：从来没有　　　B：偶尔　　　C：时常　　　D：大多时候

二、自测健康评定量表（SRHMS）

（一）SRHMS 简介

自测健康评定量表（self-rated health measurement scale version 1.0）是由我国研究者许军等（2000）根据世界卫生组织 1948 年提出的健康定义，吸收人文科学的最新成果，采用德尔菲（Delphi）法和现场调查法，基于生理、心理和社会三个维度，精选自测健康评价指标，所开发的适合我国国情和文化背景的自测健康评定量表（SRHMS）。该量表克服了以往自测健康测量的不足，比较直观、全面、准确地反映自测健康的真正内涵，而且具有良好的信度和效度。

自测健康评定量表由自测生理健康、心理健康和社会健康三个评定子量表组成，用于 14 岁以上各类人群（尤其是普通人群）的健康测量。从试用的结果来看，此量表具有良好的信度与效度，能够反映被测者的总体健康状况，而且便于操作。因此，SRHMS 的应用领域比较广泛，是一个有效的健康测量工具。

SRHMS 由 10 个维度、48 个条目组成，涉及个体健康的生理、心理和社会三个方面，其中 1～17 条目组成自测生理健康评定子量表，19～33 条目组成自测心理健康评定子量表，35～46 条目组成自测社会健康评定子量表。SRHMS 的构成见表 15.4。

表 15.4　SRHMS 维度及其条目分布

维　　度	条目数	条目在 SRHMS 中的分布
身体症状与器官功能	7	1，2，3，4，5，6，7
日常生活功能	5	8，9，10，11，12
身体活动功能	5	13，14，15，16，17
正向情绪	5	19，20，21，22，23
心理症状与负向情绪	7	24，25，26，27，28，29，30
认知功能	3	31，32，33
角色活动与社会适应	4	35，36，37，38
社会资源与社会接触	5	39，40，41，42，43
社会支持	3	44，45，46
健康总体自测	4	18，34，47，48

（二）SRHMS 样例

　　自测健康是指您本人对自己健康状况的主观评价和期望，自测健康评定是目前国际上比较流行的健康测量方法之一。世界卫生组织（WHO）将健康定义为：健康不仅仅是没有疾病和虚弱，而且是生理、心理和社会上的完好状态。个体的健康应该是生理健康、心理健康和社会健康的总和。本量表就是让您从生理、心理和社会三个方面对自己的健康状况进行定量化测量，以便能够及时、全面、准确地了解自身的健康信息，为自己的健康保护提供帮助！

　　填表要求：

　　本量表由 48 个问题组成，问的都是您过去四周的有关情况。每个问题下面有一个划分为十个刻度的标尺，请逐条在您认为适当的位置以"×"号在标尺上做出标记（请注意每个标尺上只能画上一个"×"号）。

例如，您与您的朋友或亲戚在一起谈论问题吗？

├───┼───┼───┼───┼───┼───┼───×┼───┼───┼───┤

从来不谈　　　　　　　　　　　　　　　　　　　　　经常交谈

填表时间：_____年_____月_____日

姓名（或编号）：_____

性别：_____年龄：_____岁　民族：_____

婚姻状况：未婚　已婚　离婚　丧偶　其他

文化程度：小学　初中　高中　中专　大专　本科　研究生　其他

目前职业：学生　工人　农民　国家干部　个体职业者　无职业者　其他

经济状况：您的家庭人均月收入_____元/月/人（人民币）

目前您的家庭住址：城市　农村　郊区

1. 您的视力怎么样？

├───┼───┼───┼───┼───┼───┼───┼───┼───┼───┤

非常差　　　　　　　　　　　　　　　　　　　　　非常好

2. 您的听力怎么样？

├───┼───┼───┼───┼───┼───┼───┼───┼───┼───┤

非常差　　　　　　　　　　　　　　　　　　　　　非常好

3. 您的食欲怎么样

├───┼───┼───┼───┼───┼───┼───┼───┼───┼───┤

非常差　　　　　　　　　　　　　　　　　　　　　非常好

……

（三）SRHMS 操作说明

1. 记分

SRHMS 中各个条目的评分采用模拟线性方式来进行，要求被测者作答时在一条有两个极端点的 10 个区间分隔线上划上标记，比如，画上"×"号。每个条目的理论最高值是 10，最小值为 0；即最左边的起始线计为"0"，最右边的结束线计为"10"。48 个条目中，正向评分的条目有 37 条，反向评分的条目有 11 条。因为有反向评分的条目，需要对 48 个条目的原始分进行重新评分，正向评分条目的重新评分与原始分相同，反向评分条目的重新评分等于 10 减去原始分。自测生理健康、自测心理健康、自测社会健康三个评定子量表分和自测健康评定量表总分的理论最高值分别为 170，150，120 和 4400，理论最小值均为 0。健康总体自测维度，即维度十中的四个条目不参与子量表分和总量表分的计算，其得分作为检验该量表的效标。

2. 错答处理

在施测时，如果被测者对某一条目同时在一个标尺的不同位置上画上两个"×"号，可任取其中之一作为该条目的评分值；如果被测者对某一条目同时在一个标尺的不同位置上画上三个或三个以上"×"号，把该条目作为缺损值处理；如果被测者给予某一条目的答案是在标尺的两个极端之外的位置划上"×"号，把该条目作为缺损值处理；如果被测者没有在某一条目的答案的标尺上作标记，把该条目作为缺损值处理。以上提到的几种缺损值，在资料的统计分析中的处理方法是如果某一维度至少有一半的条目被回答时，这一维度的总分可以被计算；否则，该维度将被视为缺损值。具体方法是用该维度已填好条目的评分平均值来代替未填写条目的评分值。

3. 结果解释

SRHMS 的得分高低能够直接反映健康状况的好坏，得分高说明健康状况好，例如条目七得分高，说明身体疼痛轻；日常生活功能维度得分高，说明身体完成日常生活功能越强。各维度、子量表和总量表的评分结果可以与常模进行比较，解释不同评分值的实际意义。有关 SRHMS 的常模尚在建立之中。

三、症状自评量表（SCL-90）

（一）SCL-90 简介

症状自评量表（the self-report symptom inventory, symptom checklist, 90，SCL-90）。该量表本由迪奥盖提斯（Derogatis）于 1973 年开始编制。它最初来源于康奈尔医学索引（the cornell medical index, CMI），被设计用来在第一次世界大战中筛选新兵。20 世纪 70 年代初，迪奥盖提斯编制了由 58 个项目构成的版本，即 HSCL-58。迪奥盖提斯于 1983 年在发展该测量的过程中，开发了 SCL-90 量表。不久，又经过了一些细微的修订，被广泛运用。应用结果表明，该量表是信度、效度和使用性能良好的工具。

在我国，症状自评量表于 1984 年被王征宇等引进并编译后，应用于正常人的健康测评。在学生心理健康状况普查、成人心理健康状况普查、心理健康状况的比较分析、心理健康干预效果的测查等研究领域发挥了积极的作用。

症状自评量表有 90 个评定项目，每个项目分五级评分，包含了比较广泛的精神病症状学内容。从感觉、情感、思维、意识、行为直至生活习惯、人际关系、饮食等均有涉及，能准确刻画被测者的自觉症状，较好地反映被测者的问题及其严重程度和变化。它是当前研究神经症及综合性医院住院病人或心理咨询门诊中应用最多的一种自评量表。

（二）SCL-90 样例

症状自评量表（SCL-90）

编号_____姓名_____性别_____年龄_____测验日期_____

指导语：以下列出了有些人可能会有的问题，请仔细地阅读每一条，然后根据最近一星期以内下述情况影响您的实际感觉，在每个问题后标明该题的程度得分。其中，"没有"选 1，"很轻"选 2，"中等"选 3，"偏重"选 4，"严重"选 5。

题 目	选 择
1. 头痛	1-2-3-4-5
2. 神经过敏，心中不踏实	1-2-3-4-5
3. 头脑中有不必要的想法或字句盘旋	1-2-3-4-5
4. 头昏或昏倒	1-2-3-4-5
5. 对异性的兴趣减退	1-2-3-4-5
6. 对旁人责备求全	1-2-3-4-5
7. 感到别人能控制您的思想	1-2-3-4-5
8. 责怪别人制造麻烦	1-2-3-4-5
9. 忘记性大	1-2-3-4-5
10. 担心自己的衣饰整齐及仪态的端正	1-2-3-4-5
11. 容易烦恼和激动	1-2-3-4-5
12. 胸痛	1-2-3-4-5

13. 害怕空旷的场所或街道	1-2-3-4-5
14. 感到自己的精力下降，活动减慢	1-2-3-4-5
15. 想结束自己的生命	1-2-3-4-5
16. 听到旁人听不到的声音	1-2-3-4-5
17. 发抖	1-2-3-4-5
18. 感到大多数人都不可信任	1-2-3-4-5
19. 胃口不好	1-2-3-4-5
20. 容易哭泣	1-2-3-4-5
21. 同异性相处时感到害羞不自在	1-2-3-4-5
22. 感到受骗，中了圈套或有人想抓住您	1-2-3-4-5
23. 无缘无故地突然感到害怕	1-2-3-4-5
24. 自己不能控制地大发脾气	1-2-3-4-5

……

（三）SCL-90 计分方法

1. 总分

（1）总分是 90 个项目所得分之和。

（2）总症状指数，也称总均分，是将总分除以 90（＝总分÷90）。表示总的来看，被测者的自我感觉介于 1～5 的哪一个范围。

（3）阳性项目数，是指评为 2～5 分的项目数，阳性症状痛苦水平是指总分除以阳性项目数（＝总分÷阳性项目数）。

（4）阴性项目数，表示被测者"无症状"（评为 1 的项目）的项目有多少。

（5）阳性症状均分，是指总分减去阴性项目总分，再除以阳性项目数。

2. 因子分

SCL-90 包括九个因子（连附加项目和其他，则为十个因子）。每一个因子反映出病人的某方面症状痛苦情况，通过因子分可了解症状分布特点。

因子分＝组成某一因子的各项目总分/组成某一因子的项目数

九个因子含义及所包含项目包括：

（1）躯体化：包括 1，4，12，27，40，42，48，49，52，53，56，58 共 12 项。该因子主要反映身体不适感，包括心血管、胃肠道、呼吸和其他系统的主诉不适，和头痛、背痛、肌肉酸痛，以及焦虑的其他躯体表现。

（2）强迫症状：包括了 3，9，10，28，38，45，46，51，55，65 共十项。主要指那些明知没有必要，但又无法摆脱的无意义的思想、冲动和行为，还有一些比较一般的认知障碍的行为征象也在这一因子中反映。

（3）人际关系敏感：包括 6，21，34，36，37，41，61，69，73 共九项。主要指某些个人不自在与自卑感，特别是与其他人相比较时更加突出。在人际交往中的自卑感，心神不安，明显不自在，以及人际交流中的自我意识，消极的期待亦是这方面症状的典型原因。

（4）抑郁：包括 5，14，15，20，22，26，29，30，31，32，54，71，79 共 13 项。苦闷的情感与心境为代表性症状，还以生活兴趣的减退，动力缺乏，活力丧失等为特征。也反映失望，悲观以及与抑郁相联系的认知和躯体方面的感受。另外，还包括有关死亡的思想和自杀观念。

（5）焦虑：包括 2，17，23，33，39，57，72，78，80，86 共十项。一般指那些烦躁，坐立不安，神经过敏，紧张以及由此产生的躯体征象，如震颤等。测定游离不定的焦虑及惊恐发作，是本因子的主要内容。还包括一项解体感受的项目。

（6）敌对：包括 11，24，63，67，74，81 共六项。主要从三方面来反映敌对的表现：思想、感情及行为。其项目包括厌烦的感觉，摔物，争论直到不可控制的脾气暴发等各方面。

（7）恐怖：包括 13，25，47，50，70，75，82 共七项。恐惧的对象包括出门旅行，空旷场地，人群或公共场所和交通工具。此外，还有反映社交恐怖的一些项目。

（8）偏执：包括 8，18，43，68，76，83 共 6 项。本因子是为了反映偏执性思维的基本特征而制定：主要指投射性思维，敌对，猜疑，关系观念，妄想，被动体验和夸大等。

（9）精神病性：包括 7，16，35，62，77，84，85，87，88，90 共十项。反映各式各样的急性症状和行为，限定不严的精神病性过程的指征。此外，也可以反映精神病性行为的继发征兆和分裂性生活方式的指征。

此外，还有 19，44，59，60，64，66，89 共七个项目未归入任何因子，反映睡眠及饮食情况，分析时将这七项作为附加项目或其他，作为第十个因子来处理，以便使各因子分之和等于总分。

各因子的因子分的计算方法是：各因子所有项目的分数之和，除以因子项目数。例如，强迫症状因子各项目的分数之和假设为 30，共有十个项目，所以因子分为 3。

在 1～5 评分制中，粗略简单的判断方法是看因子分是否超过 3 分，若超过 3 分，即表明该因子的症状已达到中等以上严重程度。

3. 因子分常模

下面是正常成人 SCL-90 的因子分常模，如果因子分超过常模即为异常。

项目 X＋SD

躯体化 1.37＋0.48　　　敌对性 1.46＋0.55

强迫 1.62＋0.58　　　　恐怖 1.23＋0.41

人际关系 1.65＋0.61　　偏执 1.43＋0.57

抑郁 1.5＋0.59　　　　　精神病性 1.29＋0.42

焦虑 1.39＋0.43

参 考 文 献

白利刚，凌文辁，方俐洛. 1996a. 霍氏中国职业兴趣量表构想效度的验证性因素分析（Ⅰ）.
　　心理学报，28（1）：64～69

白利刚，凌文辁，方俐洛. 1996b. 霍氏中国职业兴趣量表构想效度的验证性因素分析（Ⅱ）.
　　心理学报，28（2）：120～125

董奇，申继亮. 2005. 心理与教育研究法. 杭州：浙江教育出版社

段尔煜. 2005. 社会调查方法. 北京：国家行政学院出版社

方俐洛，白利刚，凌文辁. 1996. HOLLAND 式中国职业兴趣量表的建构. 心理学报，
　　28（2）：113～119

方俐洛，凌文辁. 2003. 一般能力倾向测验中国城市版的建构及常模的建立. 心理科学，
　　26（1）：133～135

方俐洛，凌文辁，高晶等. 1992. 跟踪操作业绩与人格特征的关系. 心理学报，24（2）：198～
　　204

方俐洛，凌文辁，韩骢. 1998. 我国中学生的一般能力因素结构探讨. 心理学报，30（2）：
　　306～312

方俐洛，凌文辁，刘大维. 2001. 职业心理与成功求职. 北京：机械工业出版社

顾海根. 1999. 一种新的测验形式——计算机自适应测验. 上海教育科研，5：31～33

顾海根. 2005. 人员测评. 合肥：中国科学技术大学出版社

贺云华. 1989. 选拔和训练中国企业家的一种科学手段：现代企业家系统仿真测评系统. 经
　　济管理，8：58～63

胡月星. 2009. 现代人才选拔测评发展趋势. 人民论坛学术前沿：14：253～255

金华，吴文源，张明圆. 1986. 中国正常人 SCL-90 评定结果初步分析. 中国神经精神疾病杂
　　志，12（5）：260～263

寇家伦. 2006. 人才测评. 北京：中国发展出版社

李晔，刘华山. 2006. 问卷调查过程中的常见问题与解决办法. 教育研究与实验，2：61～63

李永鑫，杨涛杰，赵国祥. 2006. 中国古代人才测评思想初探. 河南大学学报（社会科学
　　版），3：136～140

李悦，孙彤. 2000. 企业家素质研究. 当代财经，1：59～64

梁建春，彭建国，吴绍琪. 2001. 人才测评及其功能和发展. 重庆大学学报（社会科学版），
　　8（1）：98～100

梁颖. 2009. 组织中员工沉默的内容和结构及其相关研究. 暨南大学硕士学位论文

凌文辁，白利刚，方俐洛. 1998. 我国大学科系职业兴趣类型图初探. 心理学报，30（1）：
　　78～84

凌文辁，滨治世. 1988. 心理测验法. 北京：科学出版社

凌文辁等. 1987. CPM领导行为评价量表的建构. 心理学报, 3

凌文辁, 方俐洛. 1988. JAS活动性调查用于探讨组织管理的尝试. 心理学报, 21 (4): 43～48

凌文辁, 方俐洛. 1995. 日资企业中职工满意度与选好度——兼与东南亚三国的比较. 应用心理学, 1 (2): 30～35

凌文辁, 方俐洛. 2003. 心理与行为测量. 北京: 机械工业出版社

凌文辁, 方俐洛, 白利刚. 1999. 我国青年学生的职业价值观研究. 心理学报, 31 (3): 342～348

凌文辁, 方俐洛, 张治灿. 2001a. 影响组织承诺的组织因素分析. 心理学报, 33 (3): 259～263

凌文辁, 张治灿, 方俐洛. 2000. 中国职工组织承诺的结构模型研究. 管理科学学报, 3 (2): 76～81

凌文辁, 张治灿, 方俐洛. 2001b. 中国职工组织承诺的研究. 中国社会科学, 22 (2): 90～102

刘远我. 2003. 人才测评的几个认识误区. 中国人力资源开发, 10: 32～34

刘远我. 2007. 人才测评——方法与应用. 北京: 电子工业出版社

柳士顺, 凌文辁. 2005. 情感管理机制在工作场景中的构建. 中国人才资源开发, 10: 61～64

卢嘉, 时勘, 杨继锋. 2001. 工作满意度的评价结构和方法. 中国人力资源开发, 15 (1): 15～17

罗伟良. 2003. 人力资源配置的个人——岗位动态匹配模型. 引进与咨询, 5: 14～16

水延凯. 2003. 社会调查教程. 北京: 中国人民大学出版社

苏永华. 2000. 现代人才测评理论与方法研究. 华东师范大学博士学位论文

孙大强, 李军素. 2007. 计算机情境模拟技术在人才测评中的应用. 中国人力资源开发, 2: 49～51

孙晓敏, 张厚粲. 2004. 效度概念演进及其新发展. 心理科学, 27 (1): 2～4

王瑞明, 莫雷. 2007. 职业素质测评的发展述评. 华南师范大学学报, 4: 105～110

王通讯. 2009. 人才素质测评的历史、原理与方法. 中国人才, 1: 49～51

王征宇. 1984. 临床症状量表 (SCL-90). 上海精神医学, 2: 68～70

王重鸣. 2001. 心理学研究方法. 北京: 人民教育出版社

萧鸣政. 2005. 人员测评与选拔. 上海: 复旦大学出版社

许锦雄. 2009. 台湾员工组织沉默现象及原因研究. 暨南大学博士学位论文

许军, 陈和年. 1998. 健康的定量化测量. 国外医学社会医学分册, 15 (4): 145～148

许军, 胡敏燕, 杨云滨等. 1999. 健康测量量表 SF-36. 中国行为医学科学, 8 (2): 150～152

许军, 王斌会, 胡敏燕等. 2000. 自测健康评定量表的研制与考评. 中国行为医学科学, 9 (1): 65～68

许军, 王冬, 郭榕等. 2006. 自测健康评定量表的因子分析. 中国行为医学科学, 15 (6): 567～568

杨东涛，朱武生，陈社育. 2004. 中国古代人才测评思想述评. 南京社会科学，10：77～80

殷雷. 2007. 评价中心的基本特点与发展趋势. 心理科学，30（5）：1276～1279

尹德涛，宋丽娜. 2008. 旅游问卷调查方法与实务. 天津：南开大学出版社

张厚粲，刘远我. 1999. 试论我国人才测评事业的发展. 心理学探新，19（1）：48～53

张火灿. 1998. 策略性人力资源管理. 台北：杨智文化事业股份有限公司

张秀云，权良柱，李梅. 2005. 人才测评的特点、作用及发展趋势. 河北理工学院学报，
    5（1）：29～31

张治灿，方俐洛，凌文辁. 2001. 中国职工组织承诺的结构模型检验. 心理科学，24（2）：
    148～151

赵冰. 2007. 组织支持与组织沉默的关系研究. 河南大学硕士学位论文

Abramson L Y. 1978. Learned helplessness in humans：critique and reformulation. Journal of
    Abnormal Psychology，87（11）：49～74

Ahlqvist O. 2009. Reliability and validity. *In*：Kitchin R，Thrift I V. International Encyclo-
    pedia of Human Geography. Oxford：Elsevier. 320～323

Allen N J，Meyer J P. 1990. The measurement and antecedents of affective. continuance and
    normative commitment to the organization. Journal of Occupational Psychology，63（1）：
    1～18

American Educational Research Association，American Psychological Association，National
    Council on Measurement in Education. 1999. Standards for educational and psychological
    testing. Washington DC：The Association

Anderson J C，Gerbing D W. 1988. Structural equation modeling in practice：a revrew and
    recommended two-step approach. Psychological Bulletin，103（3）：411～423

Bagozzi R P，Yi Y. 1988. On the evaluation of structural equation models. Journal of the
    Academy of Marketing Science，16（1）：74～94

Baker F B，Kim S H. 2004. Item Response Theory：Parameter Estimation Techniques（2nd ed）.
    New York：Marcel Dekker

Barrada J R，Olea J，Ponsoda V et al. 2009. Item selection rules in computerized adaptive tes-
    ting：accuracy and security. Methodology：European Journal of Research Methods for the
    Behavioral and Social Sciences，5（1）：7～17

Becker H S. 1960. Notes on the concept of commitment. American Journal of Sociology，
    66（3）：32～40

Brennan R L. 2001. Generalizability Theory. New York：Springer-Verlag

Brumbrach G. 1988. Performance Management. London：The Cronwell Press

Buchanan B. 1974. Building organizational commitment：the socialization of managers in work
    organizations. Administrative Science Quarterly，19（4）：533～546

Chandrashekar C R，Math S B. 2006. Psychosomatic disorders in developing countries：cur-
    rent issues and future challenges. Curr Opin Psychiatry，19（2）：201～206

Clariana R B，Wallace P E. 2002. Paper-based versus computer-based assessment：key factors associated with the test mode effect. British Journal of Educational Technology, 33: 595~904

Cozby P C. 1997. Methods in Behavioral Research (6th ed). CA: Mayfield

Deborah L. 2004. Survey research: reliability and validity. Journal of Library Administration and Management, 18 (4): 211~212

Denny B, Gideon J M, van Jaap H. 2004. The concept of validity. Journal of Psychology Review, 111 (4): 1061~1071

de Vries D, Morrison A, Shullman S et al. 1986. Performance Appraisal on the Line. New York: Wiley-Interscience

de Boeck P, Wilson M. 2004. Explanatory Item Response Models: A Generalized Linear and Nonlinear Approach. New York: Springer

Dyne L V, Ang S, Botero I C. 2003. Conceptualizing employee silence & employee voice as multidimensional constructs. Journal of Management Studies, 40 (6): 1359~1392

Flanagan J C. 1954. The critical incident technique. Psychological Bulletin, 51 (4): 327~358

Fornell C, Larcker D. 1981. Structural equation models with unobsenable variables and measurement errors. Journal of Marketing Reasearch, 18 (2): 39~50

Goldberg D P. 1996. The general health questionnaire. In: McDowell I, Newell C. Measuring Health: A Guide to Rating Scales and Questionnaires (2nd ed). New York: Oxford University Press. 225~237

Goldberg D P, Williams P. 1988. A User's Guide to the General Health Questionnaire. Basingstoke: NFER-Nelson

Goodman P, Furcon J, Rose J. 1969. Examination of some measurement of creativity ability by multitrait-multimenthod matrix. Journal of Applied Psychology, 53 (2): 242~243

Hall D, Goodale J. 1986. Human resource management. Glenview/London: Scott, Foresman and Company

Hodgetts R M, Altman S. 1979. Organizational Behavior. Philadelphia: Saunders

Holi M. 2003. Assessment of psychiatric symptoms using the SCL-90. Published doctoral dissertation. University of Helsinki, Helsinki, Finland

Hoyt C. 1941. Fest reliability estimated by analysis of variance. Psychometrika, 6 (3): 153~160

Jenkins C D. 1976. Recent evidence supporting psychologic and social risk factors for coronary disease. New England Journal of Medicine, 294: 987~994, 1033~1038

Jenkins C D, Roseman R H, Zyzanski S J. 1971a. Prediction of clinical coronary disease by a test for coronary-prone behavior. New England Journal of Medicine, 290: 1271~1275

Jenkins C D, Zyzanski S J, Rosenman R H. 1971b. Progress toward validation of a computer-scored test for the type a coronary-prone behavior pattern. Psychosomatic Medicine, 33 (3): 193~202

Jensen M C, Murphy K J. 1990. Performance pay and top-management incentives. Journal of

Political Economy, 98 (2): 225~264

Judge T A, Higgins C A, Cable D M. 2000. The employment interview: a review of recent research and recommendations for future research. Human Resource Management Review, 10 (4): 383~406

Kanungo R N. 1982. Measurement of job and work involvement. Journal of applied psychology, 67 (3): 341~349

Kilic C, Rezaki M, Rezaki B et al. 1997. General health questionnaire (GHQ—12, GHQ—28): psychometric properties and factor structure of the scales in a Turkish primary care sample. Social Psychiatry and Psychiatric Epidemiology, 32: 327~331

Koch J L, Steers R M. 1978. Job attachment, satisfaction, and turnover among public sector employees. Journal of vocational behavior, 12 (3): 119~128

Kuder G, Richardson M. 1937. The theory of the estimation of test reliability. Psychometrika, 2 (3): 151~160

Lawler E. 1990. Strategic pay. San Francisco: Jossey-Bass

Leeson H V. 2006. The mode effect: a literature review of human and technological issues in computerized testing. International Journal of Testing, 6 (1): 1~24

Ling W Q. 1989. Pattern of leadership behavior assessment in China. Psychollgia, (2): 129~134

Ling W Q, Fang L L. 1995. Theories on leadership and Chinese culture. In: Henry K, Jia S H. Behavior and Culture in Work Organizations. CA: Sage

Ling W Q, Fang L L, Zhang Z C. 2002. Research on chinese employees' organizational commitments. Social Sciences in China, (3): 59~67

Macan T. 2009. The employment interview: a review of current studies and directions for future research. Human Resource Management Review, 19 (3): 203~218

Maier N R F. 1958. The Appraisal Interview. New York: Wiley

Mathis R L, Jackson J H. 1999. 人力资源管理教程. 李小平译. 北京: 机械工业出版社

Messick S. 1995. Validity of psychological assessment. American psychologist, 9: 741~749

Meyer J P, Allen N J. 1991. A three-component conceptualization of organizational commitment. Human Resource Management Review, 1 (1): 61~89

Morris W. 1981. The American Heritage Dictionary of the English Language. Boston: Houghton Mifflin Company

Morrison E W, Milliken F. 2000. Organizational silence: a barrier to change and development in a pluralistic world. Academy of Management Review, 25 (4): 706~725

Murphy K. 1991. Criterion issues in performance appraisal research: behavioral accuracy versus classification appraisal research. Organizational Behavior and Human Decision Processes, 50 (1): 45~50

Parshall C G, Spray J A, Kalohn J C et al. 2002. Practical Considerations in Computer-based Testing. New York: Springer

Paul G W, Claartje J V. 2006. Predicting management career success from assessment center data: a longitudinal study. Journal of Vocational Behavior, 68: 253~266

Pinder G G, Harlos H P. 2001. Employee silence: quiescence and acquiescence: a review of the literature from a stakeholder perspective. Research in Personnel and Human Resource Management, 20 (3): 331~369

Porter L W, Crampon W, Smith F. 1976. Organizational commitment and managerial turnover: a longitudinal study. Organizational Behavior and Human Performance, 15 (1): 87~98

Porter L, Steers R, Mowday R. 1979. The measurement of organizational commitment. Journal of Vocational Behavior, 14 (2): 224~227

Porter L, Steers R, Mowday R et al. 1974. Organizational commitment, job satisfaction and turnover among psychiatric technicians. Journal of Applied Psychology, 59 (5): 603~609

Reeve C L, Smith C S. 2001. Refining lodahl and kejner's job involvement scale with a convergent evidence approach: applying multiple methods to multiple samples. Organizational Research Methods, 4 (2): 91~111

Rimes K A, Chalder T. 2010. The beliefs about emotion scale: validity, reliability and sensitive to change. Journal of Psychosomatic Research, 68 (3): 285~292

Robbins S P, Coulter M. 2003. 管理学 (第7版). 孙健敏等译. 北京: 中国人民大学出版社

Saleh S, Hosek J. 1976. Job involvement: concepts and measurements. Academy of Management Journal, 19 (2): 213~224

Seligman M. 1975. Helplessness: On Depression, Development, and Death. San Francisco: W. H. Freeman

Shavelson R J, Webb N M. 1991. Generalizability Theory: A Primer. Newbury Park. CA: Sage Publications

Stoitz P G. 1997. Adversity Quotient. New York: John Wiley & Sons

Vanheule S, Bogaerts S. 2005. Short communication: the factorial structure of the GHQ—12. Stress and Health, 21: 217~222

Wainer H. 2000. Computerized Adaptive Testing: A primer (2nd ed). Hillsdale: Erlbaum

Ware J E, Gandek B, Sinclair S J et al. 2005. Item response theory and computerized adaptive testing: implications for outcomes measurement in rehabilitation. Rehabilitation Psychology, 50: 71~78

Wexley K, Klimoski R. 1984. Performance appraisal: an update. In: Ferris G, Rowland K. Research in Personnel and Human Resources Management. Connecticut: Jai. 34~79

Wiener Y. 1982. Commitment in organization: a normative view. Academy of Management Review, 7 (3): 418~428

William K, de Nisi A, Blencoe A. 1985. The role of appraisal purpose: effects of purpose on information acquisition and utilization. Organizational Behavior and Human and Human Decision Processes, 35 (3): 314~329